Windows 11 für Senioren

Inge Baumeister, Anja Schmid

Verlag:
BILDNER Verlag GmbH
Bahnhofstraße 8
94032 Passau

www.bildnerverlag.com
info@bildner-verlag.de

ISBN: 978-3-8328-0540-1
Bestellnummer: 100567

Autorenteam:
Inge Baumeister; Anja Schmid

Bildnachweis: Cover ©New Africa - stock.adobe.com
Kapitelbild: ©Akaphat - stock.adobe.com
Touchpad: ©Patrick Daxenbichler - stock.adobe.com
Fingergesten: ©vectortatu - Stock.adobe.com

Herausgeber: Christian Bildner

Druck: FINIDR s.r.o., Lípová 1965, 73701 Český Těšín,
Tschechische Republik

Herzlich willkommen!

Sie haben einen neuen Computer, egal ob Laptop, Notebook, Tablet oder PC mit Windows 11 erworben und suchen nun Hilfe und Anleitungen? Vielleicht haben Sie auch bereits erste Erfahrungen mit einer Vorgängerversion gesammelt und möchten sich schnell im neuen Windows 11 zurechtfinden. Möglicherweise haben Sie auch einen Kurs besucht und möchten das Gelernte zu Hause in Ruhe vertiefen und Neues dazu lernen.

Dieses Buch will Ihnen den Einstieg so leicht wie möglich machen. Auch Leser mit Vorkenntnissen werden hier nützliche Informationen zum Nachschlagen finden und sich schnell in Windows 11 zurechtfinden.

Über dieses Buch

Aufgrund langjähriger Erfahrungen in der Weiterbildung, auch in Computerkursen für die ältere Generation, wissen wir worauf es ankommt: Die Arbeitsschritte möglichst einfach, Schritt für Schritt und mit Bildern zu erklären und wo nötig, Hintergrundinformationen für ein besseres Verständnis zu liefern.

Falls etwas nicht auf Anhieb klappen sollte, finden Sie am Ende der meisten Kapitel Antworten auf häufige Fragen, zusätzlich liefern Ihnen Anmerkungen in der Randspalte Erklärungen, weiterführende Tipps und Hinweise.

So nutzen Sie dieses Buch

Falls Computer absolutes Neuland für Sie sind, sollten Sie sich in Kapitel 1 über die grundlegende Bedienung mit Maus, Touchpad oder Touchscreen informieren. Leser, die bereits Erfahrungen am Computer gesammelt haben, können dieses Kapitel beruhigt übergehen.

Kapitel 2 enthält eine Anleitung zum ersten Start des neuen Computers, erklärt, was ein Microsoft-Konto ist und wie Sie ein solches kostenloses Konto registrieren.

In den nachfolgenden Kapiteln lernen Sie unter anderem das Starten und Beenden von Apps und den Umgang mit Fenstern. Außerdem zeigen wir Ihnen, wie Sie ganz leicht Windows nach Ihren Wünschen und Gewohnheiten einrichten, z. B. die Bildschirmanzeige vergrößern und weitere Apps installieren und was Sie hinsichtlich Sicherheit und Datenschutz beachten sollten. Dem Speichern und Verwalten von Daten haben wir ein extra Kapitel gewidmet und erklären hier ausführlich, wie Sie Ordnung auf dem PC halten, wichtige Daten sichern und Dateien wiederfinden.

Weitere Kapitel stellen Ihnen verschiedene nützliche Apps vor. Sie erfahren zum Beispiel, wie Sie mit Microsoft Edge im Internet surfen, dem Copilot (KI von Microsoft) Fragen stellen oder Fotos am Computer betrachten und verwalten. Außerdem zeigen wir Ihnen, wie Sie E-Mails versenden und empfangen und Ihre Kontaktdaten verwalten.

Am Beispiel eines Briefes wird ausführlich beschrieben, wie Sie mit der kostenlosen App Libre Office Texte schreiben, nachträglich korrigieren, gestalten und drucken.

Schreibweise

Zur besseren Lesbarkeit wurde etwas größere Schrift verwendet. Beschriftungen und Befehle sind zur Unterscheidung farbig und kursiv hervorgehoben, zum Beispiel: Klicken Sie auf *Speichern*.

Videos

Auf unserem YouTube-Kanal BILDNER.TV finden Sie Videos zu Windows 11 Themen. Damit Sie interessante Videos leicht aufrufen können, haben wir an passender Stelle im Buch einen Link zum Video hinterlegt. Diesen tippen Sie in Ihren Browser Microsoft Edge ein. Oder Sie scannen mit Ihrem Smartphone oder Tablet die QR-Codes, die ebenfalls im Buch zur Verfügung gestellt werden.

Und noch etwas

Das Aussehen von Windows lässt sich in vielerlei Hinsicht ändern, daher dürften Farben, Hintergründe und die Anordnung von Symbolen auf Ihrem Gerät etwas anders aussehen. Außerdem werden Windows 11 und viele der beschriebenen Apps durch automatische Updates laufend aktualisiert. Auch dadurch können sich Aussehen und Funktionsumfang geringfügig ändern. Dies gilt auch für den Microsoft Store.

Viel Spaß und Erfolg mit dem Buch wünscht Ihnen
Das Autorenteam & der BILDNER Verlag

Inhalt

1 Maus, Touchpad, Tastatur und Co.

Sie lernen...

- den Umgang mit Maus und Touchpad
- die wichtigsten Tasten der Computertastatur
- wie Sie mit einem Touchscreen umgehen und die Bildschirmtastatur verwenden

1.1 So funktionieren Maus und Touchpad

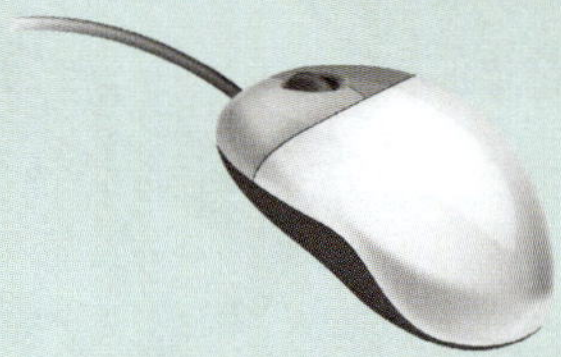

Falls Sie Linkshänder/in sind, lesen Sie in Kapitel 6 auf Seite 186, wie Sie die Funktion der beiden Maustasten vertauschen können.

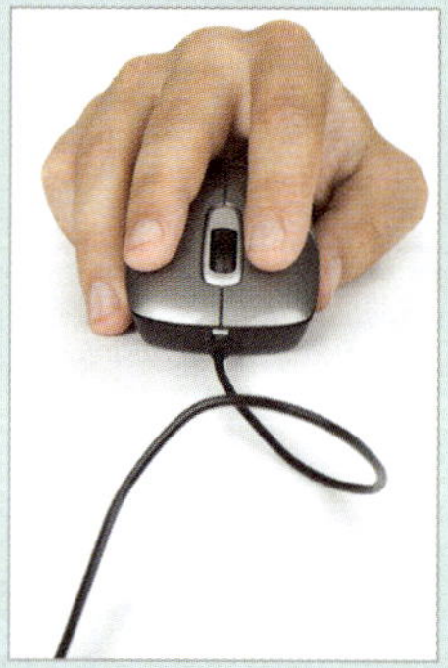

Die richtige Handhabung der Maus

Die Maus ist ein kleines rundliches Gerät, das alle Bewegungen, die Sie damit auf einer festen Unterlage, z. B. Tischplatte, ausführen an einen Zeiger auf dem Bildschirm, den Mauszeiger , überträgt. Die meisten Mäuse kommunizieren per Funk mit dem Computer, der dazugehörige Empfänger ist unter der Bezeichnung Bluetooth bereits im Gerät integriert. Manche Mäuse sind aber auch mit einem Kabel angeschlossen.

Eine Computermaus hat mindestens zwei Tasten und in der Mitte dazwischen ein Rädchen.

- Legen Sie die rechte Handfläche (Rechtshänder) so auf die Maus, dass der Zeigefinger auf der linken und der Mittelfinger auf der rechten Taste zu liegen kommt. Mit den übrigen Fingern halten Sie die Maus seitlich.

Rücken Sie sich die Maus zurecht. Sie sollte sich in Griffweite und für Rechtshänder rechts neben dem PC befinden. Achten Sie auch darauf, dass für Bewegungen ausreichend Platz auf dem Schreibtisch zur Verfügung steht. Befindet sich die Maus an der falschen Stelle, dann heben Sie sie einfach hoch und setzen sie an der richtigen Stelle wieder ab.

Tipp: Lassen Sie während der Arbeit, wenn möglich, den Zeigefinger auf der linken Maustaste liegen. So können Sie die Maus blind bedienen und sich besser auf den Bildschirm konzentrieren.

Aktionen mit der Maus

Zeigen

- Bewegen Sie den Mauszeiger, bis er sich über einem Symbol befindet; in vielen Fällen erscheint ein kurzer Infotext zum Symbol.

Klicken (linke Maustaste)

- Zum Ausführen von Befehlen, z. B. Starten einer App, zeigen Sie auf das Symbol und drücken 1x kurz die linke Maustaste. Beispiel: Microsoft Edge zum Surfen im Internet starten.

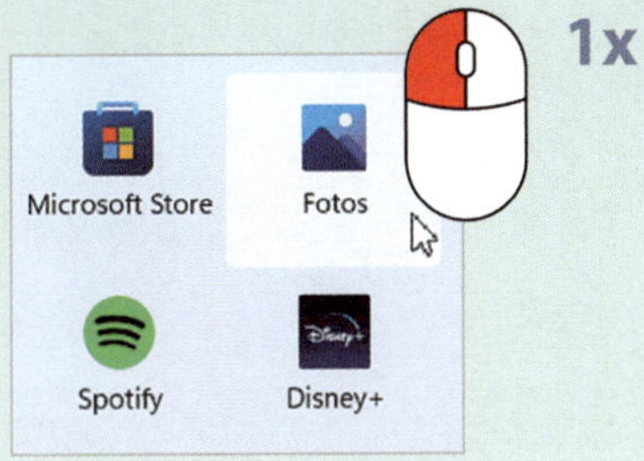

Doppelklicken (linke Maustaste)

In manchen Fällen, beispielsweise zum Öffnen von Ordnern oder Dateien, benötigen Sie einen Doppelklick.

- Zeigen Sie auf das Element und drücken Sie 2x kurz hintereinander die linke Maustaste. Achtung - die Maus zwischen den beiden Klicks nicht bewegen! Beispiel: Den Ordner Eigene Aufnahmen öffnen und die enthaltenen Fotos anzeigen.

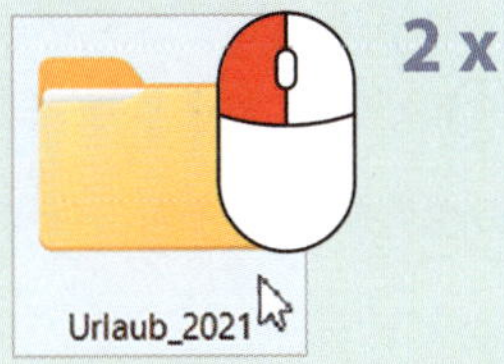

Element verschieben oder ziehen

- Zeigen Sie auf das Element, das Sie verschieben möchten. Drücken Sie dann die linke Maustaste und halten Sie die Taste gedrückt, während Sie gleichzeitig die Maus bewegen. Auf dem Bildschirm wandert das Element mit dem Mauszeiger mit. Lassen Sie die Taste erst los, wenn sich das Element an der gewünschten Stelle befindet.

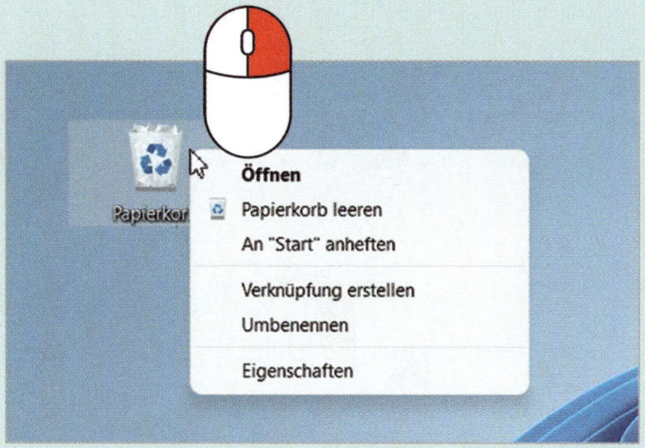

Rechte Maustaste (Rechtsklick)

Mit der rechten Maustaste erhalten Sie Befehle zum angeklickten Element, diese bezeichnet man auch als Kontextmenü.

- Drücken Sie 1x kurz die rechte Maustaste, als Beispiel im Bild links: Die Befehle zum Papierkorb anzeigen.

Achtung: Zur Ausführung eines Befehls müssen Sie wieder die linke Maustaste betätigen.

Bildschirmausschnitt verschieben (Scrollen)

Häufig kann der Inhalt nicht vollständig angezeigt werden, dann müssen Sie den sichtbaren Bildschirmausschnitt nach oben oder unten bzw. nach rechts oder links verschieben, dies bezeichnet man als Scrollen.

- Zeigen Sie in den betreffenden Bereich und drehen Sie das Mausrädchen.

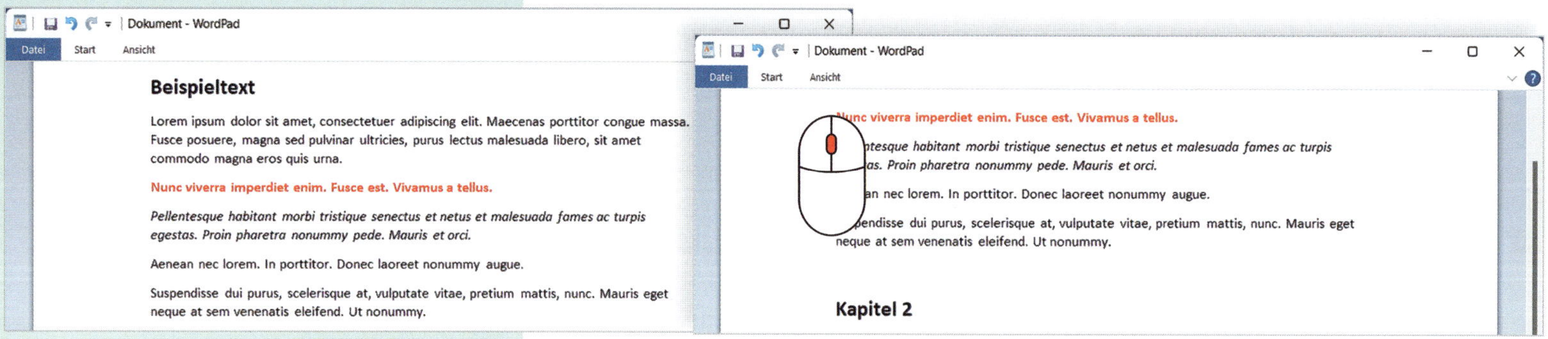

Touchpad statt Maus

Ein Laptop oder Notebook kann zusätzlich oder anstelle einer Maus mit einem Touchpad bedient werden. Das Touchpad besteht aus einer berührungsempfindlichen Fläche und befindet sich unterhalb der Laptop-Tastatur. In das Touchpad integriert sind meist zwei Tasten, die Sie wie die linke und rechte Maustaste verwenden (siehe Maus). Die Bedienung ist ähnlich der Maus. Moderne Multi-Touchpads unterstützen auch Fingergesten, beispielsweise wischen (siehe nächste Seite).

- Wenn Sie mit dem Zeigefinger leicht über die Fläche ❶ streichen, dann wandert auf dem Bildschirm der Mauszeiger mit.
- **Klicken:** Tippen Sie einmal leicht auf die Fläche ❶ oder drücken Sie die linke Taste ❷.
- **Doppelklick:** Tippen Sie zweimal kurz hintereinander oder drücken Sie zweimal die linke Taste ❷.
- **Rechtsklick:** Drücken Sie die rechte Taste ❸.
- **Element verschieben, ziehen:** Drücken Sie die linke Taste ❷ und halten Sie die Taste gedrückt, gleichzeitig streichen Sie mit dem Finger über die Touchpad-Fläche ❶ (siehe Maus).
- **Scrollen:** Ziehen Sie mit zwei Fingern nach oben oder unten. Manchmal finden Sie auch auf dem Touchpad zusätzlich rechts einen vertikalen Scrollbalken zum Verschieben des Bildschirmausschnitts. Falls beides nicht funktionieren sollte, müssen Sie den Scrollbalken am rechten Rand des jeweiligen Fensters verschieben.

Falls das Touchpad Ihres PCs keine gesonderten Tasten aufweist, tippen Sie stattdessen einfach in die linke bzw. rechte untere Ecke.

Tipp: Wenn Ihnen bei längerem Arbeiten am Computer die Bedienung des Touchpads zu umständlich oder zu langsam erscheint, dann schließen Sie einfach zusätzlich eine Maus an.

1.2 Touchscreen und Fingerbedienung

Als Touchscreen bezeichnet man einen berührungsempfindlichen Bildschirm, mit dem Tablet-PCs und einige Laptops ausgestattet sind. Anstelle von Maus und Tastatur erfolgt dann die Bedienung des Computers durch Antippen und Wischbewegungen mit dem Finger direkt auf den Bildschirm. Die wichtigsten Gesten:

Antippen

- Zum Ausführen eines Befehls oder Starten einer App tippen Sie auf dem Bildschirm mit dem Zeigefinger leicht auf diese Stelle. Dies entspricht dem einfachen Klicken mit der linken Maustaste.

Rechtsklick

- Berühren Sie auf das Element und halten Sie den Finger einige Sekunden gedrückt.

Blättern

- Mit einer Wischbewegung von der Bildschirmmitte nach oben oder unten bzw. nach rechts oder links verschieben Sie den Bildschirmausschnitt (scrollen).

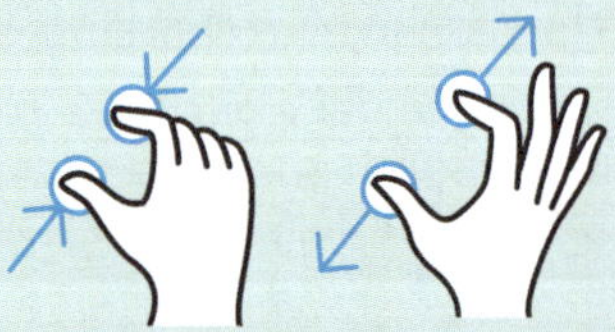

Zoom

- Berühren Sie den Bildschirm mit zwei Fingern und spreizen Sie die Finger zum Vergrößern bzw. führen zum Verkleinern Ihre Finger zusammen, siehe Abbildung links.

1.3 Tastatur

Eine Tastatur ist bei einem Laptop bereits im Gerät integriert, kann aber auch zusätzlich separat angeschlossen werden. Je nach Größe kann noch ein zusätzlicher Ziffernblock vorhanden sein. Die Anordnung der übrigen Tasten ist immer gleich.

Wichtige Tasten in der Übersicht

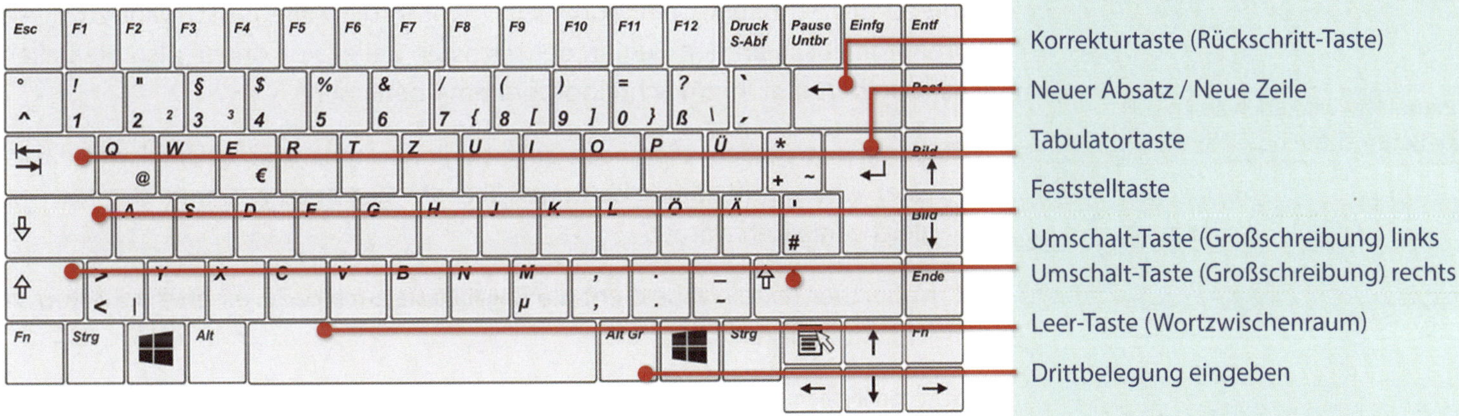

Die Umschalt-Taste wird manchmal auch als Shift-Taste bezeichnet

Großbuchstaben

Drücken Sie zuerst eine der **Umschalt**-Tasten und halten Sie diese gedrückt, während Sie einen Buchstaben tippen. Dann lassen Sie die Tasten wieder los.

Sonderzeichen (z. B. ! % ?)

Ausrufezeichen, Prozentzeichen und andere Sonderzeichen finden Sie als zweites Zeichen auf den Tasten der Zahlenreihe. Zur Eingabe dieser Zeichen benötigen Sie genau wie für Großbuchstaben die **Umschalt**-Taste.

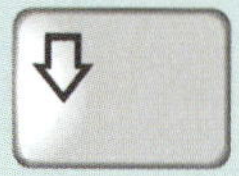

Achtung Feststelltaste!

Die **Feststelltaste** schaltet um auf dauerhafte Großschreibung und Sie erzeugen dieses bEISPIEL. Meist wird die Feststelltaste versehentlich aktiviert, zum Ausschalten drücken Sie einfach nochmals die Feststelltaste. Die aktivierte Feststelltaste ist auch an einer Kontrollleuchte der Tastatur zu erkennen.

Eine neue Zeile beginnen

Schreibprogramme berücksichtigen automatisch das Ende einer Zeile. Sobald während des Schreibens ein Wort nicht mehr in die Zeile passt, wandert dieses Wort automatisch an den Beginn der nächsten Zeile. Sie können also die Zeilenschaltung beruhigt Ihrem Schreibprogramm überlassen.

Die Eingabetaste wird auch als Enter- oder Return-Taste bezeichnet.

- Wenn Sie trotzdem eine neue Zeile beginnen möchten, beispielsweise nach einer Überschrift, dann betätigen Sie die **Eingabetaste**. Damit beenden Sie gleichzeitig den Absatz.

- Neben der Texteingabe dient die **Eingabetaste** auch dazu, einen markierten Befehl auszuführen.

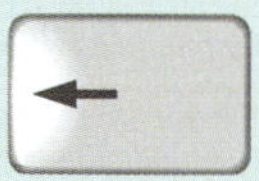

Buchstaben löschen

Wenn Sie sich während der Eingabe vertippt haben, dann drücken Sie die **Korrektur**- oder **Rückschritt**-Taste (engl. Backspace), um das zuletzt eingegebene oder mehrere Zeichen wieder zu löschen.

Noch mehr Sonderzeichen

Das Eurozeichen € und das @-Zeichen, das Sie wahrscheinlich als Bestandteil von E-Mail-Adressen kennen, befinden sich auf den Tasten E und Q. Zur Eingabe dieser Zeichen benötigen Sie zusätzlich die **Alt Gr** Taste. Halten Sie diese Taste gedrückt, während Sie auf die Buchstaben-Taste E oder Q tippen.

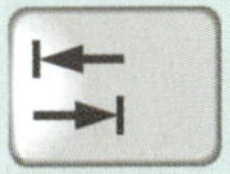

Größere Abstände zwischen Wörtern im Text

Die **Tabulator**-Taste (kurz: **Tab**-Taste) erzeugt größere Abstände, z. B. zwischen Wörtern. Jeder Tastendruck bewegt die Einfügemarke um 1,25 cm nach rechts.

Tastenkombinationen

Viele Befehle lassen sich über Tastenkombinationen schneller ausführen. Diese Kombinationen bestehen meist aus einem Buchstaben in Verbindung mit der Strg-, der Alt- oder der Windows-Taste.

Eine Übersicht über nützliche Tastenkombinationen finden Sie am Ende dieses Buches.

So geben Sie eine Tastenkombination ein, Beispiel und E:

Drücken Sie die Windows-Taste und halten Sie die Taste gedrückt, während Sie kurz die zweite Taste **E** drücken. Dann lassen Sie beide Tasten los.

> **Tipp:** Auf einer Laptop-Tastatur befindet sich noch die **Fn** (Funktions) Taste. Mit dieser Taste zusammen mit einer zweiten Taste können Sie zusätzliche Funktionen mit der Tastatur ausführen, zum Beispiel Bildschirm-Helligkeit oder Lautstärke regeln. Allerdings ist die Belegung der Tasten je Hersteller unterschiedlich.

Bildschirmtastatur

Einige PCs mit Touchscreen, zum Beispiel Tablet-PCs, besitzen keine integrierte Tastatur. In diesem Fall verwenden Sie die Bildschirm-Tastatur. Diese wird meist automatisch eingeblendet, sobald Sie in ein Eingabefeld tippen, zum Beispiel wenn die Eingabe eines Kennwortes erforderlich ist. Zudem ist in der rechten unteren

Ecke des Bildschirms ein kleines Tastatursymbol ⌨ sichtbar, das Sie nur antippen brauchen, um die Tastatur einzublenden.

- Auf den ersten Blick fehlen der Bildschirmtastatur die Zahlen. Zum Einblenden von Zahlen und Sonderzeichen anstelle der Buchstaben, betätigen Sie die Taste *&123* ❶.

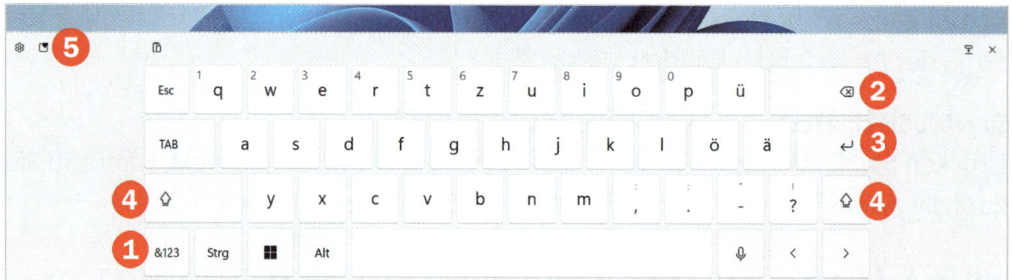

- Wie auf jeder Tastatur finden Sie auch hier eine Korrekturtaste ❷, die Eingabetaste ❸ und zwei Tasten zur Eingabe von Großbuchstaben ❹ (Umschalt- oder Shift-Taste).
- Mit dieser Taste ❺ können Sie kleine Bilder und Symbole wie im Bild unten einfügen.

2 Der erste Start

Sie lernen...

- welche Einstellungen Sie beim ersten Start von Windows vornehmen müssen
- wie Sie ein Microsoft-Konto einrichten

Was Sie bereits wissen sollten...

- Umgang mit Maus, Touchpad oder Touchscreen

Die folgenden Einstellungen müssen nur beim ersten Mal vorgenommen werden. Falls dies bereits geschehen ist, können Sie also dieses Kapitel beruhigt übergehen.

Info: Ähnlich der Kontonummer bzw. IBAN und PIN eines Bankkontos besteht ein Microsoft-Konto aus einer eindeutigen E-Mail Adresse und dem dazugehörigen Kennwort, mit dem Sie Zugriff auf Ihr Konto erhalten.

Aus Sicherheitsgründen verwenden Sie jedoch zur Anmeldung am PC eine PIN, die Sie während der Einrichtung vereinbaren.

Grundeinstellungen beim ersten Start

Beim Kauf eines neuen Computers befindet sich Windows 11 in den allermeisten Fällen bereits auf dem Gerät. Allerdings sind noch einige persönliche Einstellungen und Anpassungen nötig; diese werden automatisch angefordert, nachdem Sie den Computer zum ersten Mal eingeschaltet haben.

Haben Sie ein Microsoft-Konto?

Was ist ein Microsoft-Konto und wozu wird es benötigt?
Im Verlauf der Ersteinrichtung Ihres PCs werden Sie unter anderem aufgefordert, sich mit einem Microsoft-Konto anzumelden. Ein Microsoft-Konto kann kostenlos bei Microsoft registriert werden und besteht aus einer E-Mail Adresse und dem dazugehörigen Kennwort. Es berechtigt unter anderem zur Nutzung verschiedener Microsoft-Dienste, z. B. eines kostenlosen Speichers in der Cloud oder Beziehen von Apps im Microsoft-Store.

Vielleicht haben Sie bereits ein Microsoft-Konto?

- Wenn Sie bereits Windows 10 auf einem anderen Gerät genutzt haben, dann verfügen Sie auch über ein Microsoft-Konto und können dieses verwenden.
- Besitzen Sie eine E-Mail-Adresse? Wenn diese eine der folgenden Endungen aufweist, dann handelt es sich um ein Microsoft-Konto: @hotmail.de; @hotmail.com; @live.de; @outlook.de oder @outlook.com.
- Haben Sie noch kein Microsoft-Konto, dann erstellen Sie ein solches Konto während des Einrichtungsvorgangs. Dazu sind nur wenige Schritte erforderlich, die genaue Vorgehensweise finden Sie ab Seite 40.

2.1 Grundlegende Geräteeinstellungen

Land und Tastaturlayout

Wenn noch nichts anderes festgelegt wurde, erscheint im ersten Schritt die Frage nach Ihrem Land oder der Region. Ist das Land bereits richtig ausgewählt, im Bild unten *Deutschland* ❶, dann klicken Sie zur Bestätigung auf *Ja* ❷. Andernfalls müssen Sie Ihr Land zuerst in der Liste anklicken, bevor Sie auf *Ja* klicken.

Tipp: Wenn Sie sich die Einstellungen zum Einrichten vorlesen lassen möchten, dann klicken oder tippen Sie dazu rechts unten auf dieses Symbol ❸. Das Symbol rechts daneben regelt die Lautstärke.

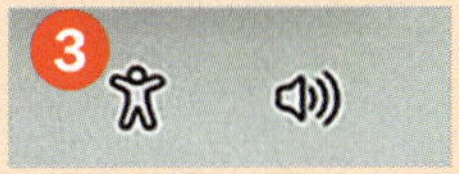

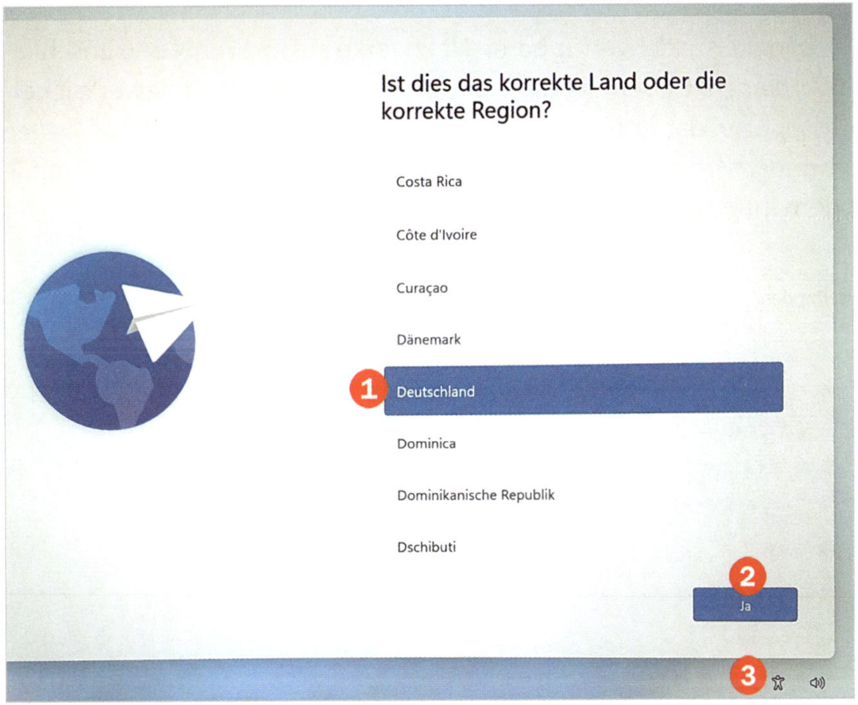

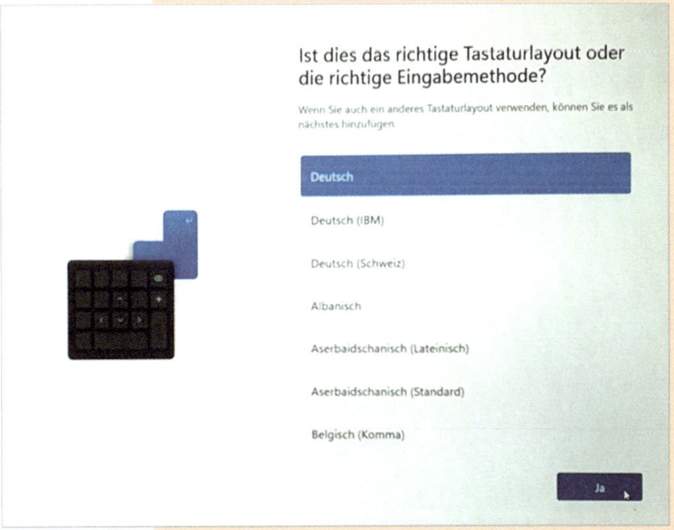

Hinweis: Anschließend bietet Windows das Hinzufügen eines zweiten Tastaturlayouts an. Dies ist im Normalfall nicht erforderlich, klicken Sie auf *Überspringen*.

Info: Für spätere Anmeldungen am PC ist eine Internetverbindung nicht zwingend erforderlich.

Das Tastaturlayout und damit die Anordnung der Tasten ist länderabhängig, daher dürfte im nächsten Schritt *Deutsch* als Tastaturlayout bereits richtig ausgewählt sein und Sie brauchen nur noch auf *Ja* klicken (Bild auf der vorherigen Seite).

Internetverbindung herstellen

Windows erfordert eine Anmeldung mit einem Microsoft-Konto. Da es sich hierbei um ein Online-Konto handelt, ist während ersten Anmeldung eine Internetverbindung erforderlich, diese stellen Sie im nächsten Schritt her.

- Klicken Sie in der Liste der verfügbaren Netzwerke auf Ihr WLAN und anschließend auf *Verbinden*. Geben Sie danach den dazugehörigen Netzwerksicherheitsschlüssel bzw. das Kennwort Ihres WLAN ein und klicken Sie auf *Weiter*. Die Verbindung wird geprüft und wenn das Kennwort korrekt war, sind Sie jetzt mit dem Internet verbunden. Klicken Sie auf *Weiter*.

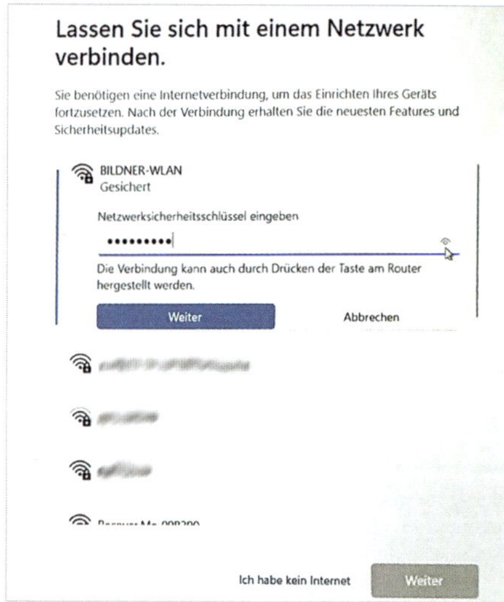

Geben Sie Ihren PC einen Namen

Anschließend haben Sie die Möglichkeit, Ihrem PC einen Namen zu geben. Dieser ist nicht zwingend erforderlich, erleichtert aber z. B. das Auffinden in einem Netzwerk. Beachten Sie bei der Wahl des Namens, dass dieser maximal 15 Zeichen lang sein darf und die unterhalb aufgeführten Sonderzeichen, z. B. / und : nicht enthalten darf. Klicken Sie auf *Weiter* oder, falls Sie noch keinen Namen vergeben möchten, auf *Vorerst überspringen*.

Wie möchten Sie das Gerät einrichten?

☛ Im nächsten Schritt geben Sie an, wie Sie den PC einrichten möchten: Wenn Sie Ihren Computer privat nutzen, dann klicken oder tippen Sie auf *Für persönliche Verwendung einrichten* und klicken dann auf *Weiter*.

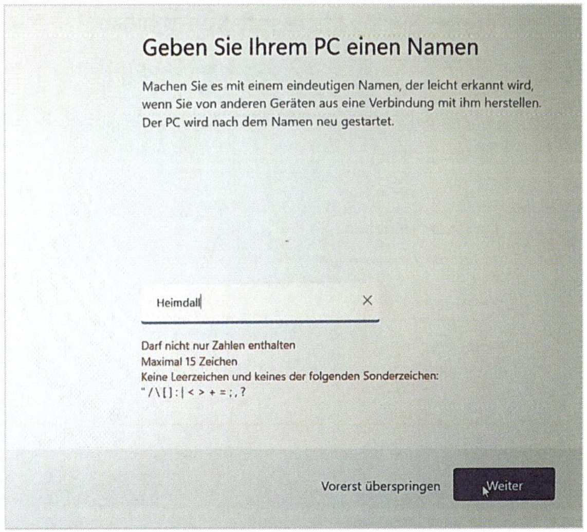

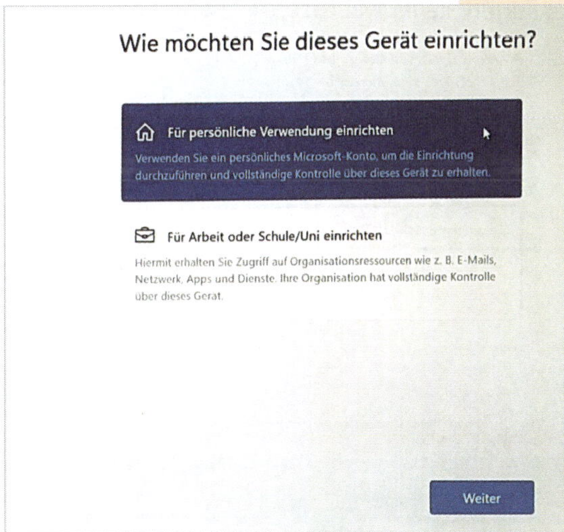

Wir gehen in diesem Buch davon aus, dass Sie Ihren Computer privat und unabhängig von einer Firma nutzen.

Für Arbeit oder Schule/Uni einrichten wird nur benötigt, wenn Sie Zugriff auf die dazugehörigen Ressourcen erhalten möchten. In diesem Fall ist auch eine spezielle Anmelde-ID erforderlich, die Sie vom System-Administrator Ihrer Firma erhalten.

2.2 Anmeldung einrichten

Konto bestätigen:
Wenn Sie sich mit Ihrem Microsoft-Konto auf einem neuen Gerät anmelden, müssen Sie aus Sicherheitsgründen Ihre Identität bestätigen. Geben Sie die, bei Ihrem Konto hinterlegte zweite E-Mail Adresse oder Mobilfunknummer und anschließend den, auf diesem Weg erhaltenen Code ein.

Bei der Einrichtung für private Zwecke bzw. persönliche Verwendung (siehe oben) müssen Sie anschließend ein Microsoft-Konto zur Anmeldung angeben. Wenn Sie bereits über ein Microsoft-Konto verfügen, also z. B. eine E-Mail-Adresse besitzen, die auf @outlook.de, @hotmail.com oder @live.de endet, so geben Sie die E-Mail Adresse Ihres Kontos ein ❶ und klicken auf *Weiter*. Geben Sie danach das dazugehörige Kennwort Ihres Kontos ein und klicken Sie auf *Anmelden* ❸.

Besitzen Sie dagegen noch kein Microsoft-Konto, so klicken Sie auf *Dann erstellen Sie jetzt eins* ❷. Die weitere Vorgehensweise lesen Sie auf Seite 40 ff. nach.

Tipp: Kennwort in Klarschrift anzeigen
Mit Klick auf das Auge rechts im Eingabefeld können Sie zur Kontrolle das Kennwort in Klarschrift statt der Punkte anzeigen.

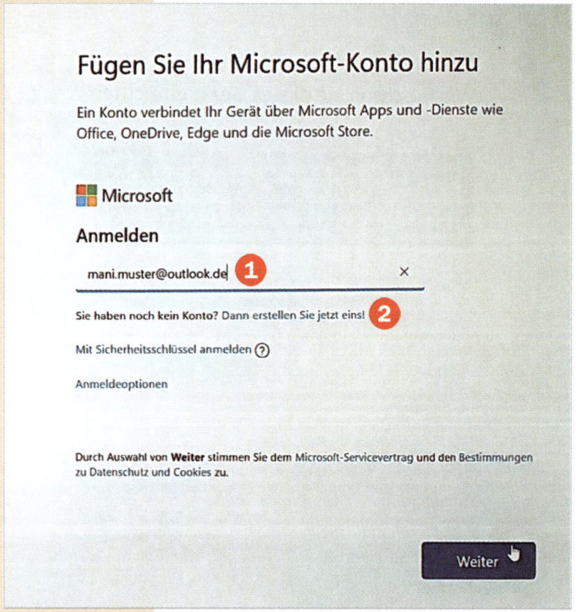

PIN und weitere Anmeldeoptionen einrichten

Da gute Kennwörter schwer zu merken und umständlich einzugeben sind, bietet Windows je nach Ausstattung des Geräts verschiedene Möglichkeiten zur späteren Anmeldung an. Verfügt Ihr PC beispielsweise über einen Fingerabdrucksensor, dann können Sie die Anmeldung per Fingerabdruckerkennung einrichten.

- Klicken Sie dazu auf *Ja, einrichten*, anschließend werden Sie mehrmals aufgefordert, einen Finger auf den Sensor aufzulegen und wieder anzuheben, bis der Fingerabdruck vollständig erkannt ist.
- Wenn Sie die Anmeldung per Fingerabdruck zunächst nicht einrichten möchten, dann klicken Sie auf *Vorerst überspringen*

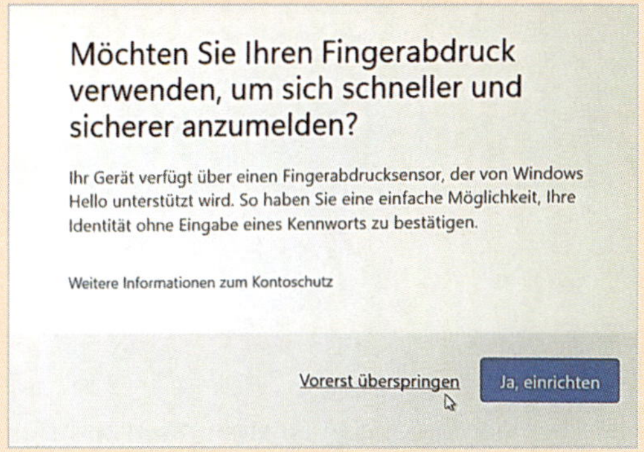

Wie die Fingerabdruckerkennung nachträglich einrichten, lesen Sie in Kapitel 10 nach.

PIN erstellen

Unabhängig von sonstigen Anmeldeoptionen müssen Sie anschließend eine PIN vereinbaren. Dabei handelt es sich um eine vierstellige, frei wählbare Zahl, die Sie künftig statt Ihres Kennworts zur Anmeldung am PC verwenden.

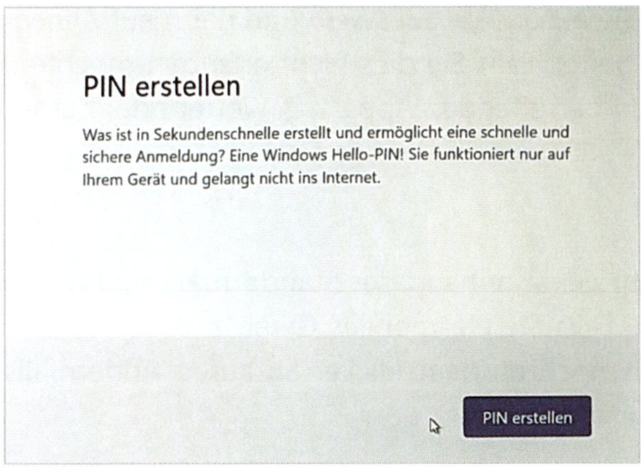

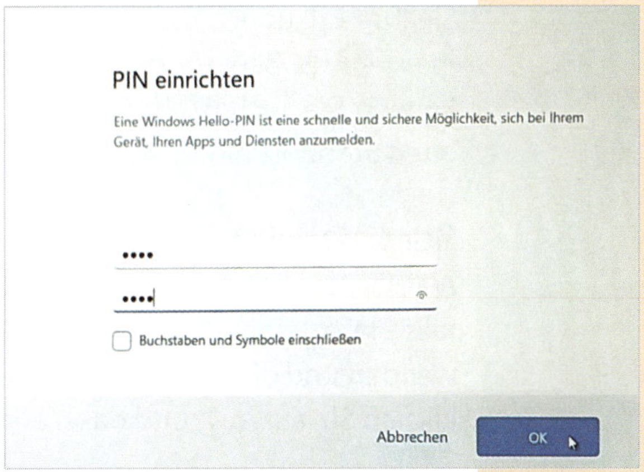

- Klicken Sie auf *PIN erstellen* (Bild auf der vorherigen Seite) und geben Sie im nachfolgenden Fenster eine vierstellige Zahl in das Feld ein. Aus Sicherheitsgründen müssen Sie die PIN im Feld darunter ein zweites Mal eingeben. Klicken Sie dann auf *OK*.

2.3 Datenschutzeinstellungen

Info: Die nachfolgenden Einstellungen zum Datenschutz werden nicht nur bei der Ersteinrichtung, sondern manchmal auch nach größeren Updates von Windows erneut abgefragt. Allerdings können sich Wortlaut und Reihenfolge geringfügig ändern. Details zu den nachfolgenden Einstellungen und wie Sie diese in den Windows-Einstellungen nachträglich ändern, lesen Sie in Kapitel 10 dieses Buches.

Nach dem Einrichten des Kontos treffen Sie noch einige Entscheidungen zum Datenschutz. Alle nachfolgend beschriebenen Einstellungen können auch zu einem späteren Zeitpunkt eingesehen und aktiviert oder deaktiviert werden, Details hierzu lesen Sie in Kapitel 10 nach.

Microsoft und Apps den Standort verwenden lassen

Manche Apps können anhand Ihres Standorts Wetterbericht, Wegbeschreibungen oder Empfehlungen für nahe gelegene Restaurants erstellen. Dazu müssen Sie Ihre Erlaubnis erteilen. Klicken Sie auf *Ja* ❶ oder *Nein* und dann auf *Annehmen* ❷ (s. Bild auf der nächsten Seite). Falls Sie dies nicht erlauben möchten, können Sie auch nachträglich in den betreffenden Apps, z. B. Wetter oder Karten Ihren Standort hinterlegen.

Mein Gerät suchen

Als Nächstes bietet Microsoft an, Ihr Gerät anhand der Standortdaten zu orten, falls Sie es einmal verlieren sollten. Falls Sie ein mobiles Gerät, z. B. Tablet, verwenden und dieses Angebot nutzen möchten, dann klicken Sie auf *Ja*. Andernfalls klicken Sie auf *Nein* und dann auf *Annehmen* ❸.

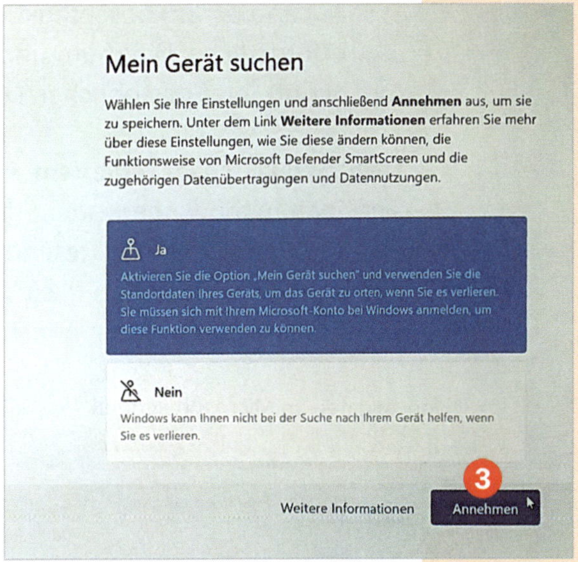

Diagnosedaten an Microsoft senden

Bei auftretenden Fehlern und eventuellen Programmabstürzen sendet Windows automatisch bestimmte Informationen zu Ihrem Gerät, Einstellungen und verwendeten Apps an Microsoft. Diese dienen der Verbesserung von Windows und können helfen, eventuell auftretende Probleme und Fehler zu beheben. Den Umfang legen Sie im nächsten Schritt fest (Bild auf der nächsten Seite). Klicken Sie auf eine Option und dann auf *Annehmen*.

- Mit der Auswahl *Optional* erhalten Sie bei auftretenden Problemen mit Hard- oder Software Vorschläge zur Behebung, diese Auswahl unterstützt auch die automatische Problembehebung von Windows.

- *Nur erforderlich* beschränkt dagegen das Senden der Diagnosedaten auf das erforderliche Minimum und sollte gewählt werden, wenn Sie Wert auf den Schutz Ihrer persönlichen Daten legen.

Freihand und Eingabe verbessern

Auf Geräten mit Finger- oder Stiftbedienung können Ihre Eingaben zur besseren Erkennung an Microsoft gesendet werden. Hier können Sie problemlos auf *Nein* klicken, die Funktionsfähigkeit Ihres PCs wird dadurch nicht beeinträchtigt. Klicken Sie anschließend auf *Annehmen*.

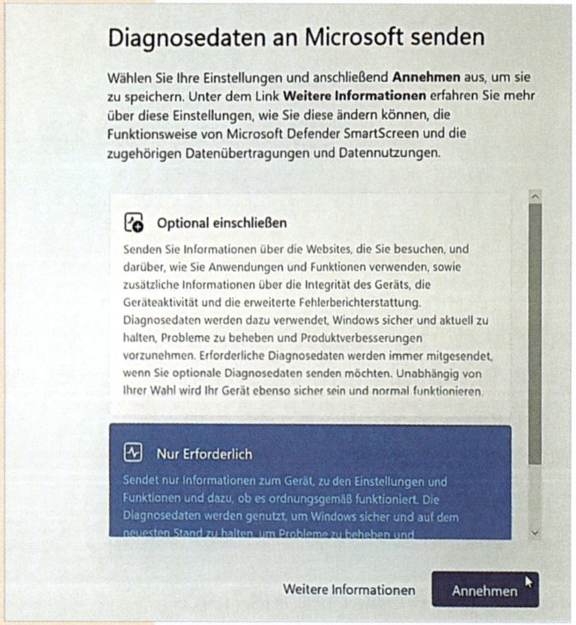

Mithilfe von Diagnosedaten angepasste Erfahrungen erhalten

Aufgrund der, an Microsoft gesendeten Diagnosedaten können Sie entsprechend angepasste Empfehlungen und Tipps, also Werbung erhalten. Hier gilt: Klicken Sie im Zweifelsfall auf *Nein* und anschließend auf *Annehmen*.

Apps Werbe-ID verwenden lassen

Die Werbe-ID dient dazu, auf Ihre Interessen zugeschnittene Werbung anzuzeigen, beispielsweise während Sie im Internet surfen. Auch hier können Sie problemlos auf *Nein* und anschließend auf *Annehmen* klicken.

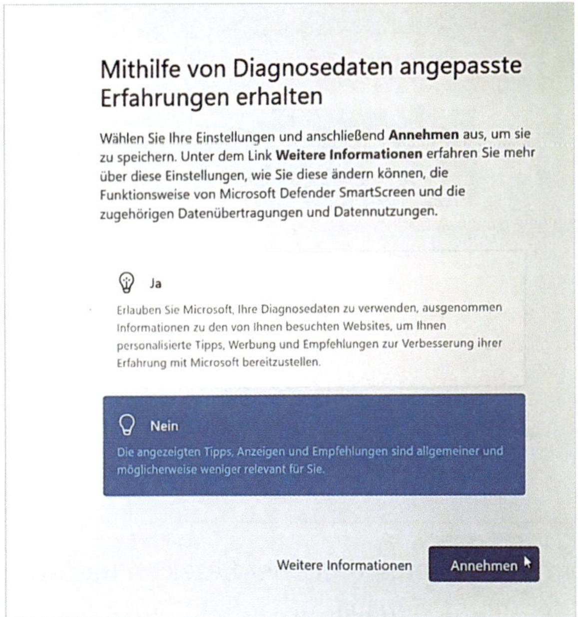

Individuelle Benutzererfahrung

Auch die nächste Frage bezieht sich auf personalisierte Tipps und Anzeigen und zu diesem Zweck können Sie die Verwendung Ihres PCs näher definieren. Wenn Sie dies nicht wünschen, dann klicken Sie auf *Überspringen*.

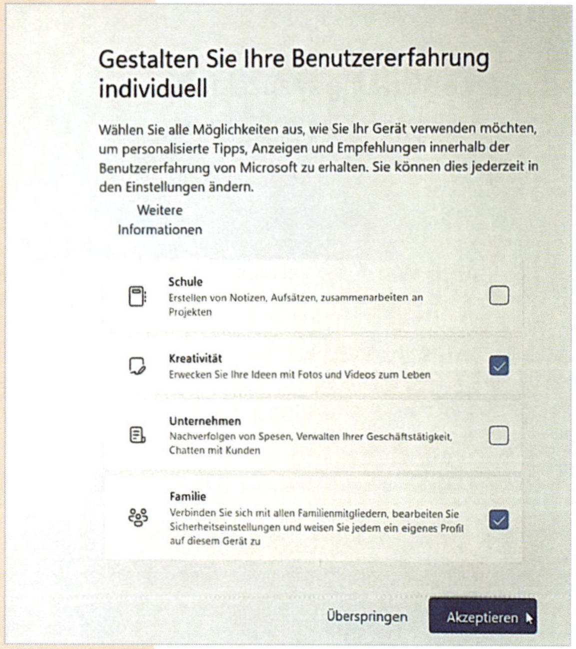

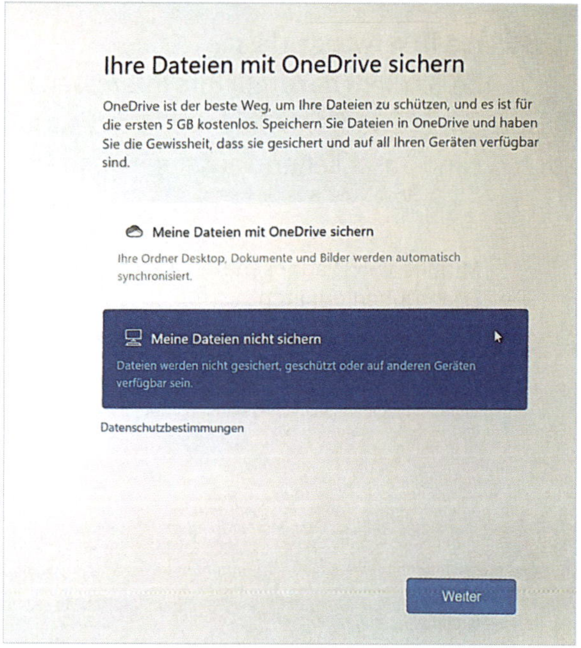

Als Server bezeichnet man Computer, die über das Internet verschiedene Dienste, z. B. Datensicherung anbieten. Näheres zu OneDrive lesen Sie in Kapitel 8.9 nach.

Datensicherung mit OneDrive

Zusammen mit Ihrem Microsoft-Konto steht Ihnen unter der Bezeichnung OneDrive zusätzlicher Speicherplatz in der Cloud, genauer gesagt auf einem Microsoft-Server zur Verfügung. Microsoft bietet Ihnen im nächsten Schritt an (siehe

Bild oben), Ihre Daten, also z. B. alle Textdokumente und Fotos automatisch auf OneDrive zu sichern. Dies schützt Sie zwar bei einem etwaigen Ausfall Ihres Geräts vor Datenverlust, allerdings reicht in der kostenlosen Version der verfügbare Speicherplatz von 5 GB (Gigabyte) bei weitem nicht aus, um beispielsweise eine umfangreiche Fotosammlung zu speichern.

- Wenn Sie nicht Microsoft 365 kostenpflichtig abonniert haben, dann klicken Sie auf *Meine Dateien nicht sichern* und danach auf *Weiter*.

Hinweis: Wenn Sie dagegen Microsoft 365 kostenpflichtig abonniert haben, dann verfügen Sie über 1 TB (Terabyte) Speicherplatz. Damit ist die Datensicherung auf OneDrive kein Problem.

Office-Premium-Apps bzw. Microsoft 365 testen

- Abschließend bietet Ihnen Microsoft das kostenlose Testen von Office-Apps mit Microsoft 365 an. Klicken Sie auf *Nein, danke*, wenn Sie Microsoft 365 nicht abonnieren möchten.

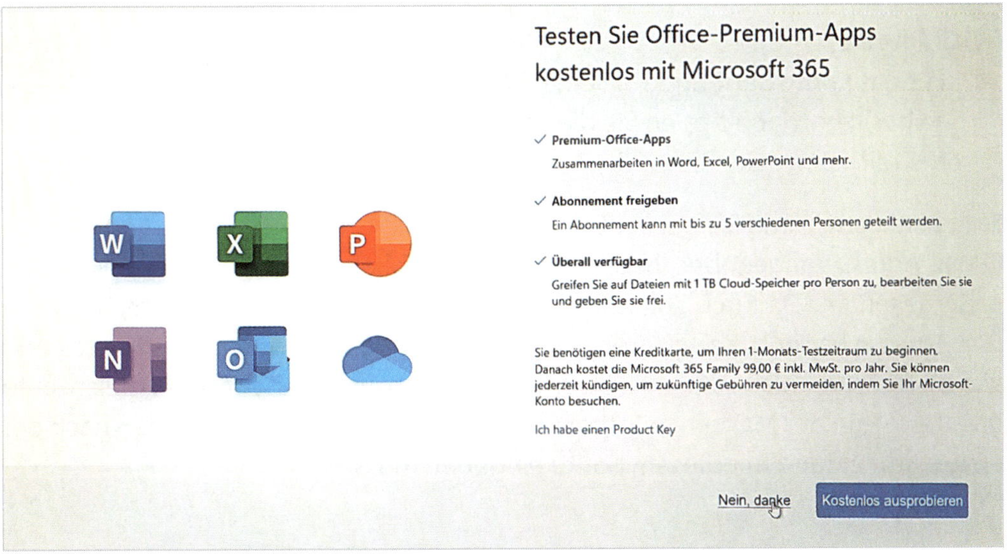

Info: Gemeint ist damit ein Paket, das unter anderem das bekannte Schreibprogramm Microsoft Word, die Tabellenkalkulation Microsoft Excel, das Präsentationsprogramm PowerPoint sowie 1 TB Speicherplatz in der Cloud umfasst. Kostenlos ist dabei allerdings nur ein einmonatiger Testzeitraum, anschließend müssen Sie Microsoft 365 für 99 Euro im Jahr abonnieren.

Zuletzt wird Ihr PC entsprechend eingerichtet, dies kann einige Minuten dauern. Schalten Sie aber während dieser Zeit den Computer nicht aus! Wie es anschließend weitergeht, lesen Sie im nächsten Kapitel.

2.4 So erstellen Sie ein Microsoft-Konto

Falls Sie noch kein Microsoft-Konto besitzen, können Sie ein solches Konto während des Einrichtungsvorgangs bzw. bei der ersten Anmeldung am Gerät erstellen. Dies erfordert nur wenige Angaben und ist schnell erledigt.

- Dazu lassen Sie bei der Frage nach Ihrem Microsoft-Konto das Feld leer und klicken stattdessen auf *Dann erstellen Sie jetzt eins* ❶.

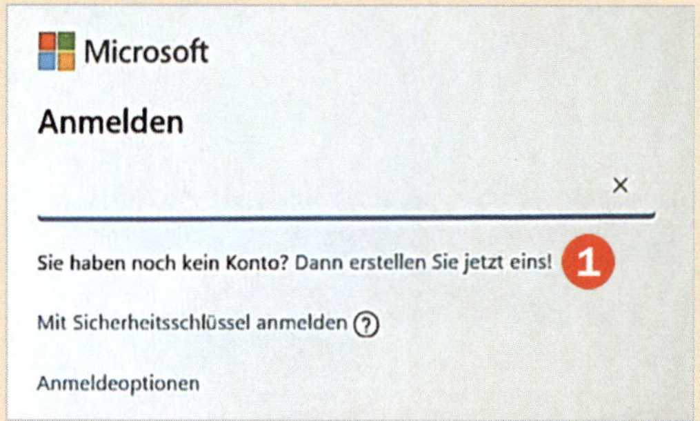

E-Mail Adresse

- Für das Konto benötigen Sie eine E-Mail Adresse. Wenn Sie eine E-Mail-Adresse besitzen, dann tippen Sie die vollständige Adresse in das Feld ❷ (Bild auf der nächsten Seite) ein, z. B. peter.muster@t-online.de, und klicken auf *Weiter*.

Die E-Mail Adresse kann bei jedem beliebigen Anbieter registriert sein, z. B. bei t-online oder gmail.

Konto bestätigen: Wenn Sie bei der Erstellung des Microsoft-Kontos eine vorhandene E-Mail-Adresse angegeben haben, so wird anschließend eine Mail an diese Adresse gesendet. Dadurch soll sichergestellt werden, dass es sich tatsächlich um Ihre Adresse handelt. Kontrollieren Sie daher den Posteingang dieses Kontos und klicken Sie in der Mail auf den Link, um die Einrichtung abzuschließen. Gleichzeitig erhalten Sie in der Mail einen Sicherheitscode, den Sie unter Umständen nach der ersten Anmeldung mit diesem Konto eingeben müssen.

Neue E-Mail Adresse erstellen

Alternativ können Sie mit dem Microsoft-Konto auch eine neue E-Mail-Adresse einrichten.

☛ Dann klicken Sie stattdessen auf *Neue E-Mail-Adresse anfordern* ❸. Geben Sie im nachfolgenden Fenster Ihre Wunschadresse ein ❹, als Endung haben Sie die Wahl zwischen @outlook.de, @outook.com und @hotmail.com. Klicken Sie anschließend auf *Weiter*.

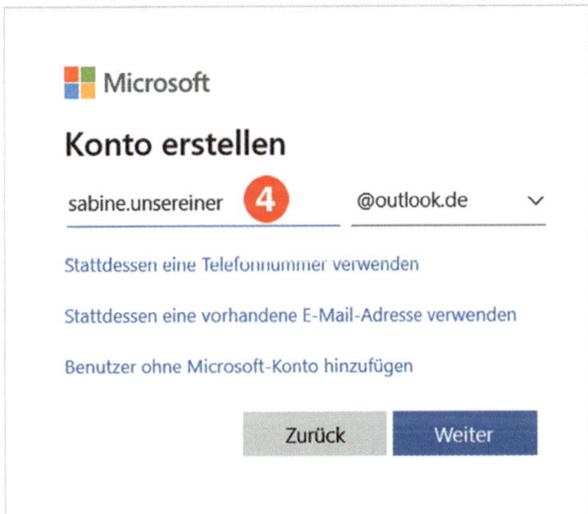

Beachten Sie die Regeln für E-Mail Adressen:

- Keine Leerzeichen
- Groß- und Kleinschreibung spielt keine Rolle
- Als Sonderzeichen sind nur Punkt, Bindestrich und Unterstrich_ erlaubt

Kennwort vereinbaren

☛ Danach werden Sie aufgefordert, ein Kennwort für Ihr Konto festzulegen ❺ (s. Bild auf der nächsten Seite), dieses Kennwort ist für den Zugriff auf Ihr Microsoft-Konto erforderlich. Das Kennwort können Sie frei wählen, sollten aber aus Sicherheitsgründen auf ein möglichst sicheres Kennwort achten.

Ein gutes Kennwort sollte...

- mindestens 10 Zeichen lang sein
- Groß- und Kleinbuchstaben, Ziffern und Sonderzeichen enthalten.

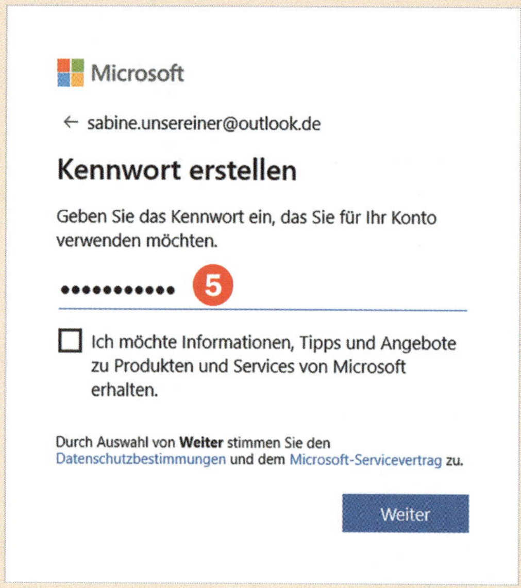

Verwenden Sie also als Kennwort nicht ausgerechnet Ihren oder den Namen Ihres Partners oder Ihr Geburtsdatum! Klicken Sie dann auf *Weiter*.

Abschließend müssen Sie noch Ihren Namen und das Land angeben. Danach ist Ihr Microsoft-Konto fertiggestellt und Sie können sich damit anmelden.

Wichtige Hinweise

Notieren Sie E-Mail-Adresse und Kennwort Ihres Microsoft-Kontos auf einem Blatt Papier und achten Sie dabei auch auf Groß- und Kleinschreibung. Verwahren Sie dieses Papier sorgfältig an einem sicheren Ort!

Falls Sie bei der Neueinrichtung Ihres Microsoft-Kontos nicht dazu aufgefordert werden, sollten Sie außerdem unbedingt bei der nächsten Gelegenheit in Ihrem Konto eine zweite E-Mail Adresse oder Ihre Mobilfunknummer hinterlegen. Falls Sie Ihr Kennwort vergessen haben sollten, wird auf Anforderung ein Code an diese E-Mail Adresse oder Ihr Handy gesendet und mit diesem erhalten Sie wieder Zugriff auf Ihr Konto. Die genaue Vorgehensweise lesen Sie in Kapitel 10 nach.

3 Die ersten Schritte

Sie lernen...

- wie Sie sich am Computer anmelden
- Apps starten und beenden
- zwischen geöffneten Apps wechseln
- die Arbeit am Computer beenden und den Computer herunterfahren

Was Sie bereits wissen sollten...

- Umgang mit Maus, Touchpad oder Touchscreen

3.1 Starten und Anmelden

Öffnen Sie die Klappe Ihres Laptops und betätigen Sie die Einschalt-Taste. Diese befindet sich bei einem Laptop meist oberhalb der Tastatur.

Der Sperrbildschirm

Nach kurzer Zeit erscheint ein Bild zusammen mit der aktuellen Uhrzeit und dem Datum. In der unteren rechten Ecke finden Sie noch die Symbole Internetverbindung bzw. WLAN und Ladezustand des Akkus. Bevor Sie Ihr Gerät benutzen können, müssen Sie sich anmelden. Dieser Bildschirm wird daher auch als Sperrbildschirm bezeichnet.

- Um zur Anmeldung zu gelangen, drücken Sie entweder eine beliebige Taste der Tastatur oder tippen kurz auf das Touchpad oder bei einem Touchscreen auf eine beliebige Stelle des Bildschirms.

Anmeldung mit PIN oder Fingerabdruckerkennung

Auf dem Anmeldebildschirm erscheint Ihr Name ❶ und darunter die, beim ersten Start (siehe Kapitel 2) eingerichtete Art der Anmeldung.

- **PIN eingeben:** Wenn Sie nur eine PIN vereinbart haben, tippen Sie diese über die Tastatur in das Eingabefeld ❷ ein.
- **Fingerabdruckerkennung:** Falls Ihr Gerät Fingerabdruckerkennung unterstützt und Sie diese Funktion beim ersten Start ebenfalls eingerichtet haben, werden Sie möglicherweise stattdessen zum Scannen Ihres Fingerabdrucks aufgefordert: Legen Sie Ihren Finger auf den Sensor Ihres Geräts.

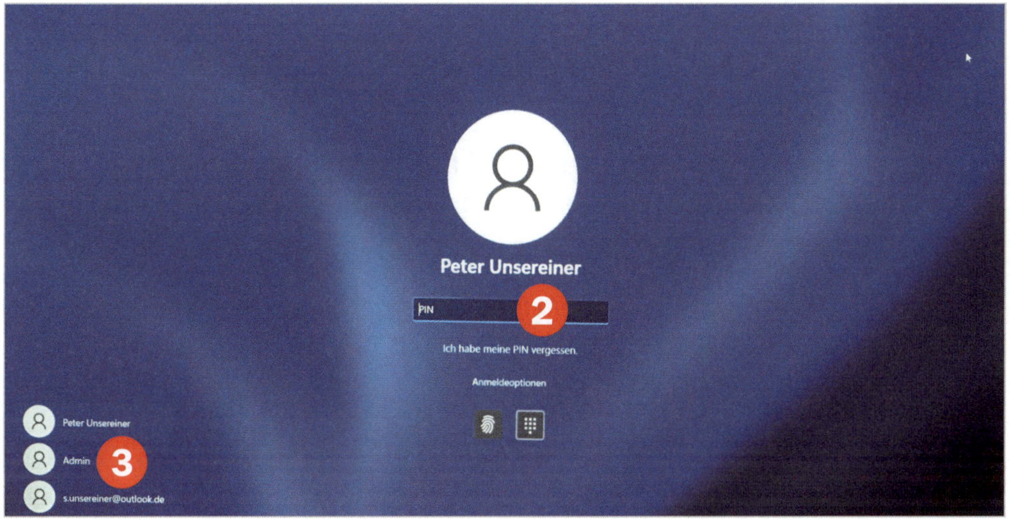

Eventuell sehen Sie in der linken unteren Ecke des Bildschirms auch mehrere Personen zur Auswahl. Dann müssen Sie zuerst Ihren Namen auswählen: Tippen oder klicken Sie auf Ihren Namen oder Ihre E-Mail Adresse 3 und geben Sie dann erst Ihre PIN ein.

Das Hintergrundbild des Sperrbildschirms wechselt in der Standardeinstellung und unterscheidet sich daher auf Ihrem Gerät von der Abbildung.

Lesen Sie in Kapitel 6.4, wie Sie ein bestimmtes Bild, z. B. Ihr Lieblingsfoto auswählen.

Tipp: Anmeldeoption wählen
Falls mehrere Möglichkeiten der Anmeldung eingerichtet wurden und Sie eine andere Anmeldung auswählen möchten, dann klicken oder tippen Sie auf *Anmeldeoptionen* und danach auf die gewünschte Anmeldung, z. B. PIN,

Kennworteingabe

Unter Umständen wird in den Anmeldeoptionen auch die Kennworteingabe angeboten. Falls Sie diese nutzen möchten, dann tippen Sie das Kennwort Ihres Microsoft-Kontos in das Feld ein und betätigen anschließend die Eingabetaste oder tippen auf den Pfeil rechts im Feld.

Achtung: Kennwörter unterscheiden zwischen Groß- und Kleinbuchstaben! Achten Sie daher genau auf Groß- und Kleinschreibung.

Kennwort in Klarschrift anzeigen
Um zur Kontrolle das Kennwort in Klarschrift statt der Punkte anzuzeigen, klicken oder tippen Sie auf das Symbol Auge im Eingabefeld.

Weitere Symbole der Anmeldeseite

In der unteren rechten Ecke der Anmeldung finden Sie folgende drei Symbole (von rechts nach links):

- Mit Klick auf das Symbol *Ein/Aus* ⏻ lässt sich das Gerät auch ohne vorherige Anmeldung herunterfahren und anschließend ganz ausschalten oder in den Energiesparmodus versetzen.
- Mit Klick auf das Symbol *Barrierefreiheit* werden verschiedene Eingabehilfen für barrierefreies Arbeiten vorgelesen und mit Drücken der Leertaste schalten Sie die jeweilige Hilfsfunktion ein.
- Das dritte Symbol zeigt an, ob eine Internetverbindung besteht.

Nach erfolgreicher Anmeldung erscheint die Bedienoberfläche (Desktop) von Windows und Sie können beginnen. Bei der ersten Anmeldung wird allerdings erst Ihre Arbeitsumgebung eingerichtet, daher kann es etwas länger dauern.

3.2 Ihre Bedienoberfläche - der Desktop

Nach erfolgter Anmeldung erscheint die Bedienoberfläche von Windows, diese wird auch als Desktop bezeichnet. Farben und Inhalte können auf Ihrem Computer anders aussehen als im Bild unten, die wesentlichen Elemente auf dem Bildschirm sind jedoch immer gleich:

- Den größten Teil des Bildschirms nimmt ein Hintergrundbild 1 ein.
- Am unteren Bildschirmrand befindet sich die Taskleiste 2.
- In der Mitte der Taskleiste finden Sie einige Symbole. Das ganz links befindliche mit dem Windows Logo (*Start*) 3 öffnet per Mausklick darauf das Startmenü und Sie können Programme und Apps starten.

Der englische Begriff Desktop lässt sich am besten mit „Arbeitsfläche eines Schreibtischs" übersetzen und genau das ist seine Funktion unter Windows: Eine Arbeitsfläche auf der Sie alles erledigen.

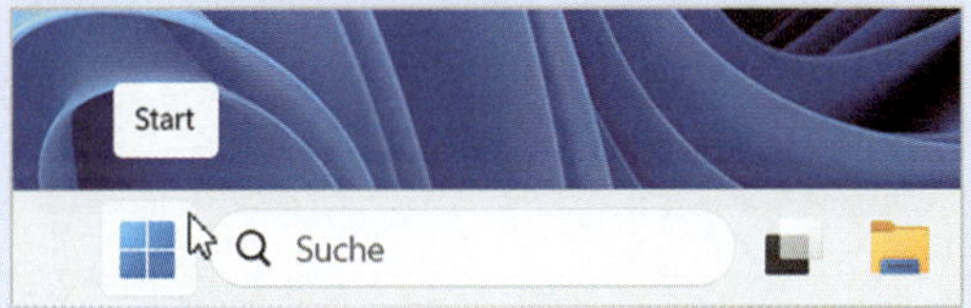

Betrachten wir nun die einzelnen Elemente und ihre Aufgaben:

Der Desktop

Als Desktop bezeichnet Windows die Arbeitsoberfläche, auf der alle Programme oder Apps ablaufen. Farben und Bild Ihres Desktops sind frei wählbar und können sich daher von der Abbildung unterscheiden.

Vor dem Hintergrundbild können sich verschiedene Symbole befinden, diese dienen zum schnelleren Starten von Apps. Anzahl, Aussehen und Position dieser Symbole weichen auf Ihrem Gerät ebenfalls von der Abbildung ab. Standardmäßig finden Sie hier meist die Symbole *Papierkorb* und *Microsoft Edge* vor. Eventuell weitere vorhandene Symbole sind vorerst nicht von Bedeutung.

Die Taskleiste

Am unteren Rand des Bildschirms befindet sich die Taskleiste, ein wichtiger Bestandteil von Windows. Sie erfüllt gleich mehrere Funktionen:

- Durch Antippen oder Anklicken des Symbols *Start* ① im mittleren Bereich, am Windows-Logo leicht zu erkennen, öffnen Sie das Startmenü, um Programme und Apps zu starten.
- Über das Suchfeld (*Suche* bzw. Symbol Lupe) ② können Sie Ihren Computer und das Web nach Informationen, Dateien, Apps usw. durchsuchen.
- Rechts davon befinden sich einige Symbole ③ über die Sie häufig benötigte Apps schnell starten können. Standardmäßig finden Sie hier die Symbole *Aktive Anwendungen*, *Datei-Explorer, Microsoft Edge* und *Microsoft Store*, sowie möglicherweise auch *Copilot*. Symbole weiterer Apps können jederzeit hinzugefügt werden. Wenn Sie eine App geöffnet haben, dann sehen Sie hier auch deren Symbol.
- Im rechten Bereich der Taskleiste sehen Sie ebenfalls mehrere Symbole. Darunter bei mobilen Geräten der Ladezustand des Akkus, ein Symbol zur Verbindung mit dem Internet, das Symbol der eingesetzten Virenschutzsoftware usw., außerdem Datum und Uhrzeit ④. Dieser Bereich wird auch als Infobereich bezeichnet.

Task bedeutet auf deutsch Anwendung, Programm bzw. App.

Ganz links sehen Sie in der Taskleiste eventuell auch noch Wetter und aktuelle Temperatur. Was es damit auf sich hat, lesen Sie in diesem Kapitel auf Seite 81 nach.

Copilot ist der KI-Assistent (KI=Abkürzung für künstliche Intelligenz) von Microsoft bzw. Windows 11, der unter anderem Fragen beantwortet und Hilfe bei verschiedenen Aufgaben bereitstellt.. Näheres zum Thema finden Sie in Kapitel 7 (Internet).

Hinweis: Sollten nicht alle Symbole des Infobereichs auf Anhieb sichtbar sein, so klicken Sie auf den Pfeil ⑤ und zeigen diese im sogenannten Überlaufbereich an.

Das Startmenü

Das Startmenü enthält alle, auf dem Computer installierten Programme. Von hier aus starten Sie Apps oder Programme, können wichtige Einstellungen bearbeiten und die Arbeit am Computer wieder beenden.

- Zum Öffnen des Startmenüs (1) tippen oder klicken Sie in der Taskleiste auf das Symbol (2) mit dem Windows-Logo . Manchmal öffnet sich das Startmenü auch automatisch nach der Anmeldung.

Wenn Sie das Startmenü versehentlich geöffnet haben, dann tippen oder klicken Sie zum Schließen erneut auf das Windows-Logo oder auf eine beliebige freie Stelle des Desktop-Hintergrunds.

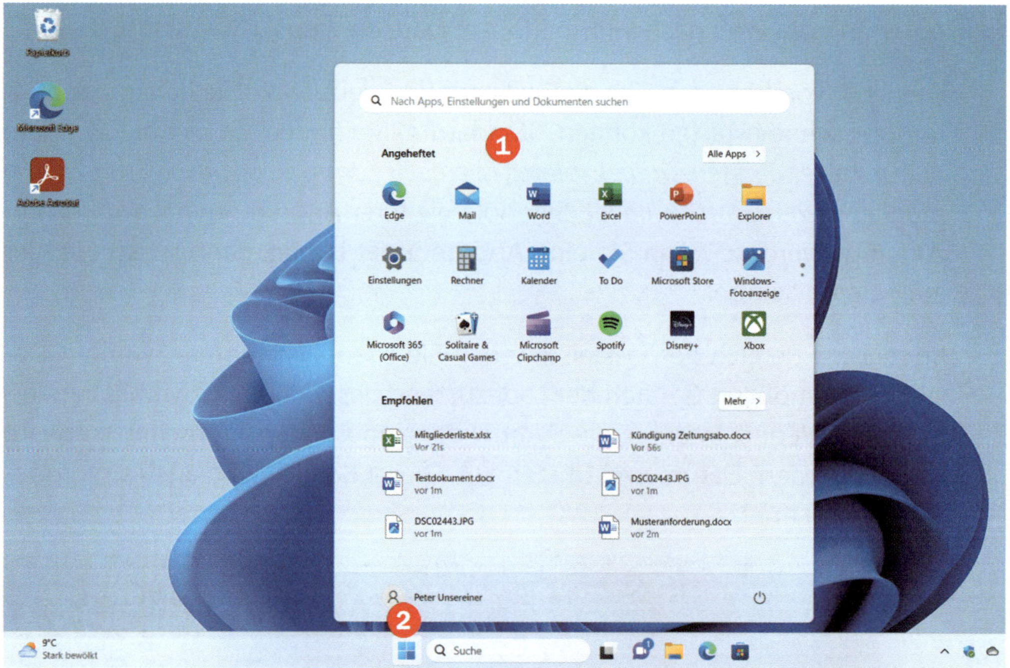

Der Inhalt des Startmenüs ist abhängig von den installierten Apps und unterscheidet sich daher auf Ihrem Computer vermutlich von der Abbildung.

3.3 Apps starten und wieder beenden

Was sind eigentlich Apps, Anwendungen und Programme?

- Apps im engeren Sinne sind kleine Programme, die für die Fingersteuerung optimiert sind. Sie sind sehr einfach zu bedienen, da sie für bestimmte Aufgaben konzipiert sind und nur über wenige Befehle verfügen. Im Gegensatz dazu werden klassische Büroanwendungen, wie etwa Microsoft Word, manchmal auch als Anwendungen bezeichnet.
- Windows verwendet den Begriff App einheitlich für alle Programme, egal ob es sich um typische Apps, wie beispielsweise den Kalender, oder um komplexe Anwendungen handelt. Dieses Buch schließt sich dem an und verwendet, unabhängig von Funktion und Umfang, den Begriff App.

App (ausgesprochen: Äpp) ist die Abkürzung des englischen Wortes Application, dt. Anwendung, Programm.

So starten Sie eine App

Jede App verfügt über ihr eigenes Symbol, die Größe des Symbols kann allerdings unterschiedlich sein. Damit Sie eine App nutzen können, zum Beispiel mit Microsoft Edge im Internet surfen, müssen Sie diese zunächst durch Antippen oder mit Klick auf das Symbol starten. Die Symbole der meisten Apps sind gleich an mehreren Stellen zu finden, als Beispiel rechts das Symbol der App *Microsoft Edge*, das Sie in der Standardeinstellung im Startmenü ❶, in der Taskleiste ❷ und auf dem Desktop ❸ finden.

Als weitere Möglichkeit bietet sich die Suche an, Näheres hierzu auf Seite 60.

Das Symbol der App Microsoft Edge.

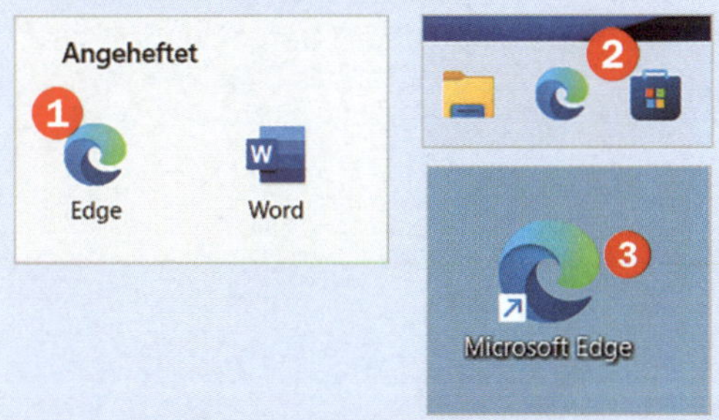

Leider befinden sich in der Taskleiste nicht alle Apps. Falls Sie eine andere App starten möchten, oder das Symbol Microsoft Edge nicht in der Taskleiste Ihres PCs finden, so benutzen Sie das Startmenü. Wie Sie dabei vorgehen, erfahren Sie auf der nächsten Seite.

Achtung: Microsoft Edge kann auch über das Symbol auf dem Desktop gestartet werden. Hierzu ist allerdings ein Doppelklick auf das Symbol erforderlich.

Jede App wird in einem gesonderten Fenster angezeigt, daher auch der Name Windows (dt. Fenster).

Beispiel: Die App Microsoft Edge starten und wieder beenden

Microsoft Edge ist eine App, mit der Sie im Internet surfen können und gleichzeitig fester Bestandteil von Windows. Diese App verwenden wir als Beispiel, um Ihnen zu zeigen, wie Sie eine App starten und wieder beenden.

Möglichkeit 1: Über das Symbol in der Taskleiste starten

Die Taskleiste am unteren Bildschirmrand enthält einige Standardsymbole, darunter auch das Symbol für Microsoft Edge. Also bietet es sich an, dass Sie dieses Symbol benutzen.

1 Klicken oder tippen Sie auf dieses Symbol ❶.

2 Microsoft Edge wird auf dem Desktop in einem Fenster ❷ geöffnet, Dieses Fenster kann den gesamten Bildschirm ausfüllen, es kann aber auch noch ein Teil des Desktophintergrunds sichtbar sein, wie im Bild auf der nächsten Seite.

Was Sie mit Fenstern anstellen können, lesen Sie in diesem Buch unter Punkt 3.6 auf Seite 63.

3 Zum Beenden der App brauchen Sie nur das Fenster schließen. Dazu klicken Sie in der rechten oberen Ecke des Fensters auf das Symbol × ❸.

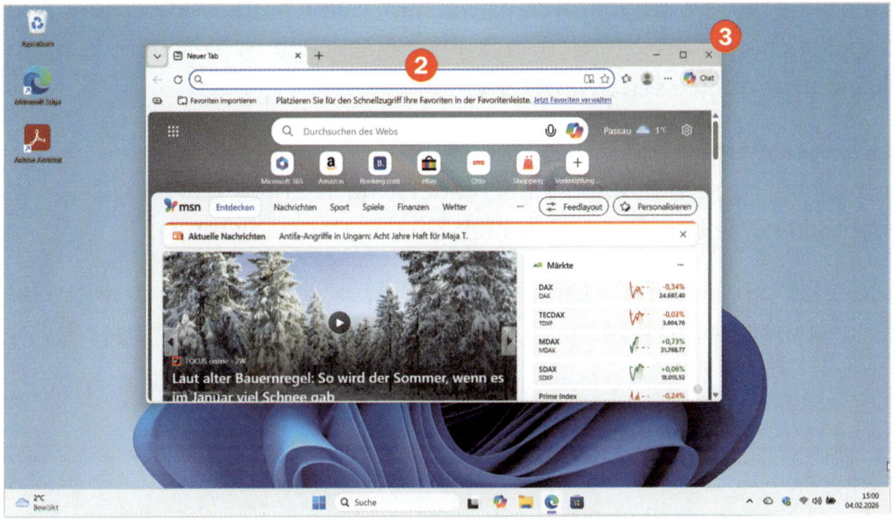

Das Symbol bzw. die Schaltfläche *Schließen* wird rot, wenn Sie mit der Maus darauf zeigen, eventuell erscheint auch der Hinweistext *Schließen*.

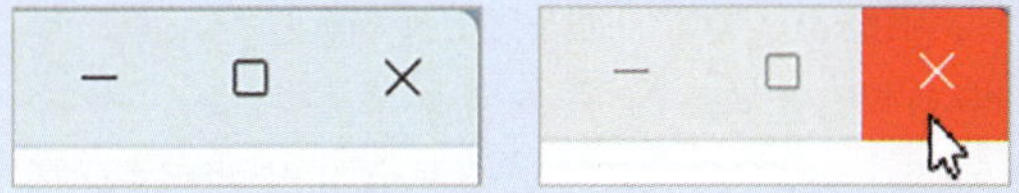

Microsoft Edge zeigt nach dem Öffnen automatisch Empfehlungen und aktuelle Nachrichten an. Wie Sie weitere Informationen anzeigen und welche Möglichkeiten die App noch bietet, lesen Sie in Kapitel 7 dieses Buches.

Möglichkeit 2: Im Startmenü starten

Im Gegensatz zur Taskleiste enthält das Startmenü grundsätzlich alle Apps und Anwendungen, die auf Ihren Gerät installiert sind. Ein weiterer Vorteil des Startmenüs: Die Symbole sind beschriftet. Falls Sie also eine App nicht in der Taskleiste finden, dann benutzen Sie zum Starten das Startmenü.

1 Zuerst öffnen Sie das Startmenü: Klicken oder tippen Sie in der Taskleiste am unteren Bildschirmrand auf das Windows-Logo ❶.

Apps können im Startmenü beliebig angepinnt oder entfernt werden, auch die Reihenfolge ist änderbar. Daher sieht das Startmenü Ihres Geräts vermutlich etwas anders aus, als hier abgebildet.

Das Symbol Microsoft Edge ist allerdings immer gleich, befindet sich aber wahrscheinlich an anderer Stelle.

2 Das Startmenü wird geöffnet. Es weist im Bereich *Angeheftet* mehr oder weniger wichtige Apps auf, darunter meist auch *Edge*. In diesem Fall tippen oder klicken Sie auf dessen Symbol ❷.

Microsoft Edge nicht gefunden?

- Möglicherweise müssen Sie auch zuerst nach unten blättern: Zeigen Sie in den Bereich *Angeheftet* und drehen Sie das Mausrädchen.
- Oder klicken Sie auf *Alle* (Apps) ❸. Wandern Sie danach nach unten bis zum Buchstaben M und tippen oder klicken Sie hier auf *Microsoft Edge* ❹.

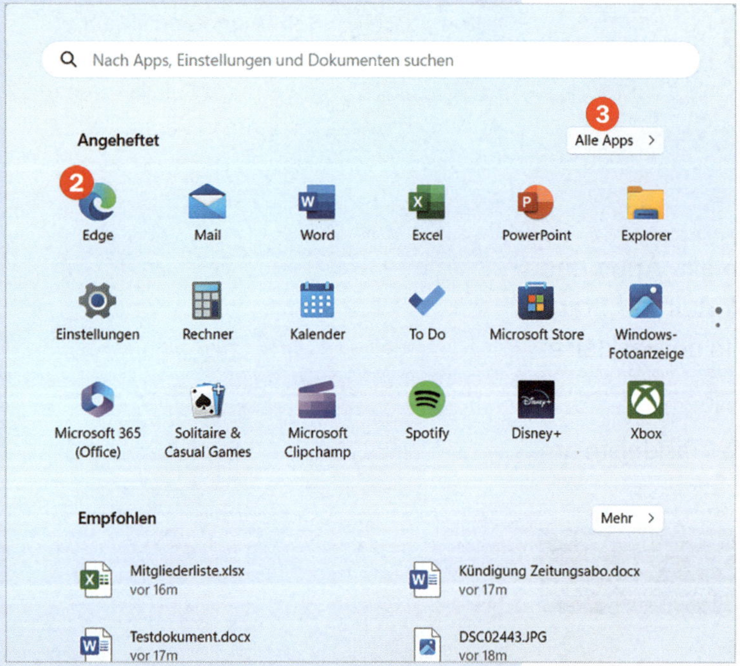

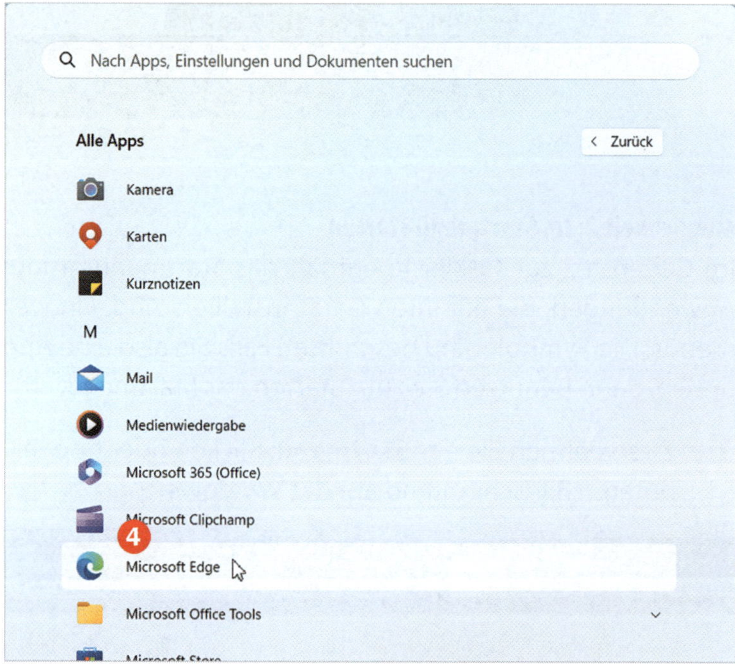

3.4 So finden Sie sich im Startmenü zurecht

Das Startmenü ist die zentrale Stelle, wenn Sie eine bestimmte App suchen und starten möchten, aber auch um Einstellungen Ihres Geräts zu kontrollieren oder zu ändern. Daher sollten Sie sich mit dem Startmenü etwas genauer befassen.

Startmenü öffnen

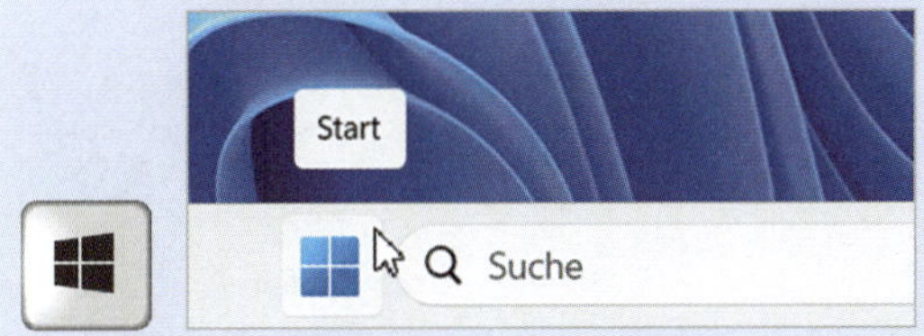

☛ Sie öffnen das Startmenü, indem Sie auf das Windows-Logo in der Taskleiste am unteren Bildschirmrand klicken oder tippen. Oder betätigen Sie auf der Tastatur Ihres Geräts die Taste mit dem Windows-Logo. Das Startmenü verschwindet automatisch wieder, sobald Sie eine App starten.

Startmenü schließen

☛ Sollten Sie das Startmenü versehentlich geöffnet haben, dann klicken Sie zum Schließen erneut auf das Windows-Logo oder auf eine freie Stelle des Desktops. Auch die Esc-Taste oder die Windows-Taste der Tastatur schließen das Startmenü wieder.

Die Bereiche des Startmenüs

Das Startmenü besteht aus folgenden Bereichen (s. Bild auf der nächsten Seite):

- **Angeheftet**: Der Bereich *Angeheftet* ❶ gehört Ihnen, hier heften Sie wichtige und häufig benötigte Apps an, die Sie dann durch Anklicken oder Antippen starten. In der Voreinstellung finden Sie hier allerdings auch manches, was Sie nicht benötigen. Wie Sie diesen Bereich nach Ihren persönlichen Bedürfnissen gestalten, lesen Sie in Kapitel 6.

Achtung: Meist enthält der Bereich *Angeheftet* mehr Apps, als auf Anhieb sichtbar sind. Der Rest erscheint, wenn Sie mit der Maus in diesen Bereich zeigen und das Mausrädchen drehen. Oder tippen oder klicken Sie auf die Punkte am rechten Rand, wie im Bild unten.

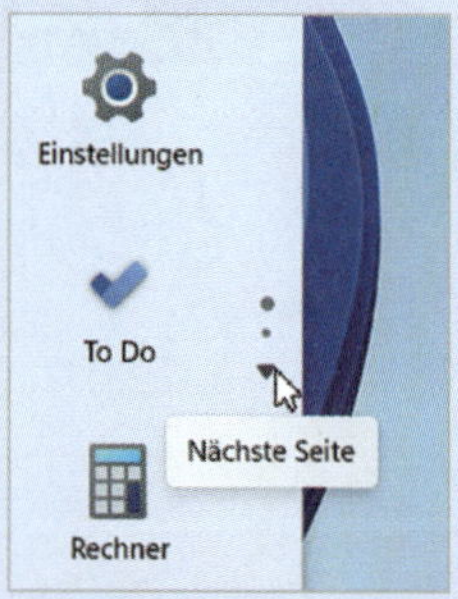

Ganz oben im Startmenü finden Sie auch noch ein Suchfeld über das Sie eine App suchen können. Allerdings öffnet sich beim Klicken oder Tippen in dieses Feld die Windows-Suche, Näheres hierzu lesen Sie weiter unten auf Seite 60.

- **Alle Apps**: Um alle, auf dem Computer vorhandenen Apps in einer alphabetischen Liste zu erhalten, klicken oder tippen Sie auf *Alle* ❷.

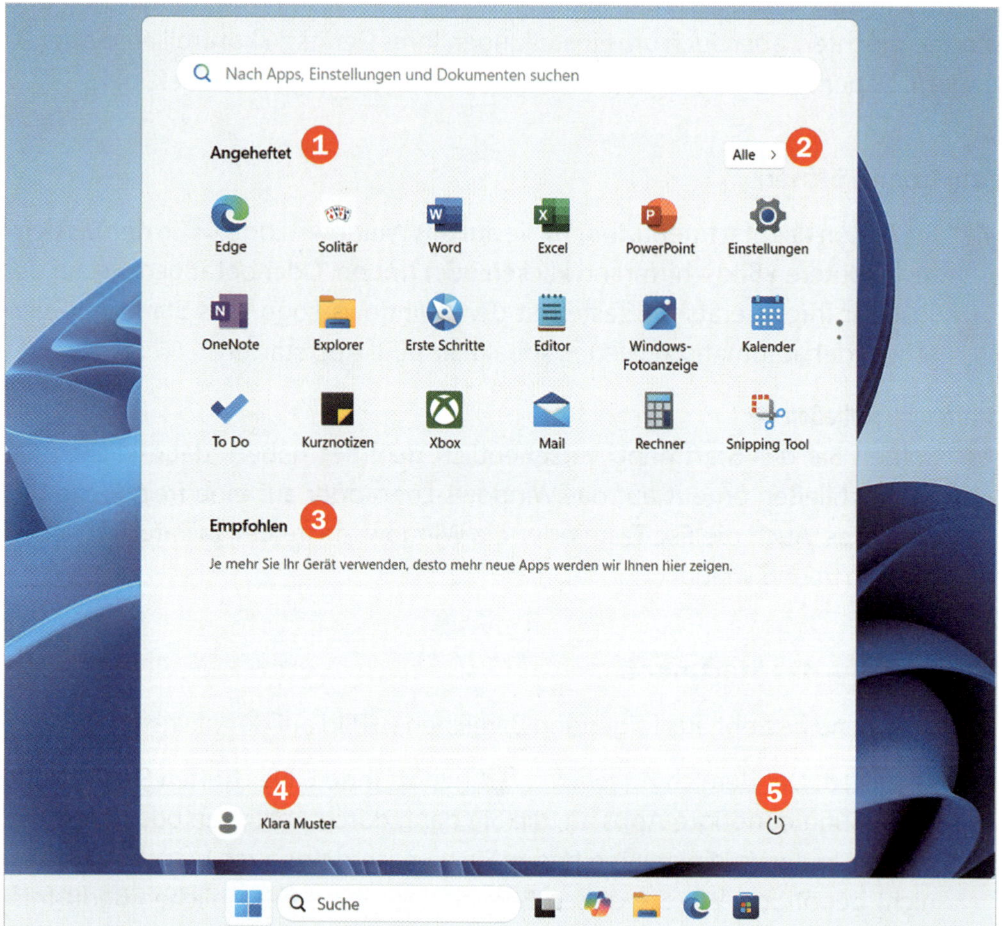

- **Empfohlen**: Dieser Bereich ❸ listet zuletzt geöffnete Dateien und kürzlich neu installierte Apps auf.
- Ganz unten im Startmenü finden Sie links Ihren Namen ❹ mit dem Sie angemeldet sind und rechts den Schalter *Ein/Aus* ❺ mit dem Sie den Computer herunterfahren oder in den Energiesparmodus versetzen. Näheres hierzu lesen Sie auf Seite 84.

App im Startmenü starten
Egal, an welcher Stelle des Startmenüs sich die gesuchte App befindet. Zum Starten der App tippen oder klicken Sie einfach auf deren Symbol.

Alle Apps durchsuchen

Im Gegensatz zum Bereich *Angeheftet* finden Sie in der Liste *Alle* alle, auf dem PC vorhandenen Apps in alphabetischer Reihenfolge.

☛ Zum Anzeigen der Liste klicken Sie im Startmenü auf *Alle* ❶.

Manche Apps können auch in Gruppen bzw. Ordnern zusammengefasst sein. Diese erkennen Sie am gelben Ordnersymbol ❷ und am, nach unten weisenden, Pfeil ganz rechts, wie im Bild der Ordner *Barrierefreiheit*.

Klicken Sie auf den Ordner, um unterhalb und eingerückt die dazugehörigen Apps anzuzeigen ❸. Ein weiterer Klick auf den Ordner blendet den Ordnerinhalt wieder aus.

Hinweis: Da diese Liste sehr umfangreich ist, müssen Sie den sichtbaren Ausschnitt verschieben (scrollen), wenn Sie weitere Apps sehen möchten. Zeigen Sie mit der Maus in die Liste und drehen Sie das Mausrädchen. Oder benutzen Sie den alphabetischen Index, siehe nächste Seite.

Mit Klick auf *Zurück* ❹ gelangen Sie wieder zurück zu den angehefteten Apps.

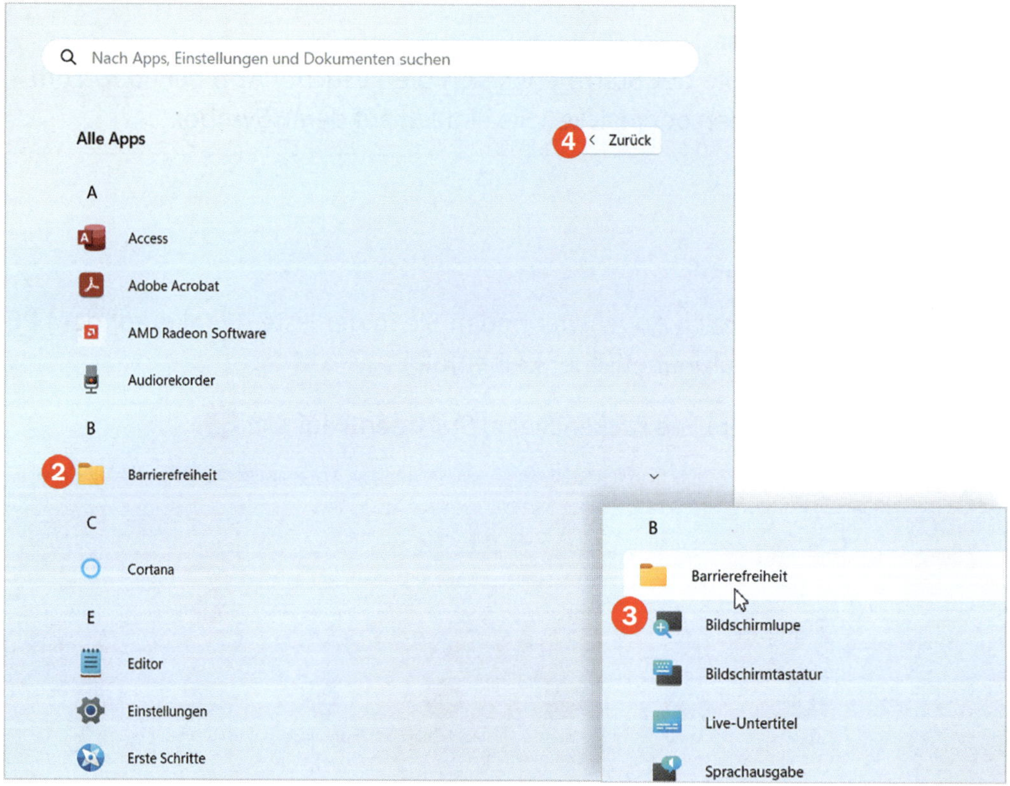

Tipp: Alphabetischen Index nutzen

Wenn Sie in der alphabetischen Liste schnell zu einem bestimmten Buchstaben springen möchten, dann benutzen Sie den Index:

1 Klicken Sie auf einen beliebigen Buchstaben als Überschrift, z. B. A ❶.

2 Statt der Liste erscheint ein alphabetischer Index. Klicken Sie auf den gewünschten Anfangsbuchstaben, z. B. W, wenn Sie das Schreibprogramm Word suchen ❷.

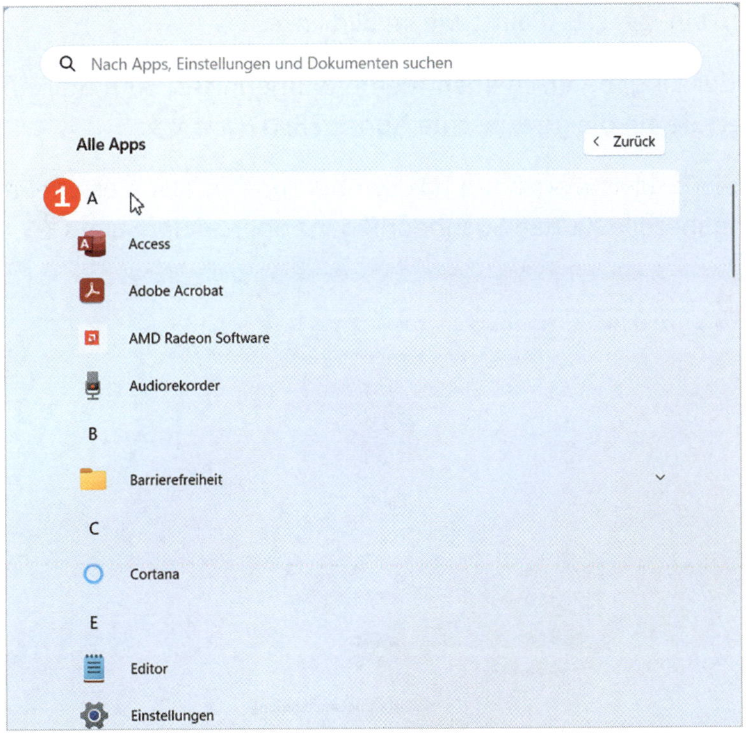

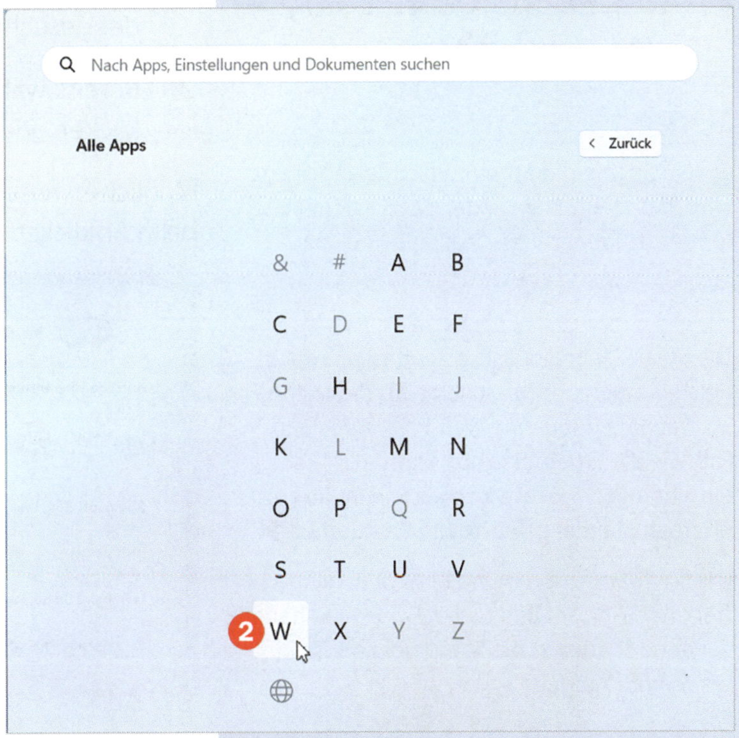

Hinweis: Apps in Ordnern werden auf diesem Weg nicht gefunden. In solchen Fällen benutzen Sie besser die Suche, siehe weiter unten.

3.5 Apps suchen

Wenn die gesuchte App nicht im Startmenü angeheftet ist, führt der schnellste und einfachste Weg über die Windows-Suche. Auch Apps, die sich im Startmenü in Ordnern verstecken, wie z. B. das beliebte Mal- und Bildbearbeitungsprogramm *Paint* oder finden Sie mit dieser Methode.

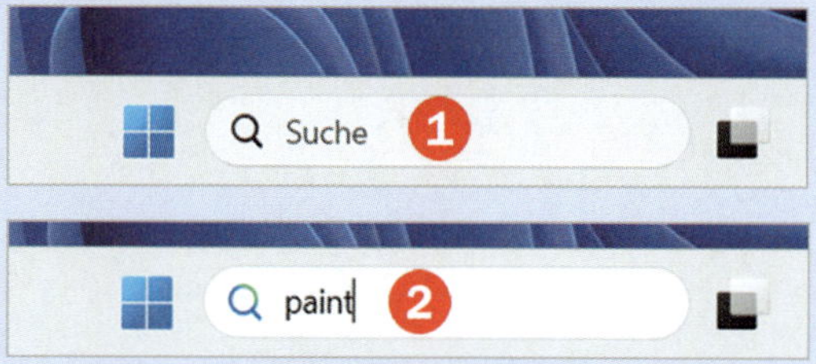

1 Klicken Sie in der Leiste am unteren Bildschirmrand auf *Suche* bzw. das Symbol *Lupe* ❶ und tippen Sie über die Tastatur die ersten Zeichen des Namens der gesuchten App ein ❷, z. B. „Paint“ wie im Bild links.

2 Bereits während der Eingabe erscheinen mehrere Ergebnisse. Zum Starten klicken oder tippen Sie auf die gewünschte App, im Bild *Paint* ❸.

Ob ein Suchfeld oder nur die Lupe angezeigt wird, das steuern Sie in den Taskleisteneinstellungen. Näheres hierzu auf Seite 86.

Möglicherweise zeigt die Taskleiste auch nur das Symbol *Lupe* an. Dann erscheint beim Anklicken die Eingabezeile für den Suchbegriff ganz oben in der Suche ❺.

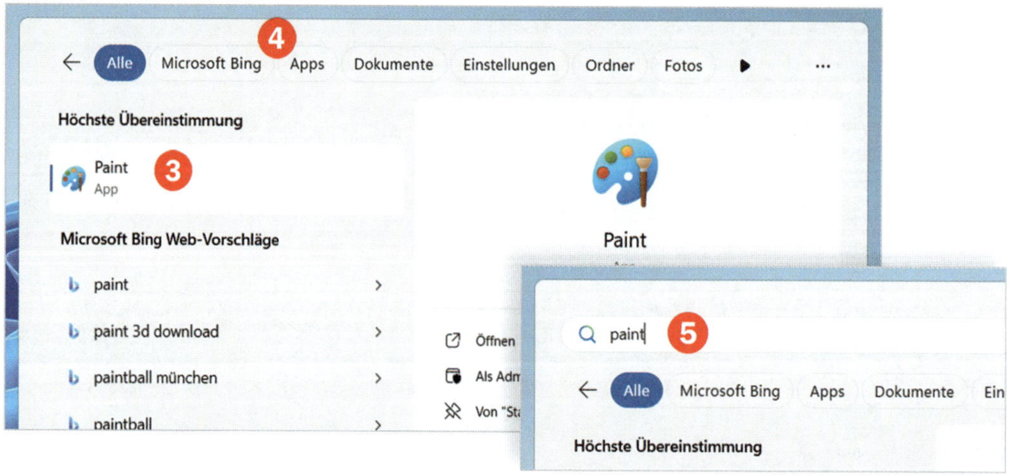

Die Suchergebnisse listen neben Apps auch Einstellungen und Vorschläge für die Suche im Web (*Microsoft Bing Web-Vorschläge*) auf. Falls Sie die Ergebnisse auf Apps oder Web einschränken möchten, so klicken in der Leiste oberhalb auf die gewünschte Kategorie ❹.

Höchste Übereinstimmung bedeutet, die betreffende App, im Bild rechts *Paint*, wird häufig verwendet oder ist die Standard-App für eine bestimmte Aufgabe.

Tipps und Hinweise zur Suche

Das Suchfeld, das sich oberhalb nach einem Klick auf *Suche* öffnet, bietet auch ohne vorherige Eingabe eines Suchbegriffs verschiedene Möglichkeiten an. Das genaue Aussehen hängt von den jeweiligen Einstellungen ab.

- Unter *Zuletzt verwendet* finden Sie zuletzt verwendete Suchbegriffe sowie verschiedene beliebte Apps ❶, die Sie durch Anklicken starten können.
- Rechts präsentiert Ihnen die Suche ein Thema des Tages und ein Klick darauf oder auf *Mehr erfahren* ❷ öffnet Microsoft Edge mit dem vollständigen Inhalt. Haben Sie eine Frage zum Thema, so klicken Sie auf *Copilot fragen* und tippen dann Ihre Frage ein. Mit den Pfeilen ❸ oben blättern Sie durch die letzten Tage.

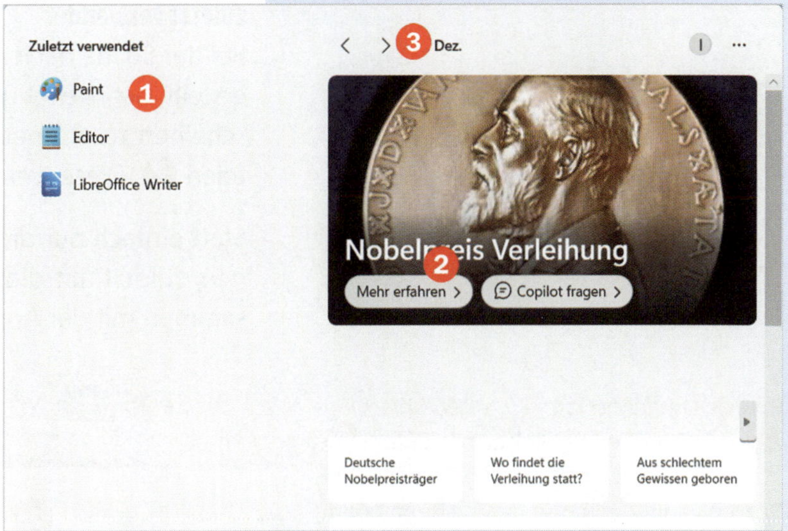

Vielleicht sieht der rechte Bereich des Suchfeldes aber auch aus, wie im Bild rechts:

- Dann sehen Sie hier die *Schnellsuche* ❹ mit verschiedenen Geräteeinstellungen, z. B. *Anzeigeeinstellungen* oder *Sucheinstellungen*. Diese können Sie durch Anklicken schnell anzeigen und ändern.
- Unter *Top-Apps* ❺ finden Sie die wichtigsten, auf Ihrem Gerät installierten Apps die Sie ebenfalls durch Anklicken starten.

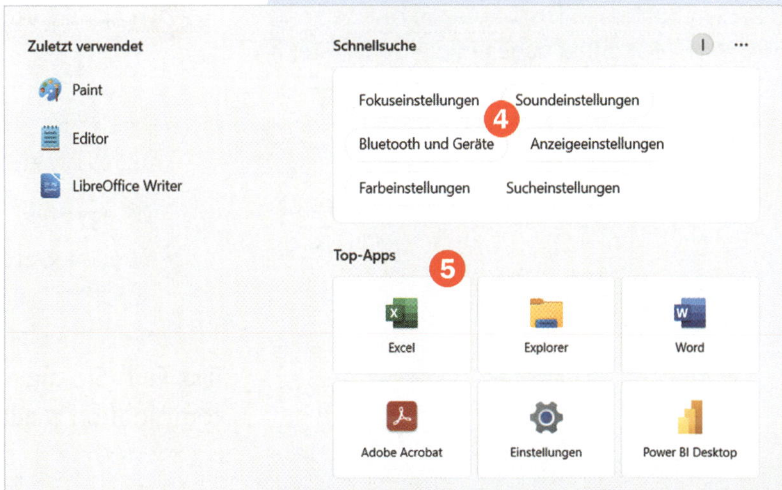

Hinweis: Unter *Microsoft Bing Web-Vorschläge* ❸ erhalten Sie mit Klick auf den Pfeil ❹ statt der zuletzt verwendeten Dateien eine Vorschau auf die Treffer der Suche mit dem Suchdienst Bing. Ein Klick direkt auf einen, mit dem Symbol für Bing (b) gekennzeichneten Suchvorschlag öffnet dagegen die Trefferliste in Ihrem Standardbrowser, meist Microsoft Edge.

Zuletzt verwendet

Bei der Suche nach Apps, mit denen Dateien, wie z. B. Textdokumente oder Bilder erstellt, bearbeitet und gespeichert werden können, hier als Beispiel Word ❶, erscheinen zusammen mit den Suchergebnissen auch die zuletzt verwendeten Dateien ❷. Diese werden beim Anklicken mit der betreffenden App geöffnet.

Statt einfach nur die App zu starten, könnten Sie also beispielsweise auch auf einen, zuletzt mit dieser App geschriebenen Brief klicken und dadurch diesen zusammen mit der App wieder anzeigen und weiter bearbeiten.

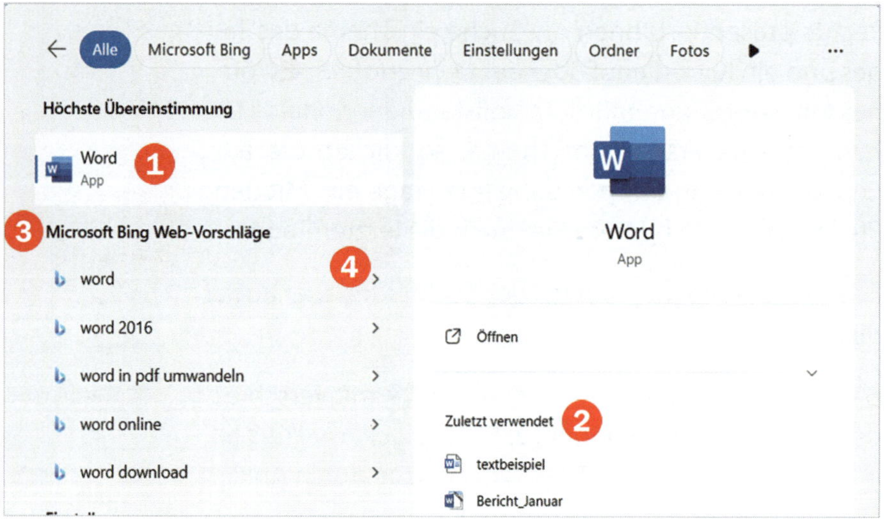

Tipp: Falls Sie die Suche häufig nutzen, können Sie diese auch mit der Tastenkombination **Windows+S** öffnen.

3.6 Fenster und Fenstertechniken

Jede App wird in einem eigenen Fenster auf dem Desktop geöffnet; daher spricht man auch vom Öffnen einer App und beim Beenden vom Schließen. Ein Fenster kann jede beliebige Größe annehmen oder auch gleich den gesamten Bildschirm ausfüllen (Vollbild). Hingegen sind Aufbau und Bedienung der Fenster immer gleich, als Beispiel die App *Microsoft Edge*:

- Starten Sie *Microsoft Edge*, z. B. mit einem einfachen Klick auf das Symbol in der Taskleiste oder mit Doppelklick auf das Symbol auf dem Desktop.

Die App wird geöffnet, meist ist auf dem Bildschirm auch noch ein Teil des Desktophintergrunds sichtbar, wie im Bild unten links unten. Gelegentlich füllt das Fenster aber auch den gesamten Bildschirm aus wie im Bild rechts daneben. Gleichzeitig wird in der Taskleiste das Symbol *Microsoft Edge* im Gegensatz zu den übrigen Symbolen heller und unterstrichen hervorgehoben.

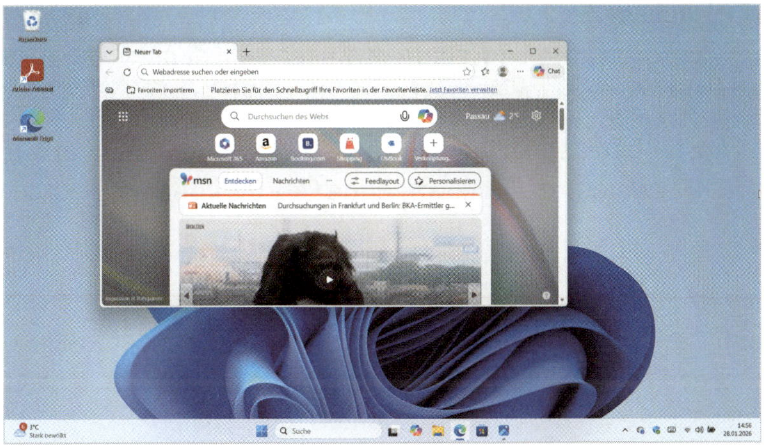

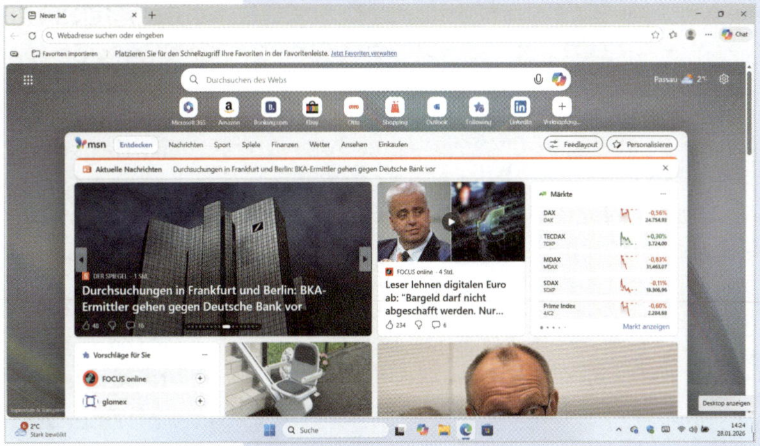

Fenster schließen, Größe ändern

Jedes Fenster besitzt am oberen Rand eine Titelleiste mit dem Namen der jeweiligen App. Ganz rechts befinden sich in dieser Leiste drei wichtige Symbole bzw. Schaltflächen, mit denen Sie die Fenstergröße steuern.

Die Farbe der Titelleiste ist abhängig von der jeweiligen App und kann auch blau, rot, grün oder weiß sein.

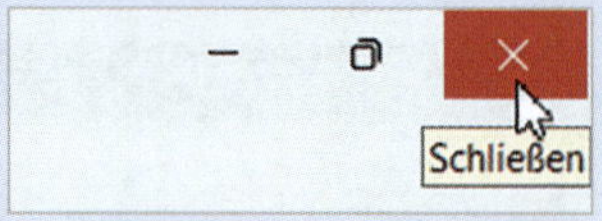

Fenster schließen, App beenden

- Klicken Sie auf das rechte der drei Symbole ❶ (*Schließen*, auch erkennbar am x). Wenn Sie eine Maus benutzen, dann wird die Schaltfläche rot, wenn Sie darauf zeigen. Mit dem Schließen des Fensters wird die dazugehörige App beendet.

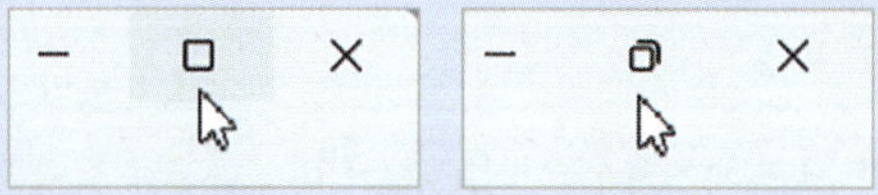

Achtung: Beim Zeigen auf diese beiden Symbole erscheinen verschiedene Layouts zum Anordnen mehrerer Fenster. Näheres hierzu lesen Sie auf Seite 68.

Fenster verkleinern und vergrößern

- Wenn das Fenster den gesamten Bildschirm ausfüllen soll, dann klicken Sie auf das mittlere der drei Symbole ❷ (Fenster maximieren).

  Ist dagegen das Fenster bereits maximiert, dann sieht dieses Symbol etwas anders aus und ein Klick darauf stellt die vorherige Fenstergröße wieder her.

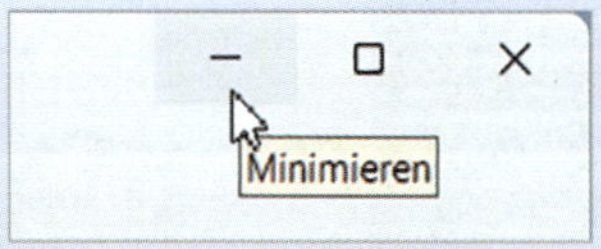

Fenster minimieren

- Mit Klick auf *Minimieren* ❸ wird das Fenster nicht geschlossen, sondern verschwindet nur vom Desktop. Da das Symbol der App weiterhin in der Taskleiste verbleibt, brauchen Sie hier nur auf dieses Symbol klicken, um das Fenster in seiner vorherigen Größe wieder auf dem Desktop herzustellen.

Fenstergröße und -position mit der Maus anpassen

Wenn ein Fenster nicht den gesamten Bildschirm ausfüllt, dann können Sie es mit der Maus in jede beliebige Höhe und Breite ziehen.

1 Zeigen Sie dazu mit der Maus an eine beliebige Stelle der Fensterumrandung und beobachten Sie den Mauszeiger.

2 Sobald anstelle des Mauszeigers ein Doppelpfeil erscheint, drücken Sie die linke Maustaste und halten diese gedrückt, während Sie die Maus in eine der beiden Richtungen bewegen. Lassen Sie die Maustaste erst los, wenn das Fenster die gewünschte Größe erreicht hat.

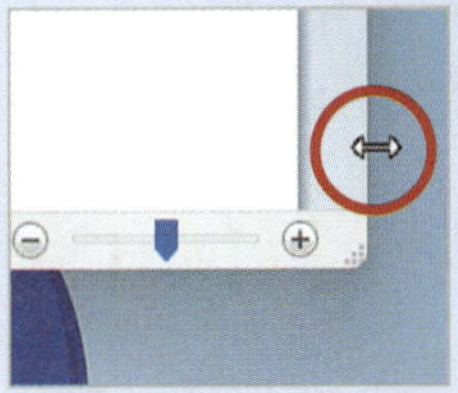

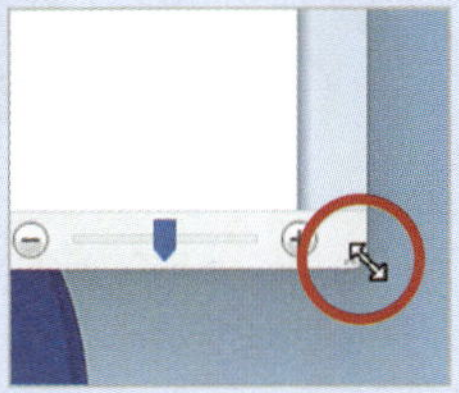

Dies funktioniert an jeder Seite und auch in den Ecken: hier erhalten Sie als Mauszeiger einen diagonalen Doppelpfeil und verändern Breite und Höhe gleichzeitig.

Fenster verschieben

☛ Zeigen Sie an eine freie Stelle in der Titelleiste des Fensters. Drücken Sie dann die linke Maustaste und ziehen Sie mit gleichzeitig gedrückter Maustaste das Fenster an die gewünschte Stelle.

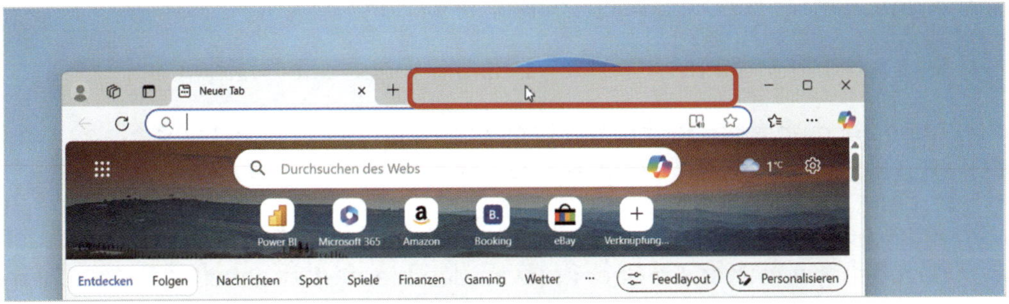

Achtung: Dies funktioniert nur, wenn das Fenster nicht den gesamten Bildschirm ausfüllt! Fenster im Vollbildmodus können nicht verschoben werden!

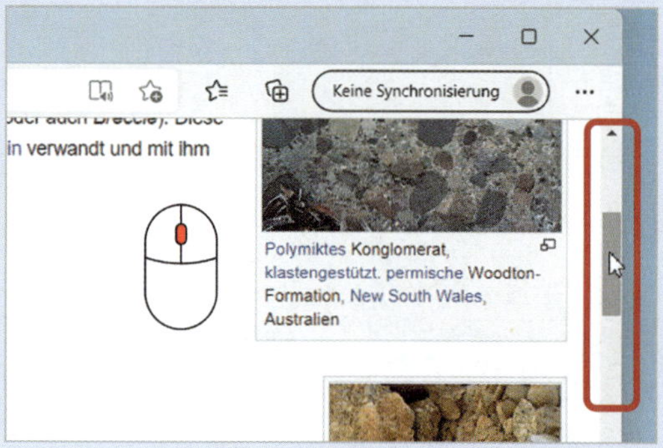

Durch den Fensterinhalt scrollen

Manchmal reicht auch im Vollbildmodus die Größe eines Fensters nicht aus, um den gesamten Inhalt anzuzeigen, z. B. Webseiten im Internet.

- Zeigen Sie mit der Maus in das Fenster und drehen Sie das Mausrädchen. Der sichtbare Bereich des Fensters wird nach oben oder unten verschoben, dies bezeichnet man auch als Scrollen. Bei einem Touchscreen wischen Sie einfach in die gewünschte Richtung.
- Oder zeigen Sie an den rechten Rand des Fensters. Hier erscheint, wie im Bild links, eine vertikale Bildlaufleiste, die Sie mit gedrückter linker Maustaste nach oben oder unten verschieben.

3.7 So haben Sie mehrere geöffnete Fenster im Griff

Oft werden gleich mehrere Apps gleichzeitig benötigt, beispielsweise wenn Sie einen Brief schreiben und zwischendurch im Internet die korrekte Schreibweise eines Wortes nachschlagen möchten. Vielleicht möchten Sie dazwischen auch noch schnell Ihre E-Mails checken. Dazu sollten Sie wissen:

- Fenster können auf dem Desktop beliebig angeordnet werden.
- Auch bei mehreren geöffneten Fenstern ist immer nur ein Fenster bzw. eine App aktiv und somit im Vordergrund.
- Jedes geöffnete Fenster erscheint auch in der Taskleiste mit dem Symbol der dazugehörigen App. Im Gegensatz zu den hier fest angehefteten App-Symbolen, sind die Symbole geöffneter Apps unterstrichen hervorgehoben.

Zwischen geöffneten Apps wechseln

☛ Ist das Fenster der App im Hintergrund sichtbar, dann klicken oder tippen Sie einfach in das Fenster, um es in den Vordergrund zu holen.

Hier als Beispiel die Apps Windows Fotoanzeige und Rechner:

Im linken Bild befindet sich die App Rechner im Vordergrund, im rechten Bild die Windows Fotoanzeige.

Die Taskleiste benutzen

☛ Als zweite Möglichkeit klicken Sie in der Taskleiste auf das Symbol der gewünschten App.

Tipp: Zeigen Sie mit der Maus auf ein Symbol, so erhalten Sie eine Miniaturvorschau auf das Fenster, wie im Bild unten.

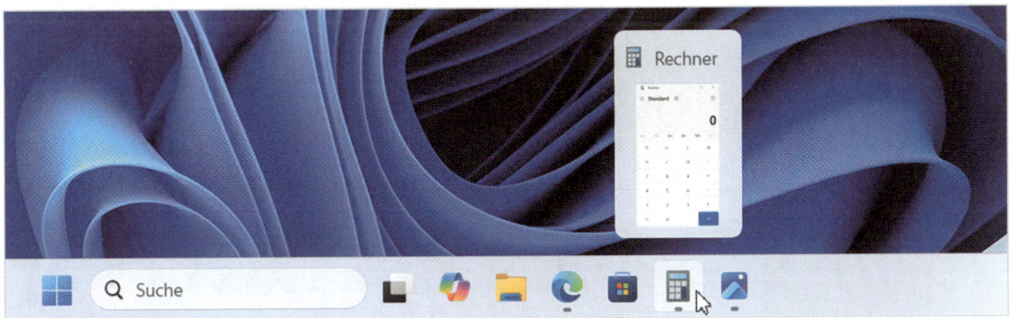

Von manchen Apps, zum Beispiel Windows Fotoanzeige, können auch mehrere Fenster gleichzeitig geöffnet sein, dann sehen Sie beim Zeigen auf das Symbol eine Vorschau auf alle Fenster der App, wie im Bild unten. Klicken Sie zum Anzeigen in die gewünschte Vorschau.

Info: Snap (ausgesprochen Snäp) bedeutet auf deutsch unter anderem „einrasten".

Fenster mit Snap Layouts automatisch anordnen

Wenn Sie schnell zwei oder mehr geöffnete Fenster auf dem Desktop anordnen möchten, dann bieten sich die Snap Layouts, d. h. verschiedene Varianten der Aufteilung des Bildschirms an. So geht's:

Möglichkeit 1

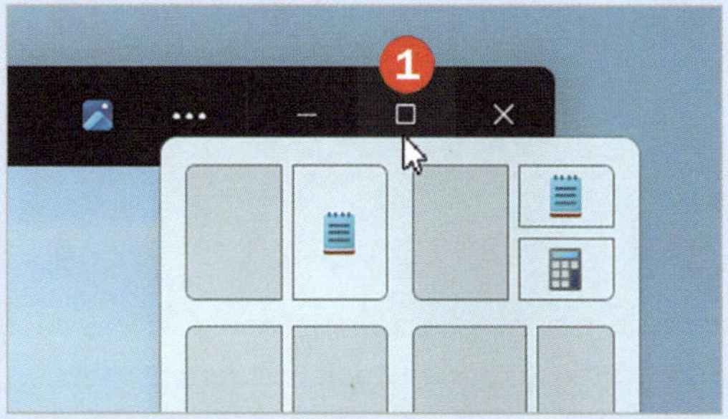

1 Zeigen Sie mit der Maus in der Titelleiste eines geöffneten Fensters in der oberen rechten Ecke auf das Symbol *Fenster verkleinern* bzw. *maximieren* ❶.

2 Es erscheinen vier verschiedene Möglichkeiten zum Anordnen der Fenster, klicken Sie im gewünschten Layout auf eine Position, z. B. links ❷.

Hinweis: Die Zahl der angebotenen Snap Layouts ist abhängig von Monitorgröße und Bildschirmauflösung. Auf Notebooks mit relativ kleinen Displays ist daher möglicherweise nur ein Aufteilen in zwei Bildschirmhälften möglich.

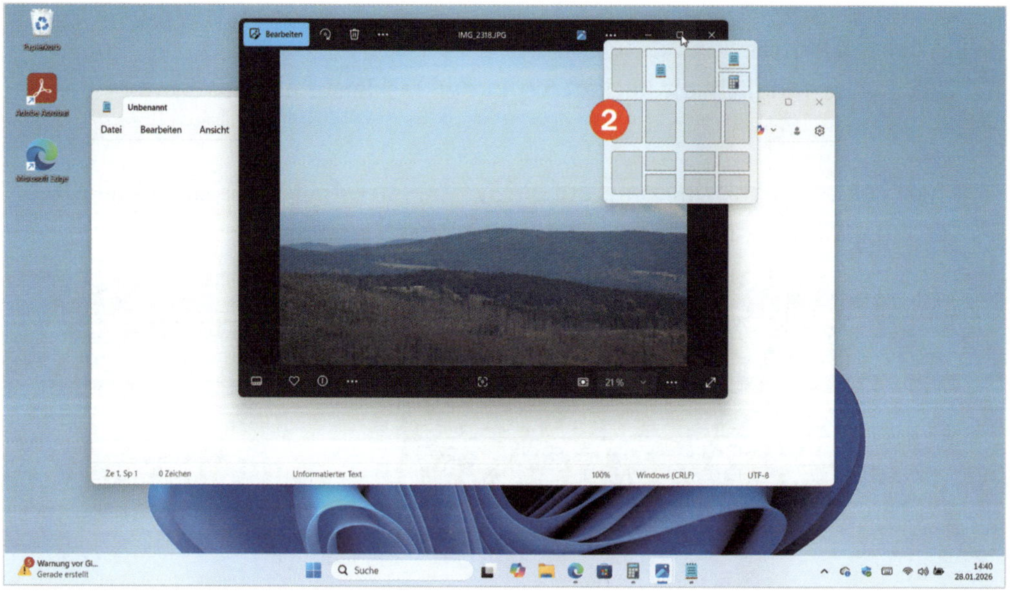

3 Das Fenster füllt jetzt die gewählte Bildschirmhälfte aus. Gleichzeitig erscheinen im nächsten Bereich des Layouts ❸ die übrigen Fenster als Miniaturansichten. Klicken Sie in das Fenster, das diesen Bereich ausfüllen soll. Genauso verfahren Sie mit den weiteren Bereichen

Tastenkombination: Die Snap Layouts lassen sich auch mit der Tastenkombination **Windows+Z** aufrufen.

Fenstergröße wiederherstellen

Auf diese Weise angeordnete Fenster lassen sich später wieder beliebig vergrößern, verkleinern oder verschieben. Damit das Fenster seine vorherige Größe und Position zurückerhält, brauchen Sie es nur wieder mit gedrückter linker Maustaste über die Titelleiste aus seiner Verankerung ziehen.

Möglichkeit 2

Während Sie ein Fenster verschieben, erscheint am oberen Rand des Bildschirms eine graue Leiste ❶: Ziehen Sie das Fenster hierhin, so erscheinen ebenfalls die verschiedenen Layouts und Sie brauchen nur das Fenster in eines der Layouts und an die gewünschte Position ❷ ziehen.

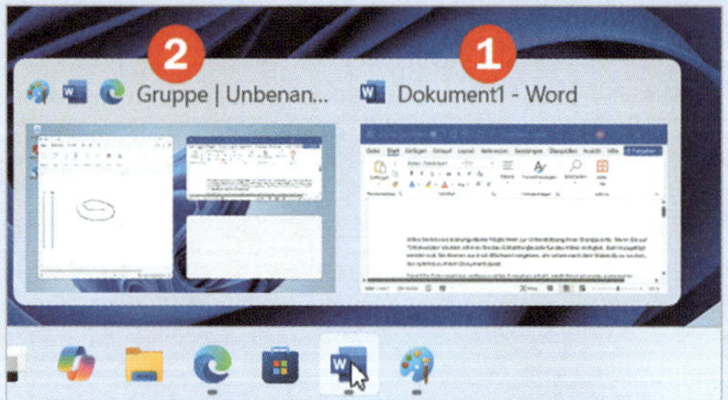

Tipp: Mit Klick auf das Schließen-Symbol der Gruppe schließen Sie gleichzeitig alle Fenster dieser Gruppe.

Tipp: Snap Layout Gruppen

Fenster, die mit einem Snap Layout angeordnet wurden, bilden eine Snap Gruppe. Diese kann über die Taskleiste auch komplett in den Vordergrund geholt werden. Ein Beispiel sehen Sie im Bild links: Hier bilden die Apps Fotoanzeige, Word und Microsoft Edge eine Snap Gruppe.

- Zeigen Sie in der Taskleiste auf das Symbol einer App aus dieser Gruppe, z. B. *Word*, so erscheint neben der Miniaturansicht von Word ❶ auch die dazugehörige Gruppe ❷. Um alle Fenster der Gruppe gleichzeitig auf den Desktop zu holen, klicken Sie in die Vorschau der Gruppe. Mit Klick auf die Word-Vorschau dagegen erscheint nur dieses Fenster auf dem Desktop.

Apps auf mehreren Desktops verwalten

Bei einer Vielzahl geöffneter Fenster kann es auf dem Desktop trotz Taskleiste schnell unübersichtlich werden. Für solche Fälle bietet sich ein zweiter Desktop an und Sie können beispielsweise Apps nach ihrer Funktion, z. B. Büroanwendungen, Kommunikation oder Spiele auf zwei oder mehr Desktops verteilen.

Falls Sie versehentlich auf das Symbol *Taskansicht* geklickt haben, schließen Sie diese mit der **Esc**-Taste oder einem erneuten Klick auf das Symbol wieder.

Neuen Desktop hinzufügen

1 Klicken oder tippen Sie in der Taskleiste auf das Symbol *Aktive Anwendungen* bzw. *Taskansicht* ❶ und danach auf *Neuer Desktop* ❷.

Tipp: Dies funktioniert auch, wenn Sie in der Taskleiste auf das Symbol *Taskansicht* nur zeigen (Bild rechts) und in der Vorschau auf *Neuer Desktop* klicken.

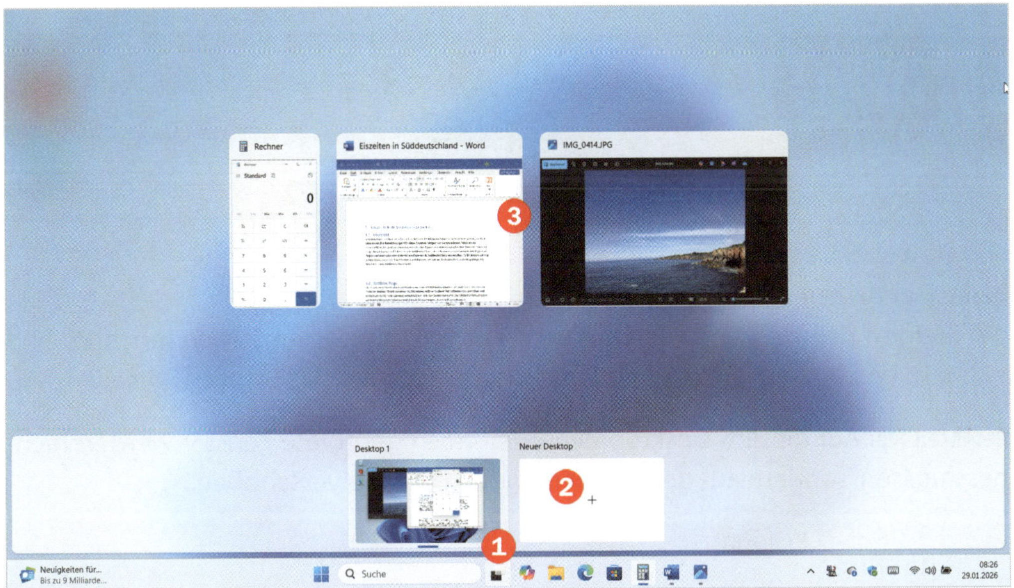

Oberhalb ❸ sehen Sie in der Ansicht *Aktive Anwendungen* vor dem inaktiven Hintergrund alle geöffneten Fenster des aktuellen Desktops. Durch Anklicken können Sie auch in dieser Ansicht ein Fenster in den Vordergrund holen, allerdings wesentlich umständlicher als auf dem Weg über die Taskleiste.

2 Der neu hinzugefügte, noch leere Desktop erscheint auf dem Bildschirm und Sie können hier Apps nach Belieben öffnen.

3 Wenn Sie wieder zurück zum ersten Desktop wechseln möchten, dann zeigen oder klicken Sie in der Taskleiste erneut auf das Symbol *Aktive Anwendungen* und klicken auf *Desktop 1* ❹.

Genauso wechseln Sie auch wieder zu *Desktop 2* ❺. Mit Klick auf *Neuer Desktop* können Sie jederzeit noch weitere Desktops hinzufügen.

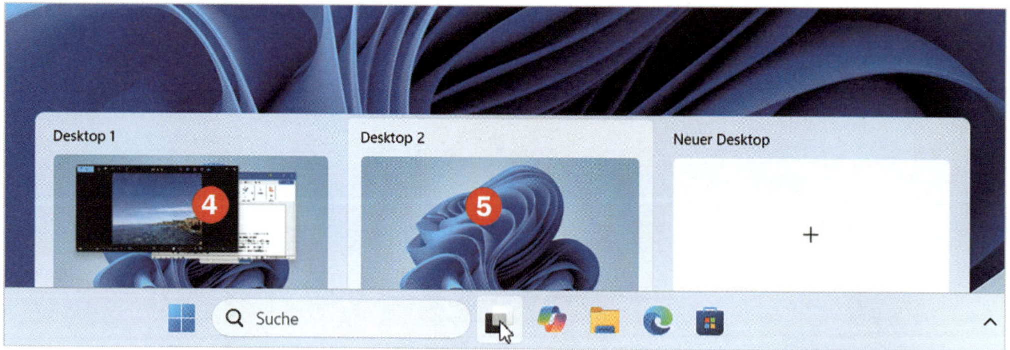

Desktop entfernen

Zeigen Sie in der Vorschau auf den Desktop, den Sie entfernen möchten und klicken Sie dann in dessen rechter oberer Ecke auf das Symbol *Schließen*.

Beachten Sie: Auf diesem Desktop eventuell noch geöffnete Fenster werden nicht geschlossen, sondern auf den verbleibenden Desktop verschoben.

Die Desktops werden in der Standardeinstellung der Reihe nach durchnummeriert mit *Desktop 1*, *Desktop 2*, *Desktop 3* usw.. Zur besseren Unterscheidung können Sie die Desktops aber auch umbenennen und oder mit einem anderen Hintergrundbild versehen. Näheres hierzu auf der nächsten Seite.

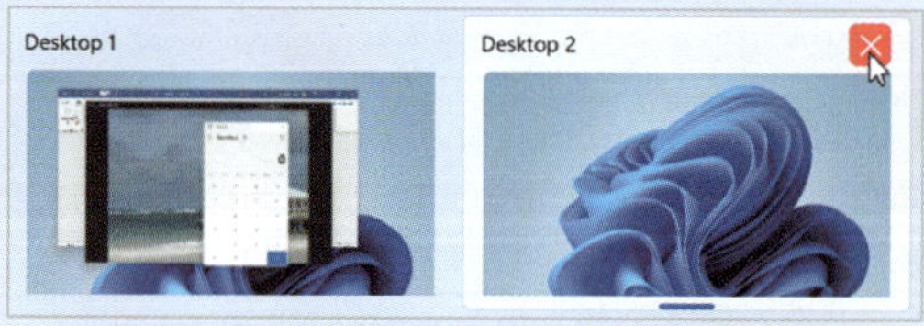

Desktop umbenennen

1 Klicken Sie in der Vorschau oder in der Ansicht *Aktive Anwendungen* mit der rechten Maustaste auf den Desktop, dessen Namen Sie ändern möchten und wählen Sie *Umbenennen* ❶.

2 Der Name des Desktops (im Bild *Desktop 2*) wird blau hinterlegt. Tippen Sie den neuen Namen über die Tastatur ein und schließen Sie mit der Eingabetaste ab.

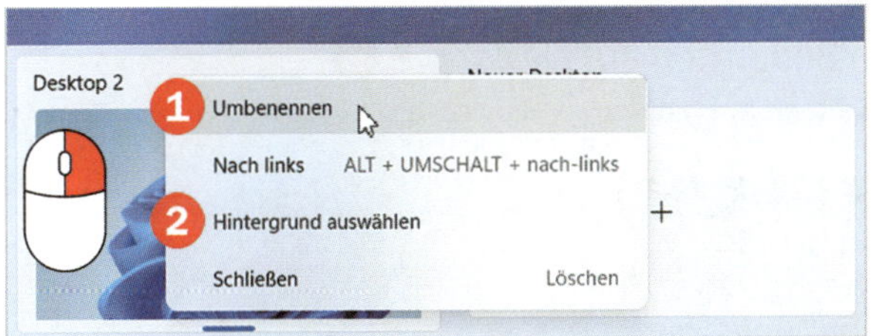

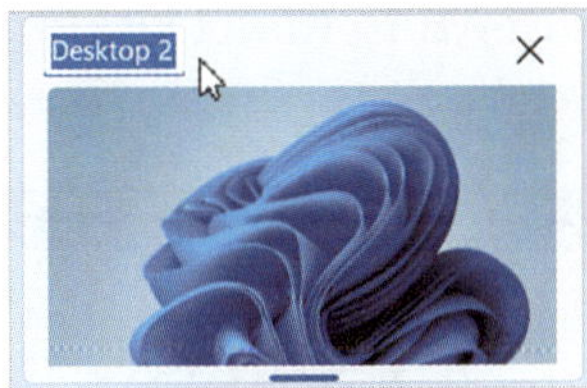

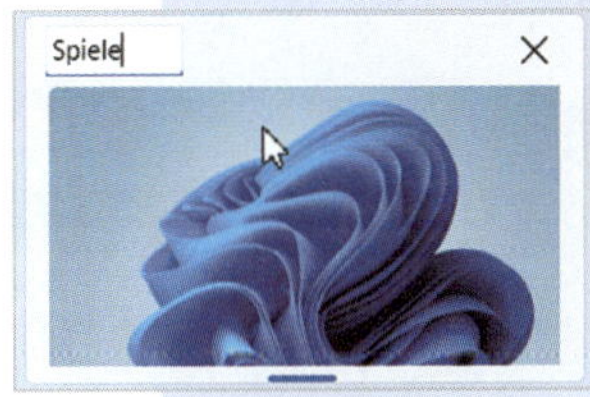

Hintergrundbild ändern

1 Klicken Sie ebenfalls mit der rechten Maustaste, siehe Bild oben, auf den Desktop, dessen Hintergrundbild Sie ändern möchten und auf *Hintergrund auswählen* ❷.

2 Es öffnen sich die Systemeinstellungen von Windows, klicken Sie auf das gewünschte Hintergrundbild ❸.

Wie Sie noch weitere oder eigene Bilder als Hintergrund auswählen, lesen Sie detailliert in Kapitel 6.4 nach.

Geöffnete Fenster zwischen den Desktops verschieben

So verschieben Sie ein bereits geöffnetes Fenster auf einen anderen Desktop:

1. Wechseln Sie zu dem Desktop, auf dem das Fenster geöffnet ist, das Sie verschieben möchten und klicken Sie in der Taskleiste auf das Symbol .
2. Im oberen Bereich sehen Sie Miniaturansichten aller hier geöffneten Fenster. Klicken Sie mit der rechten Maustaste in das zu verschiebende Fenster ❶.
3. Wählen Sie den Befehl *Verschieben nach* ❷ und klicken Sie rechts davon auf den gewünschten Desktop, im Bild unten auf *Desktop 2* ❸.

Tipp: Mit der Auswahl *Neuer Desktop* können Sie auch einen neuen Desktop hinzufügen und die App dorthin verschieben.

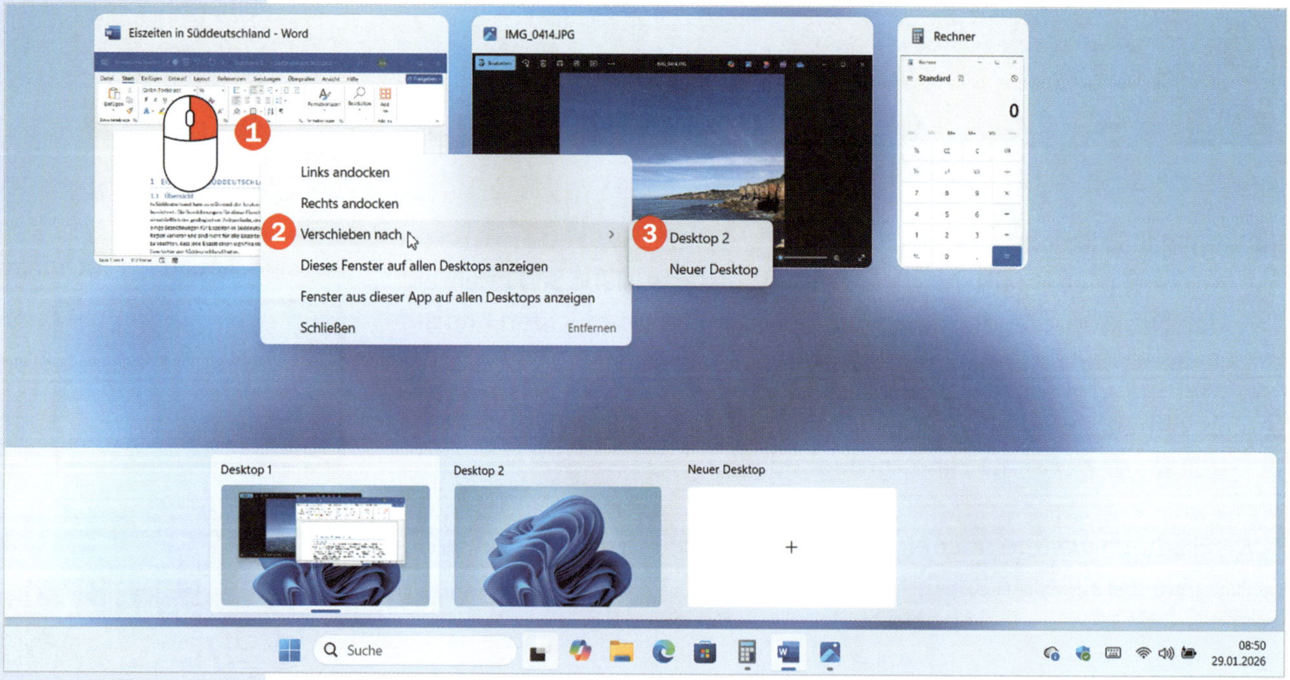

Im Kontextmenü der rechten Maustaste finden Sie noch die folgenden Befehle:

- *Links andocken* und *Rechts andocken*. Mit diesen können Sie das Fenster am linken oder rechten Bildschirmrand andocken.
- *Dieses Fenster auf allen Desktops anzeigen* sorgt dafür, dass das Fenster auf allen Desktops erscheint.
- Der Befehl *Schließen* schließt das Fenster.

Was passiert mit den Desktops beim Herunterfahren des Computers?
Beim Herunterfahren des Computers, werden alle Apps bzw. Fenster geschlossen. Die Desktops aber bleiben mit Name und Hintergrundbild erhalten und können nach dem nächsten Start wieder genutzt werden.

Hinweis: Derzeit unterstützt Windows 11 bei der Verwendung mehrerer Desktops nur unterschiedliche Hintergrundbilder. Die Symbole auf dem Desktop, z. B. Papierkorb oder die angepinnten Apps im Startmenü und alle sonstigen Einstellungen sind dagegen auf allen Desktops identisch.

3.8 Die Taskleiste näher betrachtet

Die Taskleiste befindet sich am unteren Rand des Bildschirms. Einige Symbole und Funktionen der Taskleiste, nämlich Startmenü, Ansicht *Aktive Anwendungen*, *Suche* sowie Wechsel zwischen geöffneten Fenstern haben Sie bereits kennengelernt.

Die Symbole im Infobereich

Ganz rechts in der Taskleiste befinden sich mehrere Symbole, die Auskunft über den Gerätestatus und andere Einstellungen geben. Daher wird dieser Bereich auch als Infobereich bezeichnet. Die Symbole selbst können, je nach Computer, unterschiedlich sein. Hier ein Überblick über die wichtigsten Symbole (von rechts nach links):

- Am Symbol ganz rechts ❶ erkennen Sie, ob ungelesene Benachrichtigungen vorhanden sind (hell = Keine). Ein Klick darauf oder auf das Datum ❷ links davon öffnet das Benachrichtigungscenter (Bild links) und Sie können den Inhalt der Meldungen einsehen.
- Das Symbol *Akku* zeigt bei mobilen Geräten den Ladezustand an und an diesem Symbol erkennen Sie, dass Sie mit einem WLAN und damit dem Internet verbunden sind. Wenn Ihr Gerät per Kabel mit dem Internet verbunden ist, sehen Sie hier stattdessen dieses Symbol und das Symbol erscheint, wenn keine Verbindung besteht

- Zusammen mit dem Symbol *Lautsprecher* bilden die Symbole *Akku* und *Netzwerk* eine Gruppe 3 und ein Klick darauf öffnet zwei Schieberegler, über die Sie durch Verschieben mit gedrückter linker Maustaste Lautstärke und Bildschirmhelligkeit ändern, siehe Bild rechts.

  Oberhalb der Schieberegler befinden sich einige Schaltflächen für wichtige Einstellungen, auch als Schnelleinstellungen bezeichnet. Näheres zu deren Bedeutung lesen Sie weiter unten auf Seite 79.

- Dieses Symbol 4 zeigt den Status der Antivirensoftware an und über das Symbol mit der Wolke 5 haben Sie Zugriff auf den Cloud-Speicher *OneDrive*. Näheres hierzu erfahren Sie in Kapitel 8.

- Auf einem Gerät mit Touchbedienung finden Sie im Infobereich auch noch das Tastatursymbol, über das Sie durch Antippen die Bildschirmtastatur anzeigen.

- Möglicherweise sind auch einige Symbole ausgeblendet. In diesem Fall erscheint ein kleiner Pfeil 6 und ein Klick darauf blendet im sogenannten Überlaufbereich oberhalb die restlichen Symbole ein.

Zu diesen Symbolen kommen eventuell noch weitere, z. B. Stift als Eingabegerät, Grafik- bzw. Bildschirmanzeige oder diverse Apps hinzu.

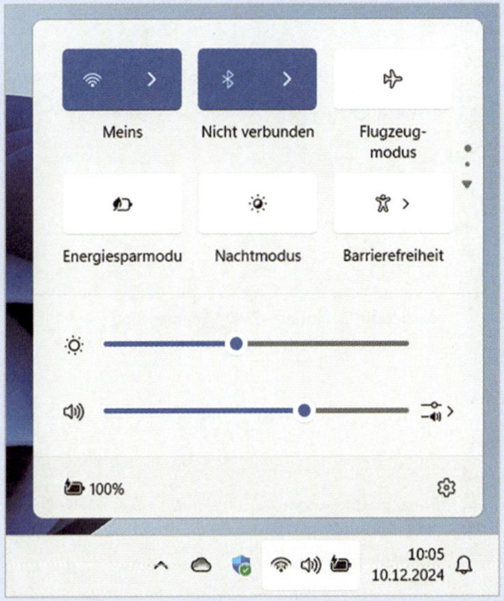

Meldungen im Benachrichtigungscenter verwalten

Manchmal erhalten Sie rechts unten auf dem Bildschirm aktuelle Benachrichtigungen, z. B. über anstehende Updates, Sicherheitswarnungen, Tipps und Systembenachrichtigungen sowie neu eingegangene und ungelesene E-Mails (sofern Sie

Auch die Tastenkombination **Windows+N** öffnet das Kalenderblatt zusammen mit den Benachrichtigungen.

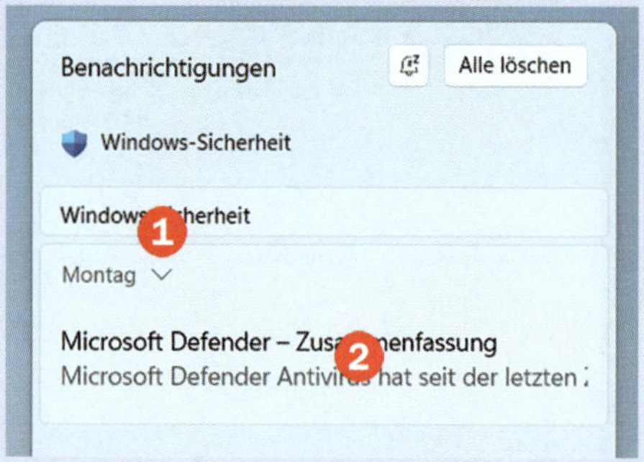

die App *Outlook* verwenden). Diese verschwinden nach einigen Sekunden wieder und können danach im Benachrichtigungscenter eingesehen werden.

☛ Zum Anzeigen der Benachrichtigungen klicken Sie rechts in der Taskleiste auf das Datum.

Sind Meldungen vorhanden, z. B. der Sicherheitsbericht der Antvirensoftware, so erscheinen diese oberhalb des Kalenderblatts und nach Prioritäten geordnet, kritische Systemmeldungen und Warnungen ganz oben. Bei mehreren Benachrichtigungen zeigen Sie in den Bereich und drehen das Mausrädchen.

- **Weitere Informationen anzeigen**
  Ein Klick auf den nach unten weisenden Pfeil ❶ erweitert die Anzeige und zum Öffnen der Meldung oder E-Mail klicken Sie direkt in die Nachricht ❷.

- **Entfernen/Löschen**
  Mit Klick auf *Verwerfen* ❸ oder das Symbol *Löschen* ❹ entfernen Sie eine einzelne Nachricht, die Schaltfläche *Alle löschen* ❺ entfernt alle Benachrichtigungen.

- **Umfang einschränken**
  Wenn Sie den Umfang der Benachrichtigungen einschränken möchten, dann klicken Sie auf *Weniger Benachrichtigungen* ❻. Anschließend können Sie gezielt einzelne Benachrichtigungstypen aktivieren oder deaktivieren.

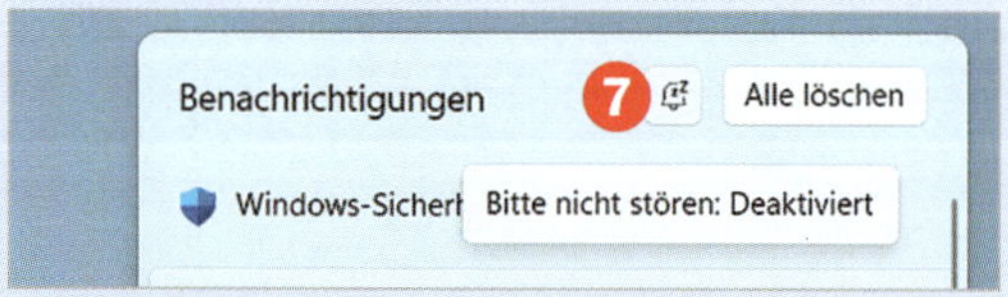

- **Keine Benachrichtigungen anzeigen / Bitte nicht stören-Modus**
  Wenn Sie sich durch das Einblenden von Benachrichtigungen gestört fühlen dann können Sie diese unterdrücken: Klicken Sie dazu auf das Symbol *Bitte*

nicht stören ❼. Mit einem weiteren Klick auf das Symbol können Sie den Modus auch wieder ausschalten ❽.

Sicherheitsrelevante Meldungen werden trotzdem angezeigt. Alle übrigen eingehenden Benachrichtigungen gehen ebenfalls nicht verloren und können jederzeit eingesehen werden. Ob *Bitte nicht stören* aktiviert ist, erkennen Sie am Symbol rechts von Datum und Uhrzeit in der Taskleiste.

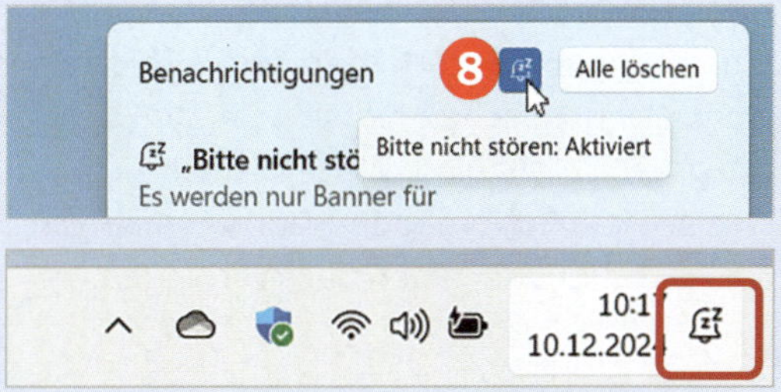

Schneller Zugriff auf häufig benötigte Einstellungen

Häufig benötigte Funktionen wie z. B. Flugzeugmodus bei mobilen Geräten schalten Sie in den Schnelleinstellungen ein und aus.

- Zum Öffnen der Schnelleinstellungen klicken Sie in der Taskleiste auf die Symbolgruppe Akku, Netzwerk und Lautsprecher ❶.

> Die Schnelleinstellungen bestehen aus verschiedenen Schaltern, wobei eingeschaltete Funktionen blau hinterlegt sind. Ein- und Ausschalten erfolgt durch Anklicken oder Antippen.

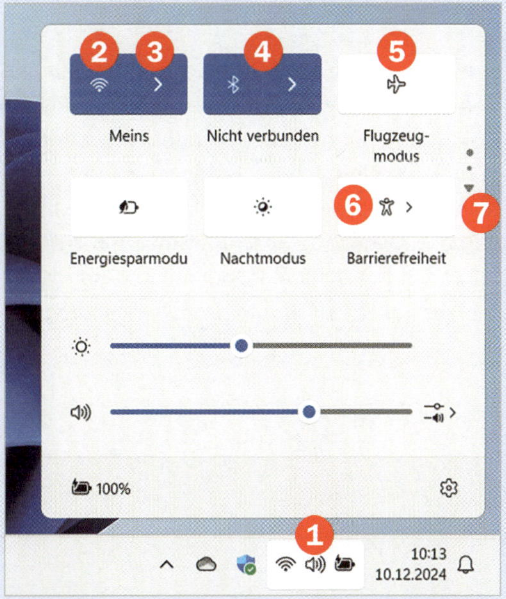

Die hier befindlichen Schalter sind abhängig vom Gerät und können auf Ihrem PC von der Abbildung rechts abweichen.

- Der Schalter WLAN ❷ muss eingeschaltet sein, wenn Sie Internet über ein drahtloses Netzwerk nutzen. Ein Klick auf den Pfeil ❸ zeigt dagegen verfügbare WLAN-Verbindungen an, sowie das Netzwerk, mit dem Ihr Gerät aktuell verbunden ist. Hier können Sie auch ein Netzwerk auswählen, mit dem Sie sich verbinden möchten oder die aktuelle Verbindung trennen.

Als Buetooth bezeichnet man einen Standard für Datenübertragung per Funk über kurze Entfernungen. Dies erfordert spezielle Hardware, die in manchen mobilen Geräten bereits integriert ist. Auf diese Weise können Sie beispielsweise ein Notebook drahtlos mit einem Lautsprecher oder einer Maus verbinden.

Eventuell finden Sie in den Schnelleinstellungen auch den Schalter *VPN*. Über VPN (VPN = Abkürzung für virtuelles privates Netzwerk) richten Sie eine sichere Verbindung ein, beispielsweise unterwegs zum Netzwerk Ihrer Firma. Eine genaue Beschreibung würde den Rahmen eines Einsteigerbuches sprengen. Gleiches gilt auch für die *Umgebungsfreigabe*.

- Verfügt Ihr PC über Bluetooth, dann sehen Sie hier ❹, mit welchem Gerät, z. B. Maus eine Verbindung besteht und schalten die Verbindung ein und aus.
- Der *Flugzeugmodus* ❺ ist normalerweise ausgeschaltet. Beim Einschalten werden alle Funkverbindungen, also WLAN und Bluetooth deaktiviert.
- Mit Klick auf *Barrierefreiheit* ❻ erhalten Sie mehrere Schalter zum Ein- und Ausschalten nützlicher Hilfsfunktionen z. B. Bildschirmlupe, Farbfilter und Sprachausgabe. Details hierzu lesen Sie in Kapitel 6 nach.
- Im *Nachtmodus* werden die blauen Lichtanteile des Bildschirms reduziert und ein wärmeres Licht verwendet.
- Mit der Schaltfläche *Energiesparsparmodus* schalten Sie bei mobilen Geräten im Akkubetrieb schnell den Stromsparmodus ein und aus.
- Mit dem Pfeil ❼ blättern Sie zu weiteren Schnelleinstellungen: *Mobiler Hotspot* sollte mit Vorsicht aktiviert werden, da Sie damit auf einem mobilen Gerät wie z. B. Notebook Ihre Internetverbindung für andere Geräte freigeben. Falls Sie am PC zwei Bildschirme angeschlossen haben, können Sie über die Schaltfläche *Projizieren* die Anzeige regeln. Bei Verwendung eines Beamers wählen Sie z. B. anschließend *Duplizieren*, wenn der Bildschirminhalt auch über Beamer wiedergegeben werden soll.

Reihenfolge der Schaltflächen ändern

Falls Sie die Reihenfolge der Schaltflächen ändern möchten, z. B. die wichtigsten auf der ersten Seite, so ziehen Sie diese einfach mit gedrückter linker Maustaste an die gewünschte Stelle.

3.9 Nachrichtenüberblick mit Widgets

Als Widgets bezeichnet Windows 11 kleine Apps z. B. mit Nachrichten, Wetter oder Sportergebnissen. Diese erscheinen in einer eigenen Leiste.

- Zum Anzeigen positionieren Sie den Mauszeiger links in der Taskleiste über der Kurzinfo ❶, dies kann z. B. das aktuelle Wetter oder eine Verkehrsmeldung sein. Die Widgets verschwinden wieder, sobald Sie an eine beliebige Stelle außerhalb zeigen, klicken oder tippen.

Auch die Tastenkombination **Windows+W** öffnet die Widgets. Oder wischen Sie über den linken Bildschirmrand.

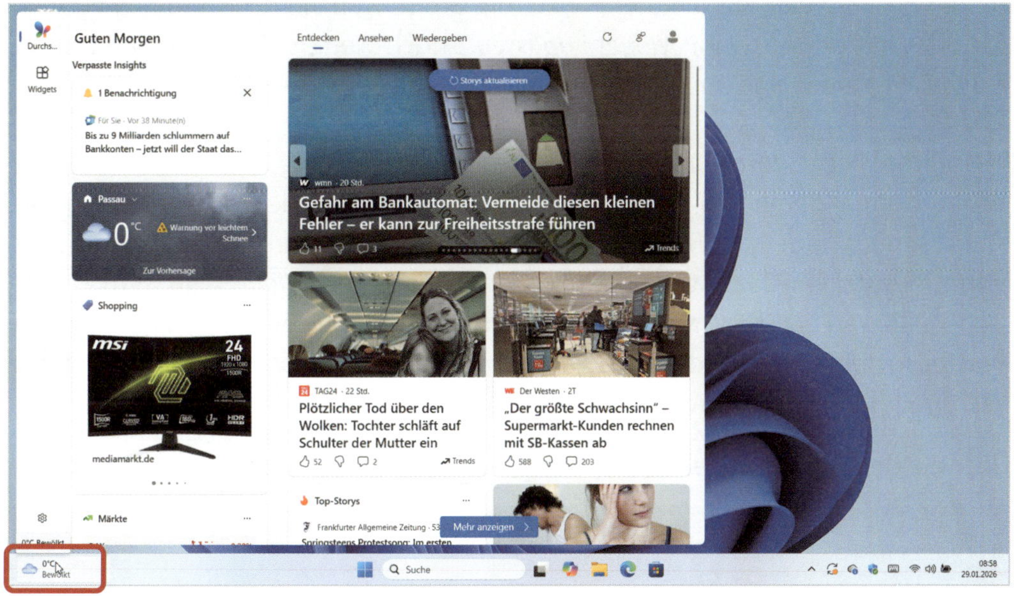

Zunächst erhalten Sie hier einen allgemeinen Überblick, darunter das aktuelle Wetter Ihres Standorts und diverse Schlagzeilen. Noch mehr Informationen sehen Sie, wenn Sie in diesen Bereich zeigen und das Mausrad drehen (Scrollen). Klicken

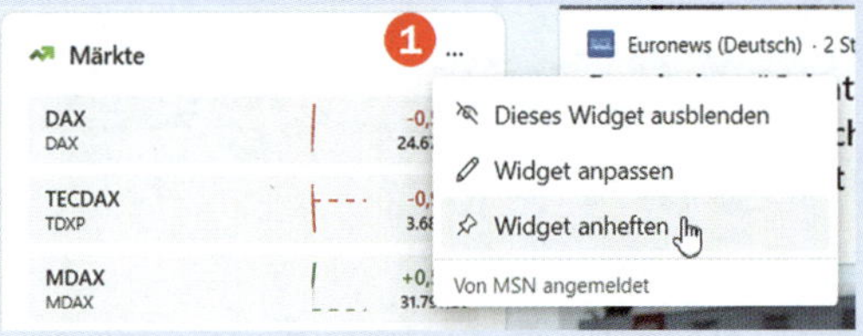

Sie auf eine Meldung, so öffnet sich Microsoft Edge mit der dazugehörigen Webseite. Mit Klick auf *Mehr anzeigen* erscheinen dagegen sämtliche Widgets in Microsoft Edge.

Widget anheften

Wichtige Widgets können Sie ganz oben in der Liste anheften. Klicken Sie dazu in der rechten oberen Ecke des Widgets auf die drei Punkte ❶ und auf *Widget anheften*. Angeheftete Widgets erkennen Sie auch am Pin-Symbol ❷. Anschließend können Sie mit Klick auf die drei Punkte die Größe wählen, das Widget wieder lösen oder mit der Auswahl *Widget anpassen...* noch weitere Einstellungen treffen, z. B. zur Wetteranzeige Ihren Standort angeben.

Persönliche Widgets zusammenstellen

Neben dem allgemeinen Nachrichtenüberblick können Sie auch gezielt für Sie interessante Widgets, z. B. Wetter oder Börsenkurse in Ihrer persönlichen Liste zusammenstellen. Dazu wählen Sie in der linken Leiste *Widgets* ❶ statt *Durchsuchen*. Klicken Sie dann rechts auf das Symbol + ❷, so öffnet sich ein weiteres Fenster, in dem Sie ein Widget auswählen und hinzufügen oder im Microsoft Store nach weiteren Widgets suchen können.

Über die drei Punkte ❸ entfernen Sie ein Widget wieder aus der Liste.

3.10 Tätigkeit am Computer beenden

Was passiert bei Unterbrechungen?

Wenn am Computer über einen Zeitraum zwischen 5 und 10 Minuten keine Mausbewegung oder Tastatureingabe erfolgt, dann wird der Energieverbrauch automatisch verringert.

- Zunächst wird der Bildschirm dunkler und schaltet sich wenige Minuten später automatisch aus. In diesem Fall bewegen Sie einfach die Maus oder betätigen eine Taste der Tastatur und die vorherige Anzeige wird wiederhergestellt.
- Nach etwa 15 bis 30 Minuten versetzt sich der Computer automatisch in den Energiesparmodus (Standby): Alle Einstellungen und Daten werden zwischengespeichert, nicht benötigte Geräte wie Bildschirm und Lüfter abgeschaltet und damit der Stromverbrauch auf ein Minimum reduziert. Wenn Sie den Deckel eines Laptops einfach schließen, wird dieser ebenfalls in den Energiesparmodus versetzt.
- Um den Computer aus dem Energiesparmodus heraus wieder in Betrieb zu nehmen, müssen Sie die Einschalttaste am Gerät betätigen und sich erneut anmelden. Anschließend finden Sie den Bildschirm wieder so vor, wie Sie ihn verlassen haben.

Achtung - Speichern Sie vor dem Herunterfahren Ihre Daten!

Den Computer ganz herunterfahren und ausschalten

Beim Beenden der Tätigkeit am Computer sollten Sie den PC nur in begründeten Ausnahmefällen, z. B. bei einem Absturz, mit der Ein/Aus-Taste am Gerät ausschalten. Im Normalfall versetzen Sie das Gerät entweder in den Energiesparmodus oder fahren es ganz herunterfahren und schalten es damit aus.

1 Öffnen Sie das Startmenü, indem Sie in der Taskleiste auf das Symbol mit dem Windows-Logo klicken.

2 Klicken Sie dann auf *Ein/Aus* ❶. Es erscheinen die Optionen *Sperren* (erneute Anmeldung erforderlich) *Energie sparen*, *Herunterfahren* und *Neu starten*. Klicken Sie auf *Energiesparen* oder *Herunterfahren* ❷.

Windows wird damit beendet und der Computer anschließend automatisch ausgeschaltet. Betätigen Sie also nicht mehr den Ein-/Aus Schalter am Gerät, da Sie sonst den PC wieder einschalten!

Windows beim Herunterfahren aktualisieren

Windows wird von Microsoft regelmäßig aktualisiert, z. B. um den integrierten Virenschutz auf den neuesten Stand zu bringen oder um etwaige Fehler oder Schwachstellen zu korrigieren. Das Herunterladen und anschließende Installieren von Updates erfolgt meist automatisch und im Hintergrund. Größere Updates erfordern jedoch einen Neustart des Systems.

In der Fachsprache bezeichnet man eine solche Aktualisierungen als Update.

Nähere Informationen zum Thema Update finden Sie in Kapitel 10 dieses Buches.

- Wenn ein Neustart erforderlich ist, erscheint am Bildschirm eine entsprechende Meldung, s. Bild unten. Dies bedeutet aber nicht, dass der Neustart sofort erfolgen muss, Sie können also ruhig mit der Arbeit am PC fortfahren. Einen anstehenden Neustart erkennen Sie auch am Symbol im Infobereich der Taskleiste am unteren Bildschirmrand.
- Auch im Startmenü erkennen Sie am Symbol *Ein/Aus* anstehende Aktualisierungen. Neben *Herunterfahren* finden Sie nun die Optionen *Aktualisieren und herunterfahren* und *Aktualisieren und neu starten*.

  Achtung: Schalten Sie während der nachfolgenden Aktualisierung den Computer nicht aus. Dies passiert nach Abschluss des Vorgangs automatisch!

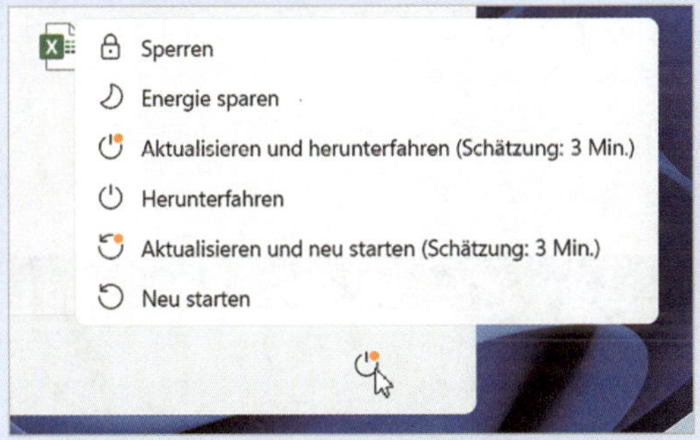

3.11 Häufige Fragen und Tipps

Die Taskleiste ist nicht sichtbar

Im Gegensatz zu Windows 10 befindet sich die Taskleiste grundsätzlich am unteren Rand des Bildschirms, kann jedoch vorübergehend ausgeblendet sein.

Wie Sie eine ausgeblendete Taskleiste wieder dauerhaft anzeigen, lesen Sie im nächsten Punkt.

- Eine ausgeblendete Taskleiste erscheint, wenn Sie auf den unteren Bildschirmrand mit der Maus zeigen oder von unten wischen und verschwindet danach wieder.

Fehlende Symbole, z. B. Suche oder Widgets in der Taskleiste

Sollten wichtige, in diesem Kapitel beschriebene Symbole, z. B. *Suche* (Lupe) oder *Aktive Anwendungen* nicht in der Taskleiste sichtbar sein, dann blenden Sie diese wie folgt ein:

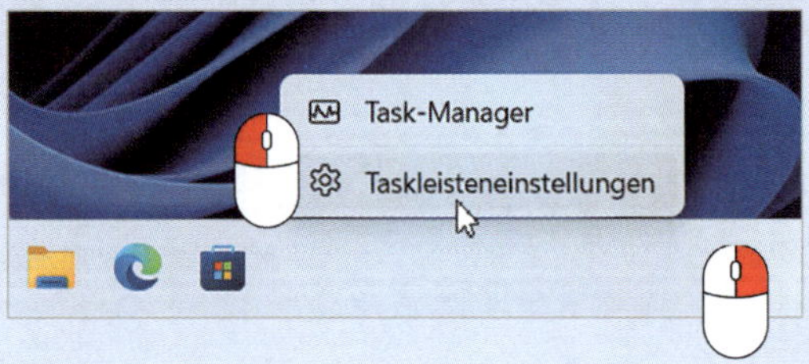

- Klicken Sie mit der rechten Maustaste an eine freie Stelle der Taskleiste und danach mit der linken Maustaste auf *Taskleisteneinstellungen*.

Es öffnet sich ein Fenster mit den Systemeinstellungen, siehe Bild auf der nächsten Seite. Hier finden Sie die Abschnitte *Taskleistenelemente*, *Symbole der Taskleiste*, *Andere Taskleistensymbole* sowie *Verhalten der Taskleiste*.

- Eventuell ausgeblendete Elemente eines Abschnitts blenden Sie mit Klick auf den, nach unten weisenden Pfeil ❶ ein. Ein Klick auf den nach oben weisenden ❷ Pfeil blendet dagegen untergeordnete Elemente wieder aus.

- Im Abschnitt *Taskleistenelemente* können Sie nun über Schalter die Anzeige der Symbole *Aktive Anwendungen* und *Widgets* ein- und ausschalten. Dazu klicken Sie einfach auf den betreffenden Schalter ❸.
- Die Anzeige der Suche steuern Sie bei *Suchen* mit Klick auf die Schaltfläche ❹ und wählen zwischen den rechts davon abgebildeten Optionen ❺.

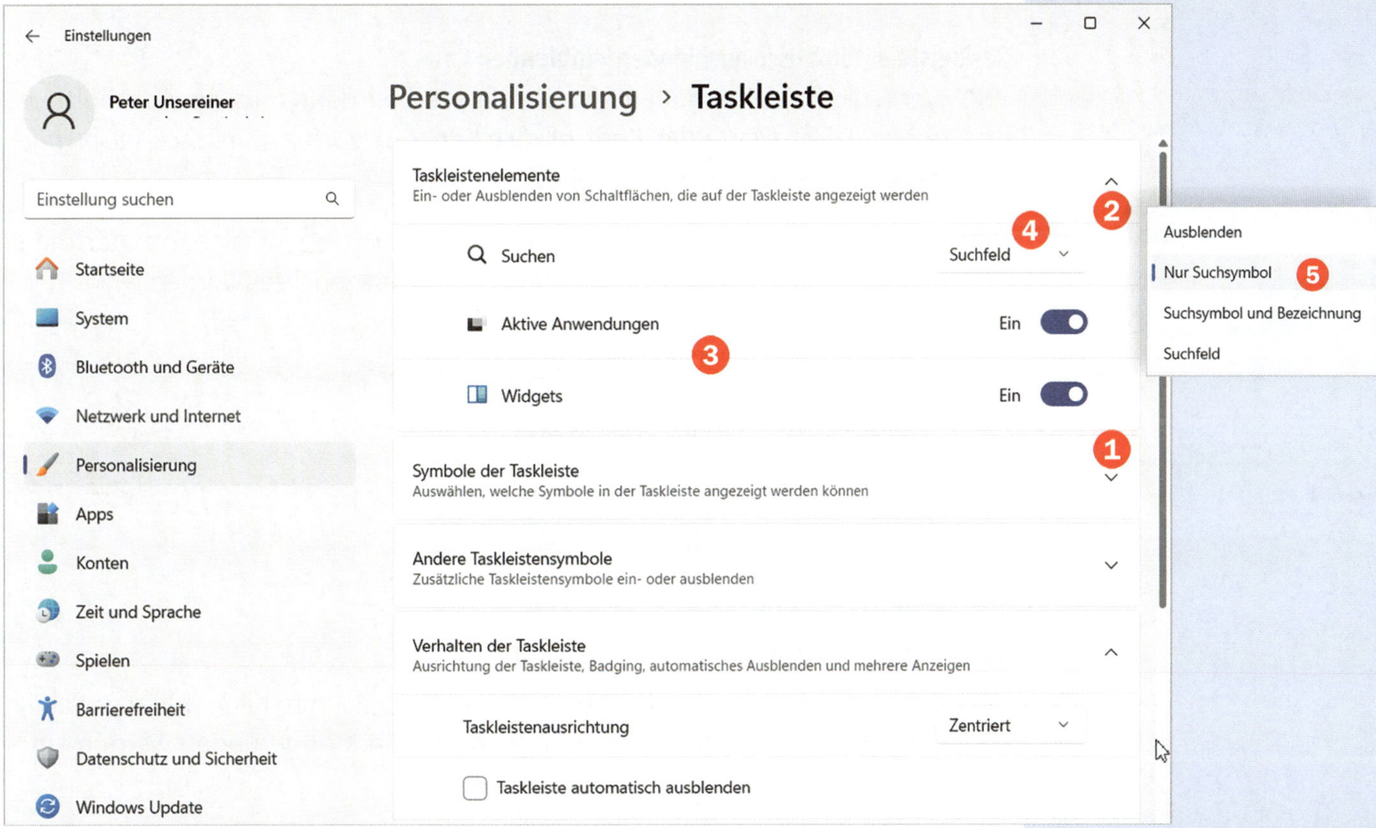

Achtung: Eventuell müssen Sie die betreffenden Abschnitte zuvor durch Anklicken öffnen.

Symbol Bildschirmtastatur in der Taskleiste anzeigen

- Sollte das Symbol *Bildschirmtastatur* im rechten Bereich der Taskleiste nicht sichtbar sein oder möchten Sie die Bildschirmtastatur auch auf einem Gerät mit angeschlossenen Tastatur ausprobieren, dann klicken Sie im Abschnitt *Symbole der Taskleiste* bei *Bildschirmtastatur* auf den Pfeil und wählen *Immer* ❻.

Info: *Badges anzeigen* gibt an, ob rechts in der Taskleiste die Zahl ungelesener Nachrichten erscheint.

Taskleiste automatisch ausblenden/einblenden

- Wenn die Taskleiste dauerhaft sichtbar sein soll, dann muss im Abschnitt *Verhalten der Taskleiste* das Kontrollkästchen *Taskleiste automatisch ausblenden* deaktiviert sein (kein Häkchen) ❼.
- Zusätzlich können Sie bei *Taskleistenausrichtung* ❽ wählen, ob Startmenü und Symbole zentriert oder am linken Rand ausgerichtet werden.

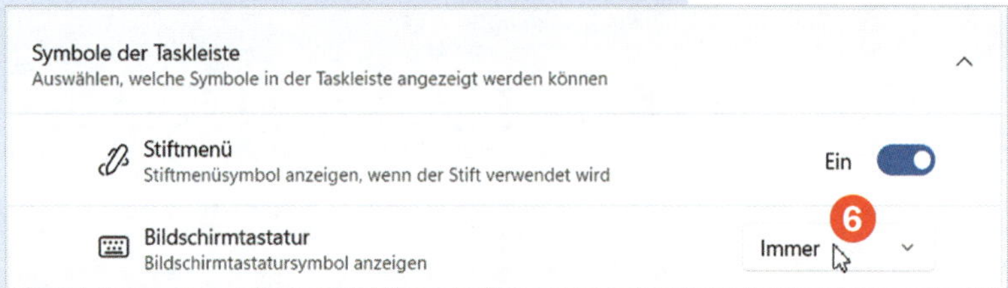

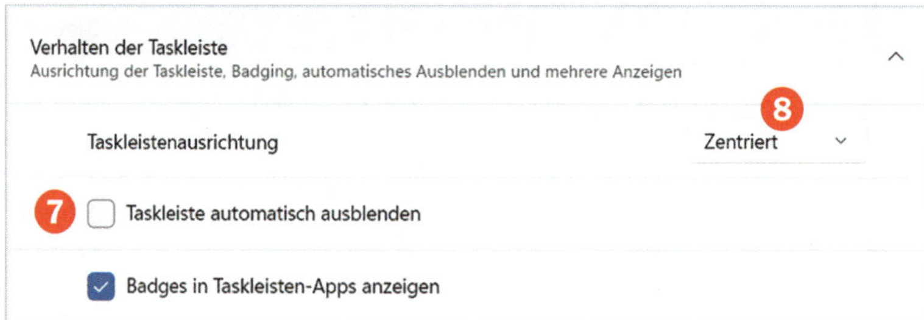

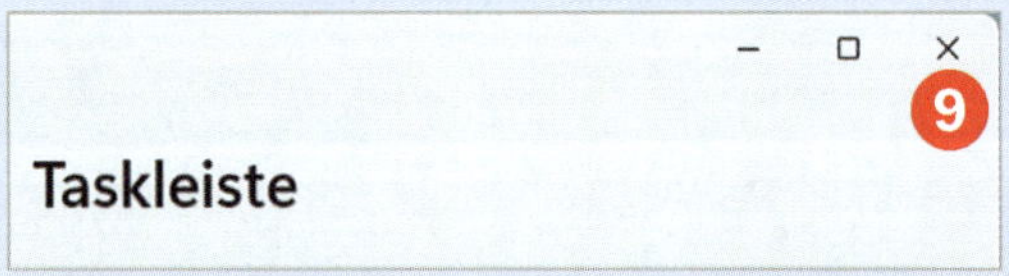

Einstellungen schließen

- Zuletzt schließen Sie das Fenster *Einstellungen* mit Klick auf das Schließen-Symbol ❾ in der rechten oberen Ecke. Ihre Änderungen werden automatisch übernommen.

Geöffnete Fenster sind plötzlich verschwunden

Wenn wie durch Zauberhand plötzlich alle, zuvor auf dem Desktop geöffneten Fenster verschwunden sind, dann kann dies nur zwei Ursachen haben.

Mögliche Ursache Nr. 1

Möglicherweise haben Sie am äußersten rechten Rand der Taskleiste geklickt. Hier befindet sich die Schaltfläche *Desktop anzeigen* und ein Klick darauf minimiert alle geöffneten Fenster. In diesem Fall befinden sich die dazugehörigen Symbole allerdings noch in der Taskleiste und lassen sich durch Anklicken wieder in der vorherigen Größe auf den Desktop holen, wie im Bild unten. Die Symbole geöffneter Fenster erkennen Sie in der Taskleiste daran, dass diese unterstrichen sind

Mögliche Ursache Nr. 2
Als zweite mögliche Ursache kommt in Betracht, dass Sie versehentlich auf einem anderen Desktop gelandet sind, siehe Seite 71. In diesem Fall klicken oder zeigen Sie in der Taskleiste auf das Symbol *Aktive Anwendungen*. Sie erhalten eine Vorschau auf alle vorhandenen Desktops und brauchen nur den gewünschten anklicken.

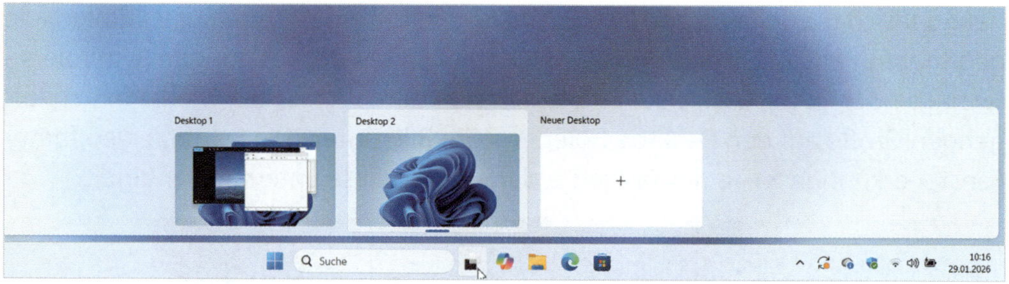

Eine App reagiert nicht mehr bzw. lässt sich nicht beenden

Wenn eine App nicht mehr auf Maus- und/oder Tastatureingaben reagiert, kann dies verschiedene Ursachen haben.

Die App wartet auf eine Eingabe oder Antwort
Möglicherweise ist ein Dialogfenster, z. B. die Aufforderung zum Speichern, oder eine andere Meldung dieser App geöffnet. Dann müssen Sie zuerst das Dialogfenster schließen bzw. die Meldung bestätigen, bevor Sie fortfahren können. Im Bild rechts zum Beispiel die Frage beim Beenden von LibreOffice Writer, ob Sie Ihre Eingaben bzw. Änderungen speichern möchten. Erst nachdem Sie sich für *Speichern*, *Nicht speichern* oder *Abbrechen* entschieden haben, können Sie fortfahren.

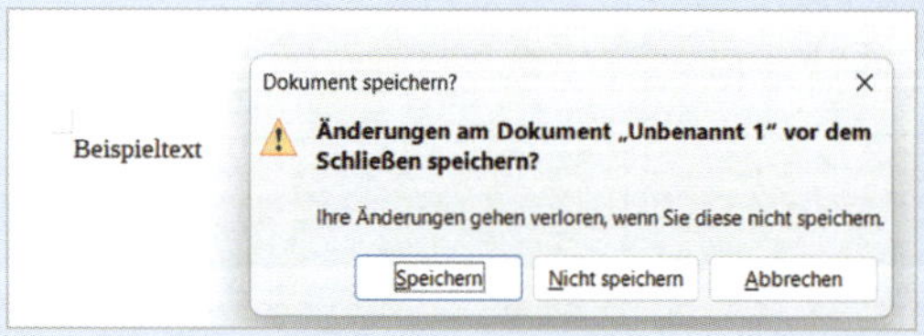

Die App reagiert nicht mehr

Manchmal reagiert auch eine App tatsächlich nicht mehr, man sagt dann, sie ist „abgestürzt". In diesem Fall sollten Sie versuchen, die App über den Task-Manager zu beenden, so gehen Sie vor:

1. Klicken Sie mit der rechten Maustaste an eine freie Stelle der Taskleiste und danach mit der linken Maustaste auf *Task-Manager*.
2. Achten Sie im Task-Manager darauf, dass links *Prozesse* ❶ ausgewählt ist und klicken Sie unter *Apps* ❷ auf die App ❸, die Sie beenden möchten, manchmal steht hier auch der Zusatz „*Keine Rückmeldung*"
3. Klicken Sie auf *Task beenden* ❹ und schließen Sie dann den Task-Manager wieder ❺.

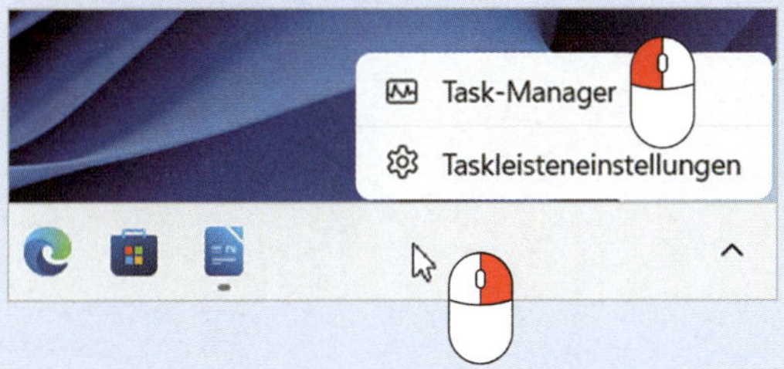

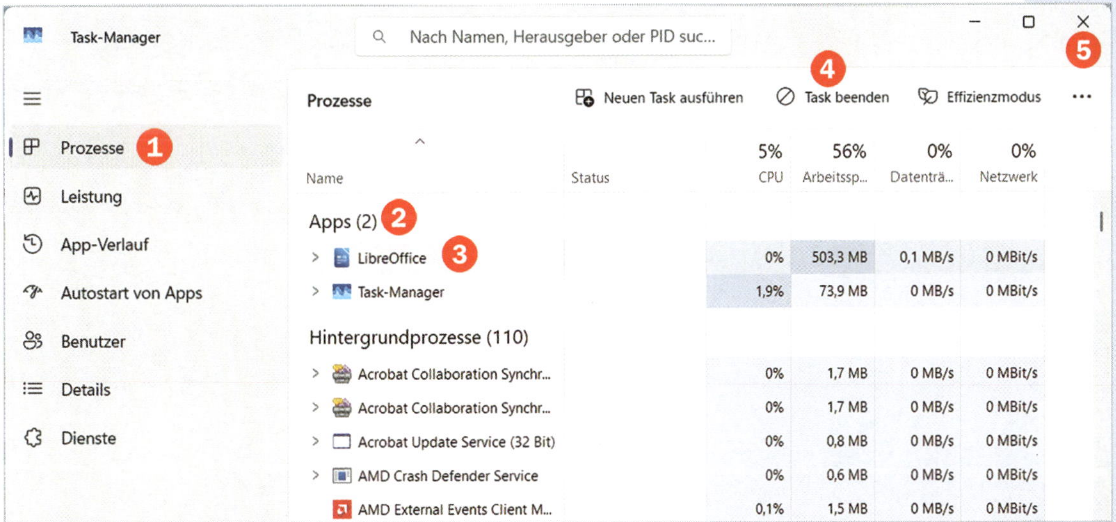

Sollte auch das Beenden der App über den Task-Manager nichts bewirken, so benutzen Sie den Schalter bzw. Einschaltknopf am Gerät zum Ausschalten und schalten den PC anschließend wieder ein. **Achtung**: zum Ausschalten müssen Sie den Schalter einige Sekunden lang gedrückt halten!

Achtung: Alle übrigen Prozesse bzw. Hintergrundprozesse sind für das korrekte Funktionieren von Windows erforderlich und dürfen nicht ohne weiteres über den Task-Manager beendet werden.

4 Grundlegende Schreibtechniken

Sie lernen, wie Sie ...

- Text eingeben und nachträglich korrigieren
- Zeilenabstände und Textausrichtung ändern
- Text mit Schriftarten und -farben gestalten
- Seitenränder festlegen
- Text in der Druckvorschau kontrollieren und drucken

Was Sie bereits wissen sollten ...

- Umgang mit Taskleiste und Startmenü
- Apps starten und beenden
- Wichtige Tasten der Tastatur

Info: Leider steht die kostenlose und beliebte App *WordPad* seit Herbst 2024 nicht mehr zur Verfügung. Mit *WordPad* erstellte und gespeicherte Texte können jedoch auch mit anderen Apps wie z. B. *Microsoft Word* oder *LibreOffice* geöffnet werden.

LibreOffice Writer kann zusammen mit den Office Paket LibreOffice kostenlos aus dem Internet heruntergeladen und auf Ihrem PC installiert werden. Wie Sie dabei vorgehen, lesen Sie in Kapitel 10.4 nach.

Tipp: Dieses Kapitel bietet nur eine kleine Einführung in die wichtigsten Techniken. Falls Sie auf Ihrem Gerät Microsoft Word bzw. Microsoft Office installiert haben und tiefer in die Materie einsteigen möchten, so empfehlen wir Ihnen das Buch „Microsoft Office für Senioren" vom BILDNER-Verlag, in dem Sie nicht nur Word, sondern auch Excel und PowerPoint näher kennenlernen.

ISBN: 9783832804541
Artikelnummer: 100478

Welche App zum Schreiben?

Zum Schreiben von Texten, z. B. Briefen gibt es zahlreiche Apps, eine der beliebtesten ist *Microsoft Word*. Diese App bietet eine Vielzahl von Funktionen wie z. B. Rechtschreibprüfung, muss aber käuflich erworben werden, entweder zusammen mit dem Office-Paket *Microsoft 365* oder dem beliebten *Office Home*. Falls Sie nach einer kostenlosen Alternative suchen, ist die App *LibreOffice Writer* eine gute Wahl. Weitere kostenlose Apps sind *Google Docs* und *Word für das Web*, beide sind allerdings nur über das Internet und somit nur im Browser, z. B. Microsoft Edge nutzbar.

Für die nachfolgenden Erklärungen verwenden wir die App *LibreOffice Writer*. Da wir uns aber nur auf grundlegende Funktionen beschränken, sind die beschriebenen Techniken auch in allen übrigen Apps zur Texteingabe anwendbar.

4.1 Die Bedienoberfläche

App starten

- Starten Sie Ihr Textprogramm, in diesem Beispiel LibreOffice Writer: entweder durch Anklicken der App im Startmenü oder indem Sie in das Suchfeld der Taskleiste „writer" eintippen und dann auf die App *LibreOffice Writer* klicken.

Falls nach dem Starten der Tipp des Tages angezeigt werden sollte, können Sie diesen einfach mit Klick auf die Schaltfläche *OK* schließen.

Die App wird mit einem leeren Blatt geöffnet und Sie können mit der Texteingabe beginnen. Betrachten wir zunächst die wichtigsten Elemente.

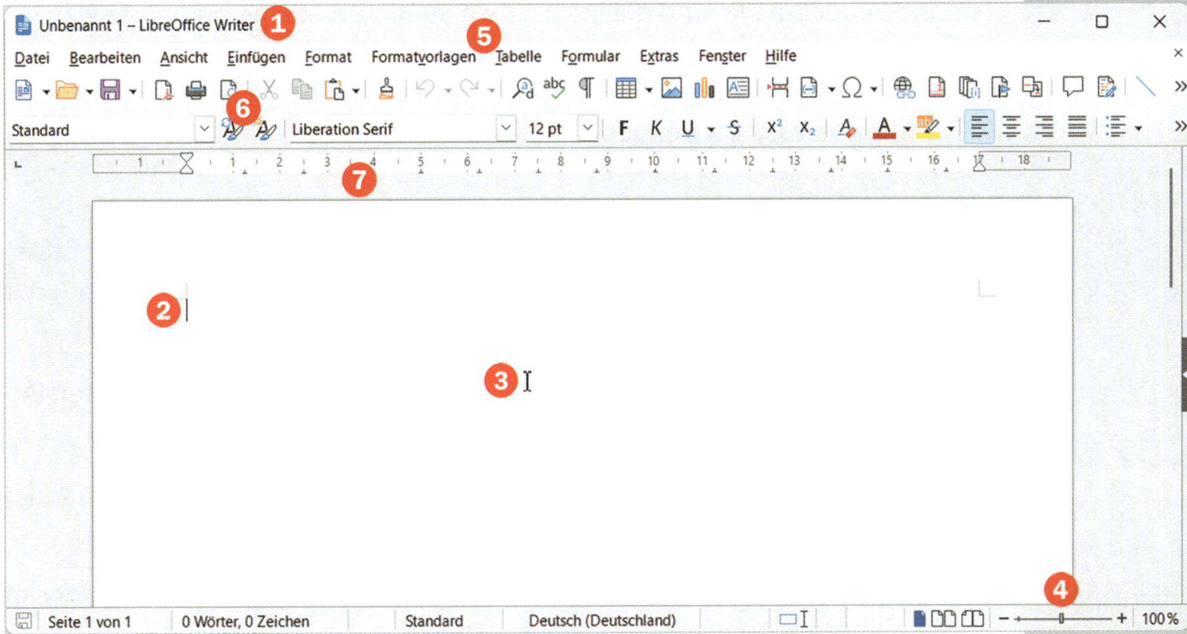

- Im Titel des Fensters sehen Sie den Namen der App ❶, *LibreOffice Writer*. *Unbenannt 1* bezieht sich auf den, noch nicht gespeicherten Text.
- In der linken oberen Ecke des Blattes sehen Sie einen senkrechten, blinkenden Strich, die Einfügemarke ❷, auch als Cursor bezeichnet.
- Wenn sich der Mauszeiger im Blatt befindet, ändert sich sein Aussehen und er erscheint als senkrechter Strich ❸. Er unterscheidet sich vom Cursor durch kleine Füßchen oben und unten, blinkt nicht und darf nicht mit diesem verwechselt werden.

An der Cursorposition beginnen Sie mit der Texteingabe. Jedes Zeichen, das Sie über die Tastatur eintippen, erscheint an derjenigen Stelle, an der sich der Cursor gerade befindet.

Tipp: Die Position des Mauszeigers spielt bei der Texteingabe keine Rolle. Platzieren Sie ihn daher am besten seitlich am Rand.

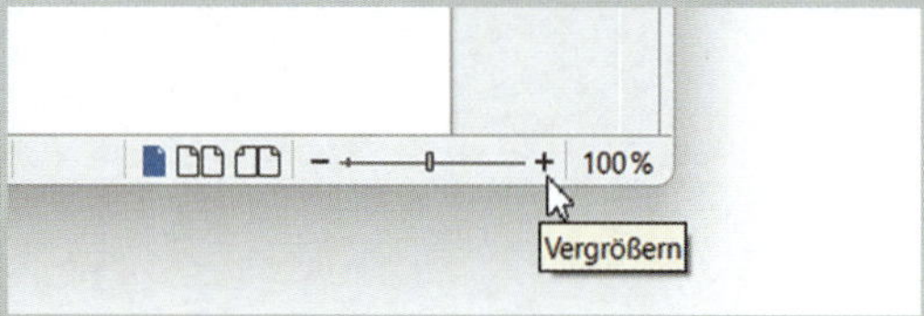

Achtung: Vergrößern und Verkleinern gilt nur für die Bildschirmanzeige, nicht aber beim Druck. Wie Sie zum Drucken die Buchstaben vergrößern, lesen Sie auf Seite 112.

- Sind Einfügemarke und die Buchstaben im Blatt zu klein und nur schwer lesbar? Dann vergrößern Sie die Anzeige: Klicken Sie im Zoombereich ❹ in der unteren rechten Ecke mit der Maus mehrmals auf das + . Ist die Anzeige zu groß geraten, so verwenden Sie das –.

Symbole und Menüs

- Unmittelbar unterhalb des Titels befindet sich die Menüleiste ❺. Hier öffnet ein Klick auf den Namen, z. B. *Bearbeiten* oder *Ansicht* eine Liste (Menü) mit den dazugehörigen Befehlen.

- Unter der Menüleiste, in der Symbolleiste ❻ finden Sie die wichtigsten Befehle zusammengefasst in Form von Symbolen.

- Außerdem ist meist noch ein Lineal ❼ sichtbar, in dem die Seitenränder rechts/links als graue Bereiche dargestellt werden.

  Falls Sie das Lineal ein- oder ausblenden möchten, so klicken Sie auf das Menü *Ansicht*, zeigen anschließend mit der Maus auf *Lineale* und klicken im Untermenü auf *Lineale*. Achtung: Dies ist ein Befehl mit Umschaltfunktion, d. h. das Lineal wird dadurch sowohl ein-, als auch ausgeblendet.

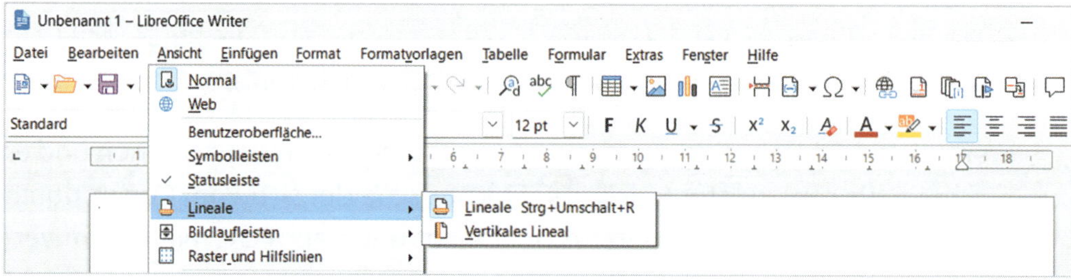

4.2 Text schreiben und korrigieren

Text eingeben

Beginnen Sie in der ersten Zeile mit der Texteingabe, in unserem Beispiel einen Brief. Der obere und untere Seitenrand sowie die Ränder links und rechts können auch nachträglich geändert werden

1 Klicken Sie mit der Maus an die Stelle, an der Sie Text eingeben möchten. Die Einfügemarke blinkt nun an dieser Stelle.

2 Beginnen Sie mit der Absenderadresse ❶ und drücken Sie am Ende jeder Zeile die Eingabetaste, auch als Return- oder Enter-Taste bezeichnet.

3 Absenderort und -datum ❷ können Sie ruhig ebenfalls zunächst am linken Seitenrand eingeben, diesen Teil werden wir später nach rechts rücken.

4 Um einen größeren Abstand zwischen zwei Zeilen herzustellen betätigen Sie einfach mehrmals die Eingabetaste.

Für alle Tasten gilt: Tippen Sie immer nur kurz auf jede Taste! Wenn Sie eine Taste zu lange gedrückt halten, dann erscheint das dazugehörige Zeichen gleich mehrfach.

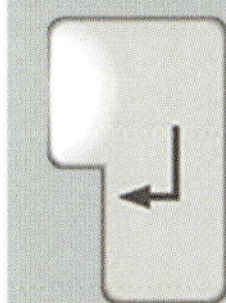

Eigentlich beendet die Eingabetaste einen Absatz, dieser kann auch mehr als eine Zeile umfassen.

Größere Abstände im Text mit der Tab-Taste erzeugen
Zum Erzeugen größerer Abstände innerhalb einer Zeile ❸ verwenden Sie anstelle von mehrmaligem Drücken der Leertaste besser die **Tab**-Taste (Tabulator).

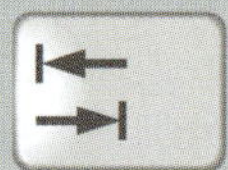

Die automatische Zeilenschaltung

Tippen Sie nun den Brieftext. Die App erkennt automatisch das Ende einer Zeile. Wenn während des Schreibens ein Wort nicht mehr in die Zeile passt, so wandert dieses Wort automatisch an den Beginn der nächsten Zeile. Dies bezeichnet man als automatischen Zeilenumbruch.

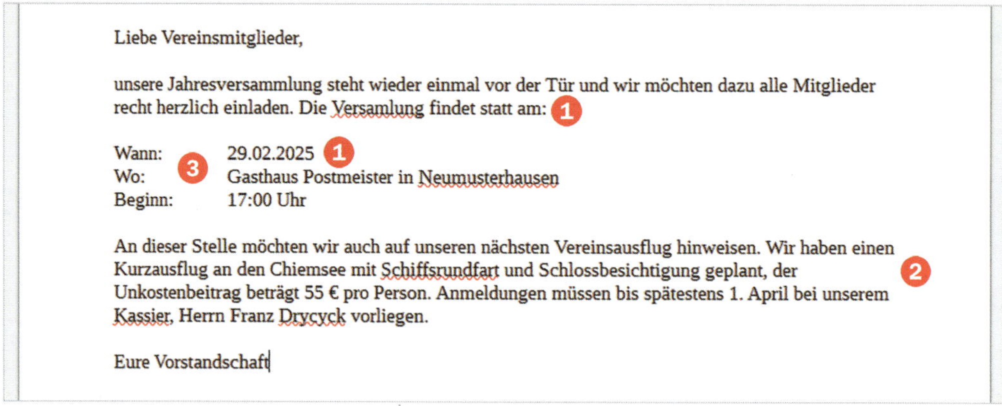

Liebe Vereinsmitglieder,

unsere Jahresversammlung steht wieder einmal vor der Tür und wir möchten dazu alle Mitglieder recht herzlich einladen. Die Versamlung findet statt am: ❶

Wann: ❸ 29.02.2025 ❶
Wo: Gasthaus Postmeister in Neumusterhausen
Beginn: 17:00 Uhr

An dieser Stelle möchten wir auch auf unseren nächsten Vereinsausflug hinweisen. Wir haben einen Kurzausflug an den Chiemsee mit Schiffsrundfart und Schlossbesichtigung geplant, der Unkostenbeitrag beträgt 55 € pro Person. Anmeldungen müssen bis spätestens 1. April bei unserem Kassier, Herrn Franz Drycyck vorliegen. ❷

Eure Vorstandschaft

Für die Zeilenschaltung gilt:

- Drücken Sie die **Eingabetaste** nicht grundsätzlich am Ende jeder Zeile, sondern nur dann, wenn Sie einen neuen Absatz beginnen möchten, beispielsweise bei der Eingabe der Adresse oder hier ❶.
- Bei mehrzeiligem zusammenhängendem Text ❷ hingegen überlassen Sie die Zeilenschaltung der App. Vorteil: Wenn Sie später eine größere oder kleinere Schrift verwenden möchten oder die Seitenränder ändern, dann passt sich der Zeilenumbruch automatisch an.

Die automatische Rechtschreibprüfung

Rot unterringelte Wörter ❹ weisen Sie auf mögliche Rechtschreibfehler hin, allerdings werden auch manche Namen und Orte gekennzeichnet, obwohl sie richtig geschrieben wurden und umgekehrt werden nicht immer alle Fehler gefunden.

☛ Um ein derart gekennzeichnetes Wort zu korrigieren, klicken Sie es mit der **rechten** Maustaste an. Es erscheinen verschiedene Änderungsvorschläge, klicken Sie mit der linken Maustaste auf die korrekte Schreibweise oder auf *Ignorieren*, wenn es sich um einen Namen handelt.

Manchmal hat die Rechtschreibprüfung auch keinen Korrekturvorschlag parat, dann müssen Sie das Wort über die Tastatur selbst korrigieren, mehr dazu im nächsten Punkt.

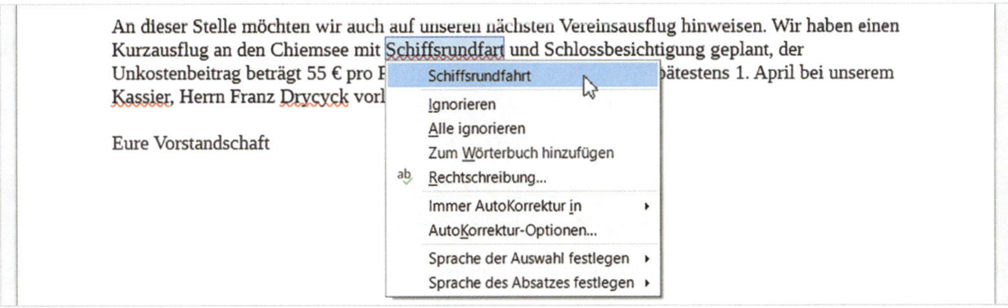

Die rote Wellenlinie zur Kennzeichnung der tatsächlichen oder vermeintlichen Rechtschreibfehler dient nur als optischer Hinweis und wird nicht gedruckt. Wenn Sie festgestellt haben, dass alle Wörter richtig geschrieben sind, können Sie auch einfach darüber hinwegsehen.

Text nachträglich korrigieren

Spätere Änderungen und Korrekturen am Text sind jederzeit möglich. Jedes Zeichen, das Sie über die Tastatur eintippen, wird an derjenigen Stelle eingefügt, an der sich die Einfügemarke bzw. der Cursor gerade befindet. Sie brauchen daher

Für nachträgliche Änderungen muss immer erst der Cursor an die betreffende Stelle gesetzt werden!

Beispiel: Sie möchten mit der Maus den Cursor links vom Wort „scheint" platzieren.

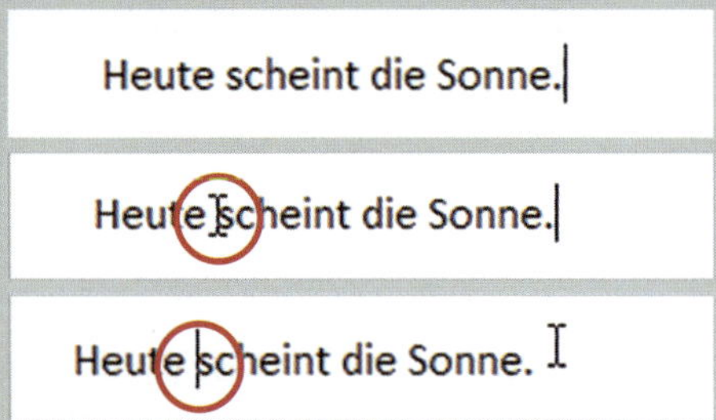

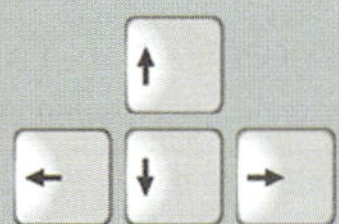

nur den Cursor an die betreffende Textstelle setzen und können so weitere Buchstaben an jeder beliebigen Stelle in den Text einfügen oder löschen. Dabei gilt:

- Text rechts vom Cursor wird beim Einfügen weiterer Zeichen nicht überschrieben, sondern nach rechts in Schreibrichtung verschoben.
- Beim Löschen von Zeichen rücken die nachfolgenden Zeichen nach links.

1. Schritt: Cursor versetzen

Möglichkeit 1: mit der Maus

1 Zeigen Sie mit der Maus auf die gewünschte Stelle. Noch befindet sich aber der Cursor an der ursprünglichen Stelle, hier am Ende der Zeile.

2 Drücken Sie die linke Maustaste. Jetzt erscheint hier auch der Cursor.

3 Der Mauszeiger kann nun wieder beliebig positioniert werden, er wird nicht mehr benötigt.

Möglichkeit 2: Cursor mit den Pfeiltasten der Tastatur bewegen

Als zweite Möglichkeit benutzen Sie zum Versetzen der Einfügemarke die Pfeiltasten der Tastatur. Im Gegensatz zur **Korrektur**-Taste wird dadurch Text nicht gelöscht, sondern der Cursor in Pfeilrichtung um jeweils ein Zeichen nach rechts oder links beziehungsweise um eine Zeile nach oben oder unten bewegt.

Der Cursor kann nur im Text platziert werden

Wenn Sie wieder am Ende des Textes in der nächsten Zeile weiterschreiben möchten, müssen Sie zuerst die Einfügemarke an das Ende der letzten Zeile setzen und mit der **Eingabetaste** eine neue Zeile anfügen.

2. Schritt: Text korrigieren

Der Ablauf bei der Textkorrektur ist immer gleich:

Text einfügen

☛ Klicken Sie mit der Maus an die Position, an der Sie Text einfügen möchten. Die Einfügemarke blinkt nun an dieser Stelle.

Tippen Sie den Text über die Tastatur ein, bestehender Text wird nicht gelöscht, sondern nach rechts und unten verschoben.

Text mit der Korrekturtaste löschen

☛ Zum Löschen klicken Sie mit der Maus rechts vom zu löschenden Text. Jetzt befindet sich auch die Einfügemarke hier.

Drücken Sie dann auf der Tastatur die **Korrekturtaste**. Jeder Tastendruck löscht ein Zeichen in Pfeilrichtung, also **links** von der Einfügemarke und entgegen der Schreibrichtung.

Text mit der Entf-Taste löschen

Die **Entf**-Taste (Entfernen) im rechten Bereich der Tastatur kann ebenfalls zum Löschen benutzt werden. Im Gegensatz zur Korrekturtaste löschen Sie damit Zeichen, die sich **rechts** von der Einfügemarke befinden.

☛ Klicken Sie also mit der Maus links vom zu löschenden Text.

Drücken Sie dann die **Entf**-Taste. Jeder Tastendruck löscht ein Zeichen **rechts** von der Einfügemarke

Sie möchten nachträglich einen Zwischenraum zwischen zwei Wörtern einfügen? Dann klicken Sie mit der Maus an die Stelle und drücken auf der Tastatur die Leertaste.

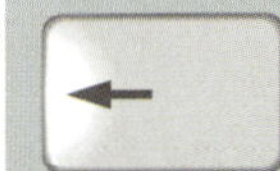

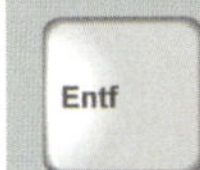

Auf manchen Tastaturen ist diese Taste auch mit *Del* (Abkürzung für das englische Wort „delete" = Löschen) beschriftet.

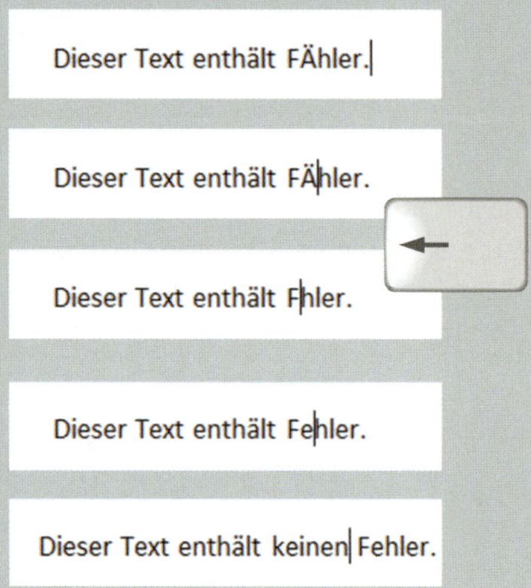

Beispiel: Sie möchten den Rechtschreibfehler im links abgebildeten Text korrigieren und dann noch ein Wort einfügen.

1 Klicken Sie mit der Maus rechts vom falschen Buchstaben (Ä). Der Cursor befindet sich jetzt an dieser Stelle.

2 Drücken Sie auf der Tastatur die **Korrekturtaste**. Der falsche Buchstabe wird gelöscht und der restliche Text rückt nach links.

3 Tippen Sie über die Tastatur den richtigen Buchstaben (e) ein. Alle Zeichen rechts davon rücken automatisch wieder nach rechts.

4 Zuletzt soll zwischen „enthält" und „Fehler" das Wort „keinen" eingefügt werden. Klicken Sie mit der Maus an diese Stelle und tippen Sie ein Leerzeichen, gefolgt vom Wort, ein.

Auf diese Weise können Sie nicht nur einzelne Zeichen einfügen oder löschen, sondern auch Wörter und ganze Sätze.

Text markieren

Längere Texte lassen sich schneller entfernen, wenn sie zuvor markiert wurden. Auch bei der Textgestaltung, z. B. unterstreichen oder farbige Schrift, ist vorheriges Markieren der betreffenden Textstelle Voraussetzung.

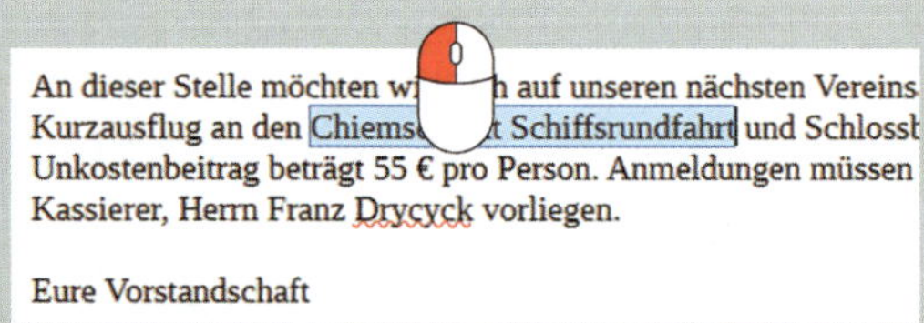

Zum Markieren verwenden Sie die Maus wie einen Textmarker: Zeigen Sie mit der Maus an den Beginn der zu markierenden Stelle, drücken Sie die linke Maustaste und halten Sie die Taste gedrückt. Bewegen Sie dann die Maus langsam mit gedrückter Taste nach rechts oder links über den Text, dieser wird blau hervorgehoben. Lassen Sie die Maustaste erst los, wenn die gewünschte Textstelle markiert ist.

Text über mehrere Zeilen oder Absätze markieren: Ziehen Sie mit gedrückter linker Maustaste nach unten.

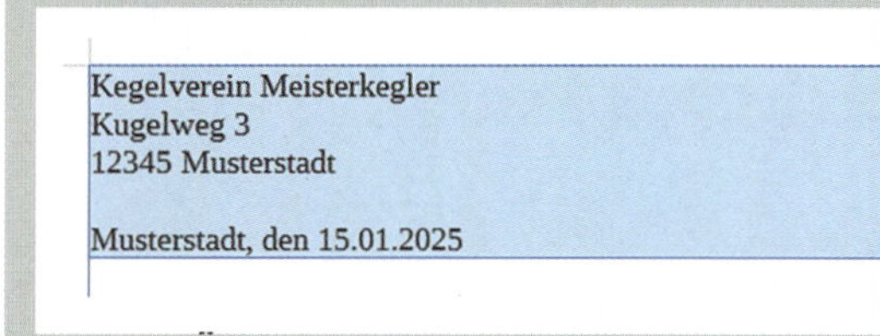

Eine Markierung ist nicht dauerhaft, sondern verschwindet wieder, sobald Sie mit der Maus an eine andere Stelle im Text klicken.

Tipps zum schnellen Markieren

- **Ein Wort markieren:** Zeigen Sie mitten in das Wort und drücken Sie zweimal kurz hintereinander die linke Maustaste (Doppelklick). Achtung – die Maus darf zwischenzeitlich nicht bewegt werden!
- **Zeile oder Satz markieren:** Klicken Sie kurz hintereinander dreimal in die Zeile, in mehrzeiligen Absätzen wird der angeklickte Satz markiert.
- **Absatz markieren**: Klicken Sie viermal kurz hintereinander in den Absatz.

Markierten Text löschen oder korrigieren

- Zum Löschen der markierten Textstelle drücken Sie auf der Tastatur die **Entf** -Taste oder die **Korrekturtaste**.

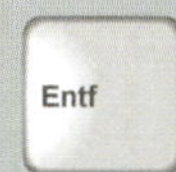

- Um Text zu korrigieren, z. B. um ein falsches Wort zu ersetzen, markieren Sie das Wort und tippen ohne vorheriges Löschen das neue Wort ein. Es spielt keine Rolle, wenn der neu eingegebene Text mehr oder weniger Zeichen als das ursprünglich markierte Wort umfasst.

Textstellen verschieben und kopieren

Achtung: Verschieben oder Kopieren funktioniert immer nur im Text. Zum Verschieben ans Textende müssen Sie dort eventuell erst einige Leerzeilen anfügen.

Möchten Sie nachträglich Wörter, Sätze oder ganze Absätze an eine andere Stelle verschieben? Dann benutzen Sie dazu entweder die Maus bzw. den Finger oder verwenden einen Zwischenspeicher, die sogenannte Zwischenablage.

Text mit Maus oder Finger verschieben

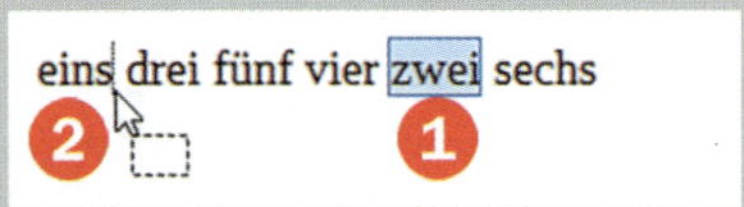

1 Markieren Sie den Satz bzw. die zu verschiebende Textstelle ❶.

2 Zeigen Sie mit der Maus auf die markierte Stelle. Dann drücken Sie die linke Maustaste und halten Sie diese gedrückt, während Sie die Maus bewegen. **Achtung:** Der markierte Text wandert nicht mit, sondern verbleibt zunächst an der ursprünglichen Stelle.

3 Ein kleines Kästchen am Mauszeiger ❷ signalisiert, dass Text verschoben wird, gleichzeitig wandert die Einfügemarke mit. Lassen Sie die Maustaste erst los, wenn sich die Einfügemarke an der gewünschten Stelle befindet.

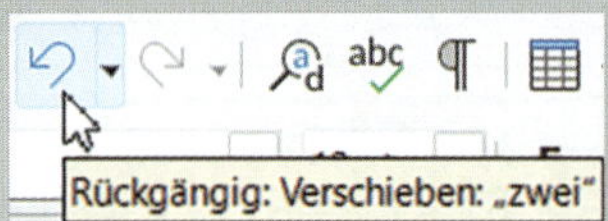

Sollte dies nicht auf Anhieb klappen, so machen Sie mit Klick auf dieses Symbol den letzten Schritt rückgängig (Bild links) und versuchen es nochmals.

Eventuell müssen Sie anschließend noch ein Leerzeichen einfügen, meist passiert der Leerzeichenausgleich aber automatisch.

Text ausschneiden und an anderer Stelle wieder einfügen

Sollte das Verschieben nicht klappen, dann schneiden Sie einfach den markierten Text in die Zwischenablage aus und fügen ihn an anderer Stelle wieder ein. Hierbei helfen diese drei Symbole, so gehen Sie vor:

Tipp: Wenn Sie nicht sicher sind, ob ein Symbol das Richtige ist, dann verweilen Sie mit dem Mauszeiger kurz über dem Symbol ohne dabei zu klicken. Nun erscheint ein kurzer Infotext, wie im Bild unten.

Der Zusatz in Klammern, hier **Strg+X** und **Strg+V** bedeutet, statt der Symbole können Sie auch die Tastenkombination **Strg+X** zum Ausschneiden und **Strg+V** zum Einfügen verwenden.

1 Markieren Sie wieder zuerst die betreffende Textstelle ❶. Klicken Sie dann in der Symbolleiste auf das Symbol Schere (*Ausschneiden*) ❷. Der markierte Text verschwindet, wurde aber nicht gelöscht, sondern in die Zwischenablage gelegt.

2 Setzen Sie die Einfügemarke durch Klicken oder Antippen an die Stelle, an der Sie den ausgeschnittenen Text einfügen möchten ❸. Eventuell müssen Sie auch, wie im Bild unten, zuvor noch leere Zeilen einfügen.

3 Klicken Sie dann in der Symbolleiste auf das Symbol *Einfügen* ❹.

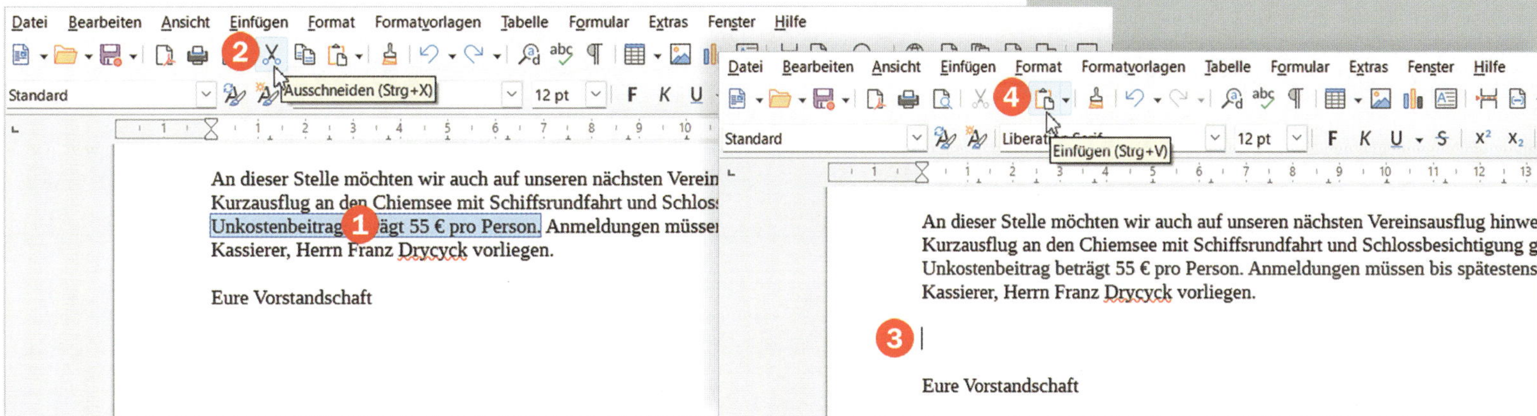

Zuletzt brauchen Sie eigentlich nur noch den Text auf Leerzeichen, eventuell auch Zeilenschaltungen, kontrollieren und diese nachträglich einfügen bzw. löschen.

Statt des Symbols können Sie markierten Text auch mit der Tastenkombination **Strg+C** kopieren.

Text kopieren und wieder einfügen

Die Zwischenablage benutzen Sie auch, wenn Sie eine Textstelle kopieren und anschließend mehrmals wieder einfügen möchten.

1 Zuerst markieren Sie wieder die betreffende Stelle ❶ und klicken dann auf das Symbol *Kopieren* ❷.

2 Positionieren Sie die Einfügemarke an derjenigen Stelle, an der der kopierte Text eingefügt werden soll ❸ und klicken Sie wieder auf das Symbol *Einfügen* ❹.

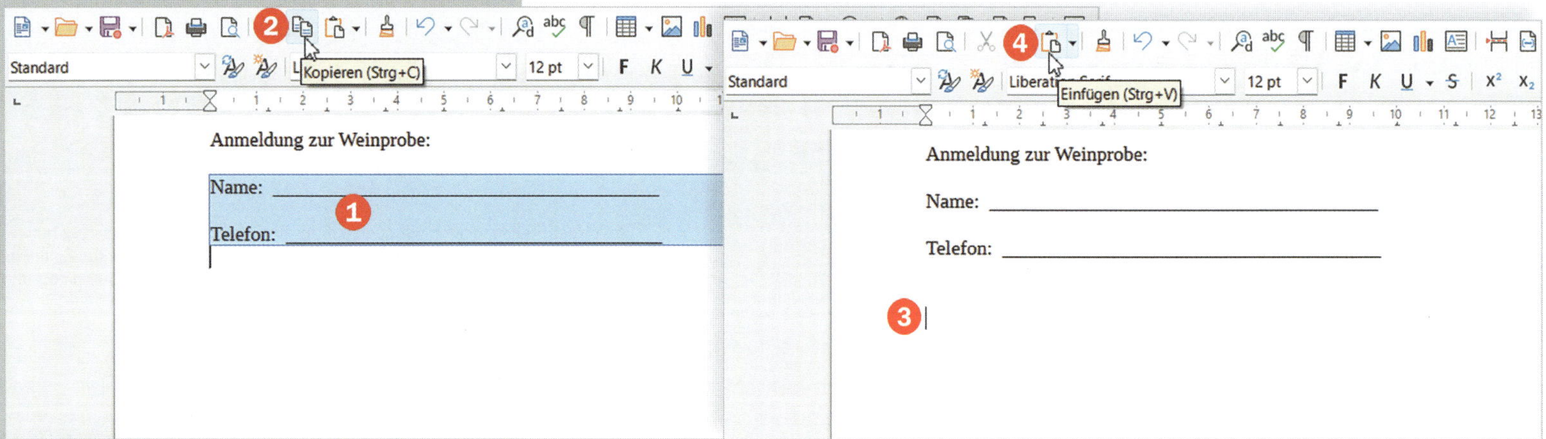

Die Zwischenablage speichert immer das zuletzt ausgeschnittene oder kopierte Element, und zwar so lange, bis der nächste Text ausgeschnitten oder kopiert wird. Sie können also Text aus der Zwischenablage auch mehrmals nacheinander einfügen.

4.3 Textgestaltung

Info: Text gestalten, zum Beispiel ausrichten oder Schrift ändern, bezeichnet man auch als **Formatieren.**

Absätze ausrichten

Standardmäßig beginnen alle Zeilen am linken Seitenrand exakt untereinander (bündig), dies bezeichnet man als linksbündige Absatzausrichtung. Mit diesen Symbolen kann die Ausrichtung für jeden einzelnen Absatz geändert werden, wie im Bild unten.

Wichtig: Um die Ausrichtung eines Absatzes zu ändern, muss sich der Cursor in diesem Absatz befinden!

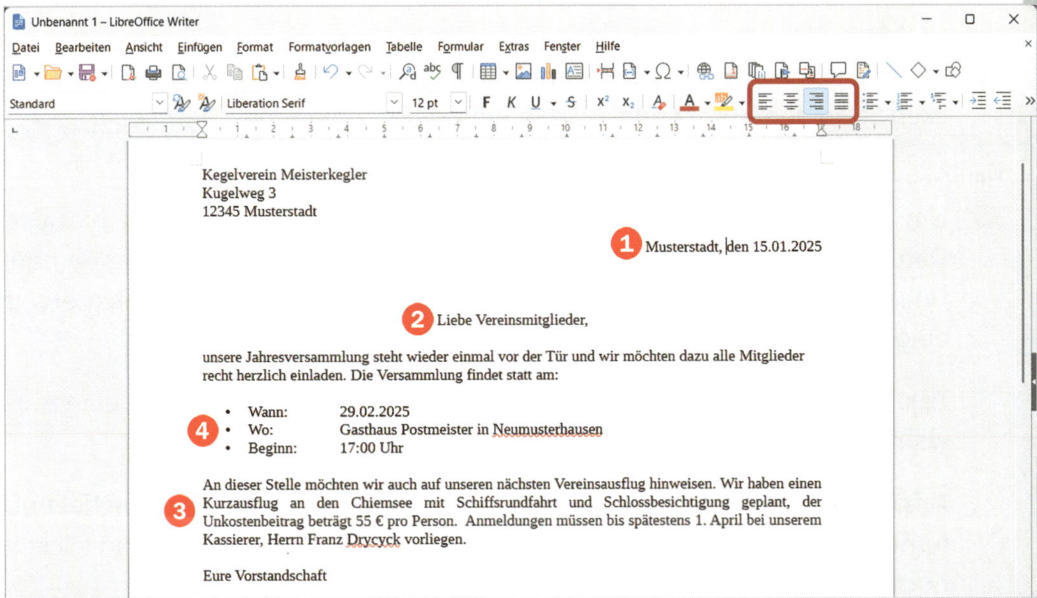

Die Ausrichtung des Absatzes, in dem sich der Cursor gerade befindet, ist hervorgehoben, hier im Bild rechts.

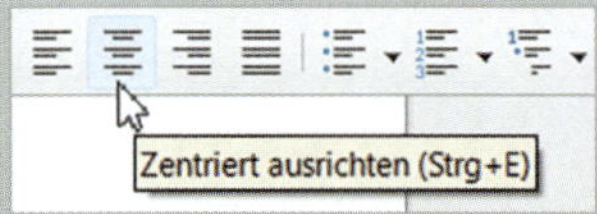

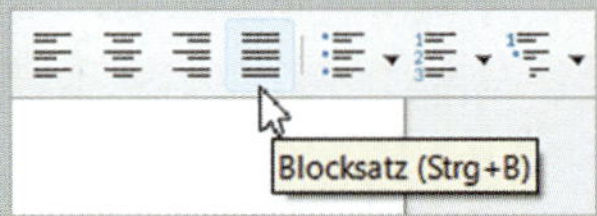

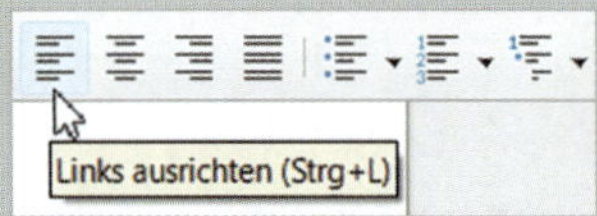

Achtung: Beim Blocksatz erfolgt keine automatische Silbentrennung.

Text am rechten Seitenrand ausrichten (Ort und Datum ❶)

- Klicken Sie auf das Symbol *Text Rechtsbündig ausrichten* und sofort rückt der aktuelle Absatz exakt an den rechten Seitenrand.

Text zentrieren (Überschrift ❷)

- Klicken Sie auf das Symbol *Zentrieren* .

Die Zeilen eines Absatzes im Blocksatz ausrichten ❸

- Wenn die Zeilen eines mehrzeiligen Absatzes links und rechts bündig abschließen sollen, dann wählen Sie Blocksatz. Der Ausgleich erfolgt dann über die Abstände zwischen den Wörtern. Klicken Sie in eine Zeile des betreffenden Absatzes und auf das Symbol *Im Blocksatz ausrichten* .

Links ausrichten

- Wenn Sie einen Absatz wieder am linken Rand ausrichten möchten, dann klicken Sie in den Absatz und auf das Symbol *Text linksbündig ausrichten* .

Einrücken und mit Aufzählungszeichen versehen ❹

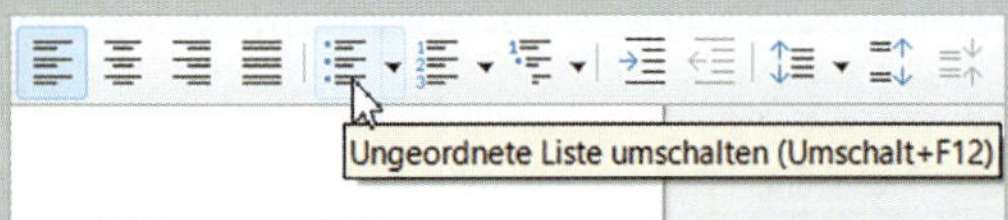

- Um mehrere Absätze mit einem Aufzählungszeichen zu versehen, hier Ort, Datum und Beginn, markieren Sie diese Absätze und klicken auf das Symbol *Ungeordnete Liste umschalten* . Gleichzeitig werden die Absätze etwas eingerückt.

  Tipp: Mit Klick auf den kleinen Pfeil rechts vom Symbol erhalten Sie eine Auswahl weiterer Aufzählungszeichen.

  Aufzählungszeichen wieder entfernen: Falls Sie die Aufzählungszeichen wieder entfernen möchten, markieren Sie die betreffenden Absätze erneut und klicken nochmals auf das Symbol .

Schriftbild gestalten

Im nächsten Schritt befassen wir uns mit der Schrift, auch hierzu gibt es verschiedene Gestaltungsmöglichkeiten. Alle wichtigen Schriftformate finden Sie in der Symbolleiste, die meisten Symbole dürften selbsterklärend sein.

Achtung: Für alle Änderungen am Schriftbild gilt, Sie müssen zuvor alle zu ändernden Zeichen bzw. Buchstaben markieren!

Hier eine kleine Übersicht über die wichtigsten Schriftattribute am Beispiel der Überschrift „Einladung zur Jahresversammlung“.

Text unterstreichen, fett oder kursiv hervorheben

Markieren Sie die betreffende Textstelle, hier die gesamte Zeile und klicken Sie auf das entsprechende Symbol:

- **Unterstreichen**: Klicken auf das Symbol *Unterstrichen* U ▾ , ein Klick auf den Pfeil öffnet mehrere Unterstreichungsvarianten.
- **Fett**: Symbol *Fett* F
- **Schräge, kursive Buchstaben**: Symbol *Kursiv* K

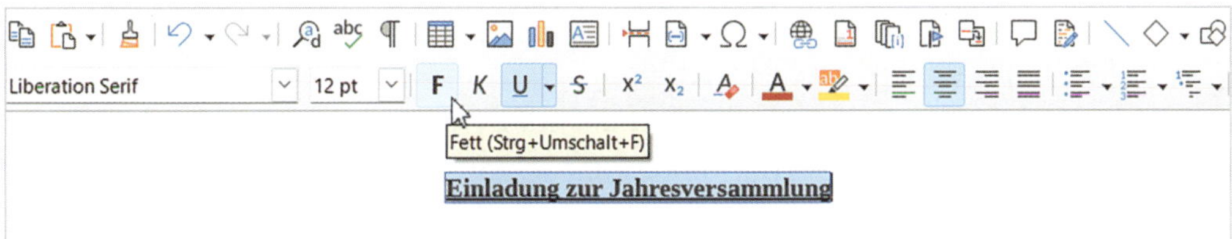

Wenn die aktuell markierte Textstelle mit einem dieser Attribute formatiert ist, dann ist das dazugehörige Symbol im Menüband hervorgehoben.

Unterstreichung, fett, kursiv wieder entfernen

- Die Symbole *Fett*, *Kursiv* und *Unterstrichen* besitzen Umschaltfunktion, d. h. mit einem weiteren Klick darauf schalten Sie Unterstrichen, Fett und Kursiv ein und auch wieder aus. Auch dazu müssen Sie natürlich zuvor die Textstelle markieren.

Schriftfarbe ändern

- Die Schriftfarbe lässt sich auf dieselbe Weise ändern. Markieren Sie den Text und klicken Sie auf den kleinen Pfeil des Symbols *Zeichenfarbe* .

Achtung: Ein Klick direkt auf das Symbol weist die angezeigte Farbe (im Bild rot) zu, ein Klick auf den Pfeil dagegen öffnet das Feld zur Farbauswahl.

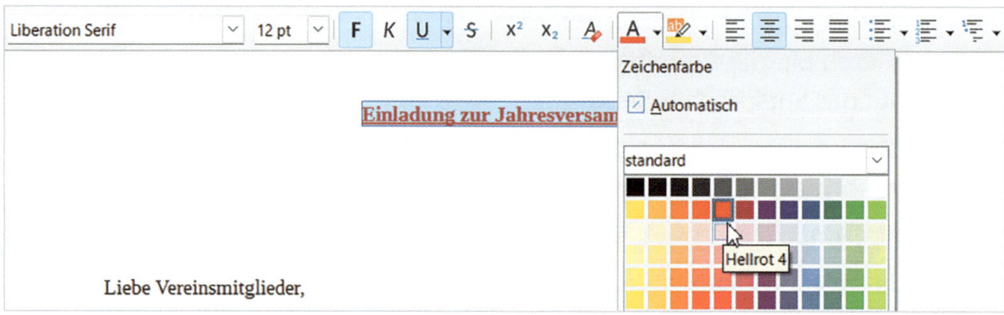

Ursprüngliche Farbe (schwarz) wieder herstellen

- Markieren Sie die Textstelle, klicken Sie auf den kleinen Pfeil der Schaltfläche *Textfarbe* und wählen Sie dann *Automatisch* oder *Schwarz*.

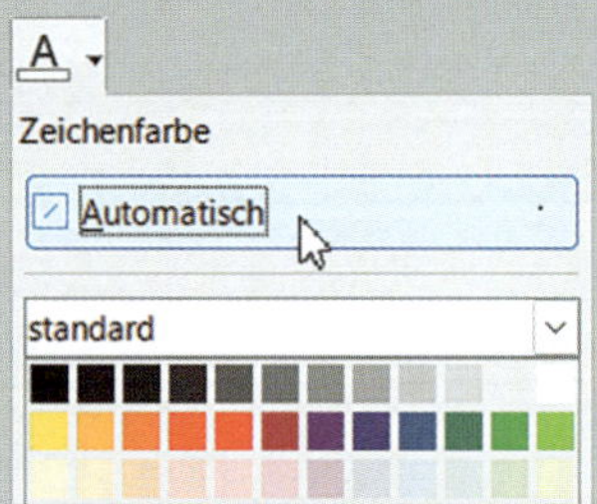

Info: Die Auswahl *Automatisch* verwendet die Standardfarbe des Druckers, also in den meisten Fällen ebenfalls schwarz.

Eine andere Schriftart wählen

Windows 11 verfügt über eine Vielzahl von Schriftarten, eine davon ist in Ihrem Textprogramm, hier LibreOffice Writer bereits als Standardschriftart voreingestellt. Welche Schrift jeweils die aktuelle bzw. markierte Textstelle verwendet, sehen Sie im Feld *Schriftart* ❶. Um die Liste der Schriftarten anzuzeigen, klicken Sie auf den kleinen, nach unten weisenden Pfeil ❷. So geht's:

1 Markieren Sie die Textstelle, deren Schriftart Sie ändern möchten, im Bild unten die Überschrift.

2 Klicken Sie im Feld *Schriftart* auf den Pfeil, eine alphabetische Liste aller Schriftarten erscheint. Achtung: Die Liste ist sehr umfangreich, benutzen Sie die Bildlaufleiste ❸ oder zeigen Sie in die Liste und drehen das Mausrädchen, um weitere Schriftarten anzuzeigen.

3 Klicken Sie auf die gewünschte Schriftart.

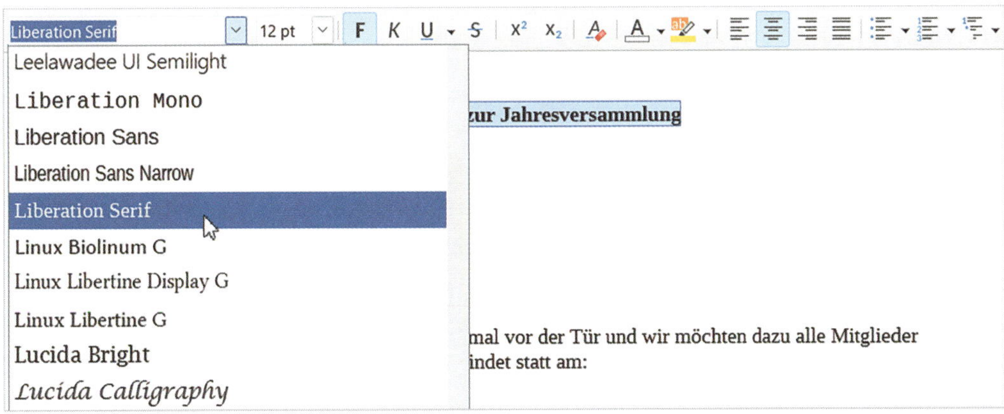

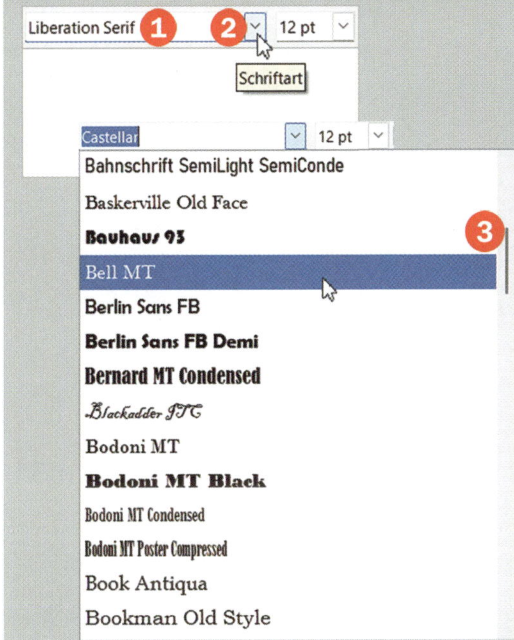

Testen Sie einfach, welche Schriftart Ihnen am besten zusagt.

Tipp: Soll die Schriftart für den gesamten Brief geändert werden, so müssen Sie natürlich den gesamten Text markieren. Am schnellsten geschieht dies mit der Tastenkombination **Strg+A** (Alles markieren).

Info: Die Schriftgröße wird üblicherweise in dem typografischen Maß Punkt (pt) angegeben. 1 Punkt entspricht etwa 0,35 mm.

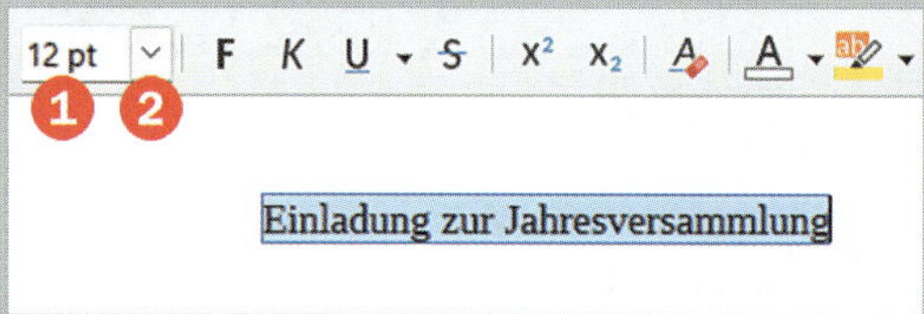

Schrift vergrößern oder verkleinern

Im allgemeinen verwendet man für Briefe, je nach Schriftart, die Schriftgröße 11 oder 12 Punkt. 12 pt ist auch die Standardschriftgröße der App Writer und kann, genau wie die Schriftart, jederzeit geändert werden.

Markieren Sie auch dazu die betreffende Textstelle, falls gewünscht auch den gesamten Brief.

- Im Feld *Schriftgröße* ❶ sehen Sie die aktuelle Größe.
- Klicken Sie im Feld *Schriftgröße* auf den Pfeil ❷ und danach in der Liste auf die gewünschte Größe, z. B. 16 pt.

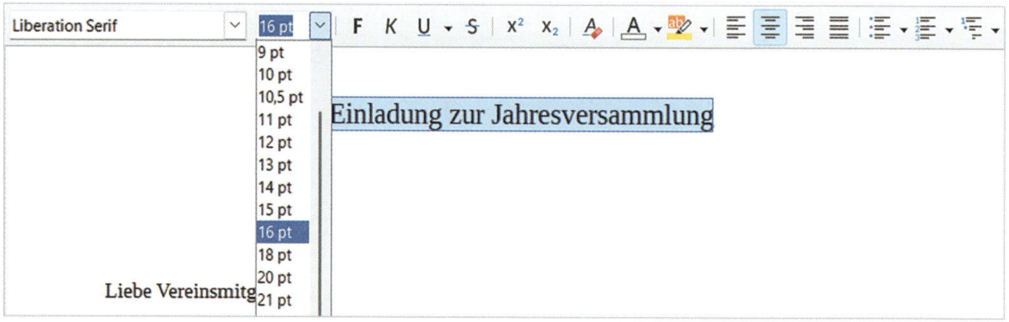

Auch für die Schriftgröße gilt: Wenn Sie die Schriftgröße für den gesamten Text ändern möchten, dann markieren Sie zuvor den Text mit der Tastenkombination **Strg+A**. Für normale Texte und Briefe ist meist Schriftgröße 11 völlig ausreichend, für Überschriften kann auch Schriftgröße 16 oder 18 gewählt werden.

4.4 Text speichern und drucken

Text speichern

Als letztes steht noch das Speichern des fertigen Textes an, damit Sie diesen auch später noch erneut drucken oder bei Bedarf ändern können.

1 Klicken Sie in der Symbolleiste auf das Symbol *Speichern* ❶.

2 Das Fenster *Speichern unter* öffnet sich. Damit Sie den Text später wieder finden, müssen Sie im Feld *Dateiname* einen aussagefähigen Namen, hier „Einladung Jahresversammlung" ❸ eingeben. Hier steht zunächst nur *Unbenannt 1* ❷, dieser vorläufige Name ist bereits markiert bzw. blau hinterlegt und kann einfach durch Tastatureingabe überschrieben werden.

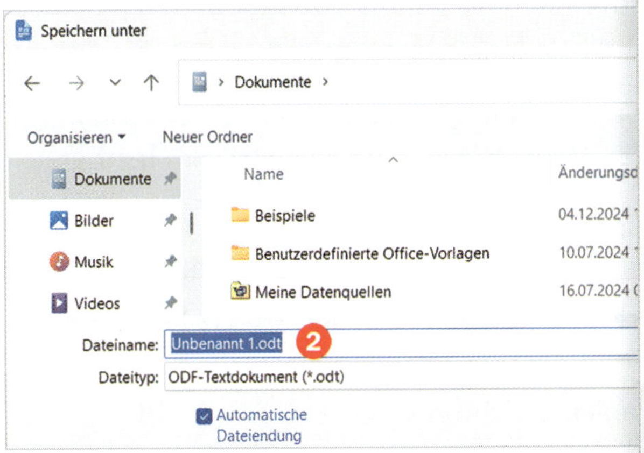

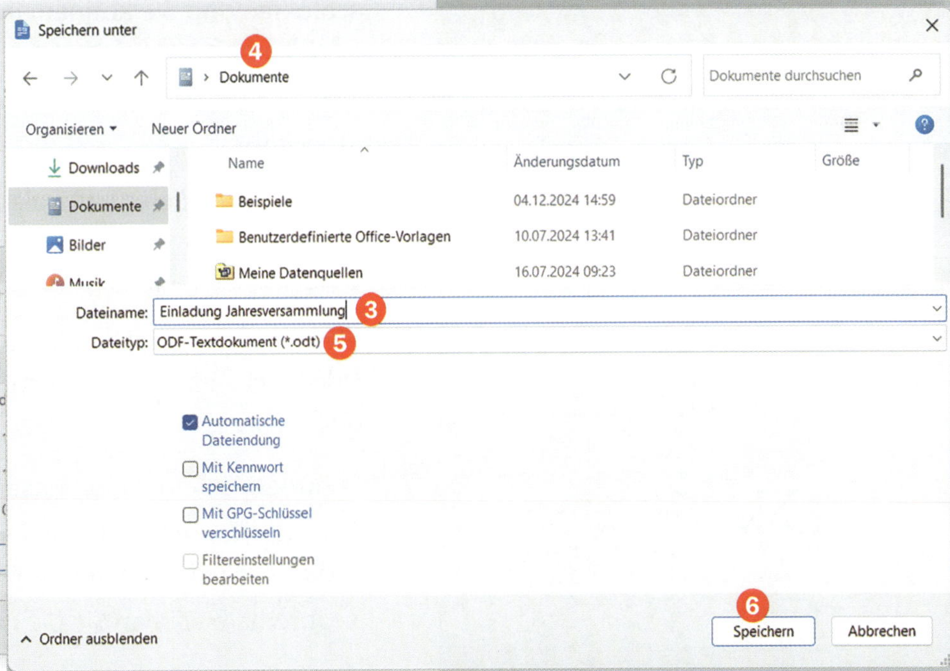

In Kapitel 8 lesen Sie mehr zum Thema Speichern. Hier erfahren Sie z. B., wie Sie einen Ordner zum Speichern auswählen oder neu anlegen und wie Sie eine gespeicherte Datei wieder am Bildschirm anzeigen können.

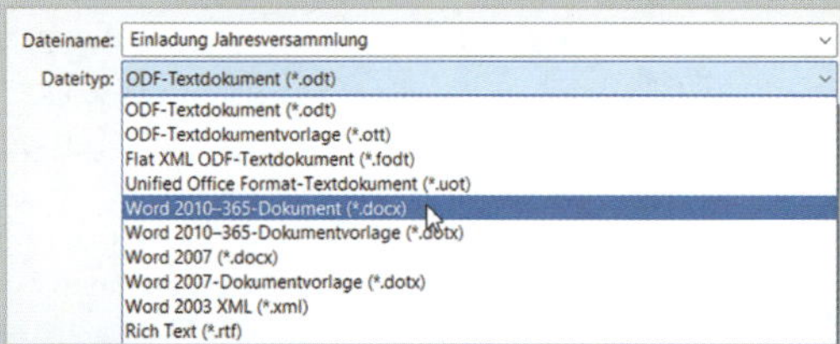

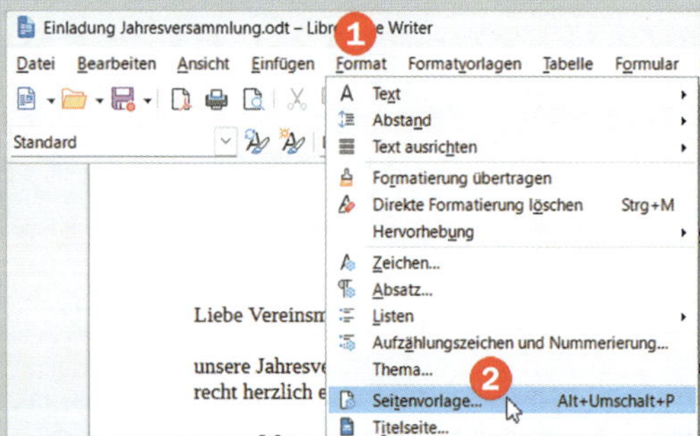

3 Als Speicherort ist normalerweise bereits der Ordner *Dokumente* ❹ ausgewählt, dieser kann beibehalten werden.

4 Unterhalb des Dateinamens sehen Sie den Dateityp ❺, in dem der Text gespeichert wird, LibreOffice verwendet als Standard *ODF-Textdokument*.

Wenn Sie den Text später eventuell auch mit Microsoft Word bearbeiten möchten, dann sollten Sie mit Klick auf den Pfeil den Typ *Word 2010-365-Dokument (.docx)* auswählen, siehe Bild links.

5 Klicken Sie zuletzt auf *Speichern* ❻. Das Fenster *Speichern unter* wird geschlossen und Sie können anschließend die App beruhigt beenden, Ihr Text ist dauerhaft gespeichert.

Text drucken

Seitenränder kontrollieren und ändern

Seitenränder und auch das Papierformat sind bereits voreingestellt, zumindest das Papierformat sollte aber vor dem Drucken noch kontrolliert werden.

1 Klicken Sie in der Mernüleiste auf *Format* ❶ und dann auf *Seitenvorlage* ❷. Oder klicken Sie mit der rechten Maustaste an eine freie Stelle im Textbereich und wählen Sie *Seitenvorlage...*.

2 Es öffnet sich ein Dialogfenster, klicken Sie hier auf die Registerkarte *Seite* ❸.

- Kontrollieren Sie das Papierformat ❹, mit Klick auf den Pfeil kann bei Bedarf auch ein anderes Papierformat gewählt werden.
- Unterhalb wählen Sie die Papierausrichtung, hier *Hochformat* ❺.

- Zum Ändern der Seitenränder benutzen Sie die kleinen Pfeile der Eingabefelder, z. B. *Links* oder *Oben* ❻.

3 Klicken Sie zuletzt zum Übernehmen Ihrer Änderungen auf *OK*.

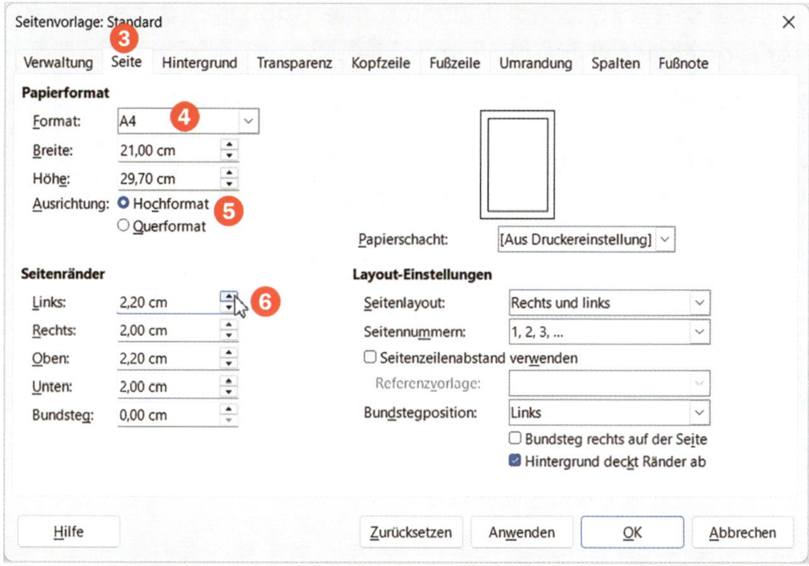

Tipp: mit der Schaltfläche *Zurücksetzen* können Sie geänderte Seiteneinstellungen schnell wieder auf die Voreinstellungen zurücksetzen.

Kontrolle in der Druckvorschau

Wenn Sie am Bildschirm eine Vorschau auf den Ausdruck sehen möchten, dann klicken Sie auf das Symbol *Druckvorschau umschalten*.

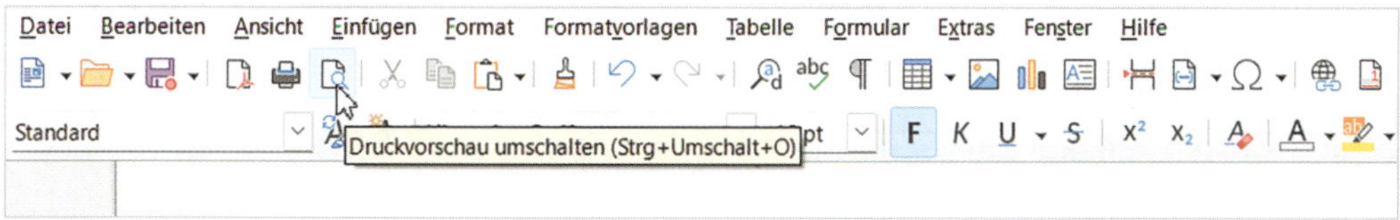

Die vollständige Seite erscheint nun verkleinert auf dem Bildschirm.

- Zum Vergrößern oder Verkleinern der Anzeige benutzen Sie die Lupensymbole ❶.
- Wenn Sie den Text nochmals überarbeiten möchten, dann schließen Sie die Druckvorschau mit diesem Symbol ❷.
- Mit Klick auf das Symbol *Drucken* ❸ können Sie den Text drucken.

Alternativ können Sie die Druckvorschau auch mit einem weiteren Klick auf das Symbol Druckvorschau ❹ schließen.

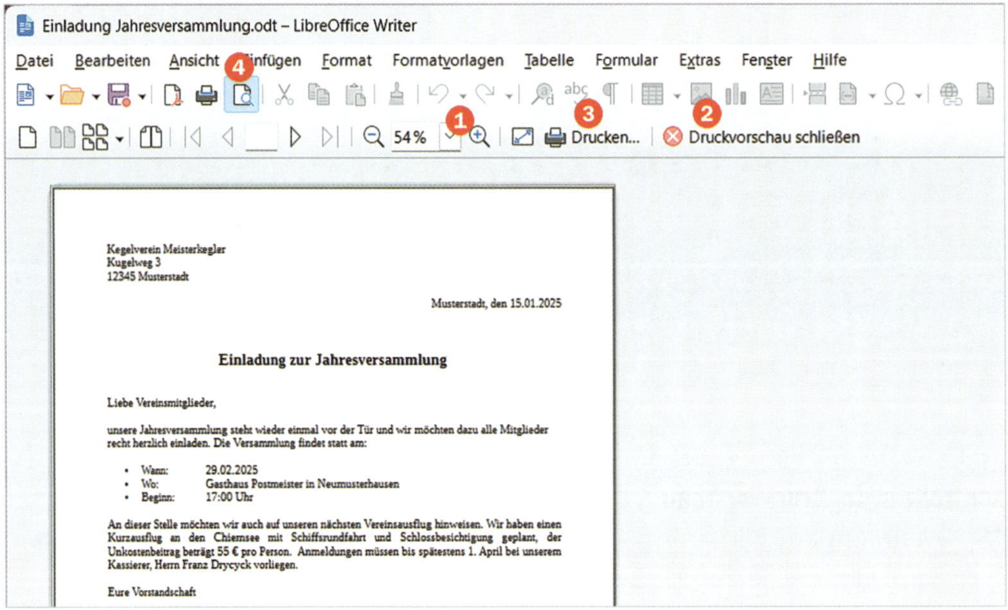

Änderungen am Text sind in der Druckvorschau nicht möglich!

Klicken Sie auf die Schaltfläche *Druckvorschau schließen*, wenn Sie zur normalen Textbearbeitung zurückkehren möchten.

Ausdruck starten, Druckereinstellungen

Zum Drucken klicken Sie entweder in der Druckvorschau auf *Drucken* oder in der Symbolleiste auf das Symbol *Drucken* . In beiden Fällen öffnet sich das Dialogfenster *Drucken* für weitere Einstellungen:

- Links sehen Sie nochmals eine Vorschau ❶.
- Kontrollieren Sie, ob der richtige Drucker ausgewählt ist ❷. Falls nicht, können Sie mit Klick auf den Pfeil einen Drucker auswählen.
- Wenn nur bestimmte Seiten gedruckt werden sollen, können Sie diese hier angeben ❸, sowie die Anzahl der Kopien ❹.
- Ein Klick auf die Schaltfläche *Drucken* ❺ startet den Druckvorgang.

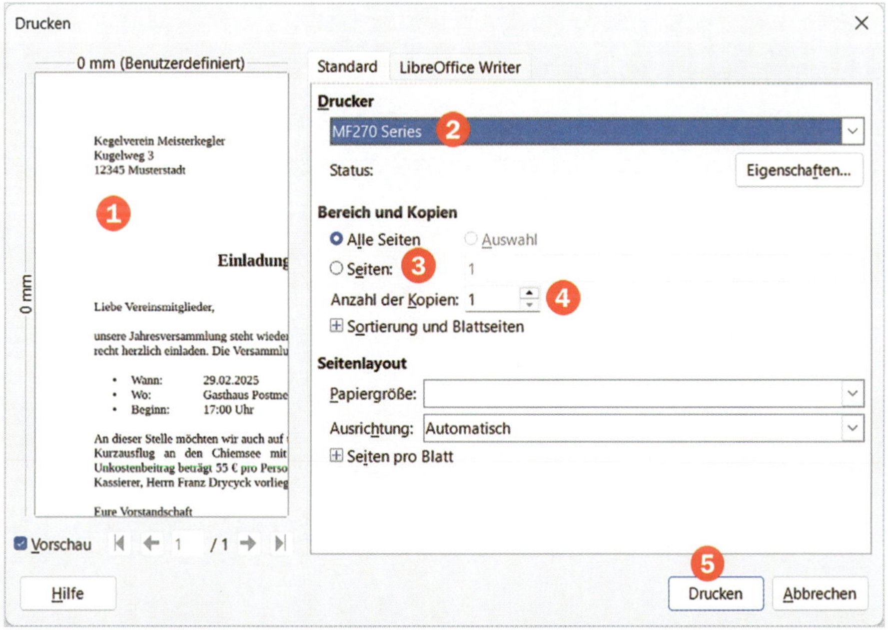

Wie Sie eventuelle Probleme mit dem Drucker beheben, lesen Sie in Kapitel 10.5 nach.

5 E-Mail & Kontakte

Sie lernen, wie Sie

- E-Mails lesen, versenden und verwalten
- Kontaktdaten speichern und verwalten

Was Sie bereits wissen sollten...

- Umgang mit Maus, Touchpad oder Touchscreen
- Apps starten und beenden
- Einfache Texte eingeben und korrigieren

5.1 Das neue Outlook für Windows

Ursprünglich wurde zusammen mit Windows 11 ein Programm namens **Mail** auf dem Rechner installiert, das zum Versenden von E-Mails zur Verfügung steht. Das Angebot wurde komplettiert durch die App **Personen**, zum Speichern von E-Mail-Adressen und anderer Kontaktdaten und die App **Kalender**. Diese vorinstallierten Programme sind Auslaufmodelle.

Für eine Übergangsphase konnte dann von **Mail** zu einem anderen E-Mail-Programm namens **das neue Outlook** (Outlook new) gewechselt werden. Dazu musste in Mail rechts oben ein Schalter aktiviert werden. Das E-Mail-Konto und die enthaltenen Mails wurden automatisch übertragen.

Im Laufe des Jahres 2024 wurden die Apps Mail, Kalender und Personen durch das neue Outlook oder auch **Outlook für Windows** ersetzt. Seit Ende 2024 (mit dem Update 24H2) ist jetzt nur noch das neue Outlook auf neuen Computern und Laptops als neues E-Mail-Programm vorhanden. Sie finden das E-Mail-Programm im *Startmenü - Alle Apps* unter *O* mit dem Namen **Outlook**. Heften Sie Outlook am besten an die Taskleiste an.

Das Programmsymbol der alten App Mail

Das Programmsymbol der neuen Outlook App

Info: Im Startmenü rechts ist auf dem Computer neben **Outlook** auch noch **Outlook (classic)** installiert. Letzteres ist zusammen mit Excel, Word, PowerPoint etc. Teil einer Bürosoftware und kann im Paket als Abo oder einzeln erworben werden. Die Namensgleichheit ist etwas unpraktisch.

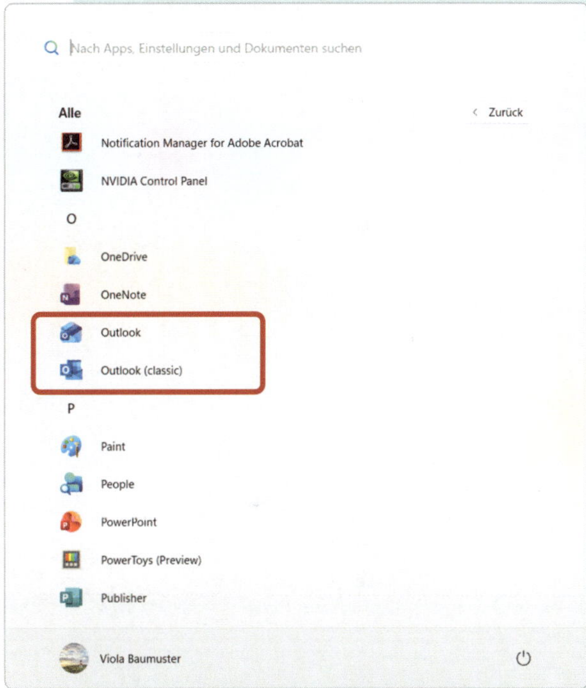

Outlook für Windows herunterladen

Wir beschreiben in diesem Buch die neue Outlook-Version. Falls Sie sie nicht auf Ihrem Rechner finden, können Sie sie aus dem Microsoft Store kostenlos herunterladen.

1. Öffnen Sie die App *Microsoft Store* und geben Sie oben in der Suchleiste *Outlook* ein und drücken Sie die Enter-Taste.

2. Wenn Sie *Outlook* gefunden haben, zeigen Sie mit der Maus auf die Schaltfläche *Kostenlos*. Dadurch wird das Feld *Herunterladen* angezeigt. Klicken Sie dieses an.

3. Nach Abschluss der Installation finden Sie die App im *Startmenü - alle Apps* unter *O*.

Tipp: Sie erkennen eine Microsoft E-Mail-Adresse an der Endung @outlook.de, @outlook.com oder bei älteren Konten @hotmail.com oder @live.de

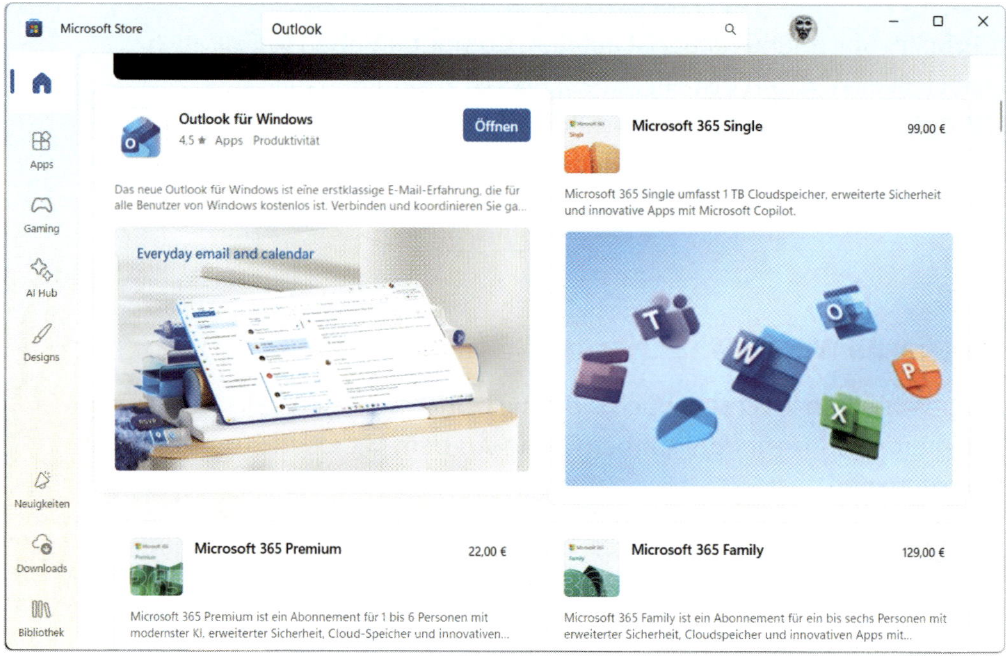

E-Mail-Konto einrichten

Das Versenden und Empfangen von E-Mails ist nur möglich, wenn in der App ein E-Mail-Konto hinterlegt wurde. Outlook verwendet, wenn Sie mit einem Microsoft-Konto am Computer angemeldet sind, automatisch die E-Mail-Adresse dieses Kontos. Wenn Sie zusammen mit dem Microsoft-Konto eine Microsoft-E-Mail-Adresse hinterlegt haben, können Sie direkt loslegen.

- Ihr Konto ❶ wird beim ersten Öffnen der App angezeigt. Klicken Sie auf *Weiter*.
- Sie können die Weitergabe optionaler Daten, durch Auswahl von *Nein, keine optionalen Daten senden* und bestätigen mit *Annehmen* ❷, unterbinden.

Bedienoberfläche

Nach dem Start der App Mail wird der Posteingang angezeigt. Hier finden Sie alle E-Mails, die Sie in letzter Zeit erhalten haben.

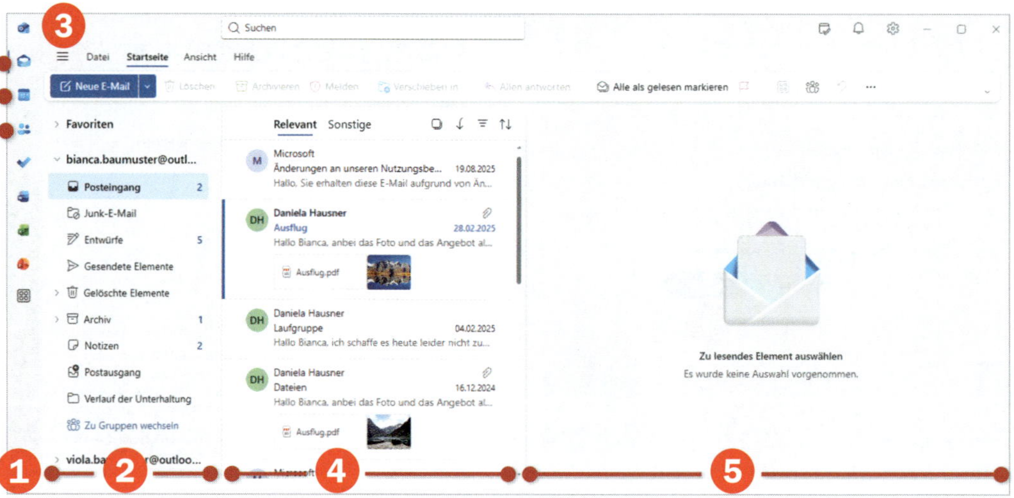

- **Titelleiste:** Über die Schaltflächen für *Mail*, *Kalender* und *Personen* in der Titelleiste ❶ rufen Sie schnell die Apps Mail, Kalender oder Kontakte auf. Zudem gibt es verschiedene Verknüpfungen zu Microsoft-Anwendungen, z. B. ToDo, Word, Excel.
- **Navigationsbereich:** Im Navigationsbereich ❷ sehen Sie oben den Favoriten-Ordner, darunter das verwendete E-Mail-Konto und den dazugehörigen Posteingang. Weitere Ordner erscheinen darunter. Der Ordner, dessen Inhalt gerade angezeigt wird, ist blau hinterlegt. Falls der Navigationsbereich nicht angezeigt wird, klicken Sie links oben auf *Navigationsbereich anzeigen* ☰ ❸.

Wir arbeiten hier mit dem **Lesebereich**. Falls dieser bei Ihnen nicht eingeblendet ist, zeigen Sie diesen über die Einstellungen an. Klicken Sie rechts oben auf *Einstellungen* ⚙ und dann auf das Register *E-Mail*. Der Bereich *Layout* ist bereits ausgewählt. Scrollen Sie rechts nach unten bis zum Lesebereich. Hier wählen Sie *Rechts* und bestätigen mit *Speichern*.

- **Nachrichtenliste** ❹: Die mittlere Spalte zeigt den Inhalt des ausgewählten Ordners an. Standardmäßig ist der Ordner *Posteingang* ausgewählt.
- Zum Lesen klicken Sie in der Nachrichtenliste auf eine Mail. Diese wird markiert und ihr Inhalt erscheint in der rechten Spalte - dem **Lesebereich** ❺.

Zur Änderung des Designs lesen Sie mehr auf Seite 155.

Funktion der E-Mail-Ordner

Die Ordner *Posteingang*, *Gesendete Elemente*, *Entwürfe* und *Gelöschte Elemente* werden für einen erleichterten Zugriff im Favoriten-Ordner angezeigt. Diese sind aber auch nochmal unterhalb Ihres E-Mail-Kontos aufgelistet, ebenso die Ordner *Junk-E-Mail*, *Archiv*, *Notizen* etc. Durch Anklicken eines Ordners wird dessen Inhalt angezeigt.

- Im *Posteingang* sind alle empfangenen E-Mails gespeichert.
- Sobald Sie eine E-Mail senden, wird diese automatisch als Kopie in den Ordner *Gesendete Elemente* gespeichert. Hier können Sie überprüfen, ob eine E-Mail, die Sie geschrieben haben, auch wirklich verschickt wurde.
- Unerwünschte E-Mails, z. B. Werbe-Mails, werden beim Empfangen automatisch in den Ordner *Junk-E-Mail* verschoben. Dafür sorgen spezielle Filter, die von Ihrem E-Mail-Anbieter betrieben werden. Bei anderen Anbietern kann der Ordner Junk-E-Mail auch als Spam bezeichnet werden.
- Im Ordner *Gelöschte Elemente* (Papierkorb) befinden sich alle E-Mails, die gelöscht wurden. Sie sollten den Inhalt dieses Ordners von Zeit zu Zeit leeren.

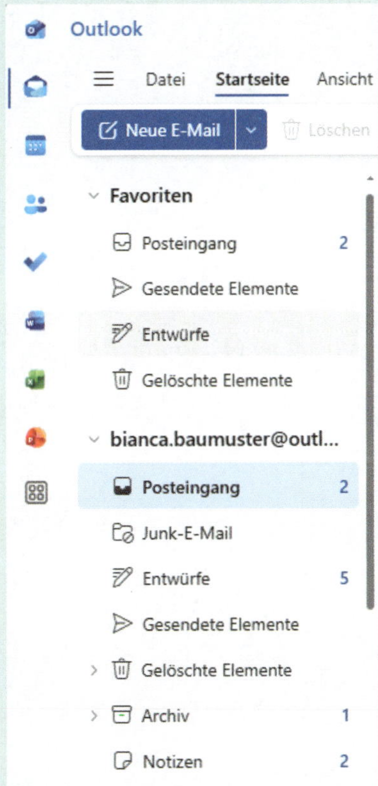

- Alle E-Mails, die Sie verfassen und nicht senden, werden im Ordner *Entwürfe* gespeichert und ggf. für eine spätere Versendung aufbewahrt.

Name und Anzahl der angezeigten Ordner sind abhängig vom verbundenen Konto. Für dieses Beispiel wurde ein Outlook.de-Konto verwendet. Bei Gmail- oder Yahoo-Konten weichen einige Ordner ab.

E-Mails lesen

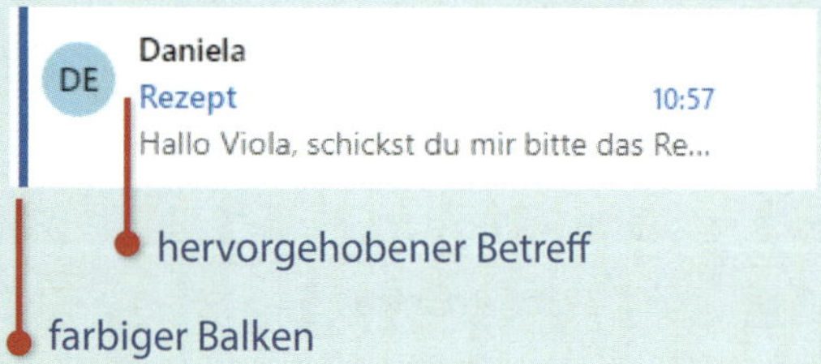

Die Zahl bei *Posteingang* gibt an, wie viele neue, noch nicht gelesene E-Mails Sie erhalten haben. Im Posteingang selbst erkennen Sie ungelesene E-Mails am farbig hervorgehobenen Betreff und dem senkrechten Balken vor der E-Mail.

Sobald Sie im Posteingang auf die Mail ❶ klicken, erscheint ihr Inhalt rechts.

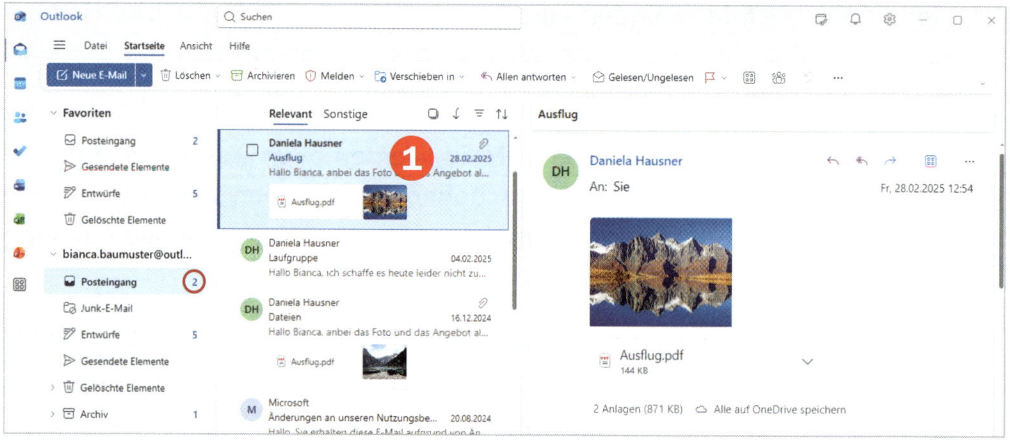

Benachrichtigung über den Eingang einer neuen Nachricht
Auch bei geschlossener App werden Sie durch eine Meldung im rechten unteren Bereich des Bildschirms auf das Eintreffen einer neuen E-Mail aufmerksam gemacht. Durch Anklicken der Benachrichtigung wird die App Mail geöffnet und der Inhalt der E-Mail angezeigt.

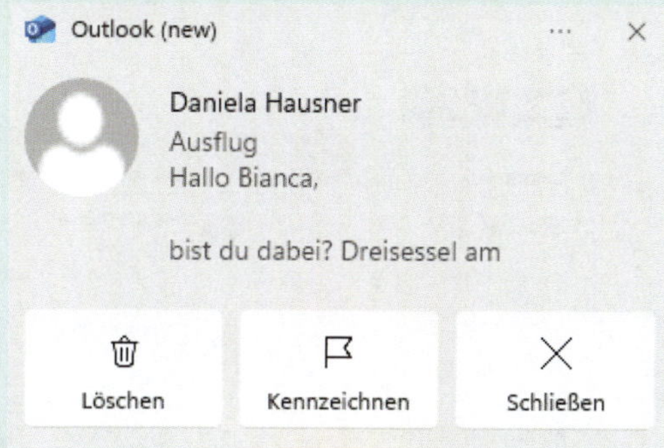

E-Mail löschen

Es ist ratsam, gleich bei Durchsicht der eingetroffenen E-Mails, die zu löschen, die Sie nicht mehr benötigen.

- Markieren Sie die E-Mail durch Anklicken ❶ und klicken Sie dann links oben auf *Löschen* bzw. auf das Mülleimer-Symbol (je nach Größe des Fensters) ❷.
- Falls Sie versehentlich eine E-Mail gelöscht haben, klicken Sie unten auf *Rückgängig* ❸. Die graue Leiste ist nur für kurze Zeit nach dem Löschbefehl sichtbar. Sobald Sie einen anderen Ordner oder Befehl anklicken, verschwindet die Leiste sofort.
- **Alternative zum Löschen einer Mail:** Zeigen Sie mit der Maus auf die zu löschende E-Mail in der Nachrichtenliste und klicken dann auf das Papierkorbsymbol.

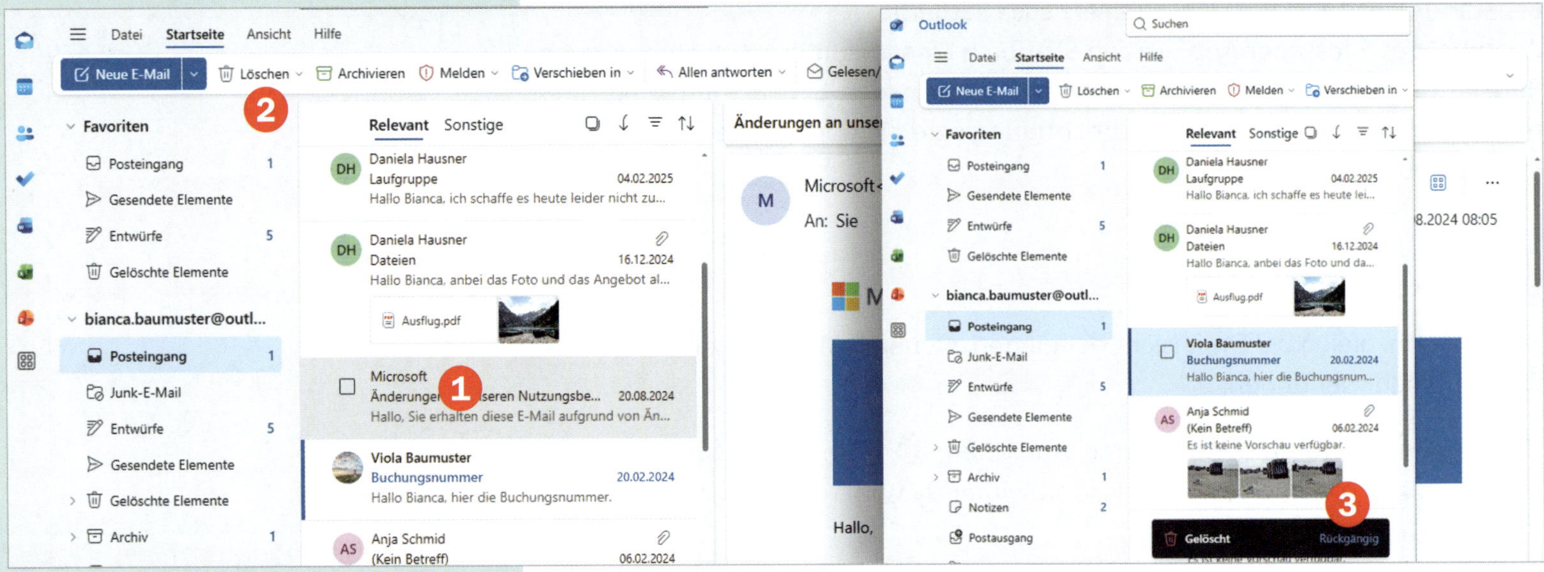

E-Mail drucken

1 Markieren Sie die E-Mail im *Posteingang* oder im Ordner *Gesendete Elemente*. Klicken Sie dazu einmal auf die E-Mail ❶.

2 Klicken Sie oben rechts auf ··· *Aktionen* ❷ und dann auf *Drucken* ❸.

3 Im Druckfenster wählen Sie ggf. bei *Drucker* den Drucker aus. Bei Kopien können Sie durch Anklicken des Plus-Symbols gleich mehrere Exemplare ausdrucken.

4 Um den Ausdruck anzustoßen, klicken Sie auf *Drucken* ❹.

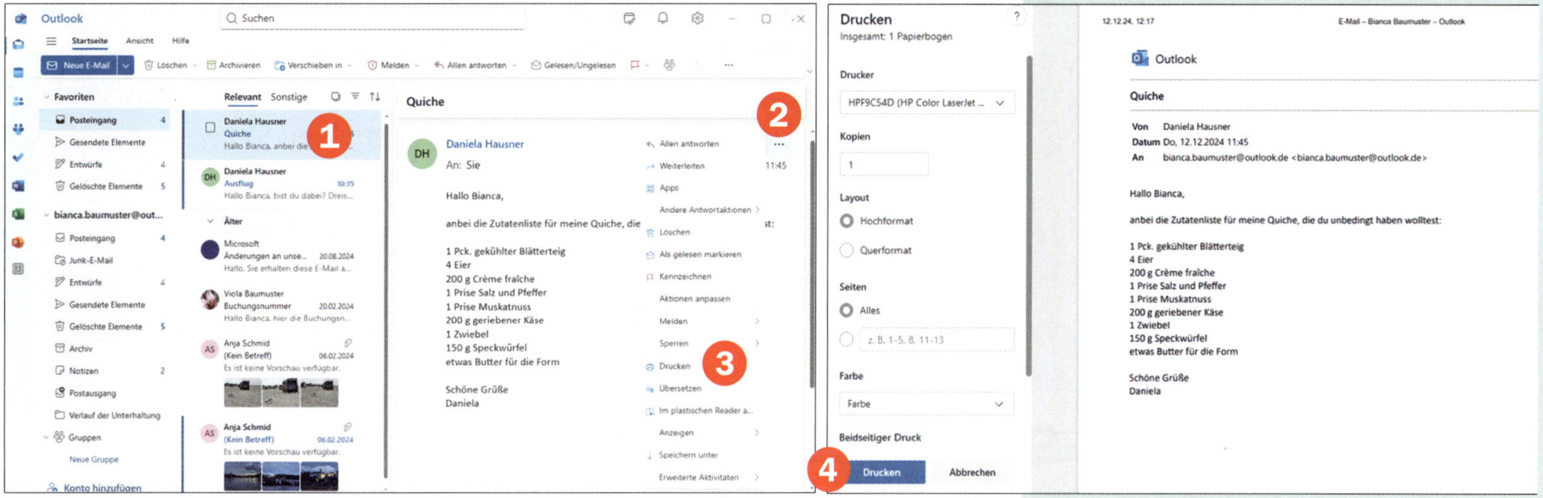

Posteingang mit Relevanz

Im Posteingang werden eingehende E-Mails **automatisch** den Bereichen *Relevant* und *Sonstige* zugeordnet. Die Idee ist, dass E-Mails, wie z. B. Bestellbestätigungen in den Bereich *Sonstige* einsortiert werden. Hier hat man diese im Fall der Fälle zur Hand, sie überfluten aber nicht den Posteingang. Im Bereich *Relevant* werden dann idealerweise nur „wichtige" E-Mails angezeigt. Die Einteilung finden Sie oberhalb der Nachrichtenliste.

- Standardmäßig wird im Posteingang der Inhalt der Registerkarte *Relevant* angezeigt. Klicken Sie auf *Sonstige* ❶, um den Inhalt dieses Bereichs zu betrachten. Die ausgewählte Registerkarte ist blau unterstrichen.

Achtung: Diese Funktion steht nur zur Verfügung, wenn Sie mit einem Outlook-Konto verbunden sind. Wenn Sie beispielsweise eine Gmail-Adresse verwenden, können Sie diesen Punkt überspringen.

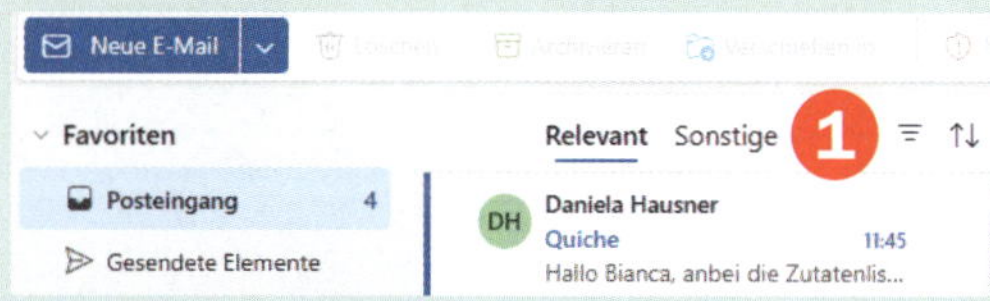

Tipp: Sollten Sie auf eine E-Mail warten, schauen Sie auch im Bereich *Sonstiges* nach. Vielleicht wurde die Wichtigkeit der Mail nicht erkannt und sie ist versehentlich in diesem Bereich gelandet.

- Falls eine E-Mail fälschlicherweise auf der Registerkarte *Sonstige* erscheint, klicken Sie mit der rechten Maustaste auf die E-Mail und wählen *Verschieben* ❷ und anschließend *In Posteingang mit Relevanz verschieben* bzw. *Immer in Posteingang „Relevant" verschieben*. Analog verfahren Sie, wenn eine E-Mail im Bereich *Relevant* angezeigt wird, Ihrer Meinung nach aber doch besser bei *Sonstige* aufgehoben ist.

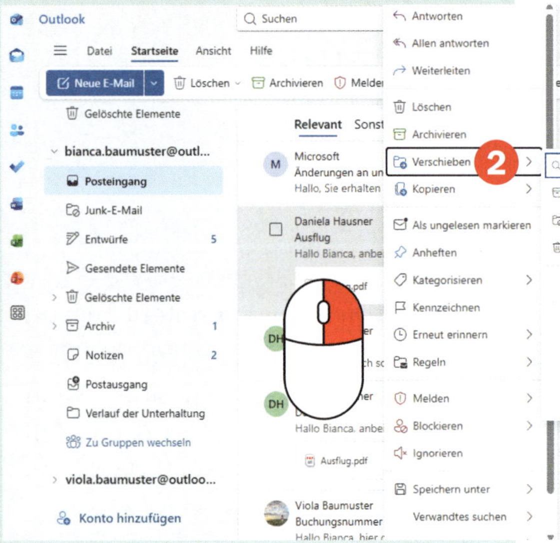

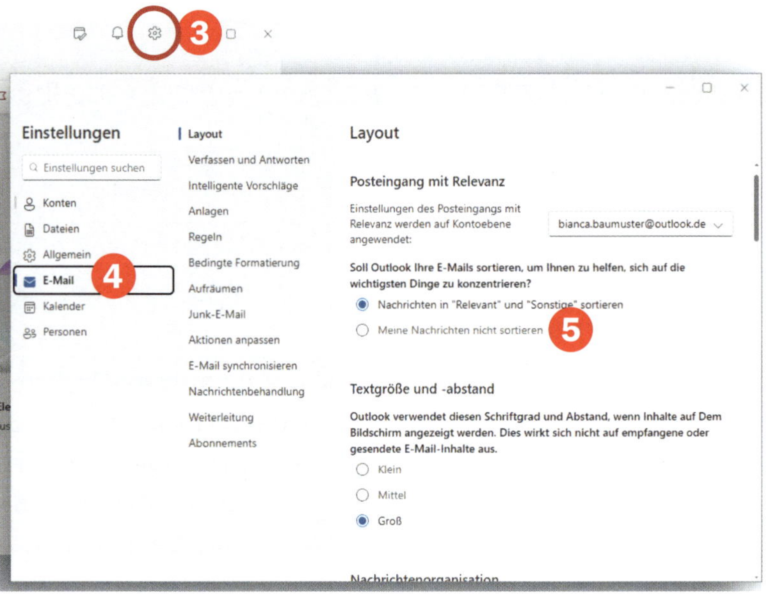

Funktion deaktivieren

Wenn Sie die Aufteilung des Posteingangs als unnötig empfinden, schalten Sie die Funktion aus. Dazu klicken Sie auf *Einstellungen* ⚙ ❸ und dann auf das Register *E-Mail* ❹. Der Bereich *Layout* ist bereits ausgewählt. Klicken Sie rechts bei *Posteingang mit Relevanz* die Option *Meine Nachrichten nicht sortieren* ❺ aus und bestätigen Sie mit *Speichern*.

Eine E-Mail schreiben und verschicken

- Zum Schreiben einer neuen E-Mail klicken Sie links im Navigationsbereich auf *Neue E-Mail* ❶. Dadurch öffnet sich ein leeres Nachrichtenformular. Gleichzeitig wird die E-Mail automatisch im Ordner *Entwürfe* gespeichert.

- **E-Mail-Adresse eingeben:** Klicken Sie in das Eingabefeld *An:* ❷ (Abbildung nächste Seite) und tragen Sie hier die E-Mail-Adresse des Empfängers ein. Drücken Sie, um die Eingabe zu bestätigen, die Enter-Taste. Geben Sie die gesamte E-Mail-Adresse ein, auch wenn der Hinweis *Diese Adresse verwenden* erscheint. Sie müssen die Meldung nicht anklicken, Sie können auch einfach ins nächste Feld klicken.

E-Mail-Adressen, die Sie vollständig eintippen und die nach dem Wechsel in das nächste Feld verkürzt angezeigt werden, wurden automatisch verändert. Grund ist, dass die Adresse bereits in Outlook gespeichert wurde. Die E-Mail kann zugestellt werden.

- **Betreff eingeben:** Klicken Sie in die Zeile *Betreff* ❸ und geben Sie einen kurzen Text ein, z. B. *Termine*. Dieser ist zwar nicht zwingend erforderlich, liefert aber dem Empfänger einen ersten Hinweis auf den Inhalt.
- **Nachricht eingeben:** Klicken Sie dann in das Feld ❹ darunter und geben Sie Ihren Nachrichtentext in beliebiger Länge ein.

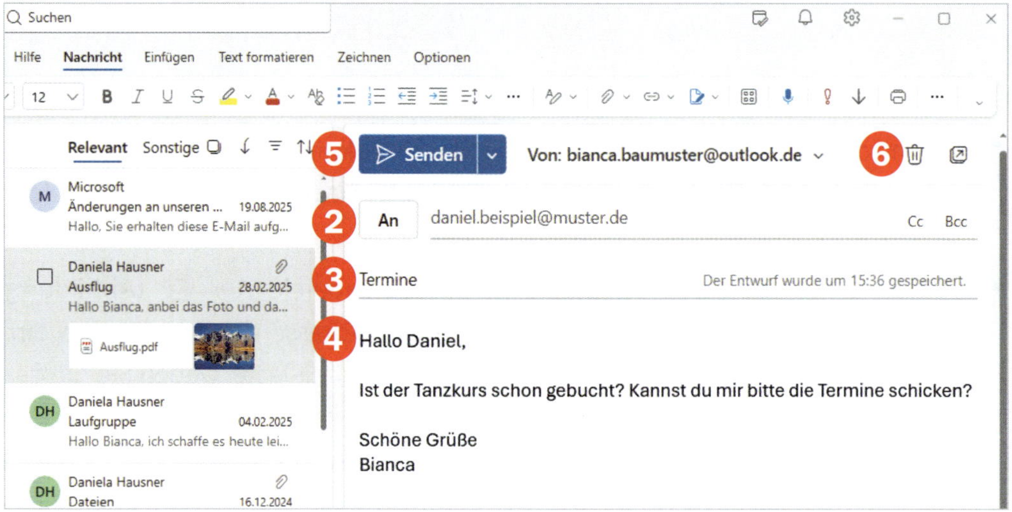

- **Emoj einfügen:** Emojis sind kleine Bilder, die E-Mails bunter machen. Die Smileys (Gesichter) drücken darüber hinaus Gefühle aus. Sie finden die Emojis im Register *Einfügen* unter *Emoticon (Emoji)*. Die Emojis sind in Rubriken eingeteilt, z. B. Gesichter, Personen, Tiere und Natur. Klicken Sie das Gewünschte an und wählen Sie anschließend das passende Emoji aus, es wird an der Cursorposition im Text eingefügt.

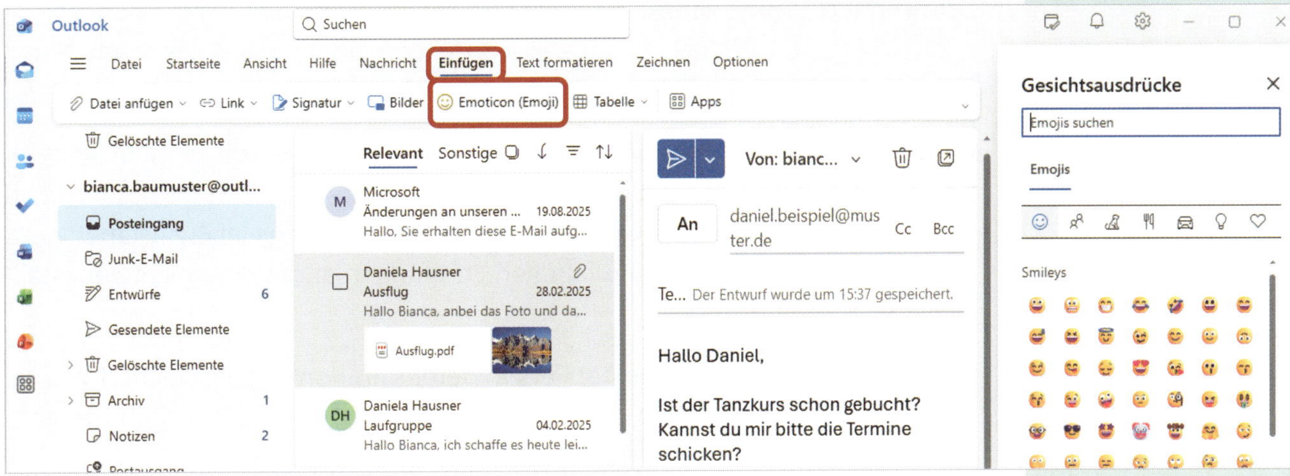

E-Mail senden: Zuletzt klicken Sie auf *Senden* **5** (Bild vorige Seite).

Fenster schließen ohne zu senden: Falls Sie eine E-Mail nicht senden möchten, klicken Sie rechts oben auf das Mülleimersymbol **6**. Bestätigen Sie mit *OK*. Die Nachricht wird dann auch aus dem Ordner Entwürfe gelöscht.

Hinweis Entwürfe: Jede neue E-Mail wird im Ordner *Entwürfe* gespeichert. Wenn Sie das Schreiben unterbrechen, z. B. auf einen anderen Ordner klicken oder die App Mail schließen, finden Sie die begonnene E-Mail immer noch im Ordner *Entwürfe*. Sie können diese dort, wie gewohnt anzeigen, fertigstellen und versenden. Damit der Ordner nicht überfüllt wird, mit nicht mehr benötigten Mails, sollten Sie Mails, die Sie nicht verschicken möchten, gleich verwerfen.

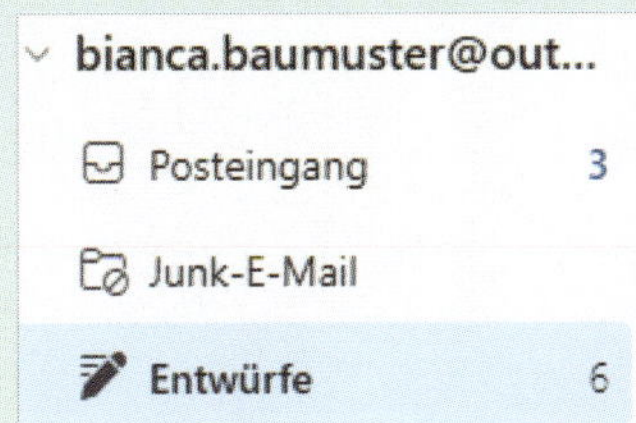

Wissenswertes zur E-Mail-Adresse

- Eine vollständige E-Mail-Adresse wird in der Form **name@anbieter.xx** geschrieben. Das @-Zeichen geben Sie mit den Tasten AltGr und Q ein.
- Achten Sie bei der E-Mail-Adresse auf eine korrekte und vollständige Schreibweise und vergessen Sie nach dem Anbieter das Kürzel z. B. *.de* oder *.com* nicht! Wie bei Telefonnummern kann schon das Vertauschen zweier Buchstaben dazu führen, dass die E-Mail beim falschen Empfänger landet oder nicht zugestellt werden kann.
- Wenn die E-Mail-Adresse einer Person bereits als Kontakt gespeichert wurde, erscheinen nach Eingabe der ersten Zeichen der Adresse ein oder mehrere Vorschläge, die Sie durch Anklicken übernehmen können.

In diesem Beispiel wurden nach Eingabe von „m“ alle Kontaktdaten angezeigt, deren Namen (Nachname oder Vorname) mit diesem Buchstaben beginnen. Nach Auswahl einer Adresse wird nur noch der Name im Feld An angezeigt.

Für eine Person können auch mehrere E-Mail-Adressen hinterlegt werden. Dann taucht der Name zweimal auf.

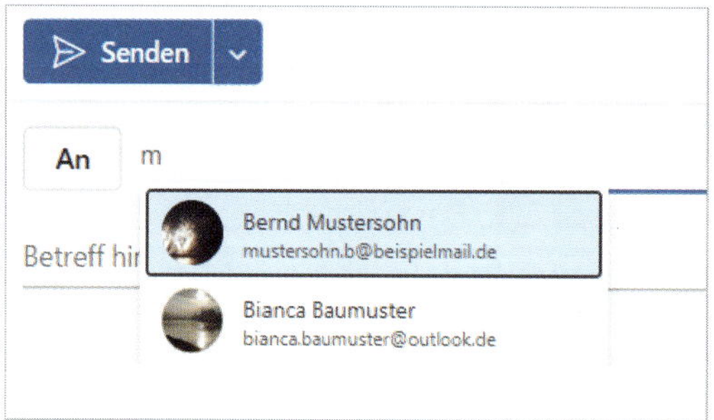

- **Adresse suchen:** Durch Anklicken der Schaltfläche *An* An erhalten Sie Zugriff auf die in Outlook gespeicherten Adressen. Wie Sie Adressen im Bereich *Personen* speichern, erfahren Sie auf Seite 151.

  Hier können Sie im Feld *Suchen* ❶ (Abbildung nächste Seite) nach dem Namen einer Person im Adressbuch suchen.

Klicken Sie auf das + neben dem gewünschten Eintrag, dieser wird dann oberhalb des Suchfelds angezeigt. Durch Anklicken von *Speichern* rechts unten wird die markierte E-Mail-Adresse in das Feld *An* eingefügt.

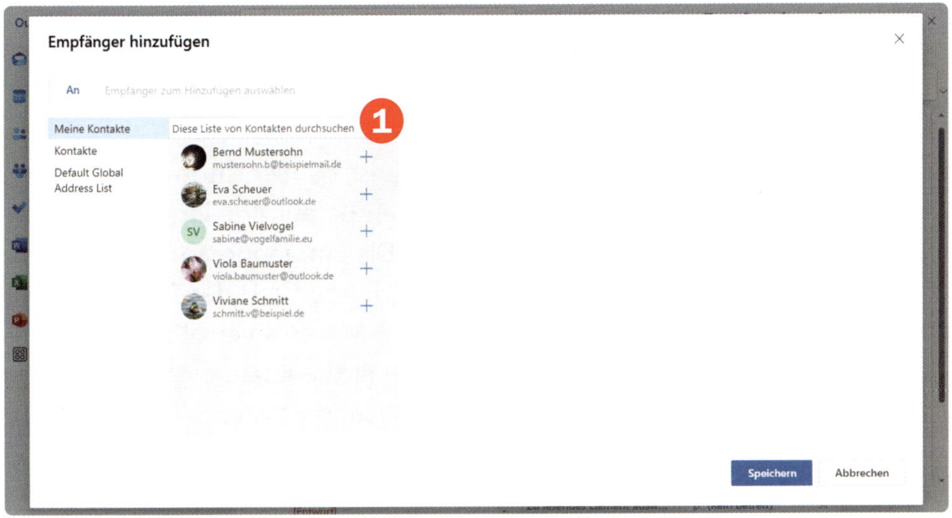

E-Mail an mehrere Empfänger senden

- Klicken Sie in das Feld *An* und tragen Sie mehrere Adressen ein. Drücken Sie nach jeder Adresse die Enter-Taste.
- Durch Anklicken von *Cc und Bcc* rechts neben dem Feld *An* fügen Sie der E-Mail zwei weitere Zeilen für Empfänger-Adressen hinzu.
- Im Feld *Cc* geben Sie an, wer eine Kopie der E-Mail erhalten soll. Auch hier können Sie mehrere Empfänger eintragen bzw. auswählen. Personen, die Sie

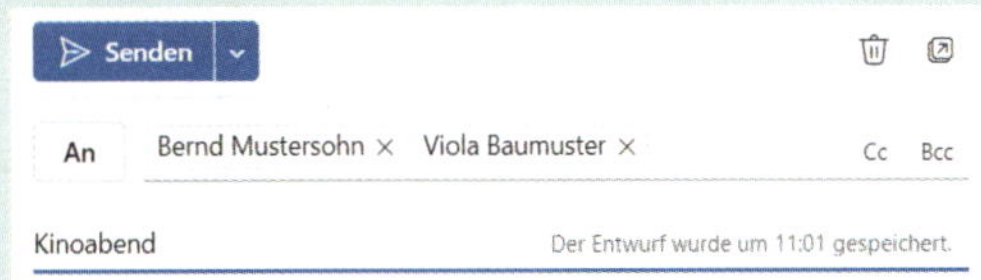

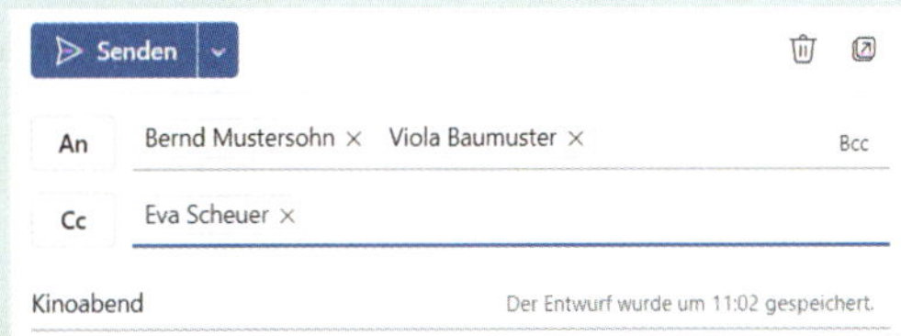

in das Feld *Cc* eintragen, sollen nur über den Inhalt informiert werden, es wird keine weitere Aktion erwartet.

- Empfänger, die Sie in das Feld *Bcc* eintragen, sind für die anderen Empfänger nicht sichtbar.

Eine Antwort verfassen

Sie möchten eine E-Mail beantworten. Dazu ist es nicht notwendig, eine neue E-Mail zu verfassen. Es ist viel praktischer, den Befehl *Antworten* zu verwenden. Dadurch eröffnen sich verschiedene Vorteile: Die Empfängeradresse wird automatisch eingetragen. Der Betreff wird weiterverwendet und der Text der E-Mail, auf die Sie antworten, wird angehängt. In einer E-Mail-Konversation, die immer mit gegenseitigem Antworten geführt wird, enthält die letzte E-Mail alle bisherigen Nachrichten. Es entsteht sozusagen ein Konversationsprotokoll.

- Markieren Sie im Posteingang die E-Mail, auf die Sie antworten möchten und klicken Sie auf den Pfeil neben *Allen antworten* ❶ und wählen entweder *Antwort* oder *Allen antworten* aus. Alternativ verwenden Sie die Symbole rechts im Nachrichtenfeld: ↰ für *Antworten* und ↰↰ für *Allen antworten* ❷.

Antworten:
Nur Absender/Absenderin erhält Ihre Antwort.

Allen antworten:
Falls die E-Mail an mehrere Empfänger gesendet wurde, erhalten alle Personen Ihre Antwort.

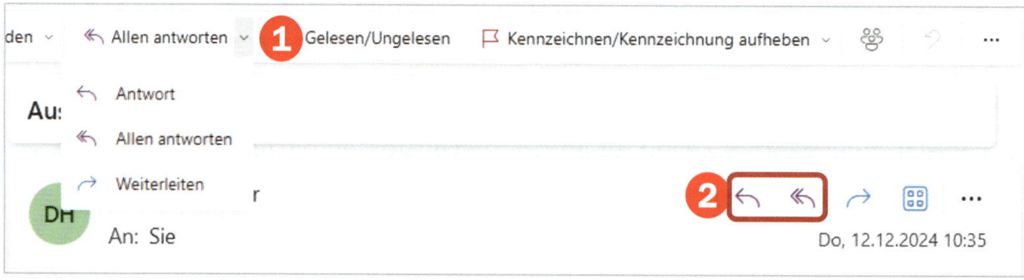

Im Lesebereich wird ein Nachrichtenformular geöffnet. Die Empfängeradresse ist bereits eingetragen. Scrollen Sie etwas nach oben, dort wird die ursprüngliche Nachricht angezeigt

Tippen Sie Ihren Antworttext 3 ein und klicken Sie dann auf *Senden* 4.

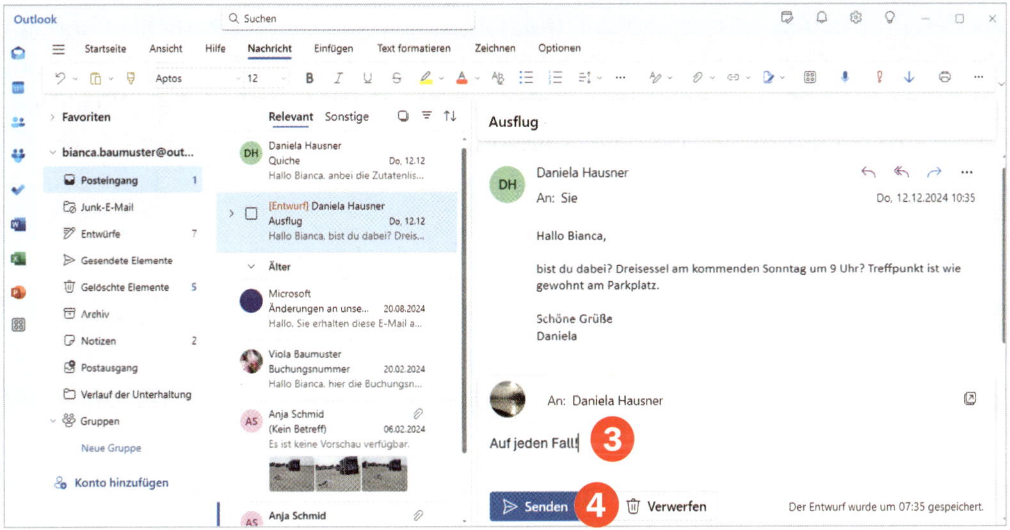

Wenn Sie auf eine E-Mail geantwortet haben, erhält diese in der Nachrichtenliste einen Pfeil nach links.

Die E-Mail, die Sie an eine andere Person weitergeleitet haben, erhält in der Nachrichtenliste einen Pfeil nach rechts.

E-Mail weiterleiten

Manche E-Mails, die Sie erhalten, sind auch für eine dritte Person von Interesse. Damit Sie nicht umständlich die Inhalte von E-Mail zu E-Mail kopieren müssen, gibt es die Funktion *Weiterleiten*. Mit dieser können Sie ganz einfach eine erhaltene Mail an Dritte senden. Dazu markieren Sie die Mail im Posteingang und klicken links oben auf den Pfeil neben *Allen antworten* und dann auf *Weiterleiten* oder rechts oben auf das Symbol für Weiterleiten ↷. Oberhalb der ursprünglichen Nachricht erscheint die Zeile *An* zum Eintragen der Empfängeradresse. Dem Betreff wird ein **WG:** (Weiterleitung) vorangestellt. Wie beim Antworten fügen Sie Ihren Text hinzu und klicken dann auf *Senden*.

Alle E-Mails im Ordner Gesendete Elemente können selbstverständlich auch ausgedruckt oder gelöscht werden.

Wurde meine E-Mail versandt?

Im Ordner *Gesendete Elemente* sind die E-Mails gespeichert, die Sie verschickt haben. Ist die gesuchte E-Mail nicht im Ordner, besteht unter Umständen zur Zeit keine Verbindung zum Internet und die E-Mail wurde noch nicht versendet.

Unterhaltungsansicht verwenden oder lieber nicht?

Die Unterhaltungsansicht fasst E-Mails zusammen, die durch gegenseitiges Antworten erstellt wurden. Der Container, der die Nachrichten sozusagen aufnimmt, ist mit den Namen der Gesprächspartner und dem Betreff beschriftet. Durch Anklicken des Containers wird dessen Inhalt angezeigt bzw. wieder ausgeblendet. In der Nachrichtenliste erkennen Sie den Container einer Unterhaltung am Pfeilsymbol vor dem Betreff.

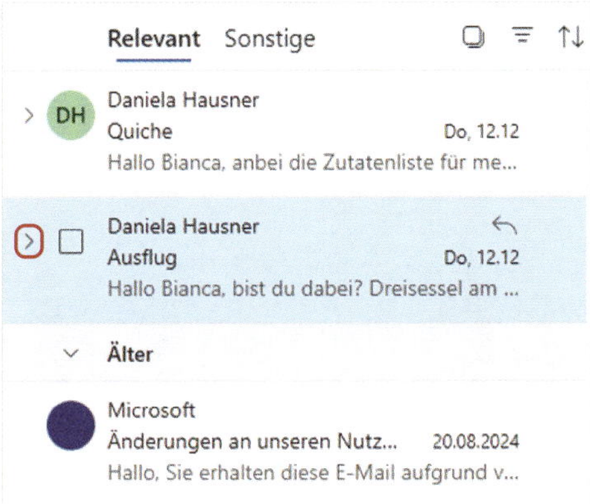

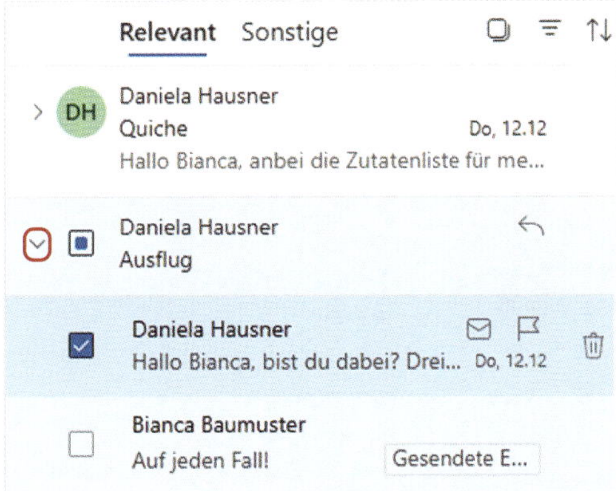

Bild links: Container in reduzierter Ansicht - Pfeil zeigt nach rechts

Bild rechts: Container der Unterhaltung in erweiterter Ansicht - Pfeil zeigt nach unten

Die Unterhaltungsansicht ist standardmäßig aktiviert. Manche Benutzer finden es allerdings irritierend, dass E-Mails automatisch einem Container zugeordnet werden und sozusagen in ihm verschwinden. Auch die Tatsache, dass E-Mails, die eigentlich vom Benutzer versendet wurden, innerhalb einer Unterhaltung im Ordner *Posteingang* angezeigt werden, empfinden manche als störend.

Um die Unterhaltungsansicht zu deaktivieren, gehen Sie so vor:

- Klicken Sie auf *Einstellungen* ⚙ und dann auf *E-Mail* ❶. Anschließend wählen Sie *Layout* ❷. Scrollen Sie etwas nach unten. Im Bereich *Nachrichtenorganisation* klicken Sie auf *Nachrichten nicht gruppieren* ❸. Bestätigen Sie die Einstellung mit *Speichern* ❹.

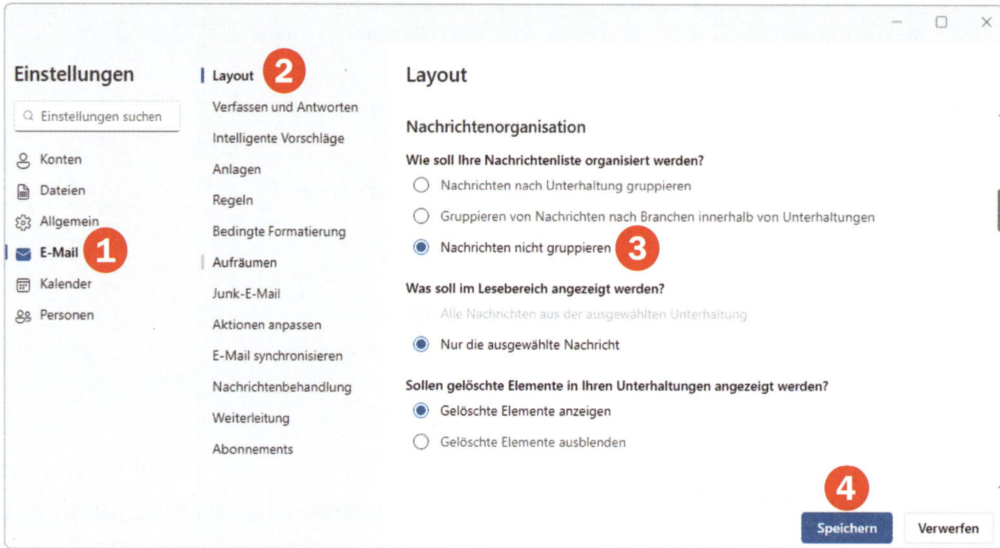

Versand und Empfang von Fotos und anderer Dateien

Zusammen mit einer E-Mail können Sie eine oder mehrere Dateien, z. B. Fotos, PDFs, aber auch WordPad-Dokumente und vieles mehr versenden.

Datei anfügen und versenden

- Erstellen Sie eine neue E-Mail, tragen Sie den bzw. die Empfänger ein und geben Sie einen Betreff und eine Mitteilung ein.
- Klicken Sie dann auf das Register *Einfügen* und dann auf *Datei einfügen* ❶.
- Zum Anfügen einer Datei klicken Sie auf *Diesen Computer durchsuchen* ❷.

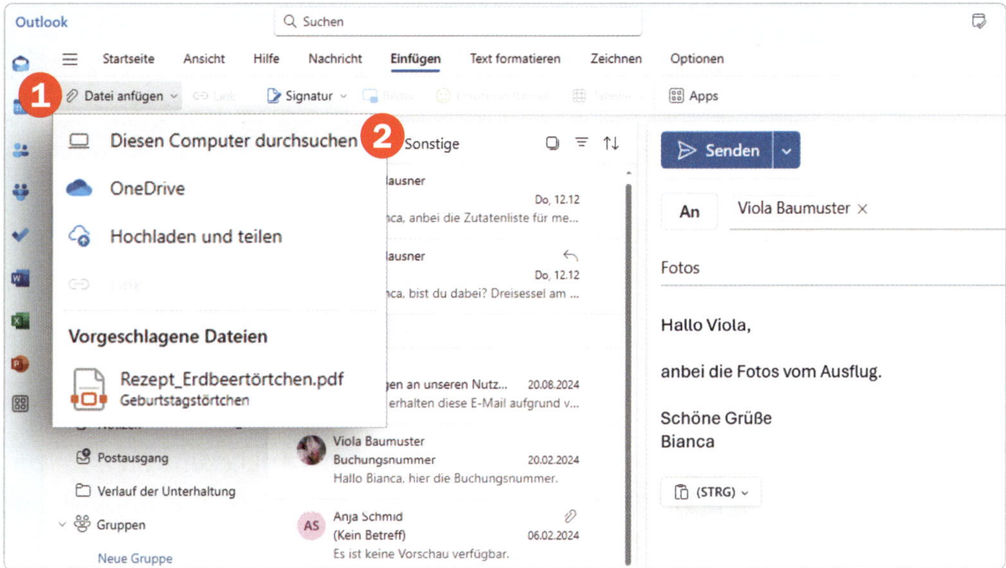

Im Register *Einfügen* finden Sie auch die Schaltfläche *Bilder*. Im Gegensatz zur Schaltfläche *Dateien* wird damit ein Bild nicht als Anhang, sondern direkt in den Text der E-Mail eingefügt.

- Das Fenster *Öffnen* erscheint. Navigieren Sie zum Speicherort der Datei bzw. Ihres Fotos. Unter *Dieser PC* finden Sie den Ordner *Bilder* mit auf dem Computer gespeicherten Fotos. Klicken Sie den Ordner ③ an. Falls sich das gewünschte Bild in einem Unterordner befindet, öffnen Sie diesen mit einem Doppelklick.
- Markieren Sie durch Anklicken das Bild ④, welches Sie via E-Mail versenden möchten und klicken Sie dann auf *Öffnen* ⑤.
- Im nächsten Schritt entscheiden Sie, wie die Bilder übersandt werden sollen. Sie verschicken Sie als E-Mail-Anhang durch Auswahl von *Als Kopie anfügen*.

Mehrere Bilder markieren: Falls Sie gleich mehrere Bilder via E-Mail verschicken möchten, markieren Sie das erste Bild, halten dann die Strg-Taste gedrückt und klicken auf ein weiteres Bild usw. Nachdem Sie alle gewünschten Bilder markiert haben, klicken Sie auf *Öffnen*.

Achtung: Es können nicht beliebig viele Bilder verschickt werden!
Bei einigen E-Mail-Anbietern dürfen Dateianhänge eine Gesamtgröße von 20 MB nicht überschreiten. Dabei ist es unerheblich, ob es sich um eine oder mehrere Dateien handelt. Die Gesamtdateigröße wird Ihnen im grau hinterlegten Teil angezeigt. Gegebenenfalls müssen Sie wieder Bilder aus dem Anhang entfernen, dazu gleich mehr.

- In einem zweiten Schritt können durch nochmaliges Anklicken von *Datei anfügen* und *Diesen Computer durchsuchen* weitere Dateien, z. B. ein PDF aus dem Ordner *Dokumente* ❻ hinzugefügt werden.
- Die ausgewählten Dateien werden nun im Nachrichtenformular angezeigt. Zeigen Sie mit der Maus auf ein Bild, um dessen Dateigröße ❼ anzuzeigen. Zum Entfernen eines Bildes klicken Sie dieses an und wählen im sich öffnende Menü *Anlage entfernen* ❽ aus.
- Klicken Sie auf *Senden* ❾, um die E-Mail samt Fotos an den Empfänger der Nachricht zu schicken.

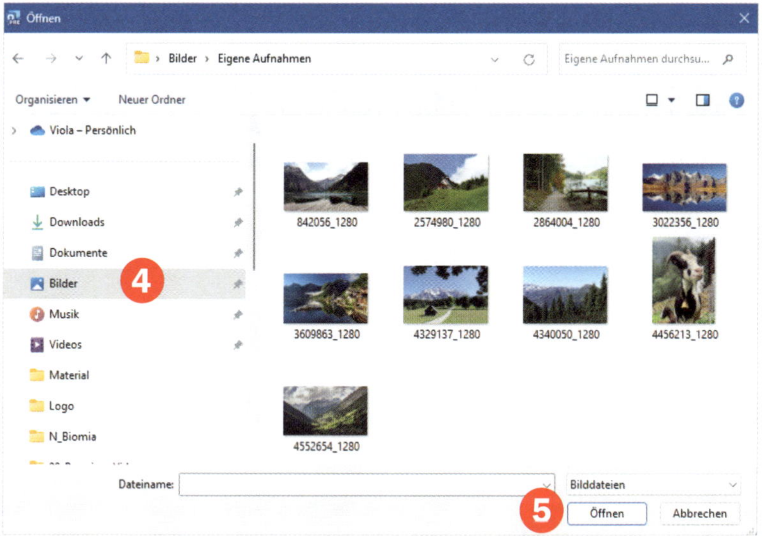
Öffnen
Bilder › Eigene Aufnahmen
Eigene Aufnahmen durchsu...
Organisieren
Neuer Ordner
Viola – Persönlich
Desktop
Downloads
Dokumente
Bilder
Musik
Videos
Material
Logo
N_Biomia
842056_1280
2574980_1280
2864004_1280
3022356_1280
3609863_1280
4329137_1280
4340050_1280
4456213_1280
4552654_1280
Dateiname:
Bilddateien
Öffnen
Abbrechen
4
5

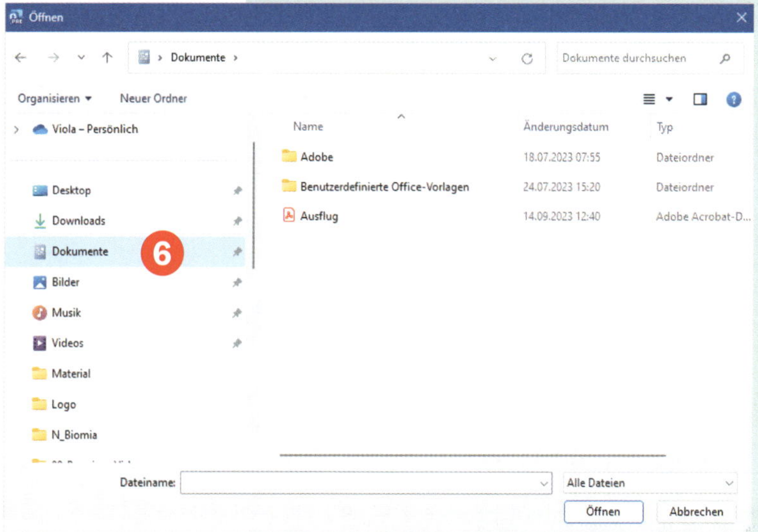
Öffnen
Dokumente ›
Dokumente durchsuchen
Organisieren
Neuer Ordner
Viola – Persönlich
Desktop
Downloads
Dokumente
Bilder
Musik
Videos
Material
Logo
N_Biomia
Name
Änderungsdatum
Typ
Adobe
18.07.2023 07:55
Dateiordner
Benutzerdefinierte Office-Vorlagen
24.07.2023 15:20
Dateiordner
Ausflug
14.09.2023 12:40
Adobe Acrobat-D...
Dateiname:
Alle Dateien
Öffnen
Abbrechen
6

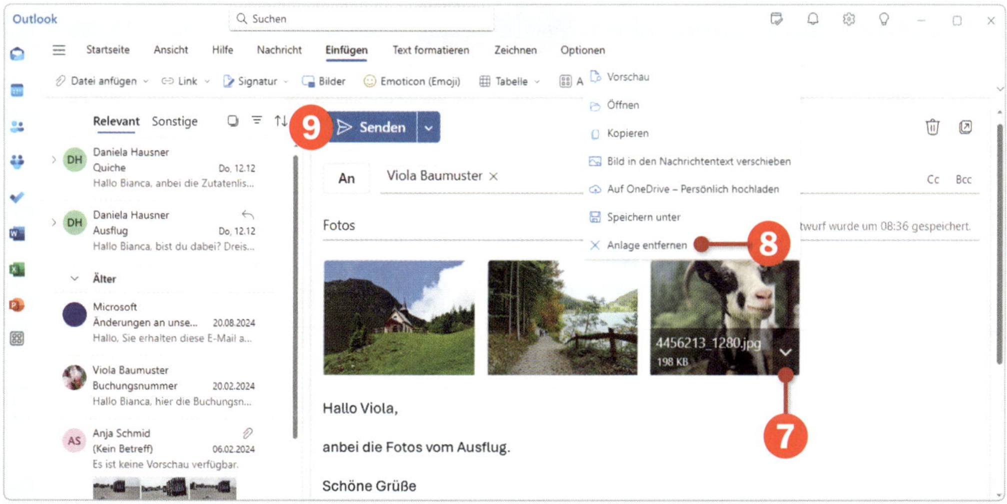
Outlook
Suchen
Startseite
Ansicht
Hilfe
Nachricht
Einfügen
Text formatieren
Zeichnen
Optionen
Datei anfügen
Link
Signatur
Bilder
Emoticon (Emoji)
Tabelle
Vorschau
Öffnen
Kopieren
Bild in den Nachrichtentext verschieben
Auf OneDrive – Persönlich hochladen
Speichern unter
Anlage entfernen
Relevant
Sonstige
Senden
Daniela Hausner
Quiche
Do. 12.12
Hallo Bianca, anbei die Zutatenlis...
Daniela Hausner
Ausflug
Do. 12.12
Hallo Bianca, bist du dabei? Dreis...
Älter
Microsoft
Änderungen an unse...
20.08.2024
Hallo, Sie erhalten diese E-Mail a...
Viola Baumuster
Buchungsnummer
20.02.2024
Hallo Bianca, hier die Buchungsn...
Anja Schmid
(Kein Betreff)
06.02.2024
Es ist keine Vorschau verfügbar.
An
Viola Baumuster
Cc
Bcc
Fotos
twurf wurde um 08:36 gespeichert.
4456213_1280.jpg
198 KB
Hallo Viola,
anbei die Fotos vom Ausflug.
Schöne Grüße
7
8
9

Was tun, wenn Sie eine Anlage erhalten?

E-Mails mit einer angefügten Datei sind im Posteingang am Büroklammer-Symbol 📎 leicht zu erkennen ❶. Handelt es sich bei der Dateianlage um ein Bild, so sehen Sie zusammen mit dem Inhalt der E-Mail eine Vorschau. Bei anderen Dateitypen sehen Sie nur den Dateinamen ❷.

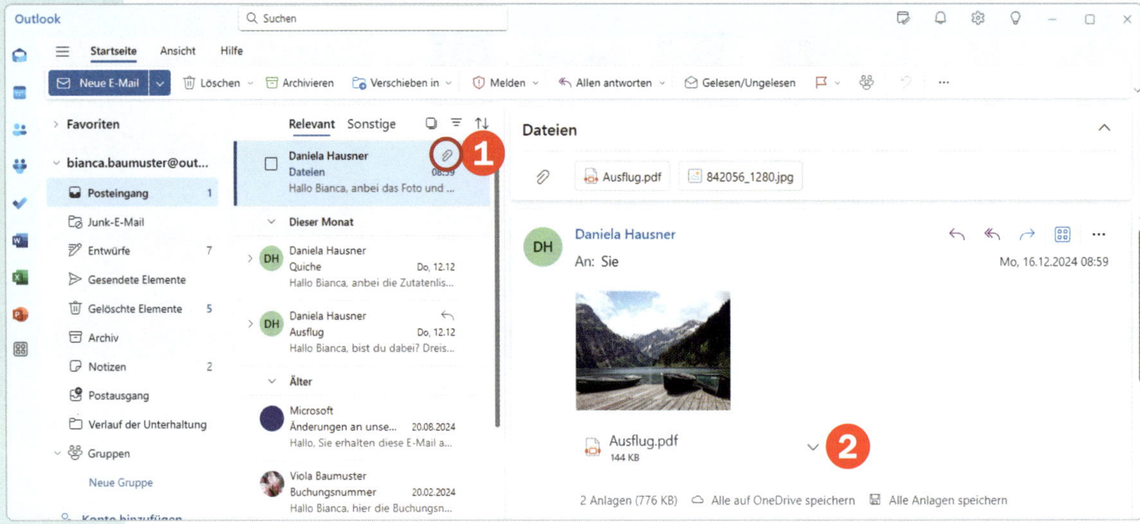

👉 Zur Anzeige klicken Sie das Bild, das PDF oder eine andere Art von Dateianhang im Lesebereich an.

Beachten Sie, dass zum Öffnen des Dateianhangs die entsprechende App auf Ihrem Computer installiert sein muss. Ein Bild wird in der Regel in der App Fotos angezeigt, der Inhalt eines PDFs kann im Browser Microsoft Edge abgebildet werden. Beide Apps sind auf Ihrem Computer vorhanden.

Falls einmal keine passende App zur Verfügung steht, erscheint eine Meldung. Dann können Sie durch Anklicken von *Suchen Sie nach einer App im Microsoft Store* und *OK* im Microsoft Store nach einer App suchen. Mehr zum Herunterladen von Apps aus dem Microsoft Store erfahren Sie im Kapitel 10.4.

Vorsicht bei unbekannten Absendern!
Angefügte Dateien können Schadprogramme enthalten und ein Sicherheitsrisiko für Ihren Computer sein! Öffnen Sie daher keine Anlagen von unbekannten Absendern, insbesondere wenn diese Ihnen Hauptgewinne oder kostenlose Software versprechen. Löschen Sie diese E-Mails am besten sofort!

Vorsicht auch bei E-Mails, die vorgeben, von Ihrer Bank oder einem Internet-Shop zu stammen und Sie auffordern, Ihre Kundendaten zu bestätigen. Dabei handelt es sich meist um Versuche von Betrügern, an Ihre persönlichen Zugangsdaten zu gelangen, um diese zu Missbrauchszwecken einzusetzen.

Meist werden derartige Anlagen von Ihrer Antivirensoftware erkannt und unschädlich gemacht. Sollte eine Dateianlage schädliche Software enthalten, so wird diese erst beim Öffnen aktiv.

Dateianlagen speichern

Zur Speicherung eines Dateianhangs in einem lokalen Ordner, z. B. Bilder oder Dokumente, gehen Sie so vor:

- Klicken Sie mit der rechten Maustaste auf die Anlage und dann auf *Speichern unter* ❶. Wählen Sie dann einen passenden Namen für die Datei und anschließend einen Speicherort. Bestätigen Sie mit *Speichern*.

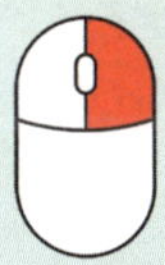

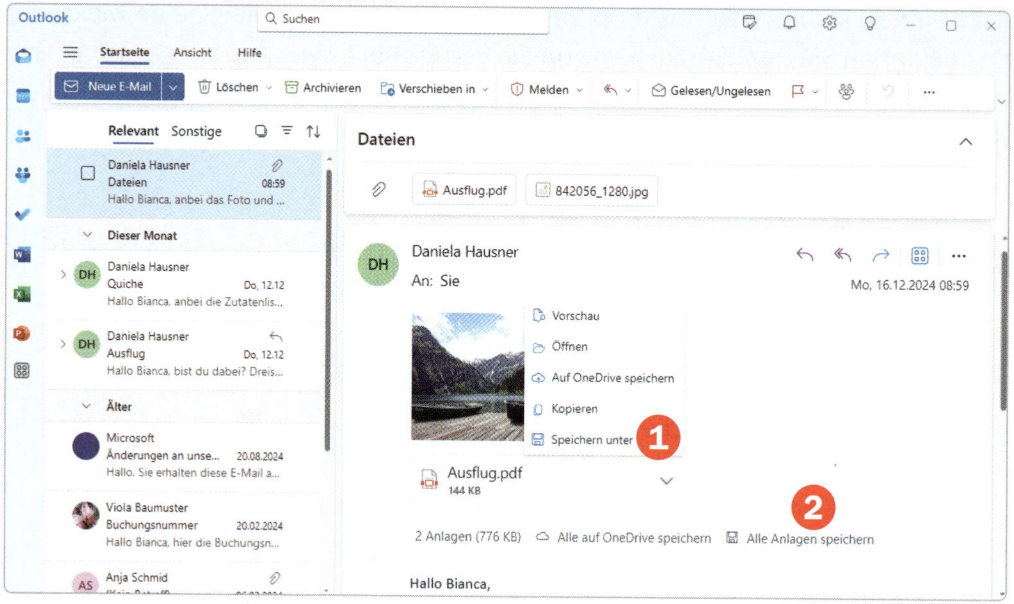

Ordner entpacken:
Um einen Ordner zu entpacken (auch entzippen oder extrahieren genannt), klicken Sie mit der rechten Maustaste auf diesen Ordner und dann auf *Alle extrahieren*. Den Speicherort können Sie so belassen, denn der entzippte Ordner wird im gleichen Ordner abgespeichert, den Sie vorher bereits ausgewählt haben. Bestätigen Sie mit *Extrahieren*.

Wenn Sie gleich mehrere Bilder oder Dateien in einer E-Mail erhalten haben, können Sie über *Alle Anlagen speichern* 2 schnell sämtliche Dateien auf Ihren Computer sichern. Diese Option wird selbstverständlich nur angezeigt, wenn Sie mehr als einen Anhang in einer Mail erhalten haben. Wählen Sie auch hier schließlich wieder einen passenden Dateinamen und einen Speicherort, z. B. den Downloads-Ordner. Klicken Sie dann auf *Speichern*. Es wurde nun im Downloads-Ordner ein Zip-Ordner erstellt, den Sie nun, wie nebenstehend erläutert, entpacken können, um auf Ihre heruntergeladenen Anhänge zuzugreifen.

5.2 Tipps und Problemlösungen

E-Mail finden

Die App Mail verfügt über eine Suchfunktion. Geben Sie in das Suchfeld einen oder mehrere Stichworte ein. Das kann z. B. der Name einer Person sein, deren E-Mails Sie anzeigen möchten. Sie können aber auch ein Wort eingeben, das Sie im Betreff oder Nachrichtentext der gesuchten E-Mail vermuten.

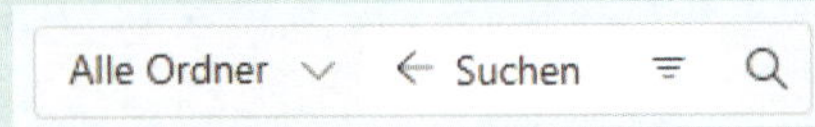

- Klicken Sie in das Suchfeld und geben Sie den Suchbegriff ein ❶.
- Klicken Sie dann auf das Lupe-Symbol ❷ oder verwenden Sie die Enter-Taste. Die Suche erfolgt standardmäßig in dem Postfach, in dem Sie sich aktuell befinden, und die Ergebnisse werden in der Nachrichtenliste angezeigt. Wählen Sie ggf. bei *Aktuelles Postfach* einen anderen Ordner aus.

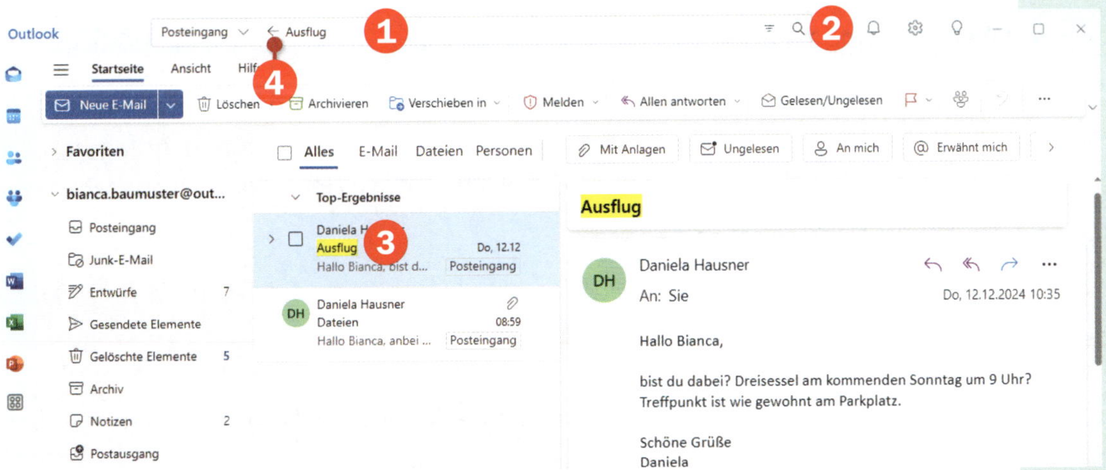

- Klicken Sie die gefundene E-Mail an, um im Lesebereich den Nachrichtentext zu lesen. Hier sind Übereinstimmungen mit dem gesuchten Wort gelb markiert 3.
- Um die Suche zu beenden, klicken Sie auf den Pfeil neben dem Suchbegriff ← 4. Jetzt wird wieder der gesamte Inhalt des markierten Ordners angezeigt.

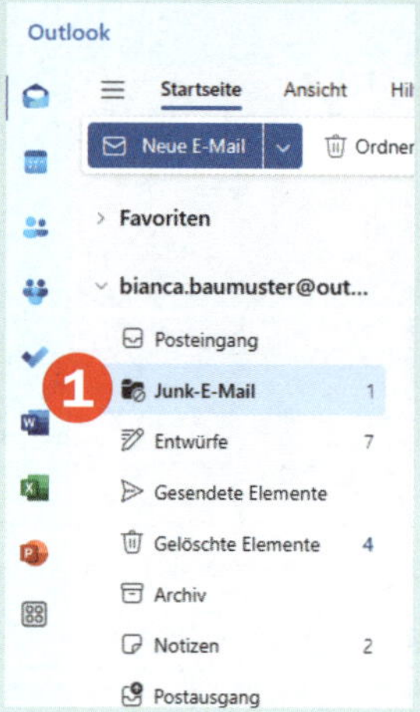

E-Mail nicht erhalten

Haben Sie eine E-Mail nicht erhalten? Dann sollten Sie im Ordner *Junk-E-Mail* nachsehen. Manchmal werden E-Mails irrtümlich als Junk-E-Mails erkannt und in diesen Ordner verschoben. Junk-E-Mail bezeichnet unerwünschte Werbemails. Die meisten Anbieter von E-Mail-Postfächern versuchen, diese Mails auszufiltern. Dies gelingt jedoch nicht immer, manchmal landet trotzdem Werbung in Ihrem Posteingang. Umgekehrt werden E-Mails manchmal auch fälschlich als Werbung eingestuft.

- Zur Anzeige des Ordners klicken Sie auf *Junk-E-Mail* 1.
  Im Junk-E-Mail-Ordner werden für E-Mails alle enthaltenen Anlagen, z. B. Bilder deaktiviert, sollten Sie die Nachricht wieder in den Ordner Posteingang verschieben. So geht's:
- Klicken Sie die E-Mail im Ordner *Junk-E-Mail* an und wählen Sie im Lesebereich die Option *Keine Junk-E-Mail* 2 aus.

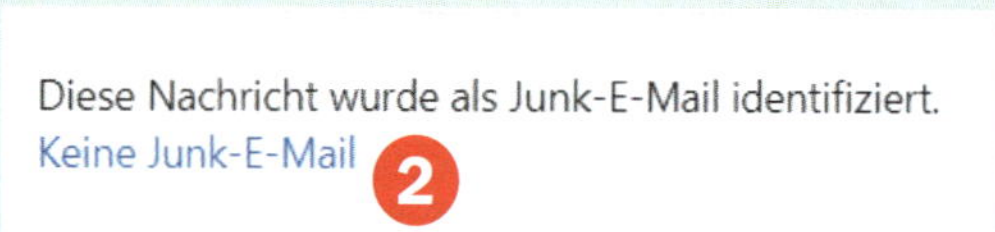

Tipp: Bedenken Sie, dass sich die vermisste E-Mail auch im Bereich *Sonstige* (siehe Seite 129) befinden könnte.

Versehentlich gelöschte E-Mail wieder im Posteingang anzeigen

Wenn Sie eine E-Mail, die Sie in der App Mail gelöscht haben, doch gerne wieder hätten, dann gehen Sie so vor:

- Rufen Sie den Ordner *Gelöschte Elemente* auf. Klicken Sie mit der rechten Maustaste auf die gewünschte E-Mail, wählen Sie *Verschieben* und dann den Ursprungsordner, z. B. *Posteingang* ❶ aus. Die Mail wird dorthin verschoben.

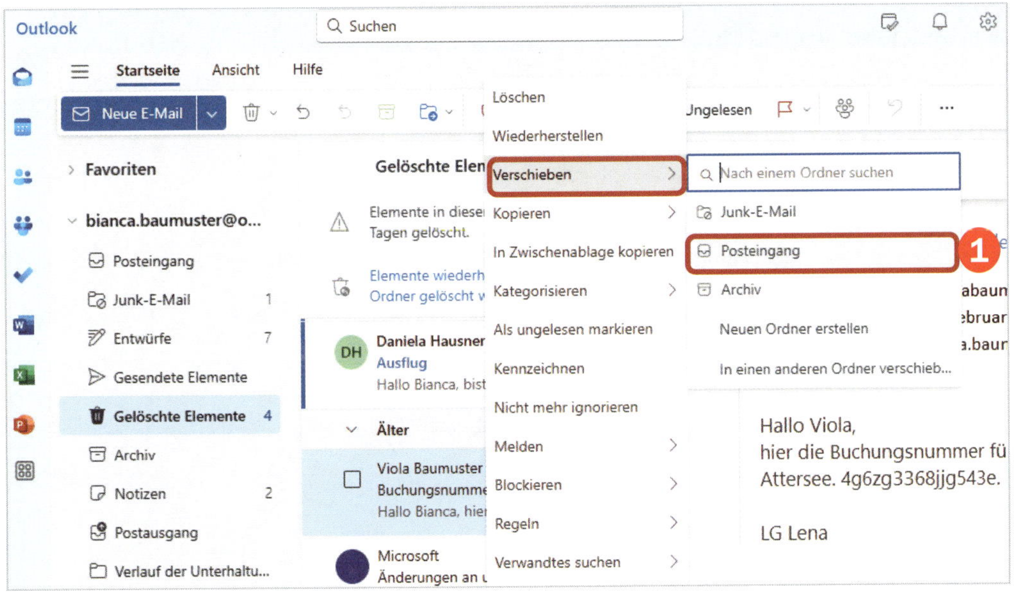

Wie Sie einen neuen Kontakt anlegen, zeigen wir auch in einem Video. Zum Betrachten des Videos geben Sie die folgende Adresse in Ihren Browser ein:

https://bildnerverlag.de/005253

5.3 E-Mail-Adresse und Kontaktdaten speichern

Benutzeroberfläche

In Outlook organisieren Sie Telefonnummern, postalische Adressdaten und E-Mail-Adressen über den Bereich *Personen*, den Sie über die Titelleiste ❶ aufrufen. In folgendem Beispiel sind schon einige Kontaktdaten hinterlegt. Durch Anklicken von *Ihre Kontakte* ❷ werden in der Kontaktliste alle gespeicherten Kontaktdaten angezeigt.

☛ Beim Öffnen der App werden Ihre Kontakte sortiert nach Vornamen angezeigt.

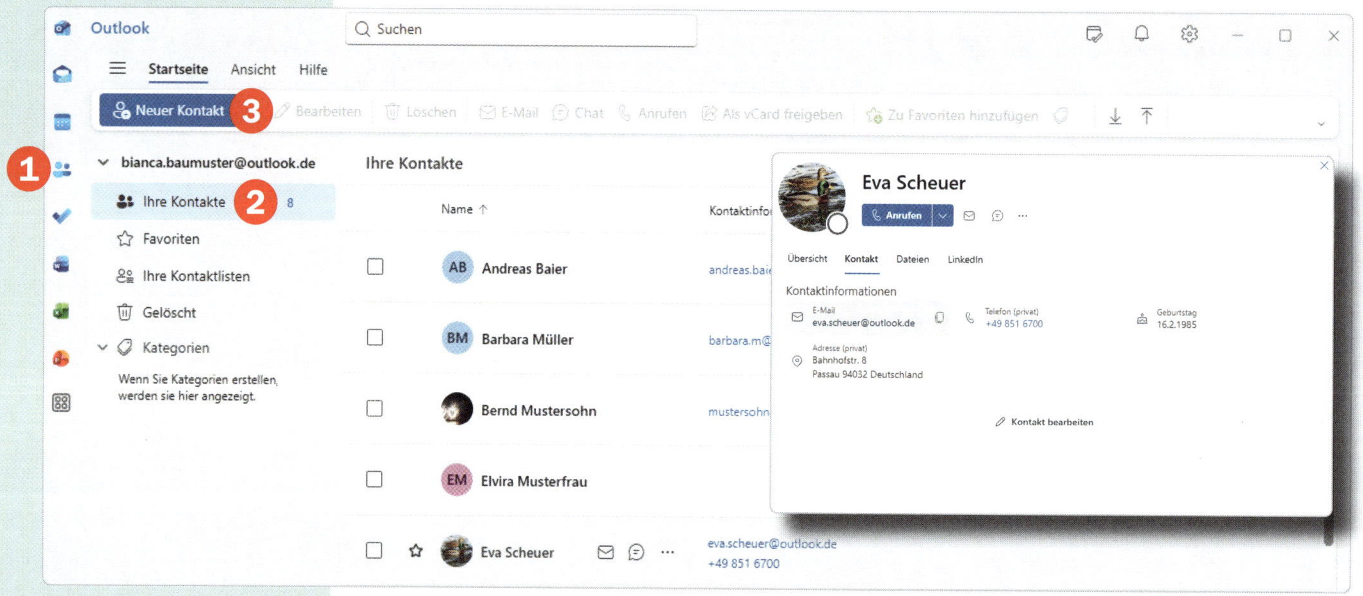

Neuen Kontakt speichern

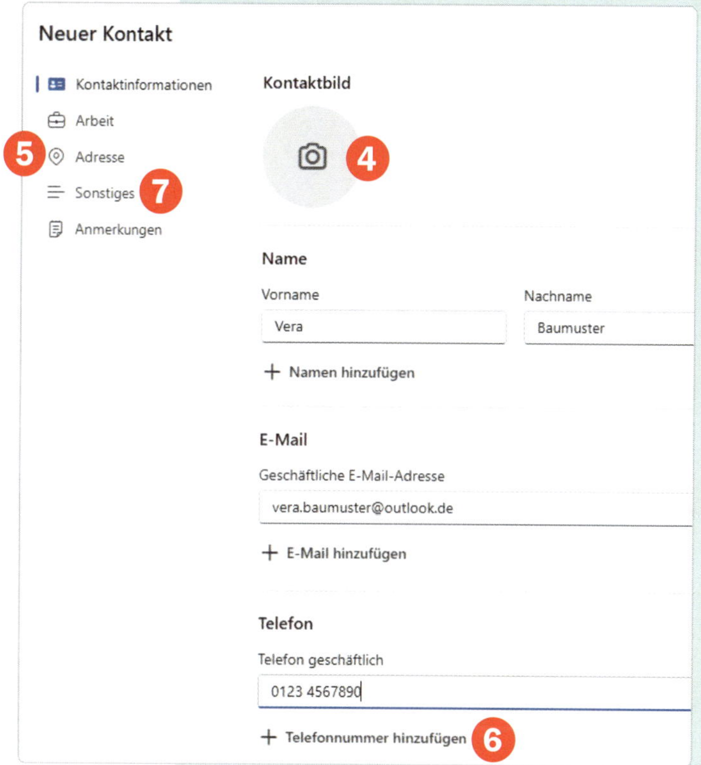

Bevor Sie einen neuen Kontakt anlegen, überprüfen Sie, ob die Person unter Umständen schon in der App *Kontakte* hinterlegt ist. Kontakte, mit denen Sie via Mail kommunizieren, können automatisch hinzugefügt werden. Dann muss der Kontakt nur bearbeitet werden.

- Klicken Sie auf *Neuer Kontakt* 3 (Grafik vorige Seite).
- Falls Sie den Kontakt mit Foto anzeigen möchten, klicken Sie auf das Kamera-Symbol 4. Das Bild, das Sie einfügen, sollte am besten im lokalen Ordner *Bilder* gespeichert sein.
- **Informationen eintragen:** Klicken Sie nacheinander in die Eingabefelder und tragen Sie *Name*, *E-Mail-Adresse*, *Handynummer* ein.
- **Weitere Elemente hinzufügen:**
  - Zum Hinzufügen einer Adresse klicken Sie im linken Bereich auf *Adresse* 5 und wählen dann eine Option, z. B. *Privat*. In den weiteren Feldern tragen Sie die Straße, PLZ etc. ein.
  - Verwenden Sie die Schaltflächen mit dem Plus-Symbol +, um z. B. bei *Telefonnummer hinzufügen* eine weitere Telefonnummer zu hinterlegen 6.
- **Geburtstag:** Zum Hinzufügen des Geburtstags klicken Sie auf *Sonstiges* 7 und geben bei *Geburtstag* die Daten der Reihe nach ein. Im ersten Eingabefeld wählen Sie den Monat aus. Öffnen Sie danach das zweite Eingabefeld und

wählen Sie den Tag aus. Klicken Sie auf das dritte Feld, um die Jahreszahl auszuwählen.

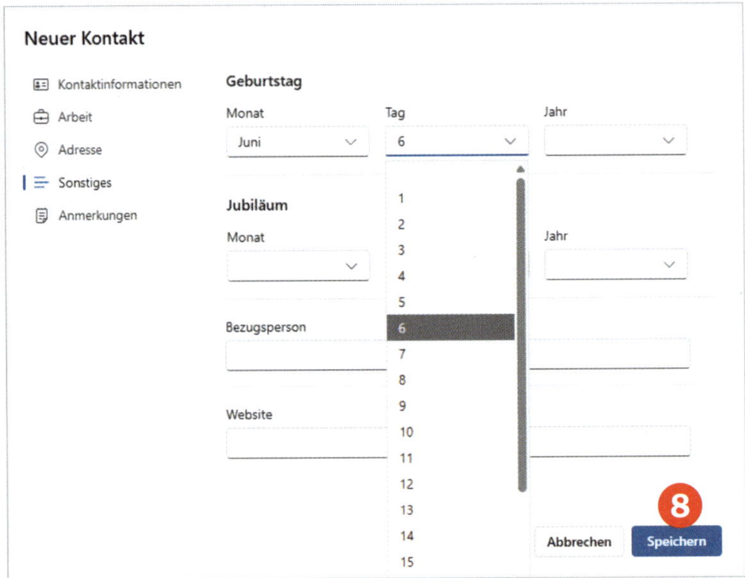

- Zum Speichern des Kontakts klicken Sie auf *Speichern* **8**.

Informationen zu einem Kontakt anzeigen

- Auf der rechten Seite des Fensters scrollen Sie durch Ihre Kontaktliste.
- In der Kontaktliste werden die Informationen zu den einzelnen Kontakten im rechten Bereich angezeigt, z. B. E-Mail-Adresse, Telefonnummer, postalische

Adresse etc. Durch Anklicken eines gespeicherten Namens in der Kontaktliste erscheinen weitere Details zum jeweiligen Kontakt.

Sie können ganz leicht aus der Kontaktanzeige ein Nachrichtenformular für eine neue E-Mail aufrufen. Klicken Sie auf den Befehl *E-Mail* ❶. Dadurch wird ein Nachrichtenformular mit bereits eingetragener E-Mail-Adresse angezeigt.

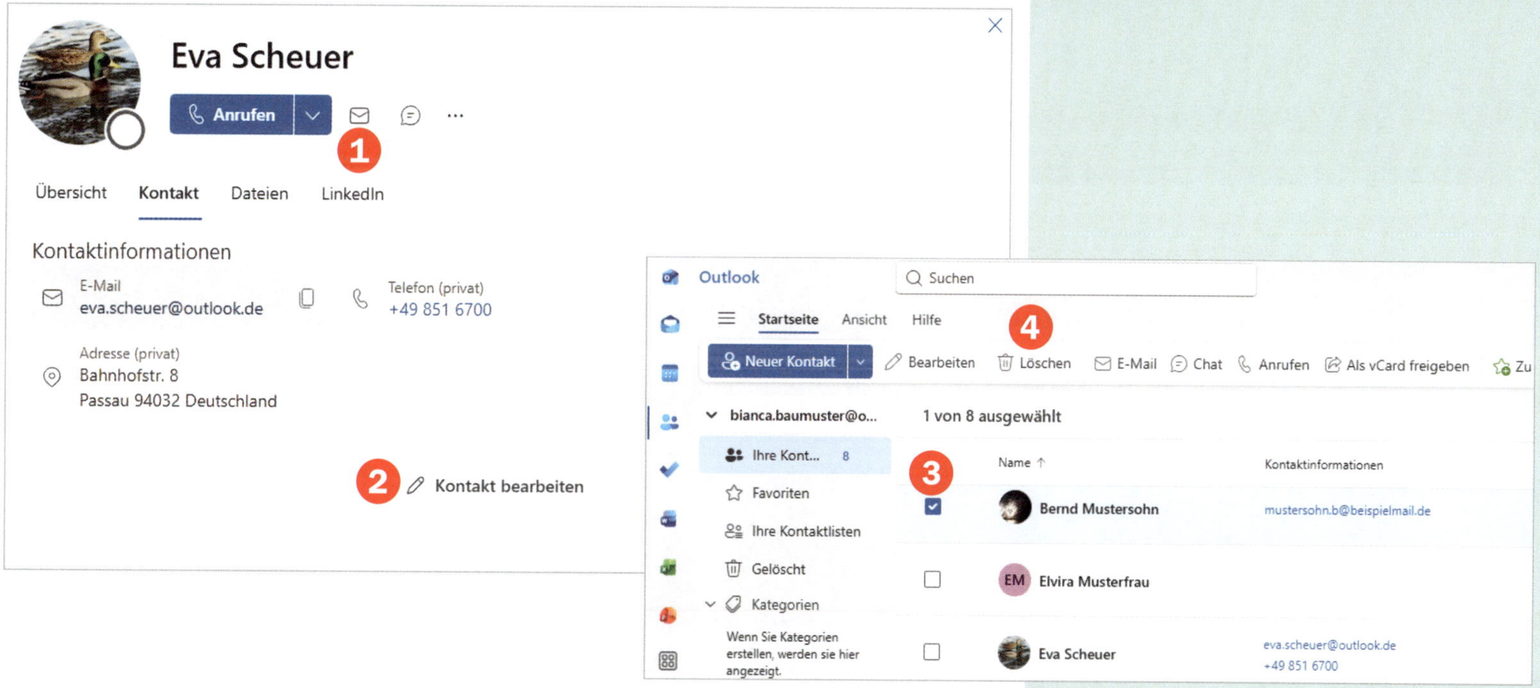

Kontakt bearbeiten oder löschen

- Zum Bearbeiten bestehender Kontaktinformationen markieren Sie den entsprechenden Kontakt und klicken dann auf *Kontakt bearbeiten* ❷. Sie erhalten wieder dieselben Felder, die Sie bereits von der Kontakterstellung kennen.
- Für einzelne Berichtigungen klicken Sie einfach in das Eingabefeld und löschen Text bzw. fügen neuen hinzu.
- Klicken Sie auf *Speichern*, um Ihre Änderungen zu übernehmen, falls Sie nicht speichern möchten, klicken Sie auf *Abbrechen*.
- Zum Löschen eines Kontakts setzen Sie in der Kontaktliste neben der Person ein Häkchen in das leere Quadrat ❸, klicken links oben auf *Löschen* ❹ und bestätigen erneut durch Anklicken von *Löschen*.

5.4 Hintergründe und Designs

Outlook bietet Ihnen eine Vielzahl von Hintergründen zur Auswahl. Wenn Ihnen das standardmäßige Design nicht zusagt, können Sie es nach Ihren Wünschen anpassen. Hier erfahren Sie, wie das geht.

Hintergrundbild hinzufügen

Klicken Sie auf *Einstellungen* und dann auf *Allgemein* ❶. Anschließend wählen Sie *Darstellung* ❷. Im Bereich *Moderne Designs* wählen Sie ein passendes Hintergrundbild aus, indem Sie darauf klicken ❸. Zur Vorschau erhält Ihr Outlook bereits den neuen Hintergrund. Wenn Sie damit zufrieden sind, bestätigen Sie die Einstellung mit *Speichern* ❹.

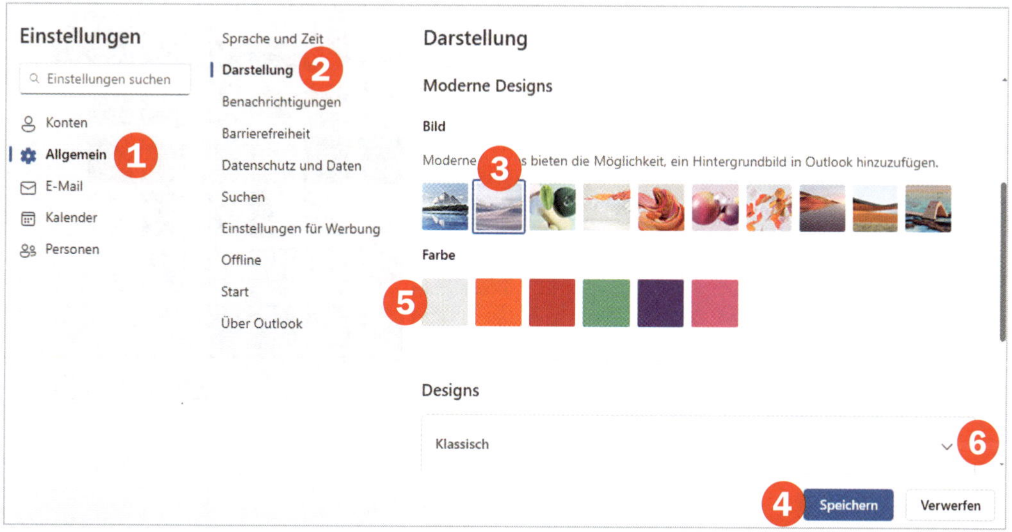

Farben und weitere Designs

- Zur Verbesserung der Lesbarkeit können Sie auf aufwendige Hintergrundgrafiken verzichten und ein einfarbiges Design verwenden. Klicken Sie auf den Farbton, der Ihnen gefällt, in unserem Beispiel Grau ❺ (Abbildung vorige Seite) und klicken Sie wieder auf *Speichern*.

- Andere Design, die etwas ausgefallener sind, finden Sie, wenn Sie auf den Pfeil neben *Klassisch* ❻ klicken. Wenn gewünscht, suchen Sie sich das Passende aus ❼ und bestätigen Sie mit *Speichern*.

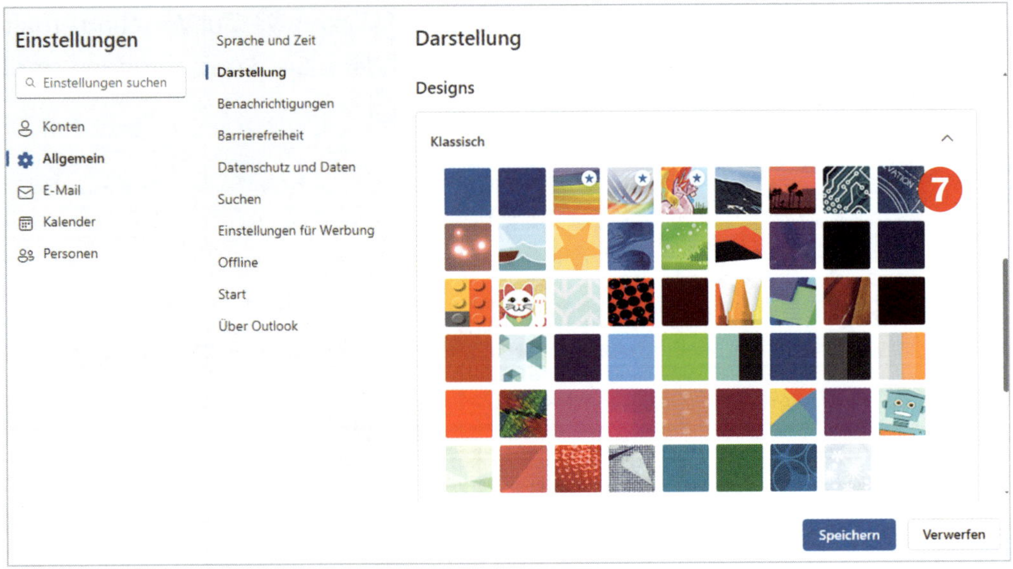

6 Passen Sie Windows an Ihre Bedürfnisse an

Sie lernen, wie Sie ...

- das Startmenü aufräumen
- Apps in Taskleiste und Startmenü anheften
- das Hintergrundbild von Sperrbildschirm und Desktop anpassen
- Anzeige auf dem Bildschirm vergrößern und nützliche Werkzeuge für Barrierefreiheit

Was Sie bereits wissen sollten...

- Umgang mit Taskleiste und Startmenü
- Apps starten und beenden

Wie Sie das Startmenü aufräumen und an Ihre Bedürfnisse anpassen, sehen Sie auch in unserem Video. Geben Sie dazu in Ihren Browser folgende Adresse ein:

https://bildnerverlag.de/005252

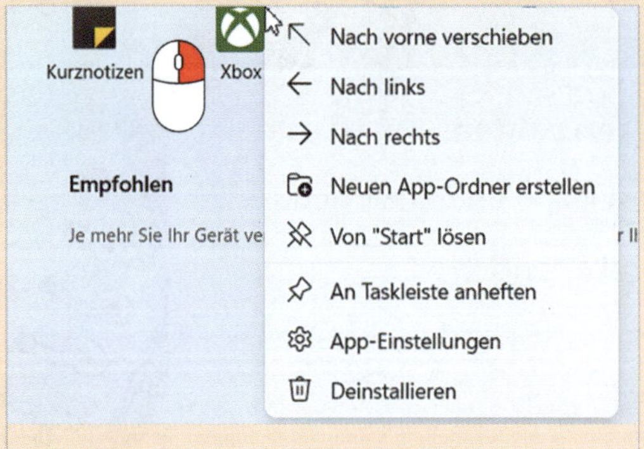

Wenn Sie eine App aus dem Bereich *Angeheftet* des Startmenüs entfernen, wird diese nicht vom Gerät entfernt. Sie ist daher nach wie vor in der Liste *Alle Apps* oder über die Suche auffindbar.

6.1 Das Startmenü aufräumen

Der Bereich *Angeheftet* im Startmenü dient dazu, häufig benötigte Apps schneller zu starten. Allerdings befinden sich hier, insbesondere nach dem Kauf eines neuen PCs, wahrscheinlich auch zahlreiche Apps, die Sie nicht brauchen. Räumen Sie daher das Startmenü auf: Entfernen Sie angeheftete, aber nicht benötigte Apps und heften Sie dafür Ihre bevorzugten Apps hier an.

Entfernen Sie überflüssige Apps aus dem Startmenü

- Klicken Sie im Startmenü mit der **rechten** Maustaste auf die App, die Sie entfernen möchten und klicken Sie auf *Von „Start" lösen*.

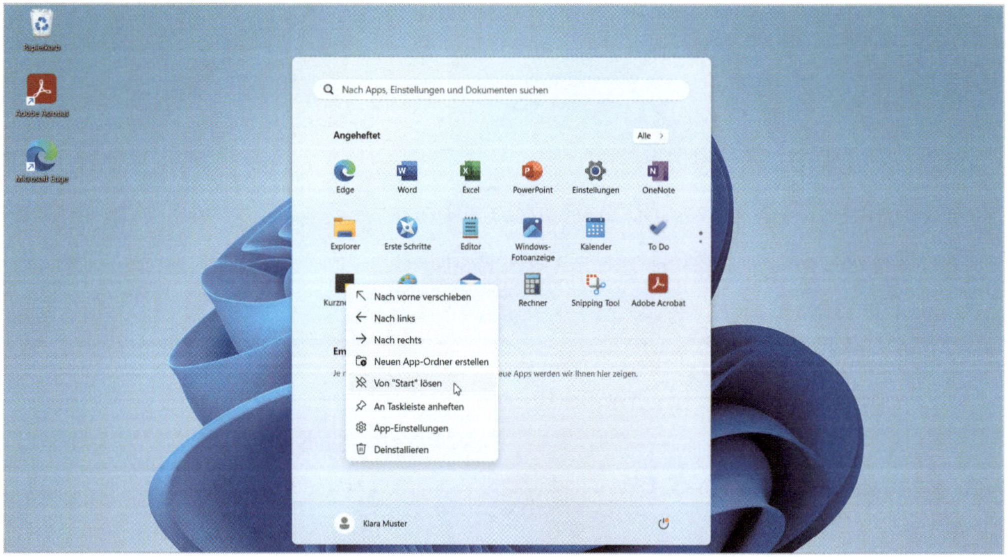

> **Achtung!** Bei vielen Apps erscheint nach dem Klick mit der rechten Maustaste auch *Deinstallieren*. Im Gegensatz zu *Von Start lösen* wird mit diesem Befehl die betreffende App endgültig vom PC entfernt und muss erst wieder installiert werden, falls sie später wieder benötigt wird.

Näheres zum Installieren und Deinstallieren von Apps lesen Sie in Kapitel 10 dieses Buches nach.

In den angehefteten Apps des Startmenüs blättern

Meist sind im Startmenü mehr Apps enthalten, als im Bereich *Angeheftet* auf Anhieb angezeigt werden können. Dann müssen Sie zur nächsten Seite blättern:

- Zeigen Sie entweder in den Bereich und drehen Sie das Mausrad oder klicken bzw. tippen Sie am rechten Rand auf die Pfeile (*Nächste Seite* / *Vorherige Seite*), wie im Bild unten.

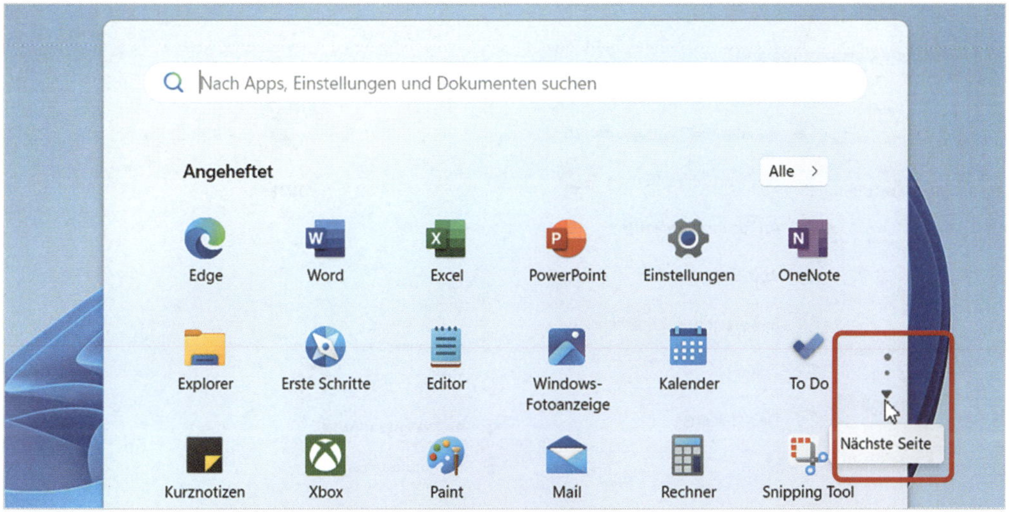

Apps im Startmenü anheften

Im Startmenü an vorderster Stelle angeheftete Apps werden schnell gefunden und reduzieren die, zum Starten notwendigen Klicks und Eingaben auf ein Minimum. Als Beispiel heften wir die App *Paint*, ein beliebtes Mal- und Zeichenprogramm an.

- Klicken Sie in der Taskleiste in das Suchfeld oder auf die Lupe ❶ und tippen Sie die ersten Buchstaben der App ❷ ein. Klicken Sie mit der **rechten** Maustaste auf die App ❸ und auf *An „Start" anheften* ❹ oder

Eine neu angeheftete App erscheint im Startmenü zunächst ganz am Ende d. h. auf der zweiten Seite des Bereichs *Angeheftet*. Wie Sie Anordnung ganz leicht ändern, lesen Sie im nächsten Punkt.

Hinweis: Statt die Suche zu benutzen, können Sie eine App auch in der Liste *Alle Apps* mit der rechten Maustaste anklicken und *An „Start" anheften* wählen.

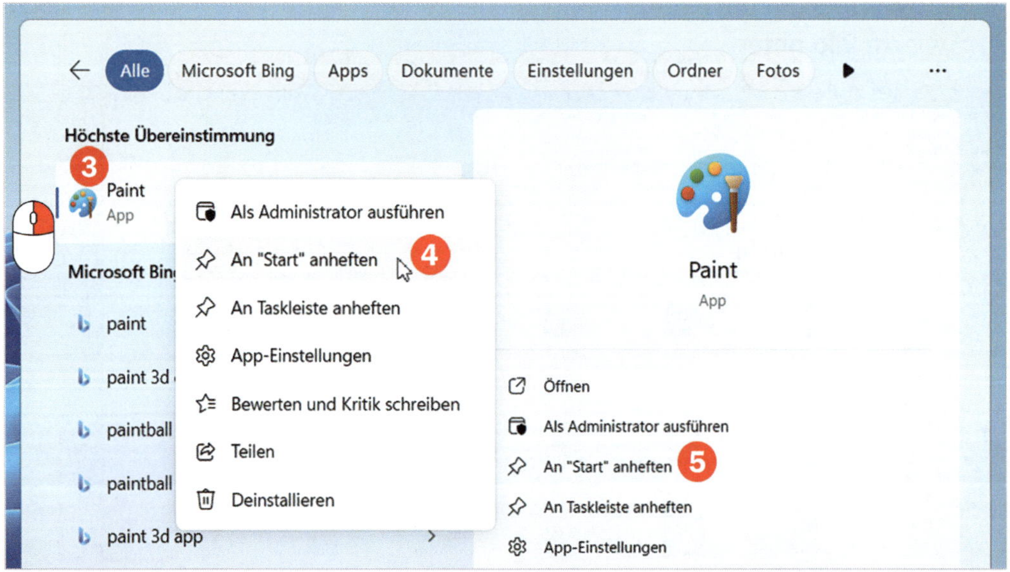

Statt Rechtsklick können Sie auch hier ❺ auf den Befehl *An „Start" anheften* klicken.

Sollte hier stattdessen *Von „Start" lösen* erscheinen, bedeutet dies, dass die App im Startmenü bereits angepinnt ist, möglicherweise aber auf der zweiten Seite.

Reihenfolge der angehefteten Apps ändern

1 Zeigen Sie im Startmenü auf die App, die Sie verschieben möchten, als Beispiel im Bild unten *Rechner* ❶. Drücken Sie dann die linke Maustaste und halten Sie die Taste gedrückt, während Sie die Maus bewegen.

2 Das Symbol der App wandert mit dem Mauszeiger mit und die vorhandenen Symbole machen automatisch Platz, während Sie die Maus darüber bewegen. Lassen Sie die Maustaste erst los, wenn sich das Symbol an der gewünschten Stelle befindet ❷.

3 Falls Sie ein Symbol auf die nächste Seite verschieben möchten, so bewegen Sie die Maus zunächst nach unten ❸. Zum Verschieben auf die vorherige Seite ziehen Sie dagegen das Symbol nach oben.

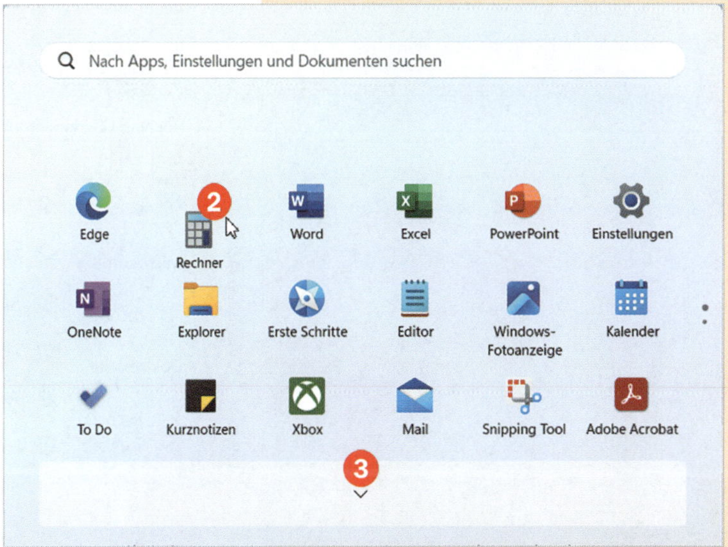

Apps in Ordnern zusammenfassen

Ziehen Sie das Symbol einer App direkt auf ein anderes Symbol, so werden die beiden Apps in einem Ordner zusammengefasst. In diesem Fall öffnet sich beim Anklicken erst der Ordner und danach können Sie die App mit einem weiteren Mausklick starten.

Falls ein Ordner versehentlich gebildet wurde, so klicken Sie auf den Ordner und ziehen dann die App mit der Maus wieder heraus.

6.2 Noch mehr Möglichkeiten zum schnellen Starten von Apps

Apps an die Taskleiste anheften

Auch über Symbole in der Taskleiste am unteren Bildschirmrand lassen sich häufig benötigte Apps unter Umgehung des Startmenüs mit einem einfachen Mausklick schnell starten. Standardmäßig finden Sie hier neben dem Windows Logo (*Start*) und dem *Suchfeld* zunächst nur die Symbole *Aktive Anwendungen, Copilot*, *Microsoft Edge*, *Datei-Explorer* und *Microsoft Store*. Weitere lassen sich ganz einfach hinzufügen, allerdings ist der verfügbare Platz begrenzt. Als Beispiel heften wir die App *Rechner* in der Taskleiste an, s. Bild unten.

Nachteil: Die Symbole werden ohne Beschriftung angezeigt und der verfügbare Platz ist begrenzt.

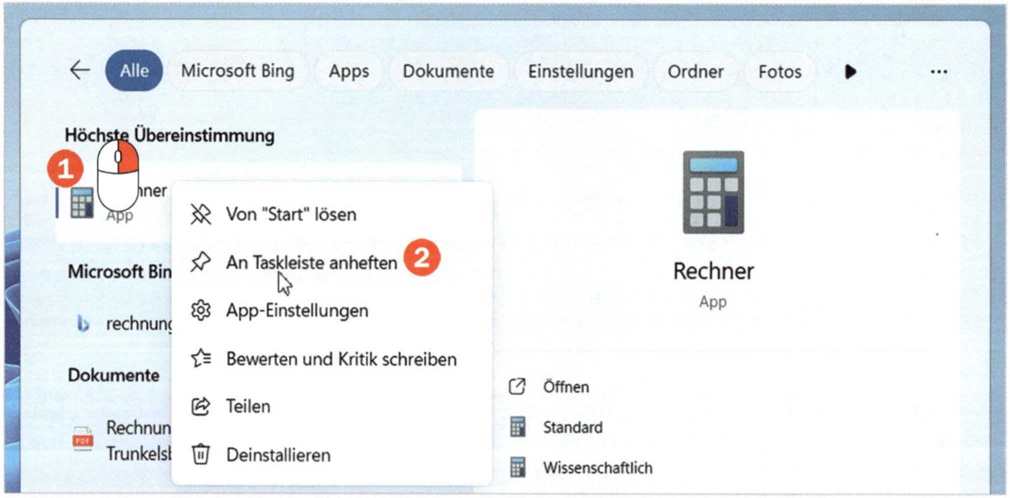

1 Klicken Sie in der Taskleiste in das Suchfeld oder auf das Symbol Lupe und geben Sie den Suchbegriff rechner ein.

2 Klicken Sie dann mit der rechten Maustaste auf die App ❶ und auf *An Taskleiste anheften* ❷.

Tipp: Der Befehl *An Taskleiste anheften* erscheint auch, wenn Sie im Startmenü, entweder unter *Angeheftet* oder in der Liste *Alle Apps* mit der rechten Maustaste auf die gewünschte App klicken. Alternativ können Sie eine App auch aus dem Startmenü oder den Suchergebnissen heraus mit gedrückter linker Maustaste in die Taskleiste ziehen.

Das Symbol der App erscheint neben den bereits hier befindlichen Apps. Der Name der App wird dagegen erst beim Zeigen auf das Symbol sichtbar.

> **Beachten Sie den Unterschied zwischen fest angehefteten und geöffneten Apps**
> Geöffnete Apps sind in der Taskleiste im Gegensatz zu den fest angehefteten und nicht geöffneten Apps unterstrichen hervorgehoben. Nicht angeheftete Symbole verschwinden beim Beenden der App bzw. beim Schließen des Fensters wieder aus der Taskleiste.

Angeheftete App aus der Taskleiste entfernen

Mit Hilfe der rechten Maustaste entfernen Sie eine angeheftete App auch wieder aus der Taskleiste.

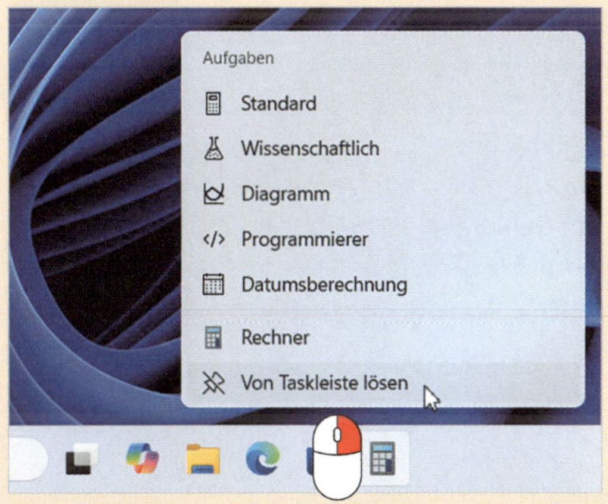

☛ Klicken Sie mit der **rechten** Maustaste in der Taskleiste auf das Symbol der App und auf *Von Taskleiste lösen*.

Apps über Symbole auf dem Desktop starten

Wenn Sie eine App ohne vorheriges Öffnen des Startmenüs starten möchten, dann können Sie auch eine Verknüpfung zur App auf dem Desktop ablegen. Solche Verknüpfungen erkennen Sie am Pfeil in der linken unteren Ecke des Symbols, siehe Bild links. Manche Apps, z. B. Microsoft Edge, erstellen auch bei der Installation bereits automatisch eine Verknüpfung auf dem Desktop.

Info: Bei Verknüpfungen handelt es sich um Verweise auf den eigentlichen Speicherort, diese werden auch als Links bezeichnet. Daher können Verknüpfungen auch problemlos wieder vom Desktop entfernt werden, wenn sie nicht mehr benötigt werden.

1. Öffnen Sie das Startmenü, klicken Sie auf *Alle Apps* und wandern Sie hier zur gewünschten App, als Beispiel im Bild die App *Rechner*.

Tipp: Am schnellsten finden Sie eine App in der Liste *Alle Apps* über den alphabetischen Index. Dieser erscheint beim Klicken auf einen beliebigen Buchstaben.

2. Ziehen Sie die App mit gedrückter linker Maustaste aus dem Startmenü heraus auf den Desktop. Während des Ziehens erscheint am Symbol die Info *Link*, das bedeutet, die App wird nicht verschoben bzw. aus dem Startmenü entfernt, sondern Windows erstellt eine Verknüpfung.

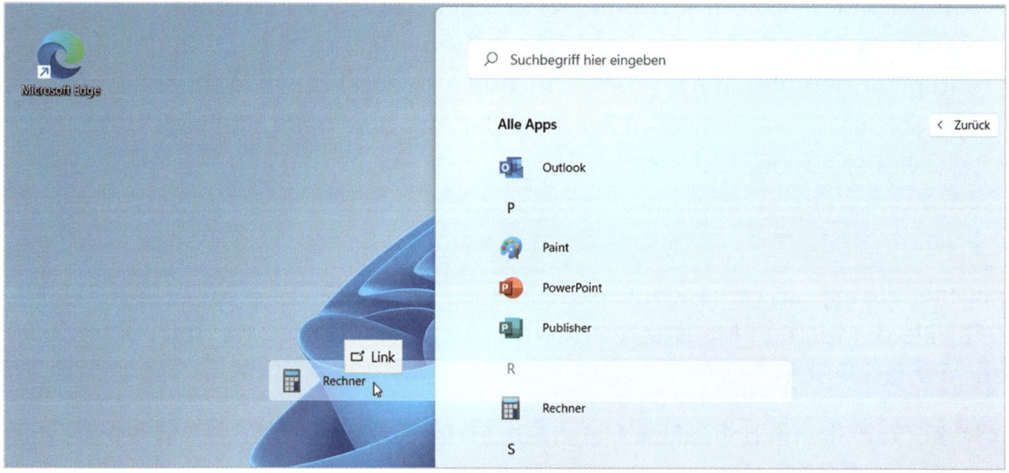

Achtung: Ziehen auf den Desktop funktioniert ausschließlich aus der Liste *Alle Apps* heraus auf dem hier beschriebenen Weg. Nicht aber, wenn Sie versuchen, eine im Startmenü angeheftete App auf den Desktop zu ziehen.

Anschließend können Sie das Symbol durch Ziehen mit gedrückter linker Maustaste auf dem Desktop beliebig platzieren. Der Pfeil in der unteren Ecke des Symbols bedeutet, es handelt sich um eine Verknüpfung.

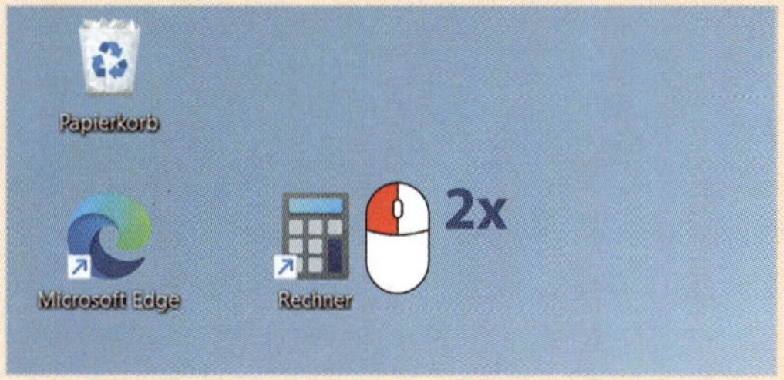

App auf dem Desktop starten
Um eine App zu starten, die sich als Symbol auf dem Desktop befindet, ist ein Doppelklick auf das Symbol erforderlich (zweimal kurz hintereinander klicken). Im Startmenü genügt dagegen ein einfacher Klick.

Bedenken Sie außerdem
Eine Vielzahl von Verknüpfungen macht den Desktop nicht gerade übersichtlicher! Beschränken Sie sich also auf wenige wichtige Verknüpfungen.

Verknüpfung vom Desktop entfernen

Wenn Sie das Symbol, genauer gesagt die Verknüpfung zur App, wieder vom Desktop entfernen möchten, ist dies problemlos möglich:

- Ziehen Sie das Symbol einfach mit gedrückter linker Maustaste auf das Papierkorbsymbol, das sich ebenfalls auf dem Desktop befindet.

  Oder klicken Sie einmal auf das Verknüpfungssymbol, dieses wird dadurch hervorgehoben bzw. markiert und kann mit der Entf-Taste der Tastatur entfernt werden.

In beiden Fällen wird nur die Verknüpfung entfernt. Die App selbst verbleibt nach wie vor im Startmenü.

6.3 Die Systemeinstellungen von Windows

Weitere Möglichkeiten, die Bedienoberfläche von Windows an Ihre Arbeitsgewohnheiten anzupassen, finden Sie in den Systemeinstellungen.

Hinweis: Manche der nachfolgend beschriebenen Einstellungen erfordern die Rechte eines Administrators. Sollten diese auf Ihrem PC nicht verfügbar sein, so sind Sie nur als Standardbenutzer angemeldet.

Wie Sie einen Benutzer mit Administratorrechten anlegen, erfahren Sie in Kapitel 10.

In den Einstellungen ändern Sie nicht nur das Aussehen der Bedienoberfläche, sondern Sie finden hier auch Funktionen, die die Sicherheit und Stabilität von Windows beeinflussen können. Daher ein bewährter Rat an alle Einsteiger:

Keine Experimente und Finger weg von unbekannten Einstellungen!

Für alle Einstellungen gilt außerdem: Alle Änderungen werden automatisch gespeichert. Sie können also einfach die Einstellungen mit Klick auf das Schließen-Symbol des Fensters wieder schließen.

Einstellungen öffnen

Die Einstellungen, leicht zu erkennen am Rädchen-Symbol, öffnen Sie auf verschiedenen Wegen:

- **Startmenü**: Im Startmenü finden Sie das Symbol *Einstellungen* meist im Bereich *Angeheftet* ❶. Falls nicht, so klicken Sie auf *Alle Apps* ❷, wandern nach unten zum Buchstaben E und klicken hier auf *Einstellungen*.
- **Suchen**: Oder klicken Sie in der Taskleiste am unteren Bildschirmrand auf die Lupe bzw. in das Suchfeld, geben den Suchbegriff „einstellungen" ein und klicken auf die App *Einstellungen*.

- **Tastenkombination**: Oder drücken Sie die Tastenkombination **Windows** + **i**.
- **Schnelleinstellungen**: Oder öffnen Sie im rechten Bereich der Taskleiste mit Klick auf die Symbole *Netzwerk*, *Lautsprecher* und *Akku* ❶ die Schnelleinstellungen und klicken hier auf das Symbol *Alle Einstellungen* ❷, s. Bild rechts.

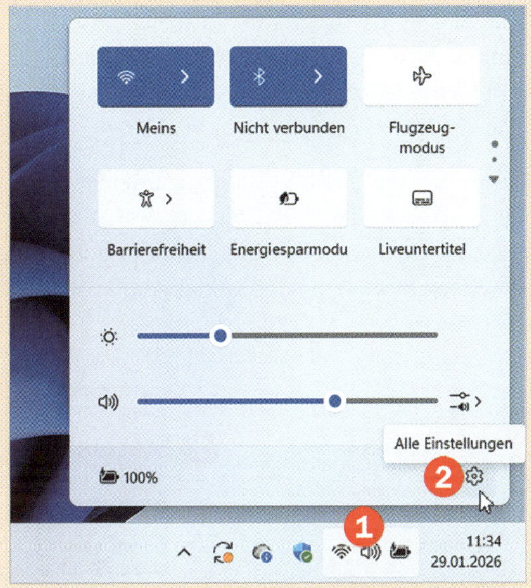

Eine bestimmte Einstellung suchen

Darüber hinaus können Sie über die Suche auch gleich eine bestimmte Einstellung suchen und öffnen. Nehmen wir an, Sie möchten das Hintergrundbild des Desktops ändern, dann geben Sie einfach den Suchbegriff „Desktop“ oder „Hintergrund“ ein ❶. Um die Ergebnisse auf Einstellungen einzugrenzen, sollten Sie danach noch auf *Einstellungen* ❷ klicken. Mit Klick auf *Desktophintergrund auswählen* ❸ öffnen sich nun die Einstellungen exakt mit diesem Punkt.

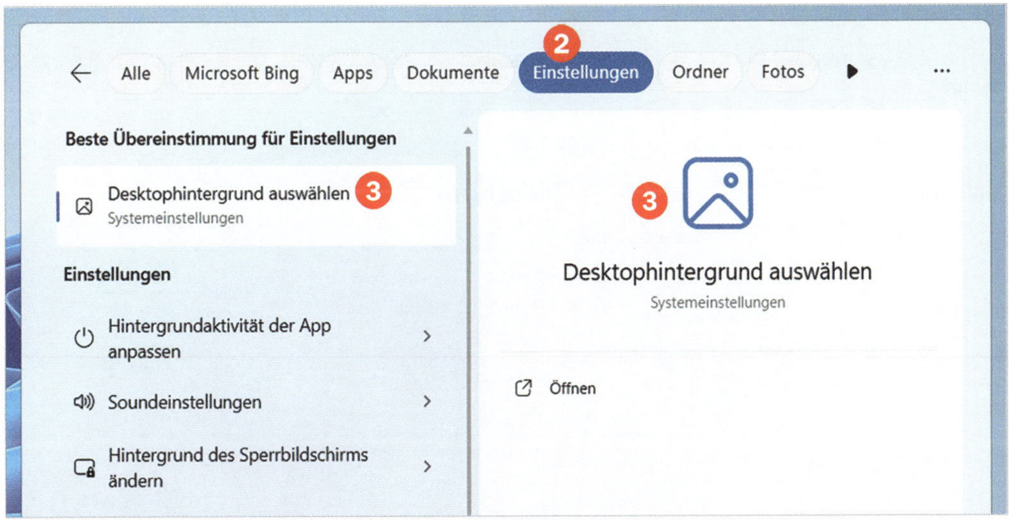

Hinweis: In seltenen Fällen liefert die Suche auch Treffer mit dem Zusatz *Systemsteuerung*. Diese lassen im Gegensatz zu den hier beschriebenen *Systemeinstellungen* auch tiefgreifende Systemänderungen zu und sollten nur von versierten Anwendern genutzt werden.

Hinweis: Das Aussehen der Startseite ändert sich laufend, da Windows die hier empfohlenen Einstellungen an Ihre Arbeitsweise anpasst.

Lassen Sie sich nicht irritieren, wenn Ihnen auf der Startseite Microsoft 365 zum Test angeboten wird. Kostenlos ist dieses Angebot nur im ersten Monat, danach ist das Abo kostenpflichtig!

So finden Sie sich in den Einstellungen zurecht

Nach dem Öffnen erscheint zunächst die *Startseite* ❶ mit zuletzt und häufig verwendeten Einstellungen. Auf der linken Seite ❷ finden Sie die Hauptkategorien, z. B. *System*, *Apps* oder *Personalisierung*. Klicken Sie auf eine Kategorie, z. B. *System* ❸ wie im Bild unten, so sehen Sie rechts die dazugehörigen Unterkategorien.

☛ Zum Anzeigen von Details einer Unterkategorie, z. B. *Bildschirm* ❹ klicken Sie diese entweder direkt an oder auf den, nach rechts weisenden Pfeil.

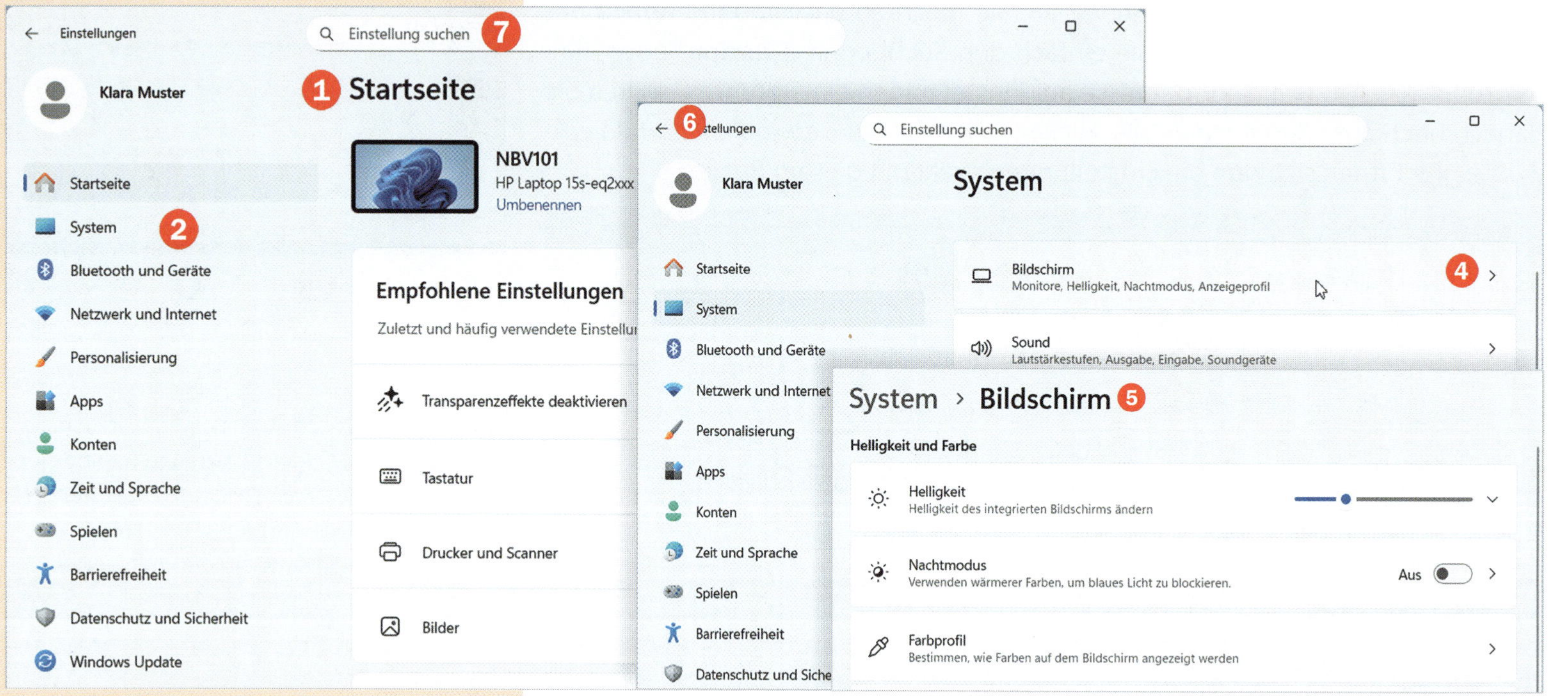

Wo Sie sich gerade in der Hierarchie der Einstellungen befinden, sehen Sie oberhalb, im Bild *System* ▶ *Bildschirm* (5). Um wieder zur übergeordneten Ebene zu gelangen, hier *System*, klicken Sie diese an. Ein Klick auf den Pfeil *Zurück* (6) in der linken oberen Ecke bringt Sie zurück zur vorherigen Einstellung.

Einstellungen durchsuchen

Wenn Sie die Einstellungen durchsuchen möchten, dann tippen Sie einfach den Suchbegriff in das Feld *Einstellung suchen* (7) ein. Bereits während der Eingabe erhalten Sie verschiedene Vorschläge, die Sie nur anklicken brauchen.

Einzelne Einstellungen ändern

Das Ändern einzelner Einstellungen erfolgt mit Hilfe folgender Elemente:

- **Schalter** erlauben nur zwei Möglichkeiten: *Ein* oder *Aus*. Zum Ändern klicken oder tippen Sie direkt auf das Schaltersymbol (1).
- **Kontrollkästchen** (2) werden wie Schalter durch Anklicken aktiviert und deaktiviert. Ein aktiviertes Kontrollkästchen erkennen Sie am Häkchen.
- **Optionen** verhalten sich ähnlich wie Schalter, umfassen aber meist mehrere Alternativen (3). Klicken oder tippen Sie in das kreisförmige Symbol, die farbige Umrandung kennzeichnet die aktive Option.
- **Auswahlfelder** bieten ebenfalls mehrere Einstellungen zur Wahl und sind am nach unten weisenden Pfeil (Dropdown-Pfeil) zu erkennen (4). Klicken Sie in das Feld, um die Liste zu öffnen und dann auf die gewünschte Auswahl (5).

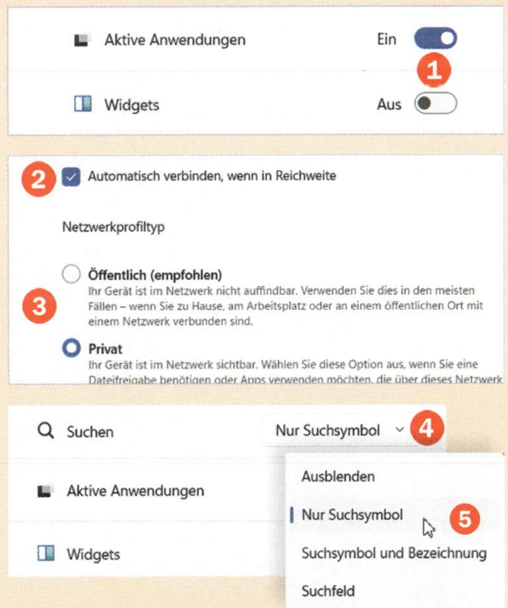

Elemente ein- und ausblenden

Ausgeblendete dazugehörige Einstellungen erkennen Sie am nach unten weisenden Pfeil ❻. Dann blendet ein Klick darauf die Elemente ein und mit nochmaligem Klick ❼ blenden Sie diese wieder aus.

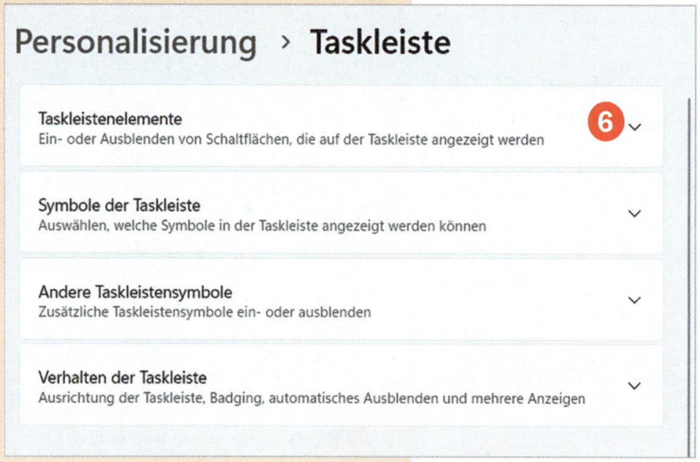

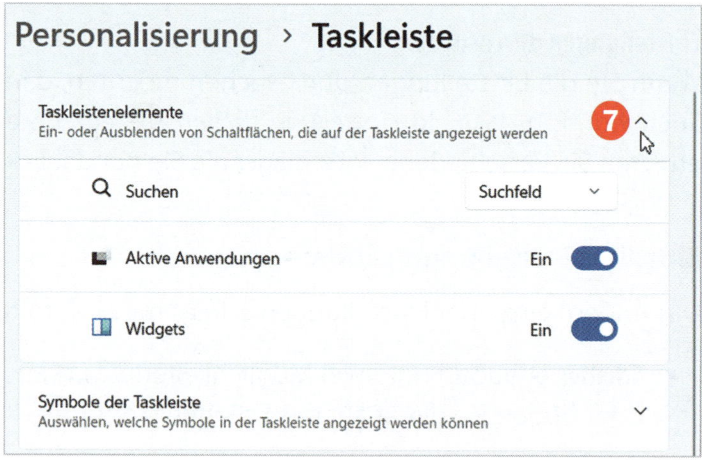

Für alle Änderungen der Einstellungen gilt

Ihre Änderungen werden sofort wirksam und automatisch gespeichert. Sie können also die Einstellungen einfach mit Klick auf das Schließen-Symbol in der rechten oberen Ecke des Fensters wieder beenden.

Nachteil: Eine geänderte Einstellung kann nicht rückgängig gemacht werden, indem man die Änderung einfach nicht speichert. Überlegen Sie sich also Ihre Änderungen vorher genau und merken Sie sich eventuell die ursprüngliche Einstellung.

6.4 Hintergrundbilder und Farben

Bei der individuellen Gestaltung des Desktophintergrunds haben Sie die Wahl zwischen Designs, d. h. von Microsoft bereitgestellten Hintergrundmotiven und der Verwendung eigener Bilder.

Ein anderes Design wählen

- Öffnen Sie das Startmenü und klicken Sie auf *Einstellungen*. Wählen Sie dann in den Einstellungen links die Kategorie *Personalisierung* ❶. Rechts sehen Sie den aktuellen Desktop ❷ und unterhalb oder daneben finden Sie mehrere Designs ❸ unter denen Sie schnell durch Anklicken wählen können.

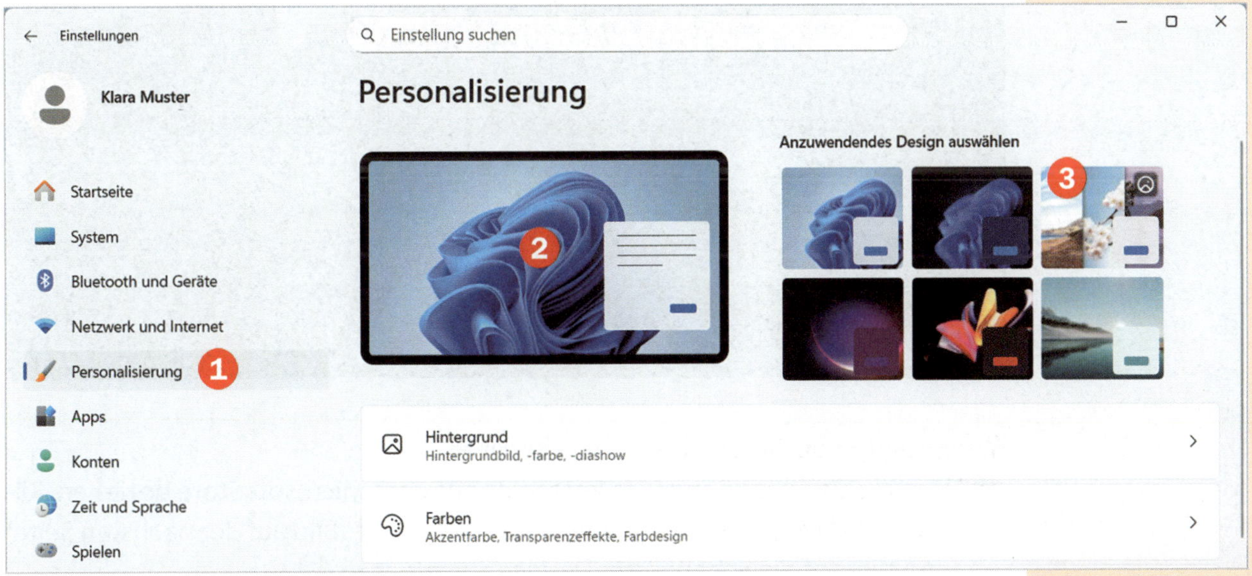

Hinweis: Alle nachfolgend beschriebenen Einstellungen können Sie natürlich auch über die Suche bzw. das Symbol *Lupe* in der Taskleiste und einen geeigneten Suchbegriff, z. B. „design" oder „hintergrund" schnell anzeigen und ändern.

Möglicherweise finden Sie einige der Möglichkeiten auch auf der Startseite der Einstellungen.

Wenn die *Einstellungen* nicht den gesamten Desktop ausfüllen, dann sehen Sie nach dem Anklicken eines Designs sofort den geänderten Desktop. Auch die Farben von Taskleiste, Startmenü und Einstellungen können sich je nach Design ändern, wie im Bild unten.

- Um das ursprüngliche Aussehen wiederherzustellen, klicken Sie einfach auf das entsprechende Design.

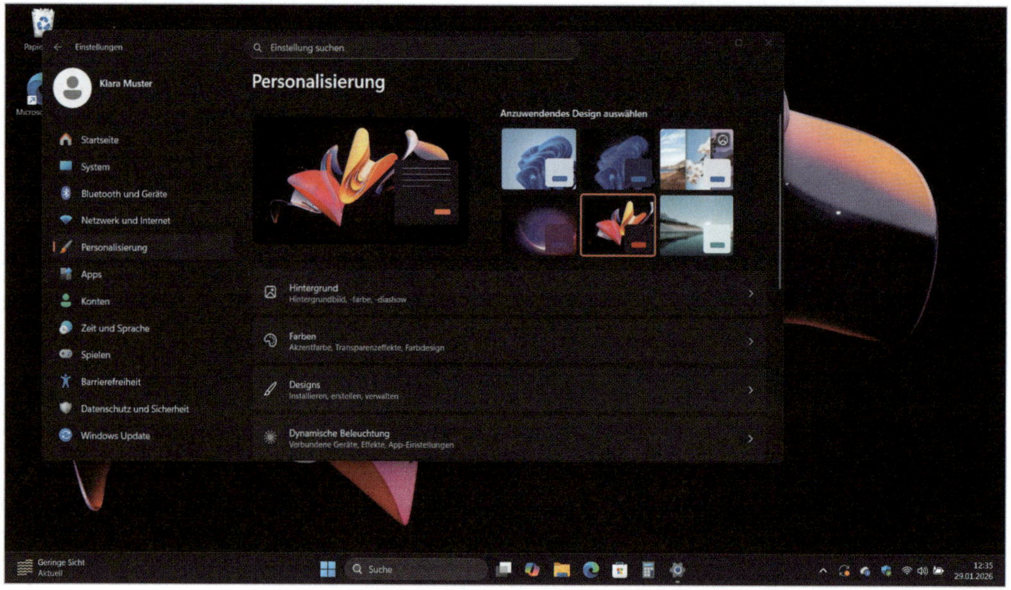

Weitere Designs aus dem Microsoft Store beziehen

- Weitere Designs können Sie kostenlos aus dem Microsoft Store beziehen. Klicken Sie dazu etwas weiter unten auf *Designs* ❹ (Bild auf der nächsten Seite) und hier auf die Schaltfläche *Designs durchsuchen* ❺.

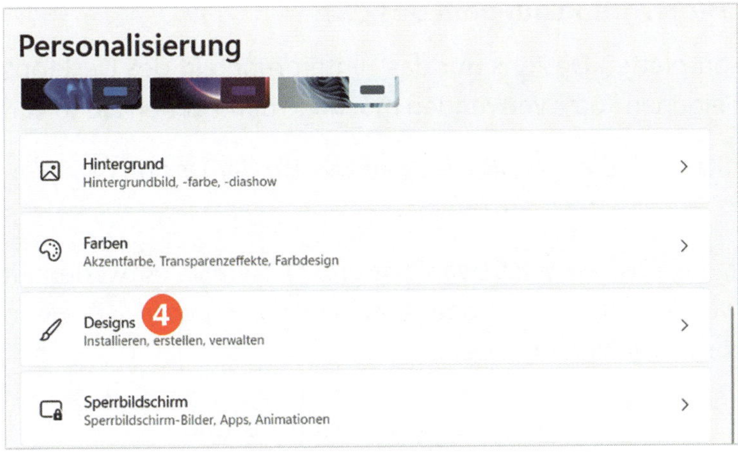

Anschließend öffnet sich in einem gesonderten Fenster der Microsoft Store mit einer Sammlung kostenloser Designs.

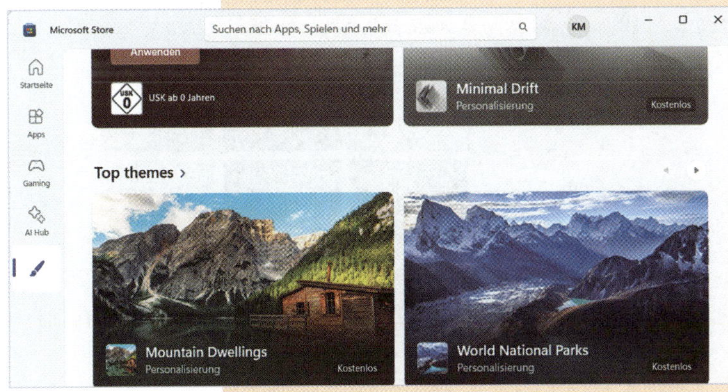

Klicken Sie auf ein Design, um mehr Informationen und eine Vorschau zu erhalten. Anschließend kann mit Klick auf die Schaltfläche *Herunterladen* das Design heruntergeladen und installiert werden. Näheres zum Thema Microsoft Store lesen Sie auch in Kapitel 10.

Tipp: Jedem Desktop sein eigenes Hintergrundbild
Wenn Sie mit mehreren Desktops arbeiten, können Sie zur besseren Unterscheidung jedem Desktop ein anderes Hintergrundbild verpassen. Mit Designs ist dies dagegen nicht möglich, diese wirken sich stets auf alle Desktops aus.

Ihr Lieblingsfoto als Hintergrund auf dem Desktop

Wenn Sie statt eines kompletten Designs nur das Hintergrundbild des Desktops ändern und eines Ihrer eigenen Fotos verwenden möchten, dann gehen Sie so vor:

1. Klicken Sie in der Kategorie *Personalisierung* unterhalb der Designs auf *Hintergrund* ❶.
2. Achten Sie darauf, dass *Bild* ❷ ausgewählt ist und klicken Sie entweder auf eines der zuletzt verwendeten Bilder oder auf *Fotos durchsuchen* ❸, wenn Sie eines Ihrer Fotos auswählen möchten.

Sollte statt *Bild* etwas anderes, z. B. *Windows Spotlight* angezeigt werden, dann klicken Sie darauf und wählen *Bild*.

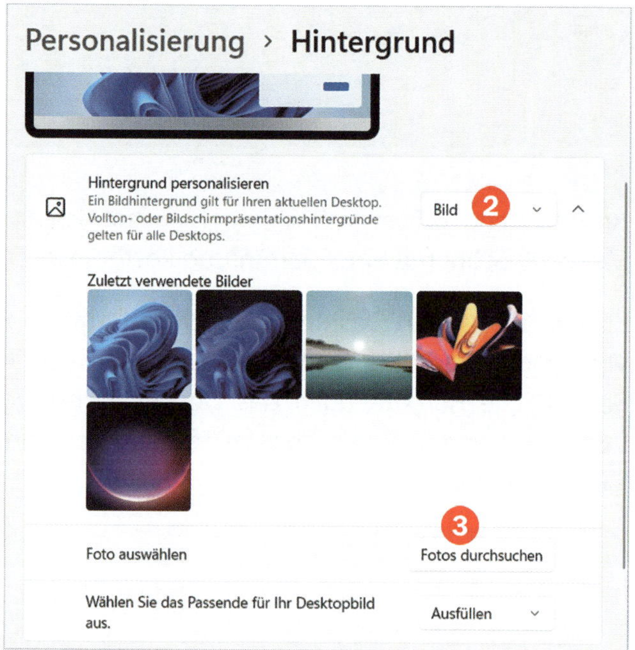

3 Der Ordner *Bilder* öffnet sich und zeigt den Inhalt an. Klicken Sie auf das gewünschte Bild und dann auf die Schaltfläche *Bild auswählen* ❹.

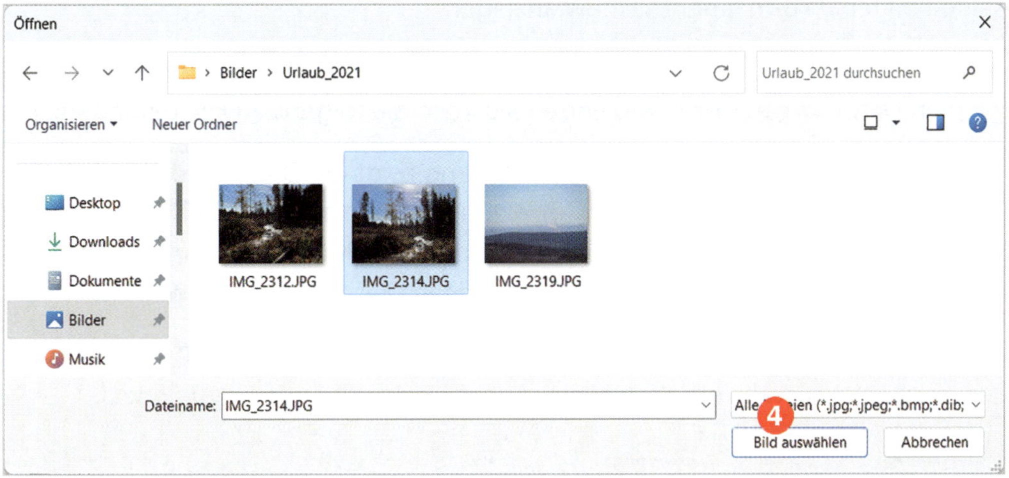

Falls sich das gesuchte Bild in einem Unterordner befindet, dann müssen Sie diesen Ordner zuerst mit Doppelklick auf das Ordnersymbol öffnen. Wie Sie sich in Ordnern zurechtfinden, lesen Sie detailliert in Kapitel 8 nach.

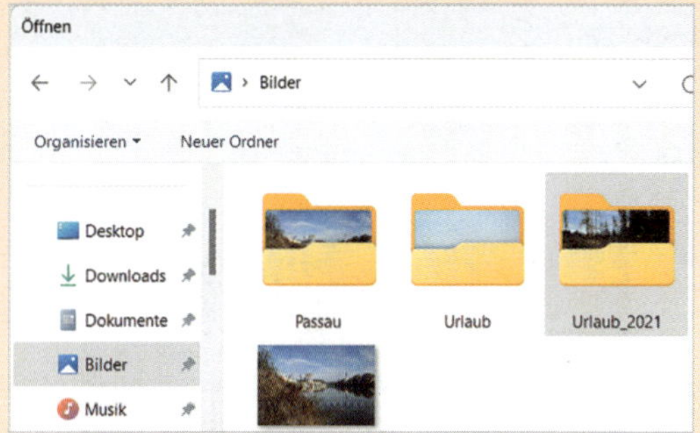

Beachten Sie: Das Seitenverhältnis eines Fotos, insbesondere im Hochformat, stimmt meist nicht mit dem Ihres Bildschirms überein, daher sollten Sie zusätzlich angeben, wie das Bild an den Bildschirm angepasst werden soll.

👉 Klicken Sie dazu in das Feld ❺ und auf die gewünschte Anpassungsart.

Achtung: Nicht alle Varianten sind für jedes Bild geeignet. Mit der Einstellung *Anpassen* wird das gesamte Bild angezeigt, je nach Bild können dabei schwarze Ränder entstehen. Mit *Dehnen* oder *Strecken* wird das Bild verzerrt, während *Ausfüllen*, *Kachel* und *Zentriert* unter Umständen Teile des Fotos abschneiden. Probieren Sie einfach aus, was sich am besten für Ihr Bild eignet!

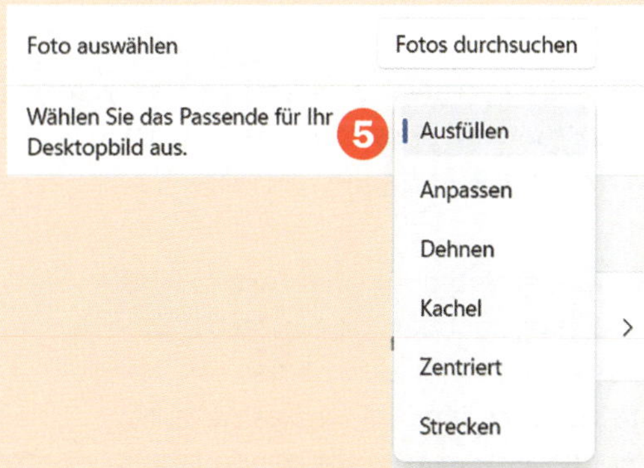

Einfarbiger Desktophintergrund

Falls Sie einen einfarbigen Desktophintergrund bevorzugen, dann wählen Sie *Volltonfarbe* statt *Bild* oder *Diashow*. Anschließend können Sie unterhalb Anklicken eine Farbe auswählen oder klicken Sie auf *Farben anzeigen*, falls die gewünschte Farbe nicht darunter sein sollte.

Tipp: Die dritte Option *Windows Spotlight* zeigt ebenfalls wechselnde Bilder an. Diese werden zusammen mit Zusatzinformationen von Microsoft zur Verfügung gestellt.

Bei einem Notebook oder Laptop können Sie zusätzlich angeben, ob die Wiedergabe der Diashow auch im Akkubetrieb erfolgen soll. Dies ist allerdings wegen des zusätzlichen Energieverbrauchs nicht zu empfehlen.

Wechselnde Bilder oder einfarbiger Hintergrund

Alternativ zum stets gleichen Bild kann der Desktop im Hintergrund auch wechselnde Bilder in Form einer Diashow anzeigen.

Dazu klicken Sie bei *Hintergrund personalisieren* in das Auswahlfeld und wählen *Diashow* ❶. Unterhalb finden Sie noch die folgenden Einstellungen:

- **Bilder auswählen**: In der Standardeinstellung zeigt die Diashow der Reihe nach alle Bilder im Ordner *Bilder* ❷ an. Wenn Sie einen anderen Ordner auswählen möchten, dann klicken Sie auf *Durchsuchen* ❸. Klicken Sie dann auf den gewünschten Ordner und auf die Schaltfläche *Diesen Ordner auswählen*.
- **Zeitintervall**: In der Standardeinstellung wechselt das Bild alle 30 Minuten; weitere Zeitintervalle erhalten Sie im Auswahlfeld *Bildänderungsintervall*.

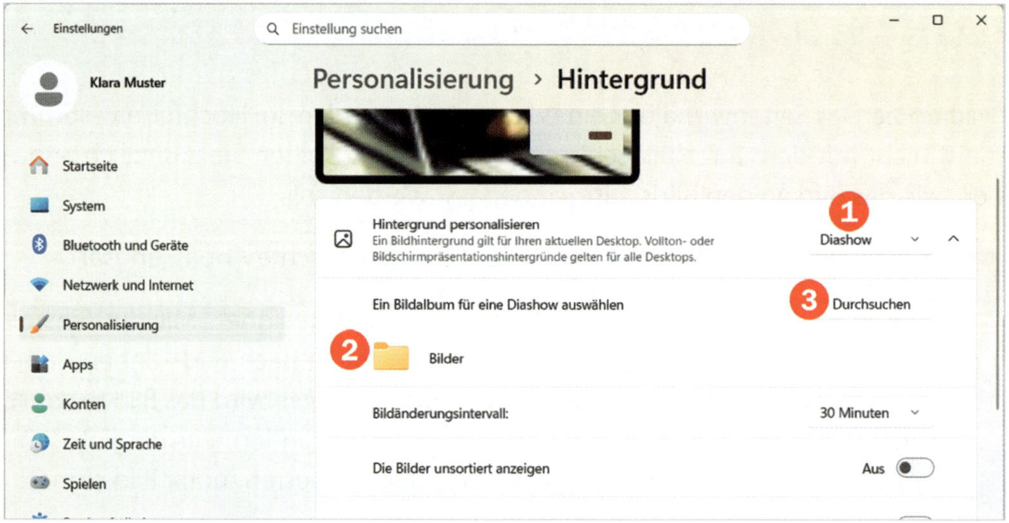

Heller oder dunkler Farbmodus und eigene Farben

Startmenü, Taskleiste und andere Elemente, sowie einige Apps können mit hellem oder dunklem Hintergrund und passender Schriftfarbe dargestellt werden. Probieren Sie selbst aus, welche Darstellung Ihnen und Ihren Augen besser zusagt.

1 Klicken Sie in den Einstellungen auf *Personalisierung* und auf *Farben* ❶.

2 Wählen Sie bei *Modus auswählen* zwischen *Hell* und *Dunkel* ❷. Im Bild rechts Windows im dunklen Modus.

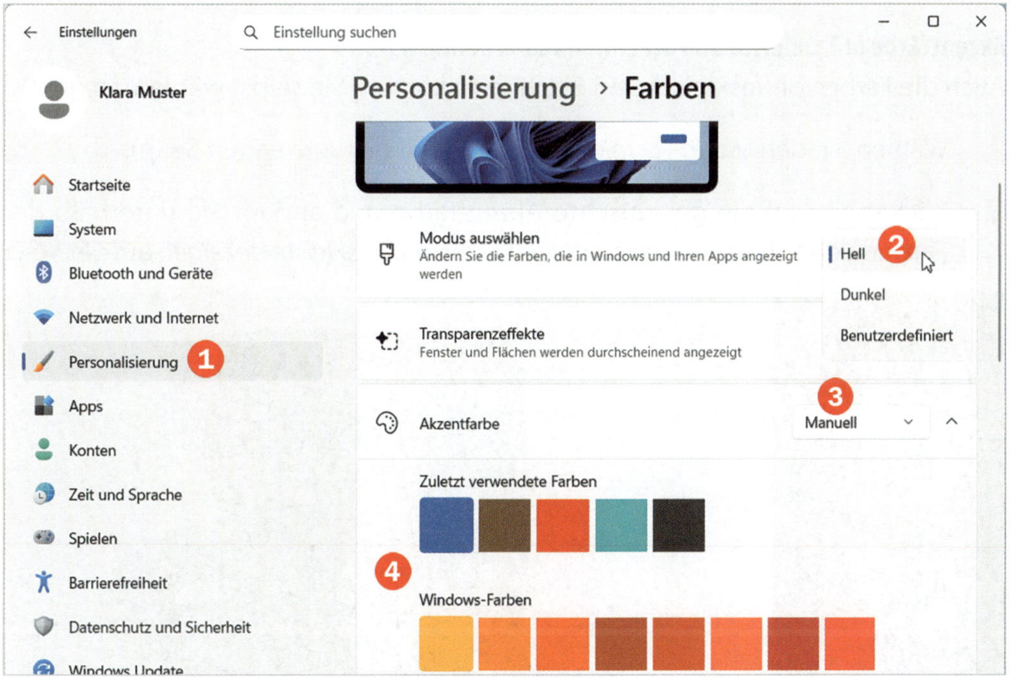

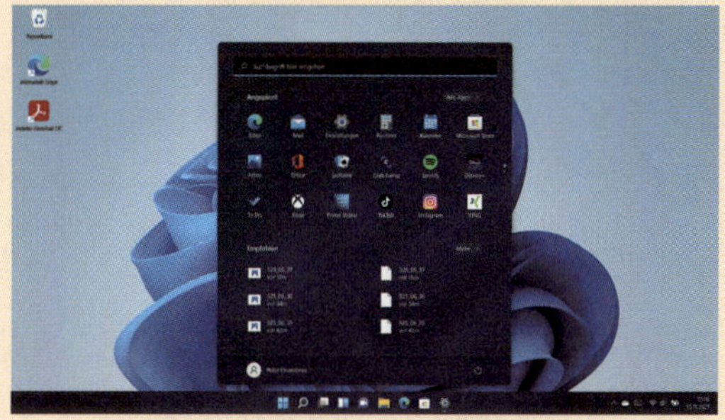

Info:

- Die dritte Option *Benutzerdefiniert* erlaubt getrennte Einstellungen für Windows und Apps.
- Der Schalter *Transparenzeffekte* sorgt für leicht durchscheinende Fenster und kann für einen besseren Kontrast auch auf *Aus* gesetzt werden.

Hervorhebungsfarbe ändern

Einige Elemente, z. B. Schalter oder die aktuelle Kategorie in den Einstellungen werden farbig oder mit einer farbigen Leiste hervorgehoben. Diese Farbe ändern Sie unter *Akzentfarbe* ❸. Die Standardeinstellung *Automatisch* bedeutet, die Farbe wird von Windows passend zum Hintergrundbild bzw. Design gewählt.

Zum Zurücksetzen der Akzentfarbe wählen Sie einfach wieder *Automatisch*.

☛ Falls Sie stattdessen die Farbe selbst festlegen möchten, so klicken Sie unterhalb ❹ auf eine der angebotenen Windows-Farben. Die Einstellung *Akzentfarbe* ändert sich dadurch auf *Manuell*.

Akzentfarbe in Taskleiste und Startmenü übernehmen

Auch die Farbe von Taskleiste und Startmenü können Sie selbst wählen, so geht's:

Als Beispiel im Bild unten die Akzentfarbe Grün und rechts daneben das Ergebnis.

Falls gewünscht, können Sie über einen weiteren Schalter die Akzentfarbe auch für Titelleiste und Rahmen von Fenstern übernehmen.

1 Wählen Sie den Modus *Dunkel* ❷ (s. Bild auf der vorherigen Seite).

2 Klicken Sie auf die gewünschte Akzentfarbe und ändern Sie unterhalb der Farben den Schalter *Akzentfarbe auf Start und Taskleiste anzeigen* auf *Ein* ❺.

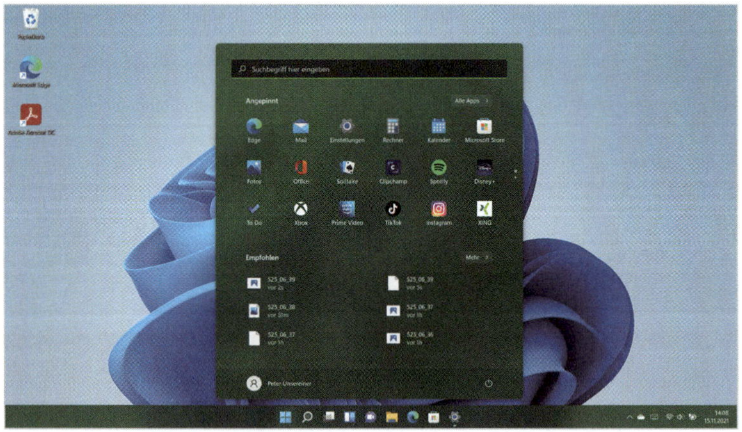

Hintergrund und weitere Einstellungen des Sperrbildschirms

Der Sperrbildschirm erscheint vor der Anmeldung und in der Regel auch als Hintergrund auf dem Anmeldebildschirm. Auch dieses Bild können Sie frei wählen.

- Klicken Sie dazu in der Taskleiste in das Suchfeld bzw. auf das Symbol Lupe, geben Sie den Suchbegriff „sperrbildschirm" ein und klicken Sie auf *Einstellungen für den Sperrbildschirm*.

Oder wählen Sie in den Einstellungen die Kategorie *Personalisierung* und klicken Sie auf *Sperrbildschirm*.

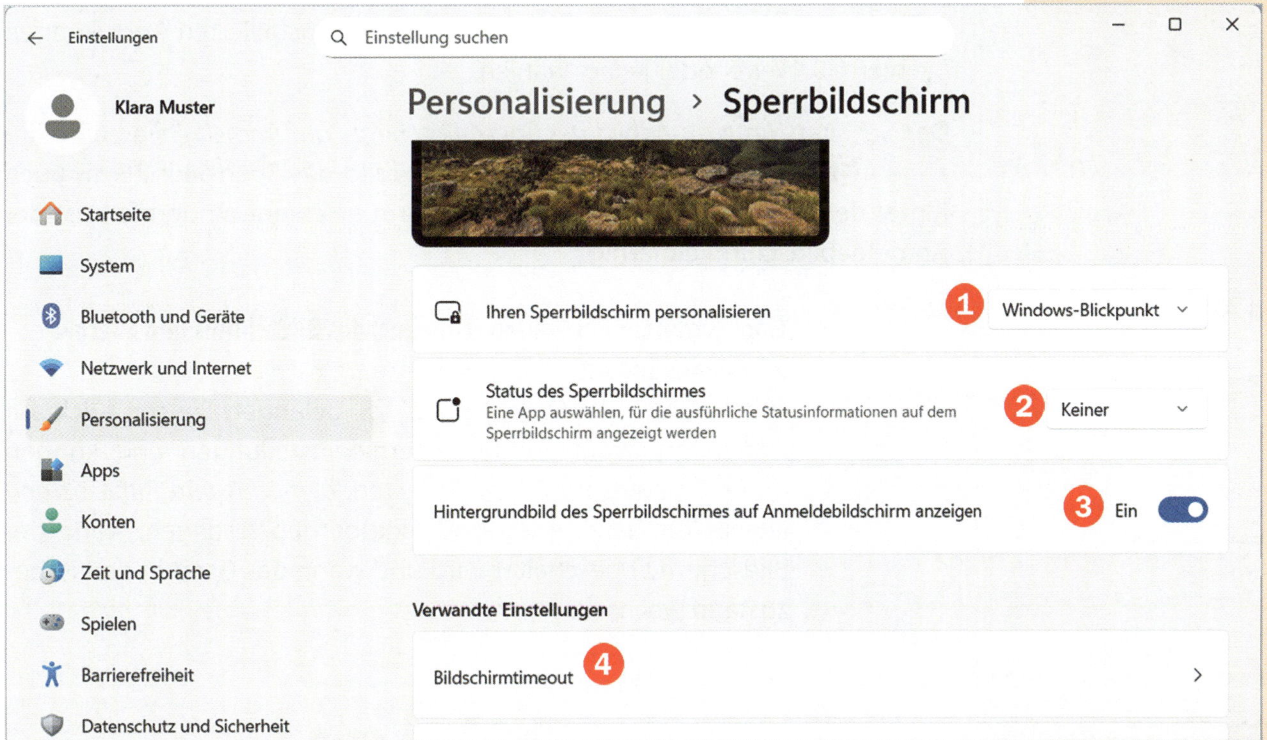

Hinweis: Auf dem Sperrbildschirm erscheinen auch Zusatzinfos zum Bild zusammen mit Hinweisen und Tipps. Diese können für die Optionen *Bild* und *Diashow* bei Bedarf über das Kontrollkästchen *Unterhaltung, Tipps, Tricks und mehr auf dem Sperrbildschirm anzeigen* deaktiviert werden. Für *Windows Blickpunkt* ist dies leider nicht möglich.

- Unter *Ihren Sperrbildschirm personalisieren* ist in der Standardeinstellung *Windows-Blickpunkt* ❶ ausgewählt. Das bedeutet, der Sperrbildschirm zeigt ein, in regelmäßigen Intervallen wechselndes Bild an. Alternativ können Sie, wie beim Desktophintergrund, zwischen einem bestimmten Bild und wechselnden Bildern in Form einer Diashow wählen. Hierzu verfahren Sie, wie auf Seite 174 beschrieben.
- *Status des Sperrbildschirms* ❷ gibt an, ob und von welcher App Informationen auf dem Sperrbildschirm erscheinen. Je nach installierten Apps können Sie hier z. B. *Wetter* oder *Keiner* wählen.
- Der Schalter *Hintergrundbild des Sperrbildschirms auf Anmeldebildschirm anzeigen* ❸ sorgt dafür, dass das Hintergrundbild des Sperrbildschirms auch hinter dem transparenten Anmeldebildschirm erscheint. Andernfalls ist der Anmeldebildschirm einfarbig.

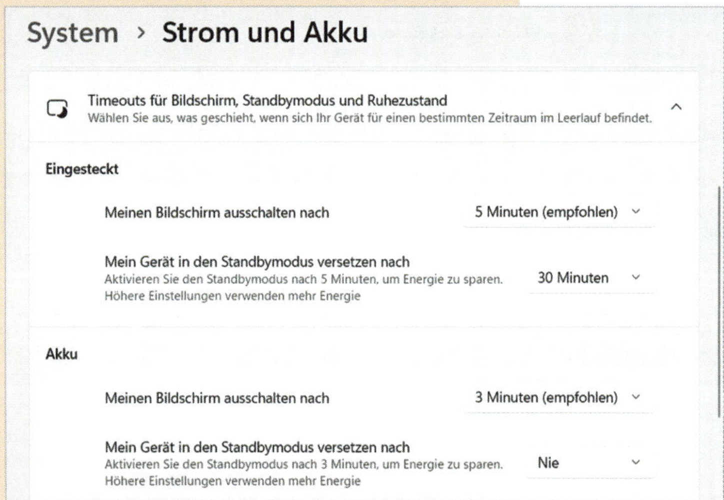

Tipp: Zeiten für Abschalten (Timeout) des Bildschirms und Energiesparmodus ändern

Unter *Verwandte Einstellungen* ❹ gelangen Sie mit Klick auf *Bildschirmtimeout* zu den Energieeinstellungen und können unter *Timeouts für Bildschirm, Standbymodus und Ruhezustand* jeweils für Netzbetrieb und Akkubetrieb festlegen, wann der Bildschirm abgeschaltet wird und wann das Gerät in den Ruhezustand wechselt.

6.5 Anzeige, Text und Mauszeiger vergrößern

Empfinden Sie den Text auf dem Bildschirm als zu klein und schlecht lesbar? Oder wünschen Sie sich einen größeren und farblich besser hervorgehobenen Mauszeiger? Solchen Problemen lässt sich leicht abhelfen.

Inhalte von Apps vergrößern (Zoom)

In manchen Apps, z. B. Word oder im Browser Microsoft Edge können Sie die Anzeige vergrößern (Zoomen), indem Sie das Mausrädchen mit gleichzeitig gedrückter **Strg**-Taste drehen. In manchen Apps ist zu diesem Zweck auch rechts in der Statusleiste ein Schieberegler vorhanden. Zum Vergrößern oder Verkleinern brauchen Sie nur mehrmals auf das + ❶ bzw. – ❷ klicken. Allerdings vergrößert dieser Zoom nur den Dokumenttext, Menüs und Befehle bleiben unverändert.

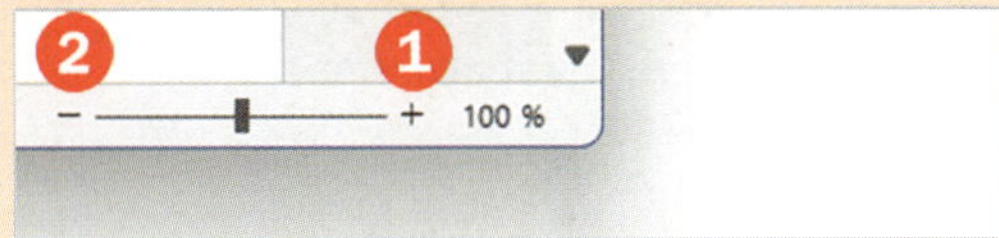

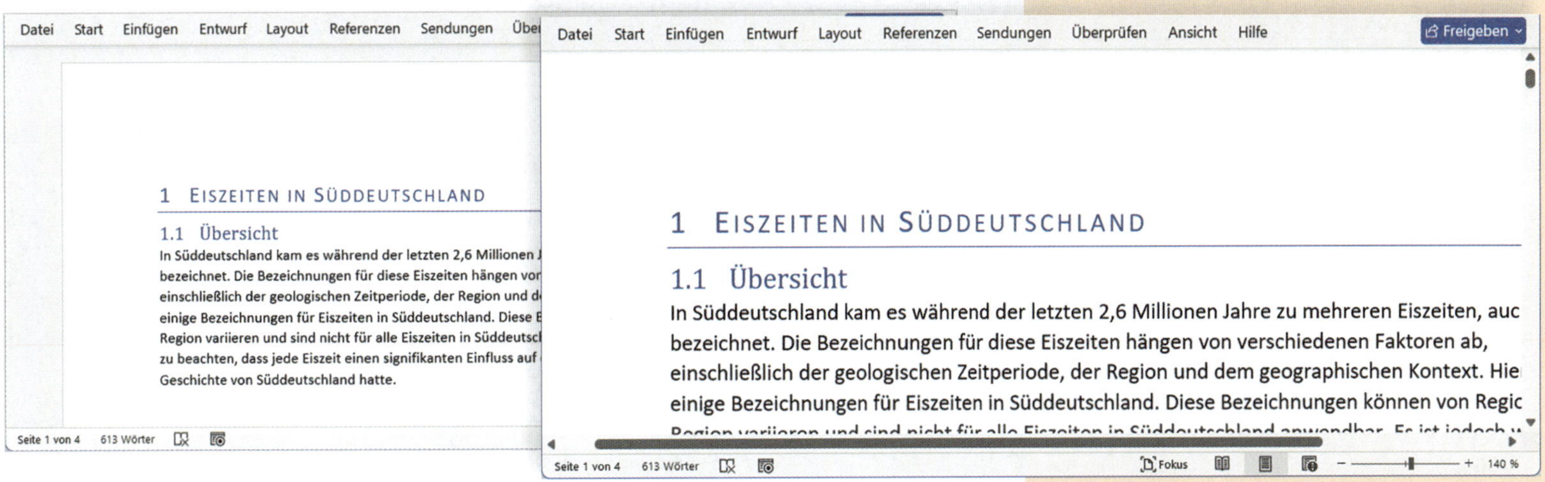

Die gesamte Bildschirmanzeige skalieren

Auf großen Bildschirmen mit hoher Auflösung empfinden viele Nutzer*innen die Anzeige als zu klein. In solchen Fällen können Sie die Bildschirmanzeige durch Skalieren vergrößern und so die Lesbarkeit erheblich verbessern.

3 Suchen Sie nach dem Begriff „skalierung" (Taskleiste ▶ Symbol Lupe) und klicken Sie danach auf *Ändert die Größe von Text, Apps und anderen Elementen (Systemeinstellungen)*. Oder öffnen Sie die Einstellungen, wählen die Kategorie *System* und klicken hier auf *Bildschirm*.

Info: Die verfügbaren Skalierungen sind abhängig vom angeschlossenen Bildschirm und können auf Ihrem Gerät abweichen.

4 Klicken Sie unter *Skalierung & Layout* bei *Skalierung* auf die aktuelle Skalierung ❶ und wählen Sie eine der angebotenen Alternativen, z. B. *125%* oder *150%*.

Achtung: Beschränken Sie sich auf die angebotenen Skalierungen! Von der Möglichkeit, einen benutzerdefinierten Skalierungsfaktor anzugeben, rät Microsoft ausdrücklich ab.

Auch die übrigen Einstellungen zur Anzeige, insbesondere die Bildschirmauflösung ❷ sollten nicht geändert werden.

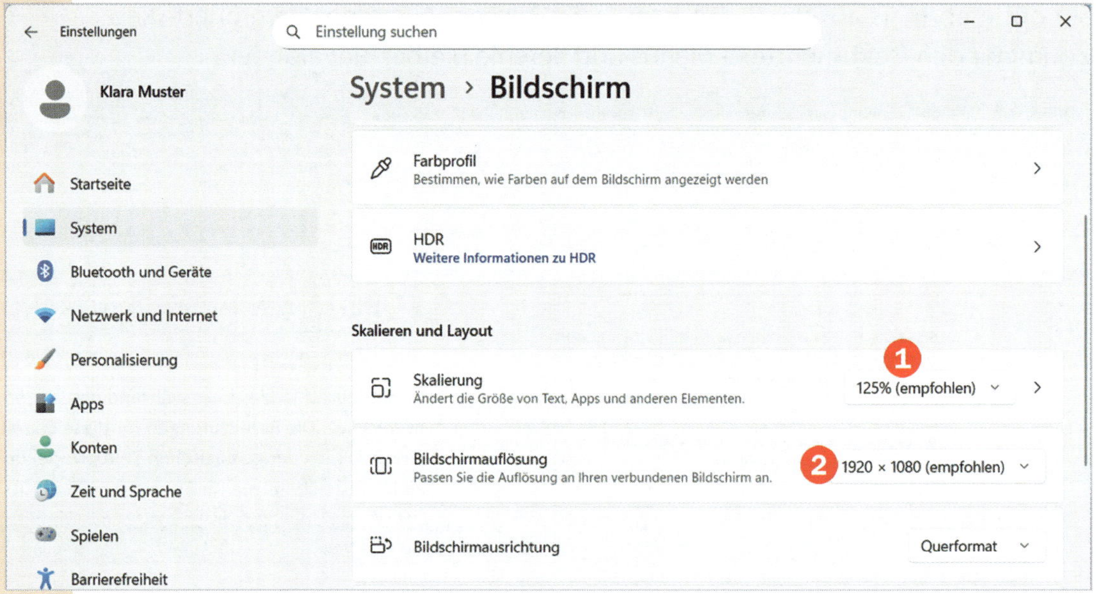

Textgröße ändern

Wenn eine größere Skalierung nicht ausreicht oder Sie nur den Text von Menüs usw. vergrößern möchten, dann finden Sie die passende Einstellung unter *Barrierefreiheit*.

1 Suchen Sie nach dem Begriff „Text vergrößern" (Taskleiste ▶ Symbol Lupe) und klicken auf *Text vergrößern (Systemeinstellungen)*.

2 Verschieben Sie bei *Textgröße* den Schieberegler ❸ mit gedrückter linker Maustaste nach rechts, bis der Beispieltext oberhalb ❹ gut lesbar ist. Klicken Sie dann zum Übernehmen auf *Anwenden* ❺.

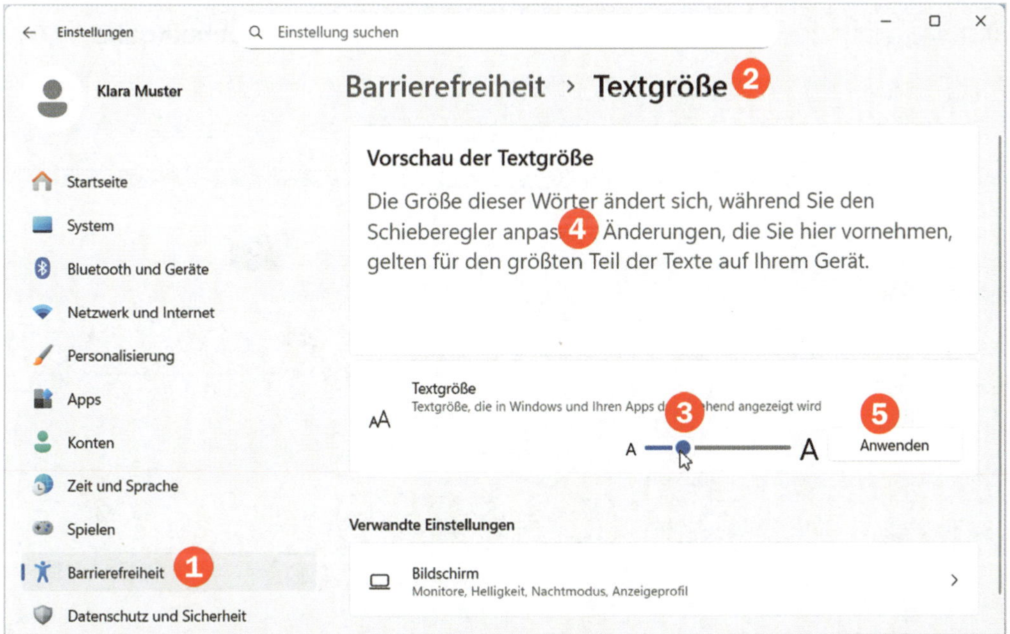

Oder klicken Sie in den Einstellungen links auf die Kategorie *Barrierefreiheit* ❶ und wählen Sie *Textgröße* ❷.

Mauszeiger, Bildschirmlupe und mehr - Tipps zum einfacheren Arbeiten am PC.

Zum Betrachten des Videos geben Sie die folgende Adresse in Ihren Browser ein:

https://bildnerverlag.de/005254

Mauszeiger vergrößern

Insbesondere auf großen Bildschirmen ist der Mauszeiger nicht immer auf Anhieb auszumachen. Dann ändern Sie einfach Größe und Farbe des Mauszeigers.

Auch der Suchbegriff „maus“ und die Auswahl *Mauszeigergröße* öffnen die Einstellungen an dieser Stelle.

- Klicken Sie in den Einstellungen auf die Kategorie *Barrierefreiheit* und wählen Sie *Mauszeiger und Toucheingabe* ❶.
- Ziehen Sie den Schieberegler ❷ mit gedrückter linker Maustaste nach rechts, bis der Mauszeiger die gewünschte Größe hat. Oberhalb können Sie bei Bedarf als Mauszeigerart zwischen schwarz ❸, invers und farbig bzw. benutzerdefinierter Farbe wählen.

Tipp: Unter *Touch-Indikator* sorgt der aktivierte Schalter *Touch-Anzeige* ❹ dafür, dass bei Touchbedienung auf dem Bildschirm der berührte Punkt kreisförmig hervorgehoben wird. Über das darunter liegende Kontrollkästchen kann dieser zusätzlich dunkler und größer hervorgehoben werden.

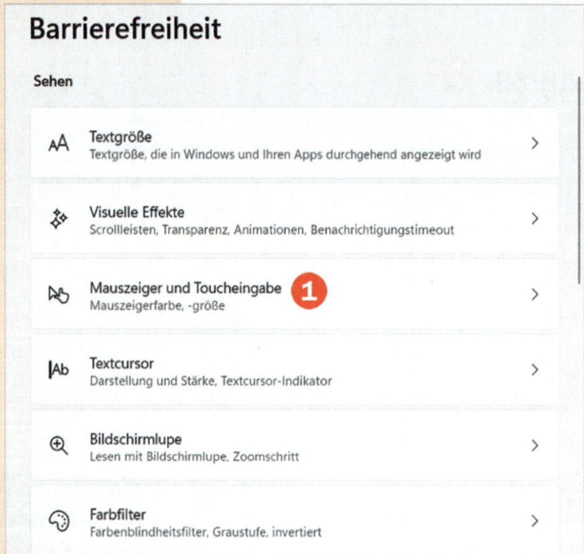

Einfügemarke besser sichtbar machen

Auch die Einfügemarke bzw. der Cursor ist bei der Texteingabe nicht immer auf Anhieb auszumachen. Falls Sie den Cursor extra hervorheben möchten, dann klicken Sie in den Einstellungen auf die Kategorie *Barrierefreiheit* und wählen *Textcursor* ❶. Hier finden Sie die folgenden Möglichkeiten:

- **Hervorhebung mit farbigen Punkten oben und unten**: Dazu setzen Sie den Schalter *Textcursor-Indikator* auf *Ein* ❷ und legen unterhalb Größe ❸ (Schieberegler) und Farbe fest.
- **Cursorbreite**: Um den Cursor selbst breiter darzustellen, verwenden Sie etwas weiter unten den Schieberegler *Textcursor-Darstellung ändern* ❹.

Cursor mit Textcursor-Indikator (violett)

Breiterer Textcursor

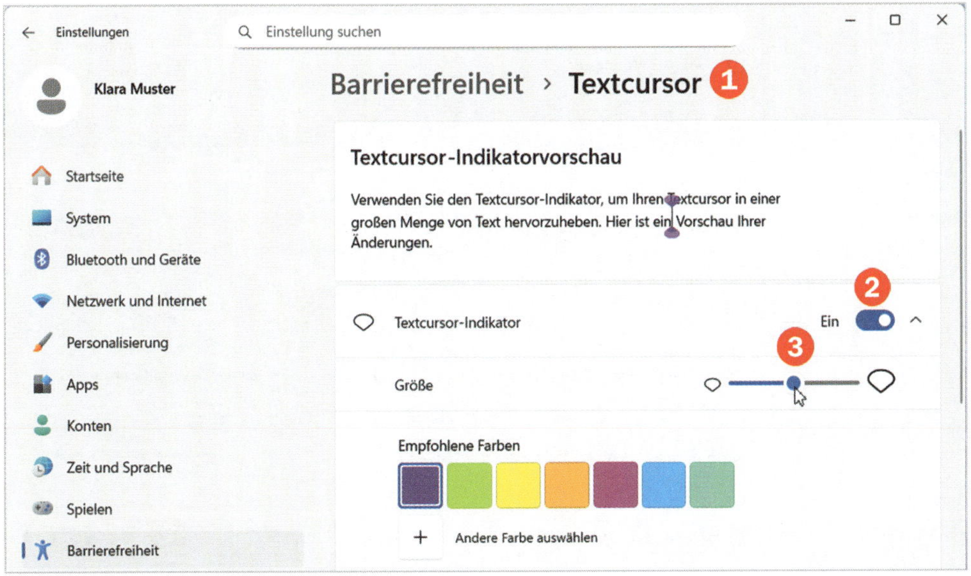

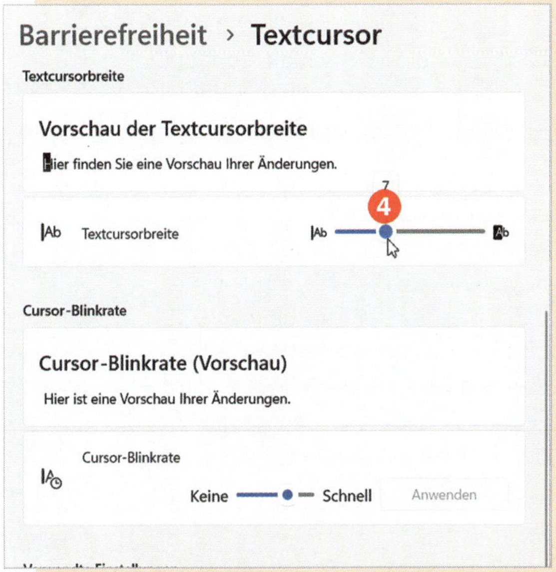

Die Maus auf Bedienung durch Linkshänder umstellen

Standardmäßig ist die linke Maustaste die wichtigste Taste, da durch sie Befehle ausgeführt werden, die rechte Maustaste zeigt dagegen zuerst einmal verfügbare Befehle an (Kontextmenü). Wenn Sie als Linkshänder/in die Funktion der beiden Maustasten vertauschen möchten, dann gehen Sie so vor:

Falls die Einstellungen bereits geöffnet sind, so klicken Sie auf *Bluetooth & Geräte* und wählen Sie rechts daneben *Maus*.

- Suchen Sie nach dem Begriff „Maus“ (Taskleiste ▶ Symbol Lupe) und klicken Sie auf *Mauseinstellungen (Systemeinstellungen)*. Klicken Sie bei *Primäre Maustaste* in das Auswahlfeld und wählen Sie *Rechts* statt *Links* ❶.

Die Mauszeigergeschwindigkeit regelt, wie schnell der Mauszeiger Ihren Bewegungen folgt. Hier sollte die Standardeinstellung (Mitte) beibehalten werden. Auch die übrigen Standardeinstellung sollten nur in Ausnahmefällen geändert werden.

Achtung: Der Schalter *Scrollen von inaktiven Fenstern, wenn der Mauszeiger darüber schwebt* ❷ sollte nicht deaktiviert werden! Er sorgt dafür, dass Sie ohne vorheriges Klicken, mit Drehen des Mausrads den sichtbaren Bereich des Fensters verschieben können, über dem sich der Mauszeiger gerade befindet.

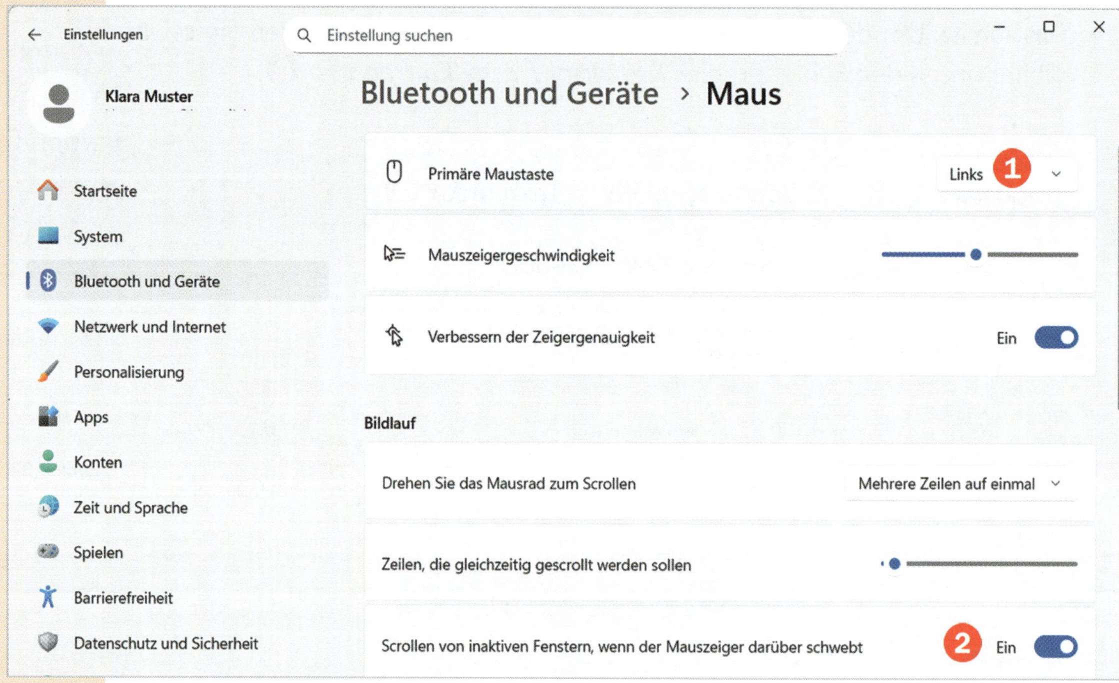

6.6 Barrierefreies Arbeiten am PC

Für Nutzer mit Hör- und/oder Sehproblemen stellt Windows 11 unter dem Stichwort Barrierefreiheit mehrere nützliche Funktionen zur Verfügung.

Schnelles Einschalten über die Schnelleinstellungen

☛ Zum Einschalten klicken Sie dazu im Infobereich der Taskleiste auf die Symbolgruppe *Lautsprecher*, *Netzwerk Akku* ❶, danach auf *Barrierefreiheit* ❷ und benutzen die Schalter ❸.

Genauere Beschreibungen der angebotenen Funktionen finden Sie weiter unten. Ein Klick auf *Weitere Einstellungen für Barrierefreiheit* ❹ öffnet die dazugehörigen Einstellungen.

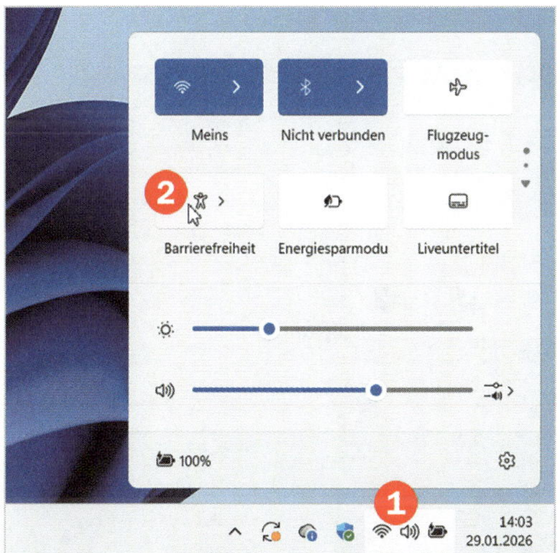

Tipp: Bedienhilfen bei der Anmeldung aktivieren
Auch bei der Anmeldung am PC können Sie bereits die wichtigsten Bedienhilfen aktivieren. Klicken oder tippen Sie dazu in der rechten unteren Ecke des Anmeldebildschirms auf das Symbol *Barrierefreiheit* . Die Funktionen werden nacheinander vorgelesen und mit Betätigen der Leertaste schalten Sie die jeweils vorgelesene Funktion ein oder aus.

Die Bildschirmlupe kann mit folgenden Tasten gesteuert werden:

Bildschirmlupe Ein	**Windows+Pluszeichen**
Bildschirmlupe Aus	**Windows+Esc**
1 Stufe vergrößern	**Windows+Pluszeichen**
1 Stufe verkleinern	**Windows+Minus**

Tipp: Mit den Tasten **Strg+Alt+L** vergrößert die Bildschirmlupe statt des gesamten Bildschirms nur den Bereich, in dem sich der Mauszeiger befindet, s. Bild unten.

Strg+Alt+F wechselt wieder zurück zur Vollbildvergrößerung.

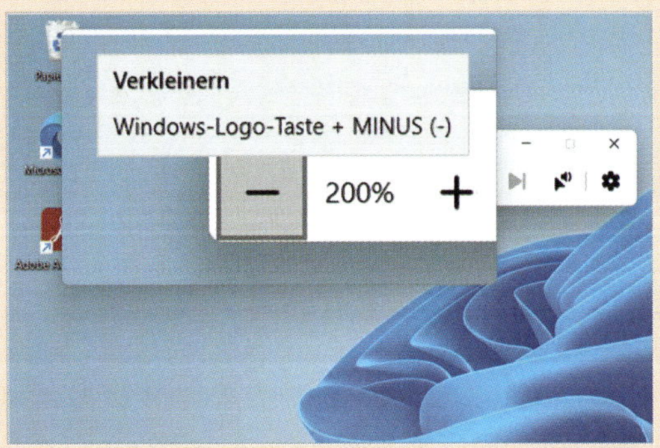

So nutzen Sie die Bildschirmlupe

Die Bildschirmlupe ist eigentlich keine Einstellung, sondern eine kleine App, die in den Schnelleinstellungen über *Barrierefreiheit* oder mit den Tasten **Windows** + **Pluszeichen** (+) geöffnet wird. **Windows** + **Esc**-Taste beendet die Bildschirmlupe.

- Nach dem Start erscheint links oben eine kleine Leiste mit Bedienelementen und der sichtbare Bildschirmausschnitt wandert dem Mauszeiger nach.
- Mit Klick auf Plus (+) ❶ und Minus (-) vergrößern und verkleinern Sie die Anzeige in Schritten von jeweils 100 %.
- **Vorlesen lassen**: Mit dem Symbol *Wiedergabe* ❷ starten Sie zusätzlich das Vorlesen, z. B. einer Webseite, zum Beenden drücken Sie eine beliebige Taste der Tastatur. Mit Klick auf dieses Symbol ❸ beginnt dagegen das Vorlesen an der Stelle, an Sie anschließend klicken.

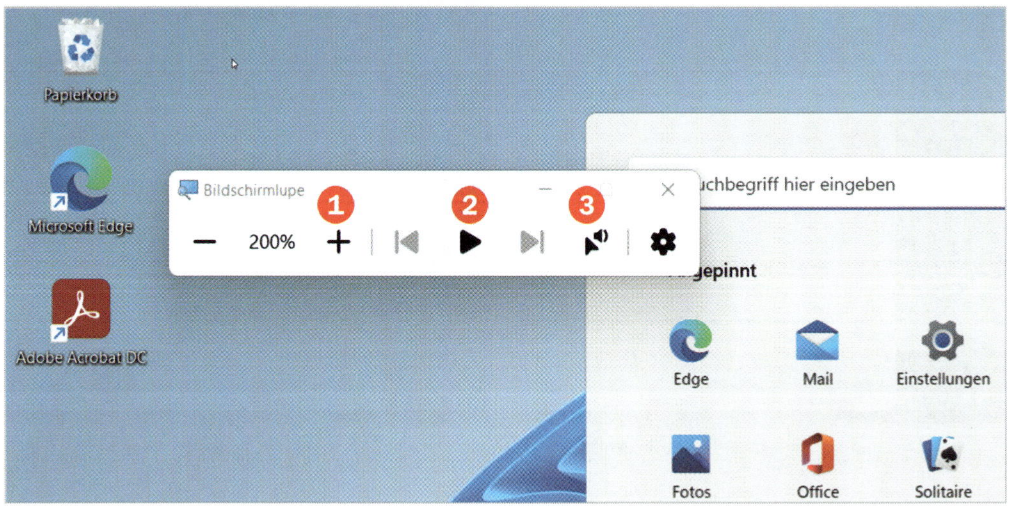

Die Sprachausgabe verwenden

Neben der Sprachausgabe in Verbindung mit der Bildschirmlupe (siehe vorherige Seite), können Sie die Sprachausgabe auch unabhängig davon über die Schnelleinstellungen, Schaltfläche *Barrierefreiheit* und den Schalter *Sprachausgabe* einschalten oder mit den Tasten **Windows+Strg+Eingabetaste**.

Sprachausgabe beenden: Drücken Sie die Tasten **Windows+Strg+Eingabetaste**.

Einstellungen zur Sprachausgabe

Möglicherweise erscheint nach dem Einschalten der Sprachausgabe deren Startseite mit einer weitergehenden Hilfe zu den einzelnen Themen und Einstellungen. Sollte dies nicht der Fall sein, so können Sie die Startseite in den Einstellungen aktivieren: Klicken Sie hier auf *Barrierefreiheit* und wählen Sie *Sprachausgabe*.

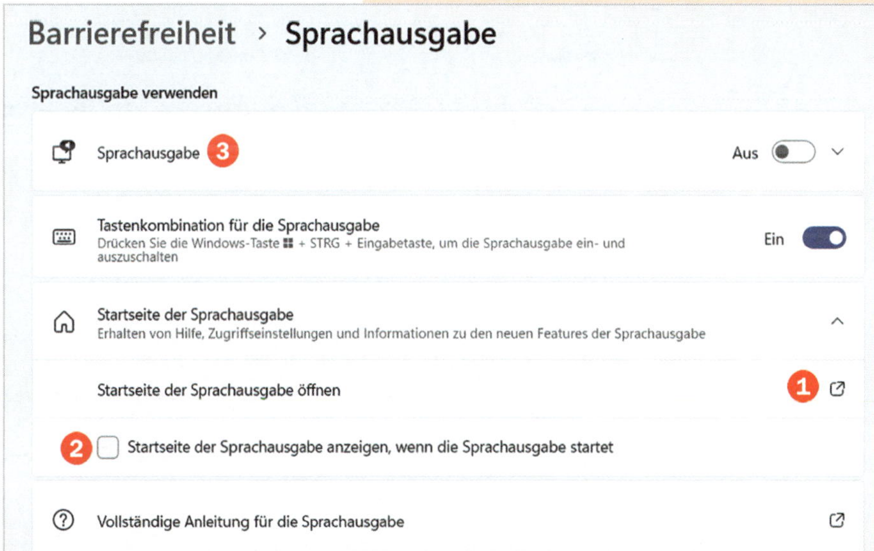

- Ein Klick auf dieses Symbol ❶ öffnet die Startseite der Sprachausgabe. Wenn dagegen die Startseite automatisch erscheinen soll, so aktivieren Sie das darunter liegende Kontrollkästchen ❷.
- Soll die Sprachausgabe bei der Anmeldung automatisch starten, so klicken Sie auf *Sprachausgabe* ❸.
- **Tipp**: Unter *Stimme der Sprachausgabe* stehen verschiedene Stimmen zur Auswahl.

Informationen zur Verwendung des Sprachzugriffs erhalten Sie über den Link *Weitere Informationen zum Sprachzugriff* ❺.

Einige Beispiele für die Sprachsteuerung:
App öffnen, z. B. Word ▶ „Word öffnen"
App schließen, z. B. Edge ▶ „Edge schließen"

Scrollen in einem Fenster nach unten ▶ „scrollen nach unten" oder „scrollen nach oben"
Bildlauf beenden ▶ „Beenden"

Gerät mit der Spracherkennung steuern

Mit Hilfe der Spracherkennung können Sie Ihren PC auch per Spracheingabe steuern. Für die dazugehörigen Einstellungen klicken Sie in den Einstellungen auf *Barrierefreiheit* und danach im Abschnitt *Interaktionen* auf *Spracherkennung* ❶.

Ändern Sie unter *Sprachzugriff* den Schalter auf *Ein* ❷. Anschließend muss der Sprachzugriff eingerichtet und Windows der Zugriff auf Ihr Mikrofon gestattet werden. Wenn Sie damit einverstanden sind, klicken Sie auf *Ja, fortfahren* ❸.

Unterhalb können Sie bei Bedarf angeben, ob der Sprachzugriff vor oder nach der Anmeldung gestartet werden soll ❹.

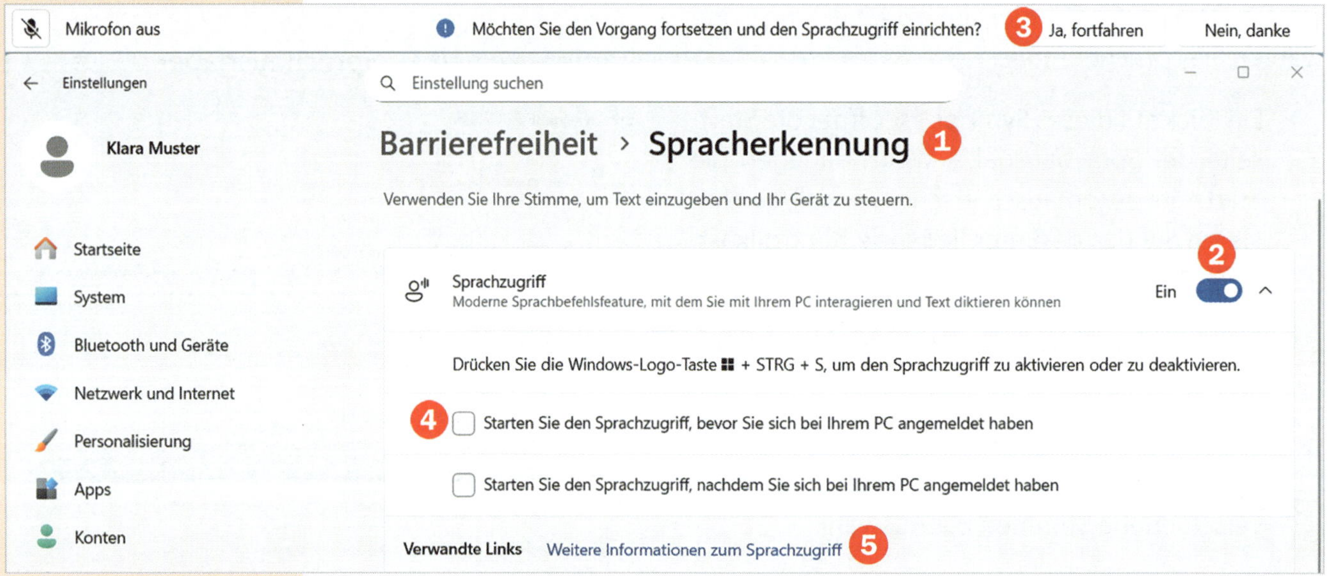

Farbfilter

Für Nutzer mit eingeschränkter Farbwahrnehmung, z. B. Rot-Grün-Schwäche stehen unter *Barrierefreiheit* Farbfilter zur Verfügung. Diesen wählen Sie ebenfalls in den Einstellungen in der Kategorie *Barrierefreiheit* mit Klick auf *Farbfilter* aus. Schalter Sie *Farbfilter* ein und klicken Sie dann auf den gewünschten Typ. Anhand der Vorschau oberhalb können Sie das Ergebnis sofort kontrollieren.

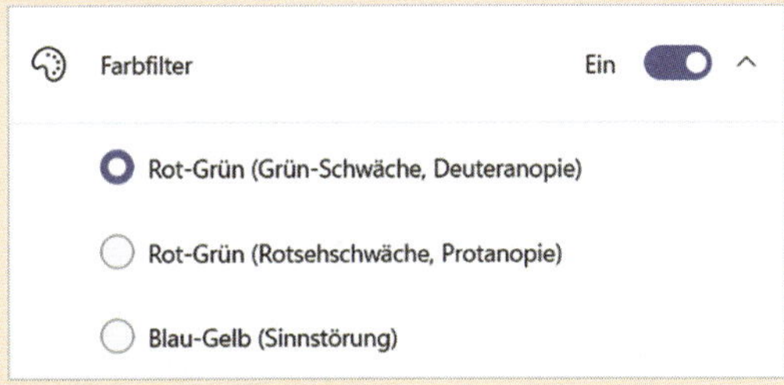

Der Farbfilter muss nur beim ersten Einschalten gewählt werden und kann danach in den Schnelleinstellungen mit Klick auf *Barrierefreiheit* aktiviert werden.

Die Einrastfunktion der Tastatur

Die sogenannte Einrastfunktion erleichtert die Eingabe von Tastenkombinationen, z. B. **Strg**+**C** (Kopieren), da bei aktivierter Einrastfunktion die Tasten **nacheinander** statt gleichzeitig gedrückt werden können.

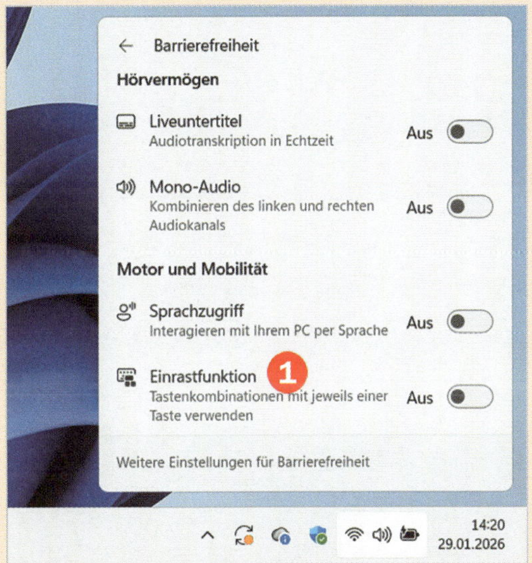

Vielleicht haben Sie auch bereits unfreiwillig Bekanntschaft mit dieser Funktion gemacht: Wenn Sie fünfmal nacheinander die **Umschalttaste** gedrückt haben, erscheint die Frage, ob Sie die Einrastfunktion aktivieren möchten.

- Statt fünfmaligem Drücken der Umschalttaste können Sie die Einrastfunktion auch in den Schnelleinstellungen über die Schaltfläche *Barrierefreiheit* ❷ ein- und ausschalten.

Ob die Einrastfunktion aktiviert ist, erkennen Sie auch am Symbol im Infobereich der Taskleiste, wie im Bild rechts.

7 Im Internet surfen

Sie lernen, wie Sie ...

- Webadressen eingeben und eine Suchanfrage stellen
- mit mehreren Registern im Browser arbeiten und welche Vorteile das hat
- Texte auf Webseiten vorlesen lassen
- den Copilot verwenden
- Sammlungen erstellen
- auf YouTube Videos anzeigen

Was Sie bereits wissen sollten ...

- Umgang mit Taskleiste und Startmenü
- Apps starten und beenden

7.1 Edge starten und einrichten

Um die Informationsquelle Internet zu nutzen, benötigen Sie neben dem Internetzugang eine spezielle App - den Browser, häufig auch als Webbrowser bezeichnet. Browser ermöglichen das Anzeigen von Internetseiten und bringen Funktionen mit, über die sich besuchte Seiten schnell wieder anzeigen lassen. Der Browser **Microsoft Edge** ist unter Windows 11 bereits vorinstalliert.

Künstliche Intelligenz (KI) gewinnt immer mehr an Bedeutung. Mit der Integration des digitalen Assistenten **Copilot** wird auch Microsoft Edge zum KI-gestützten Browser. Copilot basiert auf ChatGPT, einer Anwendung des Unternehmens OpenAI, die es ermöglicht text- oder sprachbasierte Dialoge zu führen. Digitale Assistenten wie Copilot oder ChatGPT zeichnen sich dadurch aus, dass sie auf Anfragen kontextbezogene Antworten geben.

Microsoft Edge öffnen: Zum Starten von Edge klicken Sie am unteren Bildschirmrand auf in der Taskleiste. Selbstverständlich kann die App auch über das Startmenü geöffnet werden.

Erste Schritte beim Start von Microsoft-Edge

Wenn Sie Microsoft Edge zum ersten Mal öffnen, müssen Sie einige Entscheidungen zur Einrichtung und Verwendung treffen:

- **Anmeldung mit dem Microsoft-Konto:** Auf der Willkommensseite sollen Sie beim Browser angemeldet werden. Wenn Sie Copilot verwenden wollen, müssen Sie mit einem Microsoft-Konto angemeldet sein. Sind Sie bereits an Ihrem Computer mit einem Microsoft-Konto angemeldet, erfolgt die Anmeldung am Browser automatisch. Falls Sie nicht automatisch angemeldet werden, klicken Sie auf *Fortsetzen* ❶. Im nächsten Fenster können Sie entscheiden, ob Sie sich anmelden möchten, dazu klicken Sie auf *Weiter* ❷.

- **Google-Daten:** Wenn Sie Google Chrome (Browser) auf anderen Geräten verwenden, können Sie dafür sorgen, dass Lesezeichen, Kennwörter etc. in Edge importiert werden. Wir gehen davon aus, dass Sie zunächst nur Edge nutzen: Klicken Sie auf *Ohne Google-Daten fortfahren* ❸.
- **Daten zur Verfügung stellen:** Microsoft möchte Ihnen angepasst an Ihr Surfverhalten weitere Informationen zur Verfügung stellen. Entscheiden Sie sich für *Zulassen* oder *Nicht zulassen* und klicken Sie dann auf *Bestätigen und mit dem Browsen beginnen*.

Microsoft Rewards: Für die Nutzung der Suchmaschine Bing von Microsoft können Sie Punkte sammeln und gegen Geschenkkarten und andere Dinge einlösen. Es ist möglich, dass Sie im Einrichtungsprozess dazu befragt werden.

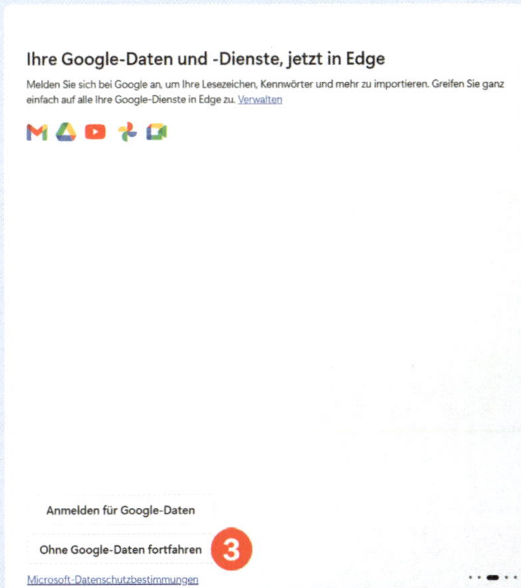

- **Diagnosedaten senden:** Diagnosedaten können Informationen zum verwendeten Gerät, zur Software, deren Nutzung und aufgetretene Probleme enthalten. Diese Daten helfen die Software zu verbessern, Fehler zu beheben etc. Entscheiden Sie, ob Sie diese Daten zur Verfügung stellen möchten.
- **Design anpassen:** Bei *Gesamtdarstellung* stehen ein helles, ein dunkles Design und die Übernahme der Windows-Systemeinstellung zur Auswahl. Wir verwenden hier ein helles Design. Bei *Registerkartenlayout* entscheiden Sie, ob im Browser die einzelnen Register, auf denen Sie Webseiten anzeigen, *Horizontal* oder *Vertikal* angeordnet werden. Wir verwenden *Horizontal*. Darüber hinaus können Sie auch eine Farbe für den Browser auswählen. Treffen Sie, wenn gewünscht eine andere Auswahl und klicken dann auf *Weiter*. Im nächsten Schritt könnten Sie Webseitenlinks an die Windows-Taskleiste anheften. Wir zeigen Ihnen im Verlauf des Kapitels, wie das funktioniert. Das müssen Sie nicht jetzt entscheiden. Klicken Sie auf *Fertigstellen*.

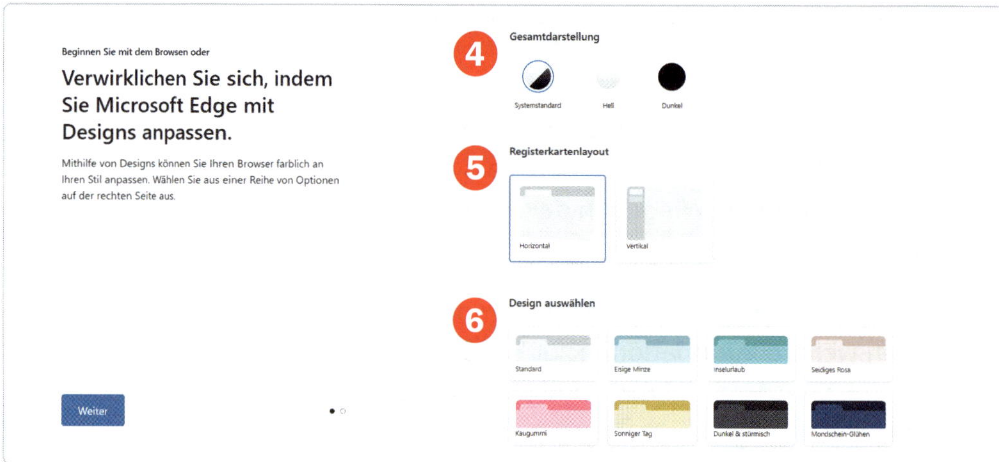

Privatsphären-Einstellung

Die Startseite des Browsers wird angezeigt. Im unteren Bereich von Edge erhalten Sie eine Aufforderung zur Bestätigung Ihrer Privatsphären-Einstellungen. Hier können Sie *Alle ablehnen* ❶ oder mit einem Klick auf *Zwecke anzeigen* ❷, entscheiden, was weitergegeben werden darf.

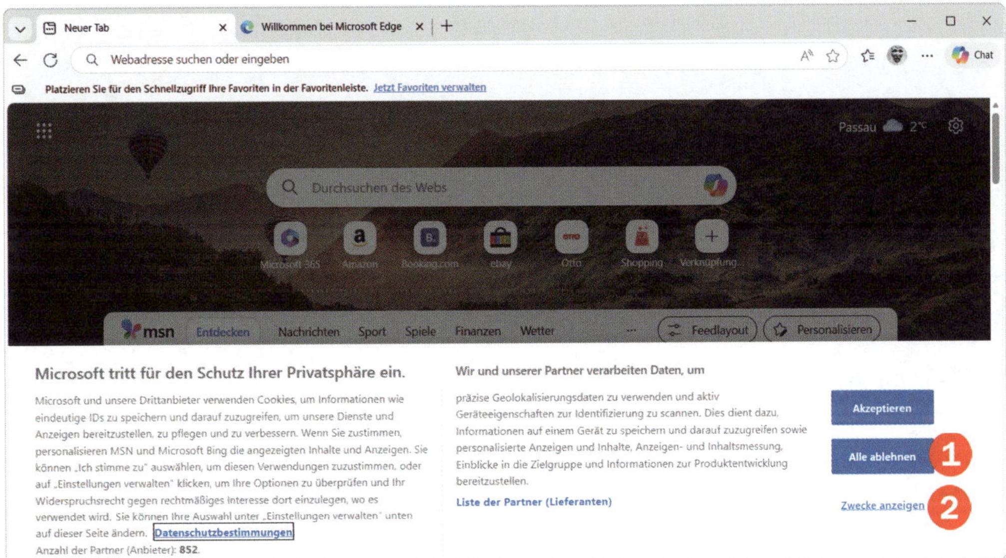

Infos, die übermittelt werden müssen, sind mit *Immer aktiv* gekennzeichnet.

Für alle anderen Optionen entscheiden Sie, ob die Information weitergegeben werden darf: durch Anklicken des Schalters schalten Sie diesen im Wechsel ein ⬤ bzw. aus ⬤. Klicken Sie dann entweder auf *Meine Auswahl bestätigen* oder doch auf *Alle ablehnen*. Damit ist die Ersteinrichtung abgeschlossen.

Cookies sind Dateien, die beim Besuch einer Internetseite an Ihren Rechner gesendet und dort gespeichert werden. So können Sie von der Seite beim nächsten Besuch wiedererkannt und Ihr Surfverhalten analysiert werden.

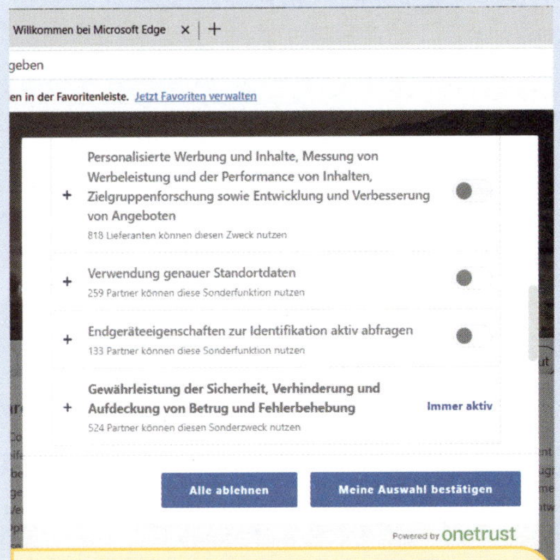

Zur Anzeige weiterer Punkte scrollen Sie mittels Bildlaufleiste nach unten. Sie können aber auch die Maus verwenden. Dazu zeigen Sie mit der Maus auf den Inhalt und drehen am Mausrädchen.

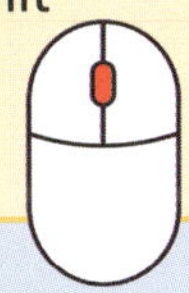

7.2 Microsoft Edge kurz vorgestellt

Die Seite, die beim Öffnen des Browsers angezeigt wird, nennt Microsoft etwas sperrig **Seite „Neuer Tab“**. Wenn wir im Buch von dieser Seite sprechen, verwenden wir die etwas gebräuchlichere Bezeichnung **Startseite**.

Nach dem Öffnen von Microsoft Edge wird die Startseite angezeigt, mit personalisierbarem Nachrichtenfeed und weiteren Anzeigeoptionen.

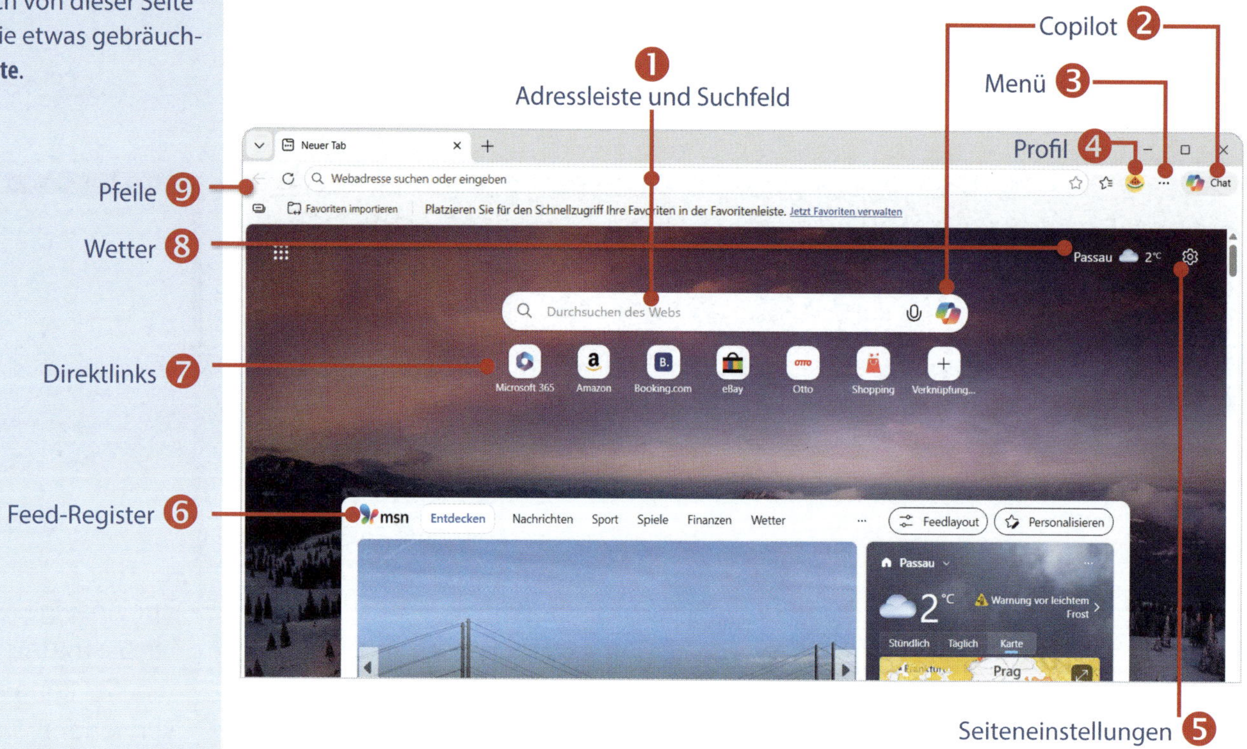

- **Suchfelder:** Ihre Suchanfrage tippen Sie entweder in die Adressleiste ❶ oder darunter in das Suchfeld ein.

- **Navigationsschaltflächen:** Mittels der Pfeile 9 bewegen Sie sich zwischen den aufgerufenen Webseiten. Der Vorwärts-Pfeil wird nur angezeigt, wenn die Funktion durch Betätigen des Zurück-Pfeils zur Verfügung stehen kann.
- **Copilot:** Mit Klick auf die Schaltfläche 2 blenden Sie die Dialogoptionen des Chatbots ein. Sie finden die Copilot Schaltfläche sowohl rechts oben als auch am Ende des Suchfelds. Mehr dazu auf Seite 214.
- **Seiteneinstellungen:** Hier 5 legen Sie die Darstellung der Startseite fest, siehe Seite 200.
- **Nachrichten:** Im unteren Bereich der Startseite erhalten Sie den Feed 6 – eine Sammlung von Beiträgen, z. B. Nachrichten, Klatsch, Rezepte, Informationen zu Wetter und Sport. Standardmäßig ist das *Entdecken* -Register ausgewählt, das eine bunte Mischung an Themen enthält. Über die verschiedenen Register *Nachrichten*, *Sport*, *Spiele* etc. können Sie die Themen eingrenzen.
- **Webseiten merken**: Die Direktlinks 7 werden automatisch mit Links zu Webseiten versehen, die Sie oft aufrufen. Sie können aber auch aktiv einen Link anlegen. Wird der Bereich nicht angezeigt, klicken Sie auf ⌄.
- **Wetteranzeige:** Aktuelles Wetter 8 wird für den freigegebenen Standort angezeigt. Wenn Sie den genauen Standort nicht freigegeben haben, kann hier auch eine andere Stadt, als die in der Sie sich gerade befinden, angezeigt werden.
- **Einstellungen:** Über das Menüsymbol ··· 3 finden Sie Edge-Einstellungen, die Druckoptionen und vieles mehr.
- **Profil:** Ihr Profil 4 wird mit einem von Ihnen ausgewählten Bild versehen; hier können Sie Ihr Konto verwalten.

Was ist eine **Webseite**?
Der Begriff „web" stammt aus der Bezeichnung „world wide web" (www) für weltweit vernetzte Informationen.

Was ist ein **Feed**?
Zusammenstellung von Informationen in fortlaufenden Blöcken. Welche Inhalte angezeigt werden, kann der Nutzer auswählen.

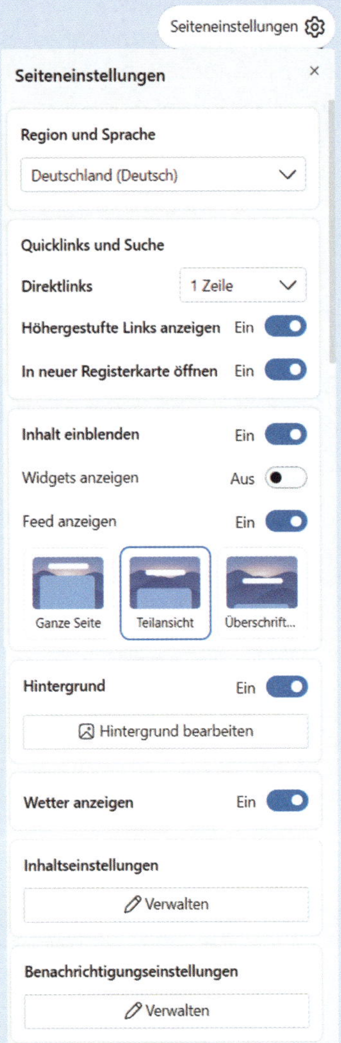

Aussehen der Startseite festlegen

In den *Seiteneinstellungen* 5 (Abbildung vorherige Seite) legen Sie das Aussehen der Startseite fest. Klicken Sie auf . Unter Umständen wird die Seitenleiste nicht komplett angezeigt. Sie können über die Bildlaufleiste nach unten scrollen.

- **Sprache ändern:** Bei *Region und Sprache* können Sie die Spracheinstellung für den Browser ändern.
- **Direktlinks ausblenden:** Öffnen Sie das Drop-Down-Menü bei *Direktlinks* und wählen Sie *Aus*.
- **Nur selbst festgelegte Direktlinks anzeigen:** Wenn Sie möchten, dass nur Direktlinks angezeigt werden, die Sie eingetragen haben (siehe Seite 225), dann setzen Sie den Regler bei *Höhergestufte Links anzeigen* auf *Aus*.
- **Feed ausblenden:** Wollen Sie gar keine Nachrichten auf der Startseite anzeigen, dann schalten Sie den Regler bei *Feed anzeigen* aus. Die drei Optionen *Ganze Seite*, *Teilansicht*, *Überschrift* bestimmen wie der Feed auf der Startseite dargestellt wird.
- **Hintergrund ändern:** Wenn Sie die Startseite sehr neutral halten wollen, dann setzen Sie den Regler bei *Hintergrund* auf *Aus*. Dadurch wird das Bild durch einen grauen Hintergrund ersetzt.
- **Wetteranzeige ausschalten:** Ziehen Sie den Regler bei *Wetter anzeigen* auf die Position *Aus*.

7.3 Webseite anzeigen

Um sich im Internet zwischen verschiedenen Seiten zu bewegen und gezielt an Informationen zu gelangen, können Sie entweder sogenannte **Links** benutzen, die Webseiten-**Adresse** direkt eingeben oder mittels einer **Suchmaschine** nach Informationen zu einem Begriff suchen.

Webadresse eingeben

Wenn Sie die Adresse einer Seite kennen, dann geben Sie diese in die Adressleiste ein. Vorher sollten Sie allerdings einige Dinge über die Schreibweise und den Aufbau einer Webadresse wissen:

Adressleiste

- Eine vollständige Adresse lautet zum Beispiel so: https://www.zdf.de. Bei der Eingabe müssen Sie davon nur den wichtigsten Teil der Adresse eingeben, nämlich den Namen zusammen mit einem Kürzel (hier .de für Deutschland). Daher gelangen Sie auch mit zdf.de auf die Seite des gleichnamigen Senders.
- Webadressen unterscheiden nicht zwischen Groß- und Kleinschreibung, geben Sie also die Adresse einfach in Kleinbuchstaben ein.
- Webadressen dürfen keine Leerzeichen enthalten! Der Name der Seite und das Kürzel werden durch einen Punkt getrennt.

Der Name einer Internetseite wird auch als Domain und das Kürzel als Top-Level-Domain bezeichnet. Beispiele für häufige Kürzel sind:

.de	Deutschland
.at	Österreich
.it	Italien
.eu	Europäische Union
.com	länderübergreifend (comercial)
.org	länderübergreifend: Organisation
.shop	beliebt bei Online-Shops

Beispiele bekannter Webadressen	
ard.de	Seite des gleichnamigen Senders
bahn.de	Deutsche Bahn, z. B. um Fahrpläne einzusehen
telefonbuch.de	Suche nach Telefonnummern
spiegel.de	Nachrichtenmagazin
youtube.com	Videoportal
amazon.de	Onlinehändler
wikipedia.de	Enzyklopädie von freiwilligen Autoren erstellt
google.com	Suchmaschine
instagram.com	Soziales Netzwerk
kleinanzeigen.de	Online-Portal für Kleinanzeigen

Auf **lecker.de** finden Sie Rezepte. Wir haben diese Seite ausgewählt, weil die Adresse sehr einfach ist. Es gibt im Netz zahllose Seiten, die Ihnen mit Rezeptideen weiterhelfen.

So gehen Sie bei der Eingabe einer Adresse vor:

- Beim ersten Aufrufen des Browsers steht der Cursor in der Adressleiste. Falls nicht, klicken Sie mit der Maus in die Adressleiste. Jetzt können Sie eine Webadresse eintippen, z. B. lecker.de.
- Sie erhalten Vorschläge für die Adresseingabe. Falls die gesuchte Seite aufgeführt ist, klicken Sie die Adresse mit der Maus an. Sonst geben Sie die vollständige Adresse ein und drücken dann die Enter-Taste.
- Die Webseite wird angezeigt.

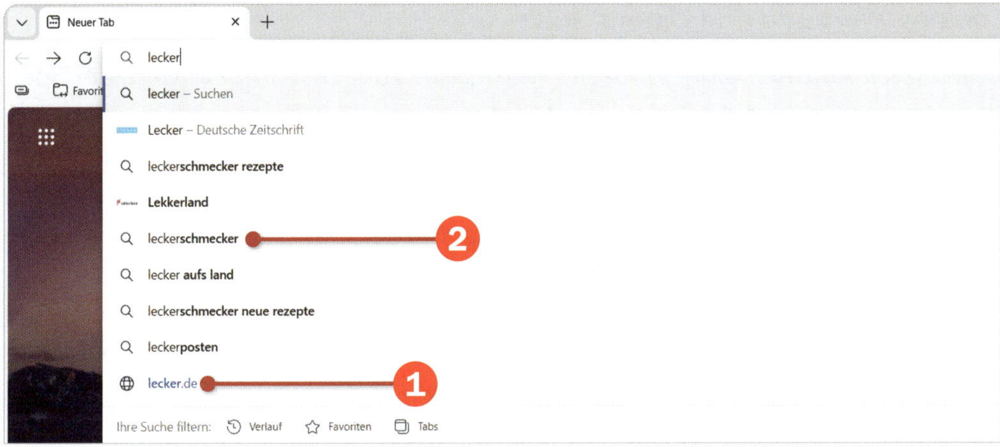

❶ Führt Sie zur Homepage von lecker.de. Die **Homepage** ist die Startseite eines Internetauftritts. Vorschläge mit zeigen die Webseite an. Befindet sich in der Adresse ein Schrägstrich, z. B. lecker.de/backen, wird nicht die Homepage sondern eine Unterseite angezeigt.

❷ Einträge mit sind Vorschläge für Suchbegriffe. Eine Trefferliste mit Webseitenvorschlägen passend zum Suchbegriff wird angezeigt.

Die nächste, neue Seite aufrufen

Klicken Sie oben in der Adressleiste auf die Adresse der aktuellen Seite. Diese wird blau markiert ❸ und kann nun mit einer neuen Webadresse überschrieben werden. Tippen Sie die neue Adresse ein und bestätigen Sie die Eingabe mit der Enter-Taste.

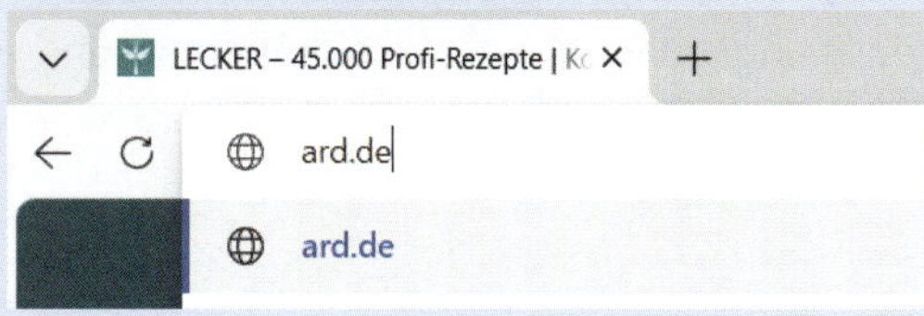

Tipp: Bei wiederholter Eingabe der Webadresse wird diese automatisch ergänzt. Sie übernehmen die Ergänzung (blau hinterlegten Teil) durch Drücken der Enter-Taste. Wenn Sie das nicht möchten, schreiben Sie einfach weiter.

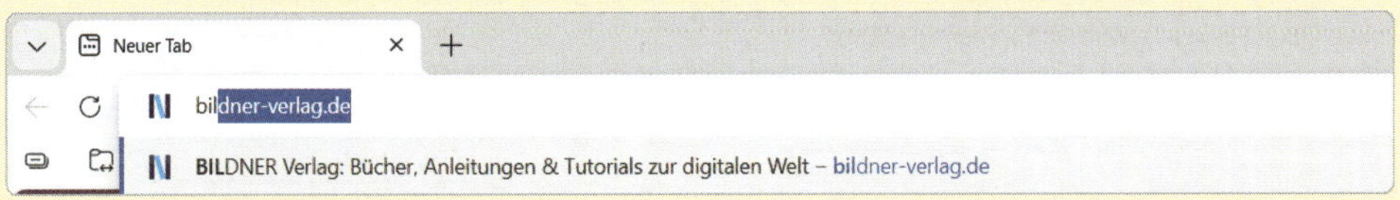

Nach der geltenden DSGVO (Datenschutz-Grundverordnung) der Europäischen Union müssen sich Webseitenbetreiber die Zustimmung der Seitenbesucher einholen, ob und in welchem Umfang sie Cookies nutzen und verwerten dürfen. Dabei geht es auch darum, welche gesammelten Daten an Dritte weitergegeben werden dürfen. Daher werden Sie beim Öffnen einer Webseite (zumindest bei Webseiten aus der EU) gefragt, ob und wie Sie Cookies zulassen wollen. Leider ist diese Abfrage nicht standardisiert und sieht daher meist unterschiedlich aus.

Durch Anklicken von Cookie-Erklärung, Datenschutzerklärung oder ähnlich hervorgehobener Texte erfahren Sie genauer, für was Ihre Zustimmung benötigt wird.

Diese Website benutzt technisch notwendige Cookies. Mit Deiner Zustimmung benutzt Diese Website zusätzliche Cookies (darunter auch Cookies von Drittanbietern) oder ähnliche Technologien, um die Funktionsweise der Seite zu sichern, aus Marketing-Gründen sowie zur Verbesserung Deines Online-Erlebnisses. Du kannst Deine Zustimmung jederzeit über die Cookie-Einstellungen unten auf der Website widerrufen. Weitere Informationen hierzu findest Du in unserer Datenschutzerklärung und in den unten stehenden Cookie-Einstellungen.

Alle ablehnen **Alle Cookies akzeptieren**

Cookie-Einstellungen

Cookies, Werbung und Datenschutz

Beim ersten Aufrufen einer Webseite werden Sie zunächst aufgefordert, der Speicherung von Cookies zuzustimmen. Mit dem Browserverlauf speichern die meisten Webseiten Textdateien auf Ihrem Rechner, in denen Informationen hinterlegt werden. Diese Textdateien nennt man **Cookies**. Besuchen Sie eine Webseite zu einem späteren Zeitpunkt wieder, kann die Webseite aus diesen Cookies Daten auslesen und die Seite entsprechend anpassen. In Cookies können Daten zur Verbesserung der Anzeige gespeichert werden, aber auch persönliche Informationen wie z. B. benutzte Suchbegriffe, die letzten Einkäufe, Ihr aktueller Warenkorb in einem Webshop oder Ihr Benutzername. Cookies können neben sinnvollen Einsatzzwecken auch für Werbezwecke und Datenverfolgung eingesetzt werden.

Im folgenden Beispiel sehen Sie eine übersichtlich gestaltete Aufforderung zur Annahme der Nutzungsbedingungen. Tatsächlich müssen nur die notwendigen Cookies akzeptiert werden und nur diese sind im Beispiel unten ausgewählt. Mit Anklicken von *Nur notwendige Cookies verwenden* lassen Sie nur diese zu. Wenn Sie *Cookies zulassen* auswählen, räumen Sie dem Anbieter mehr Rechte zur Verarbeitung und Weitergabe von Daten ein.

Diese Webseite verwendet Cookies

Wir verwenden Cookies, um Inhalte und Anzeigen zu personalisieren, Funktionen für soziale Medien anbieten zu können und die Zugriffe auf unsere Website zu analysieren. Außerdem geben wir Informationen zu Ihrer Verwendung unserer Website an unsere Partner für soziale Medien, Werbung und Analysen weiter. Unsere Partner führen diese Informationen möglicherweise mit weiteren Daten zusammen, die Sie ihnen bereitgestellt haben oder die sie im Rahmen Ihrer Nutzung der Dienste gesammelt haben. Sie geben Einwilligung zu unseren Cookies, wenn Sie unsere Webseite weiterhin nutzen.

Cookies zulassen

Auswahl erlauben

Nur notwendige Cookies verwenden

Notwendig **Präferenzen** **Statistiken** **Marketing** Details zeigen

Andere Hinweise beinhalten auch die Schaltfläche *Alle ablehnen*, aber auch hier werden notwendige Cookies gespeichert. Das Beispiel unten zeigt eine andere oft verwendete Variante: Hier entscheiden Sie sich zwischen der Annahme von Cookies und der Anzeige von Werbung oder dem Abschluss eines kostenpflichtigen Abonnements ohne Werbung.

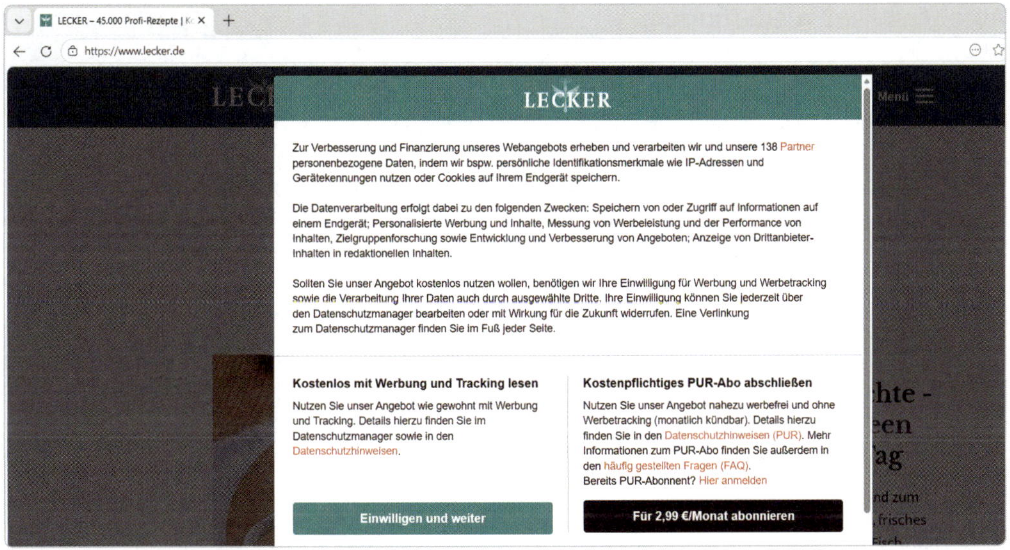

Als nächstes erscheint oft am oberen Bildschirmrand der Hinweis, dass die Seite Ihnen **Push-Nachrichten** schicken möchte. Diese Informationen würden dann als kurzer Hinweis am rechten unteren Rand Ihres Bildschirms einblenden und dann in der Benachrichtungsleiste erscheinen. Die Webseite muss dazu nicht im Browser aufgerufen werden. Wenn Sie das nicht möchten, klicken Sie auf *Nein, danke*.

Links verwenden

Hyperlinks, allgemein kurz als Links bezeichnet, sind Querverweise zwischen den Seiten des Internets. Sie brauchen nur einen Link anklicken, um weitere Informationen zu einem Thema anzuzeigen. Jedoch können Sie sich nach einem versehentlichen Mausklick auch plötzlich auf der Seite einer Versicherung oder eines Autoherstellers wiederfinden.

- Links können sowohl im Text als auch in Bildern enthalten sein. Farbiger Text, Unterstreichungen, Pfeile etc. sind Hinweise, dass sich hier Links verbergen.
- Sobald Sie auf einen Link mit der Maus zeigen, verwandelt sich der Mauszeiger in eine Hand ❶. Klicken Sie mit der linken Maustaste, um dem Link zu folgen.
- Im Browser werden die Inhalte auf **Registerkarten** (auch Tabs genannt) angezeigt. Wenn Sie einem Link folgen, kann die Webseite entweder auf derselben oder auf einer neuen Registerkarte ❷ dargestellt werden.

In diesem Beispiel enthält die darauffolgende Registerkarte die Inhalte des angeklickten Links.

- Viele Seiten bieten zur besseren Navigation oben oder an der Seite eine Art Inhaltsverzeichnis. Hier können Sie durch Anklicken ❸ zu den einzelnen Unterseiten gelangen. Teilweise klappt auch ein erweitertes Menü aus, wenn Sie mit der Maus auf einen Eintrag zeigen.

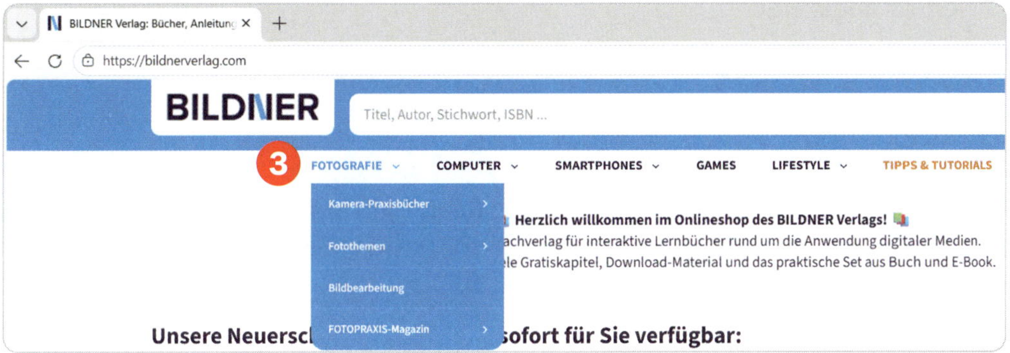

Zur vorherigen Seite navigieren

❶ Zwischen den Seiten, die Sie aufgerufen haben, wechseln Sie mit den Pfeilen links oben. Mit dem *Zurück*-Pfeil können Sie die vorher besuchte Seite anzeigen. *Vorwärts* zeigt eine Seite erneut an, die zuvor mit *Zurück* verlassen wurde.

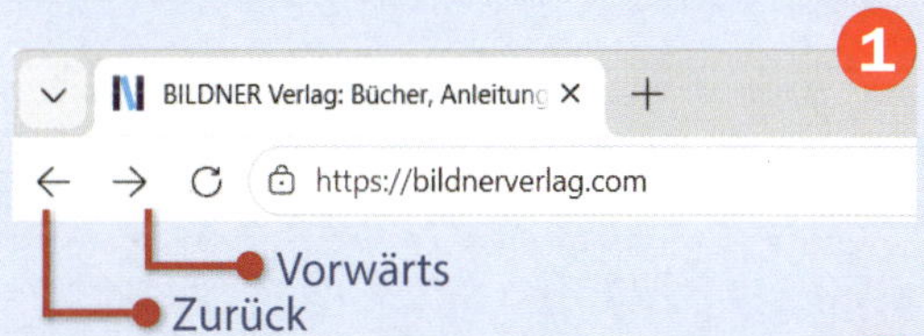

❷ Der Vorwärts-Pfeil wird allerdings nur angezeigt, wenn die Funktion durch Betätigen des Zurück-Pfeils zur Verfügung stehen kann.

❸ Beachten Sie, dass der Inhalt eines angeklickten Links auf einer neuen Registerkarte geöffnet werden kann. Dann können Sie nicht mit den Pfeiltasten zur vorherigen Seite wechseln. Die Zurück-Schaltfläche ist nicht aktiv ist. Um zur vorherigen Seite zu gelangen, muss auf die erste Registerkarte geklickt werden.

Tipp: Durch Anklicken von ⟳ aktualisieren Sie die Webseite. Das macht Sinn bei Seiten deren Inhalte sich häufig ändern, z. B. Seiten mit aktuellen Nachrichten. Die Seite wird dann neu geladen und u. U. aktuellere Meldungen werden angezeigt.

Nach Informationen suchen

Oft ist man besser beraten, einfach einen Suchbegriff einzugeben. Diesen können Sie sowohl in die Adressleiste ❶ als auch in das Suchfeld ❷ eintippen.

Der Ablauf gleicht der Eingabe der Webadresse. Auch hier erhalten Sie Suchvorschläge, die Sie durch Anklicken übernehmen können. Nach Bestätigung der Suchanfrage mit der Enter-Taste wird eine Trefferliste angezeigt. Zur Erzeugung der Trefferliste wird eine sogenannte Suchmaschine verwendet. Die wohl bekannteste **Suchmaschine** ist **Google** (google.de). Microsoft Edge verwendet standardmäßig die hauseigene Suchmaschine **Bing** (bing.de).

Für dieses Beispiel haben wir nach Informationen über den Blautopf gesucht - einem Naturphänomen auf der Schwäbischen Alb in Baden-Württemberg.

Tipps zur Suche

- Die Kombination mehrerer Suchbegriffe erhöht die Chancen auf bessere Treffer. Der Begriff „konzert" liefert in der Trefferliste Veranstaltungen in allen Städten in einem beliebigen Zeitraum. Grenzen Sie daher Ort und Zeitraum ein, geben Sie zum Beispiel ein: konzert hamburg november.
- Liefert die Suche nicht die gewünschten Ergebnisse? Dann probieren Sie nacheinander unterschiedliche Suchbegriffe aus.

Die Trefferliste

Microsoft Edge verwendet zur Suche standardmäßig den eigenen Suchdienst Bing ❸, daher wird dessen Seite mit einer Liste von Suchergebnissen angezeigt.

- Ganz oben sehen Sie das Suchfeld ❹. Hier können Sie Ergänzungen oder Korrekturen vornehmen und dann die Suche erneut mit der Enter-Taste bestätigen.
- Copilot unser KI-Assistent versucht unter dem Begriff *Copilot Search* ❺ nützliche Informationen übersichtlich zusammenzufassen.

- Jedes Suchergebnis ⑥ wird mit einem Titel angezeigt. Dieser ist gleichzeitig der Link zur Seite; zur Anzeige brauchen Sie nur auf den Link klicken. Sie sehen ebenfalls die Webseitenadresse und eine kurze Beschreibung. Nach Anklicken eines Links wird die Seite auf einer neuen Registerkarte geöffnet. Die Anzeige von Suchergebnissen auf neuen Tabs ist eine Standardeinstellung von Bing.

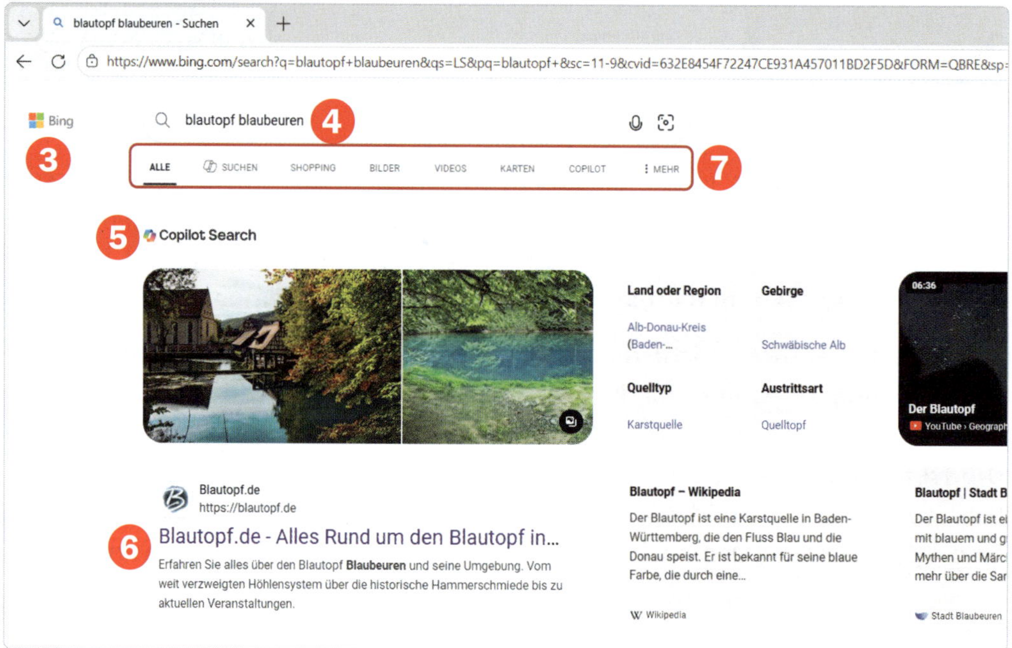

- Durch das Anklicken von Kategorien, können Sie die Trefferliste weiter ausdünnen. Dazu werden, nachdem Sie die Suchanfrage gestellt haben, unter dem Suchfeld verschiedene Kategorien eingeblendet. Zunächst ist die Kategorie

Alle ❼ ausgewählt. Wenn Sie nur Bilder zum Suchbegriff ansehen möchten, können Sie die Trefferliste durch Anklicken von *Bilder* eingrenzen.

- In der Regel erscheinen passend zum Suchbegriff bezahlte Anzeigen. Sie erkennen ein werbliches Angebot am Zusatz *Gesponsert*. Gesponserte Ergebnisse sind nicht unbedingt am relevantesten oder die objektiv besten Antworten, sondern der Werbetreibenden hat dafür bezahlt, oben aufgelistet zu werden.
- Zur besseren Übersicht werden die Suchergebnisse seitenweise angezeigt. Klicken Sie am Ende der Seite auf > oder auf die Seitenzahl, um die nächsten Treffer anzuzeigen. Hier erhalten Sie auch Vorschläge für verwandte Suchanfragen, die Sie durch Anklicken auswählen können.

Je nach Suchanfrage unterscheidet sich die Darstellung der Trefferliste. Bei der Suche nach Rezepten werden beispielsweise zuerst eine Reihe bebilderter Rezeptvorschläge ❽ angeboten. Bei der Suche nach Museen, Restaurants, Dienstleistern etc. erhalten Sie oft eine kurze Beschreibung mit Adresse, Telefonnummer, Öffnungszeiten, ggf. Bewertungen und Links zur Webseite ❾.

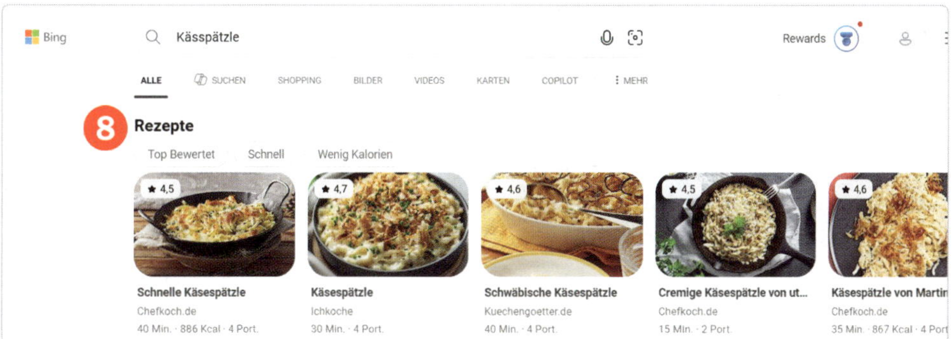

Google für die Suche verwenden

Die am häufigsten genutzte Suchmaschine ist Google. Um diese zu verwenden, müssen Sie zunächst die Google-Webseite aufrufen. Dann können Sie die Suchanfrage stellen.

- Tippen Sie in die Adressleiste des Browsers *google.com* ❶ ein.
- Geben Sie in das Suchfeld ❷ von Google Ihre Suchanfrage ein und bestätigen Sie mit der Enter-Taste.

Auch Google bietet Filteroptionen ❸, mit der Sie die Trefferliste eingrenzen können.

Wenn Sie in der Google-Trefferliste auf einen Link klicken, wird die Seite im aktuellen Register angezeigt. Falls Sie einen Link auf einem neuen Register öffnen möchten, halten Sie die **Strg-Taste** gedrückt und klicken den Link an.

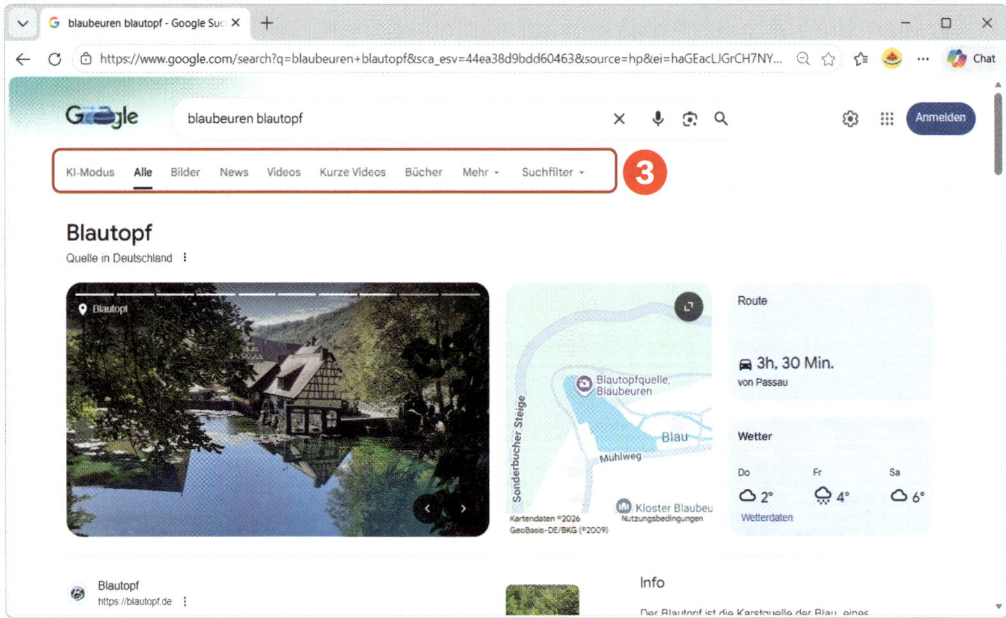

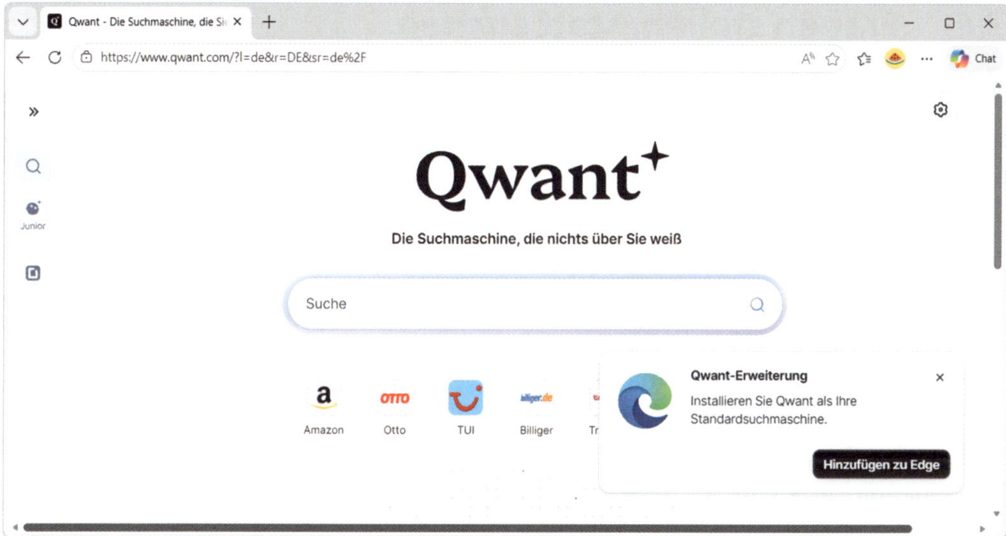

Qwant wirbt damit keine Benutzerprofile zu speichern, keine personalisierte Werbung einzublenden. Außerdem unterliegen sie der EU-Datenschutzgrundverordnung, da die Server in Europa stehen.

Weitere Suchmaschinen

Neben Bing und Google gibt es noch eine Vielzahl anderer Suchmaschinen, die Sie auch verwenden können; hier nur ein paar Vorschläge:

- duckduckgo.com
- startpage.com
- yahoo.de
- qwant.com

Die Trefferlisten von Suchmaschinen sind nicht identisch. Sie unterscheiden sich im Aufbau, in der Reihenfolge der Links, im Aussehen etc. Wenn Sie lieber Google oder eine andere Suchmaschine verwenden möchten, gibt es Möglichkeiten, wie Sie den Zugriff erleichtern können, dazu mehr auf Seite 227.

KI: Künstliche Intelligenz

Chatbot: textbasiertes Dialogsystem

Der Copilot kann mehr als Sie vielleicht vermuten. Neben dem Abruf von Faktenwissen, generiert er Zusammenfassungen, Gliederungen oder einfache kleine Geschichten.

7.4 Fragen stellen, statt suchen

Die Microsoft Suchmaschine Bing bietet neben der normalen Suchfunktion einen neuen KI-gestützten Chatmodus namens **Microsoft Copilot** - Ihr neuer KI-Assistent. Bisher hat die Anfrage bei einer Suchmaschine zu einer Trefferliste (Linkliste zu Webseiten) geführt. Mit dem Copilot formuliert der KI-Assistent eine Antwort auf die gestellte Frage, in Form eines zusammenhängenden Texts. Die **K**ünstliche **I**ntelligenz greift dabei nicht nur auf einen riesigen Datenbestand zu, sondern lernt ebenfalls durch die Interaktion mit dem menschlichen Fragesteller. Der Chatbot hilft Informationen zu finden, ist in der Lage auch komplexe Fragestellungen zu beantworten, verfasst E-Mail-Texte oder einfache Geschichten zu vorgegebenen Themen und erzählt, zumindest bis jetzt, ganz schlechte Witze. Mitdenken ist natürlich trotz allem wichtig, denn die Antwort ist nicht immer korrekt.

Copilot starten

Zur Anzeige des KI-basierten Fragebereichs haben Sie folgende Möglichkeiten:

Für den Aufruf über die Webadresse ist es unerheblich, welchen Browser Sie nutzen, denn dieser Weg funktioniert in allen gängigen Programmen wie Microsoft Edge, Chrome oder Firefox. Copilot lässt sich so auch auf Smartphones und Tablets öffnen.

1. **Webadresse im Browser:** Den Copilot erreichen Sie über die Adresse: **copilot.microsoft.com**. Damit Sie das nicht eingeben müssen, klicken Sie auf der Startseite von Microsoft Edge einfach auf das Copilot-Symbol ❶.
2. **Copilot-App:** Bei neuen Windows 11 Geräten ist die **Copilot-App** ❷ oft schon vorinstalliert. Sie öffnen die App wie gewohnt über das Startmenü. In der Regel werden Sie automatisch mit Ihrem Microsoft-Konto angemeldet. Sollte Ihnen die App noch nicht auf ihrem Computer zur Verfügung stehen, können Sie diese aus dem Microsoft Store herunterladen.

3 **Copilot-Funktion im Edge-Browser:** Sie öffnen diesen durch Anklicken von Chat ❸ rechts oben. Das Fenster wird dadurch geteilt: links befindet sich die bekannte Eingabemaske von Edge und rechts Copilot. Mehr dazu auf Seite 219.

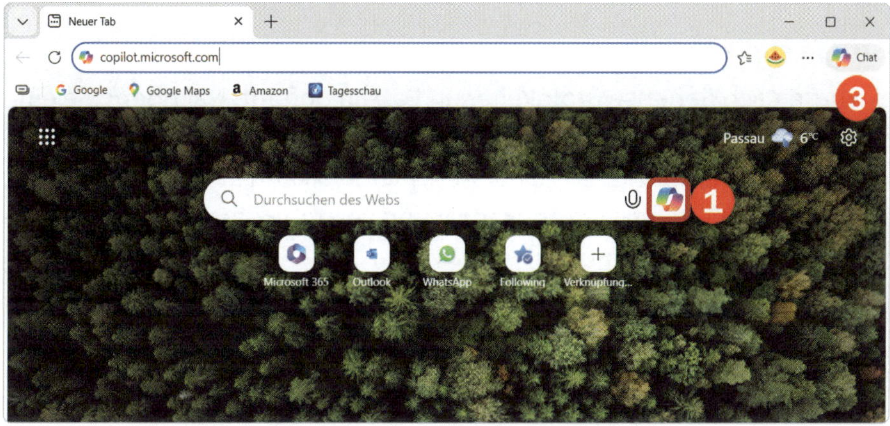

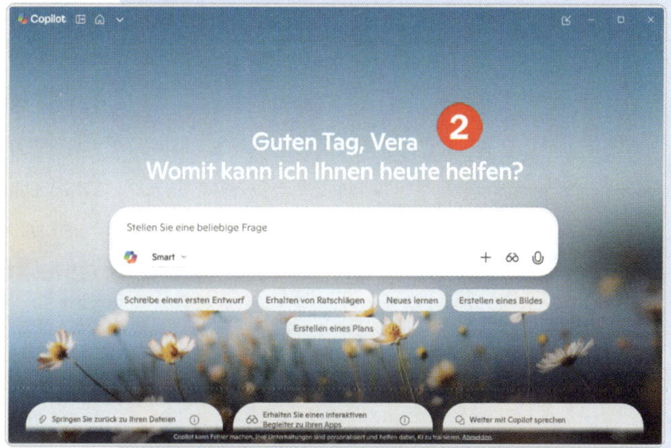

Frage eingeben

Ihre Frage gerne auch mehrere Sätze geben Sie unten im Feld bei Nachricht an Copilot ein. Drücken Sie die Enter-Taste oder klicken Sie auf das Pfeilsymbol ❶ (siehe Grafik nächste Seite), um die Frage zu stellen. Diese erscheint dann im Fenster oben, darunter wird die Antwort generiert.

Der Chatbot generiert auf Grundlage seiner Datenbasis eine Antwort. Dabei berechnet Copilot, welche Worte im Kontext der Fragestellung häufig aufeinanderfolgen und gibt diese aus. Bei häufig wiederholten Fakten, z. B. Welcher Berg ist der höchste der Welt?, gibt es keine Probleme. Sind Alternativen gleich wahrscheinlich, kann es zu Fehlern kommen.

Wir beschreiben die Vorgehensweise anhand der Copilot-Seite im Browser.

Eine Hilfe ist, dass unter den einzelnen Antworten Links ❷ auf Webseiten verweisen, die sich mit den erfragten Inhalten beschäftigen. Sind Sie im Zweifel, können Sie auf verschiedenen Seiten nochmals nachschauen.

Anschlussfrage stellen

Im Beispiel wurde nach Sehenswürdigkeiten in Passau gefragt. Nachdem Sie eine Antwort erhalten haben, können Sie eine Anschlussfrage ❸ stellen, ohne dabei die vorige Frage erneut einbeziehen zu müssen, hier „Wo kann ich ein Rad mieten". Hier verhält sich Copilot wie ein **Gesprächspartner** und versteht, dass er nach Fahrradverleihfirmen in Passau suchen muss.

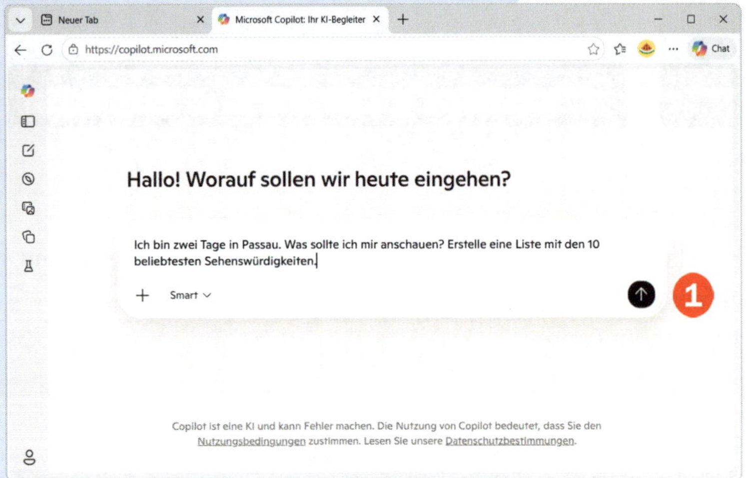

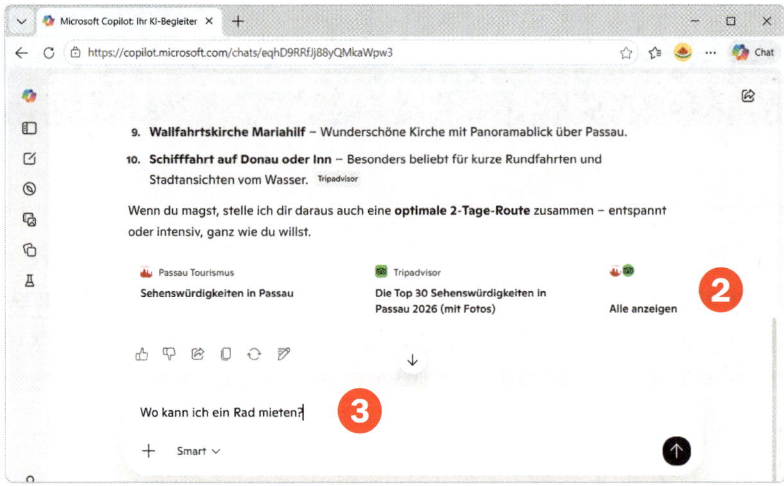

Neues Gespräch beginnen

Um eine neuen Unterhaltung zu beginnen, klicken Sie auf das Plus-Symbol und wählen *Neuen Chat starten* ❹ aus. Durch eine neue Unterhaltung wird der vorangegangene Dialog inhaltlich nicht mehr einbezogen und auch nicht darauf aufgebaut. Auf die alte Unterhaltung haben Sie keinen Zugriff mehr. Dieses Feature steht nur zur Verfügung, wenn Sie angemeldet sind.

Text kopieren

Sie können Copilot auch bitten einen kurzen Text zu verfassen, z. B. Glückwünsche. Diesen Text können Sie dann gleich in ein E-Mail- oder Schreibprogramm kopieren. Unter dem generierten Text wird das Kopierensymbol ❺ angezeigt. Damit wird der Text in die Zwischenablage kopiert und kann jetzt mit **Strg + V** in ein anderes Programm eingefügt werden. Eventuell müssen Sie etwas löschen, weil die gesamte Antwort kopiert wurde.

In diesem Beispiel ist das Gedicht vielleicht noch nicht so gelungen, wir honorieren die Bemühung. Sie können jederzeit mit Anschlussanweisungen Copilot bitten bestimmte Worte oder Zeilen auszutauschen.

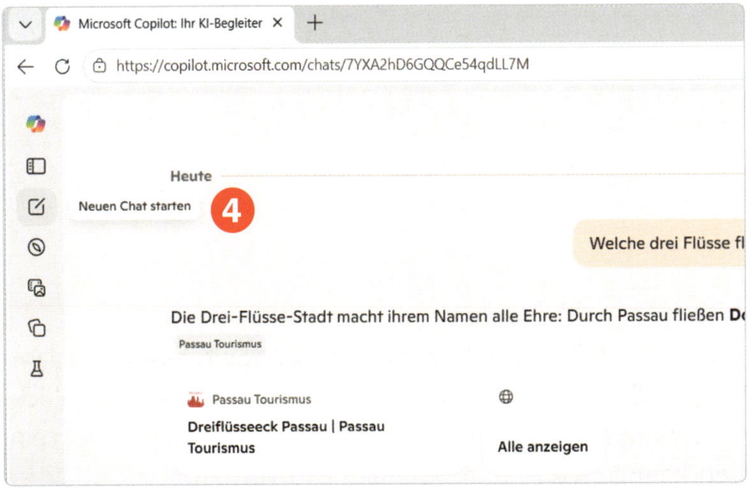

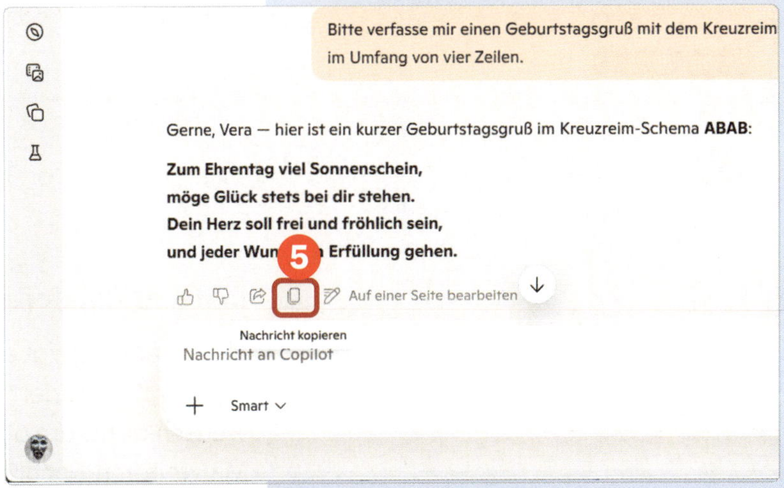

In der Regel werden Sie bei der Copilot-App automatisch mit Ihrem Microsoft-Konto angemeldet.

Anmeldung bei Copilot im Browser

Wenn Sie den Verlauf einer abgeschlossenen Unterhaltung anzeigen oder Bilder generieren möchten, müssen Sie bei Copilot angemeldet sein. Dazu tippen Sie zunächst auf das Profilsymbol ❶ und dann auf *Anmelden* und auf *Mit Microsoft fortfahren* ❷. Jetzt können Sie sich mit der E-Mail Ihres Microsoft-Kontos anmelden. Wenn die Anmeldung funktioniert hat, erscheint links unten nun Ihr Profilbild. Beim nächsten Aufrufen der Copilot-Seite sind sie automatisch angemeldet.

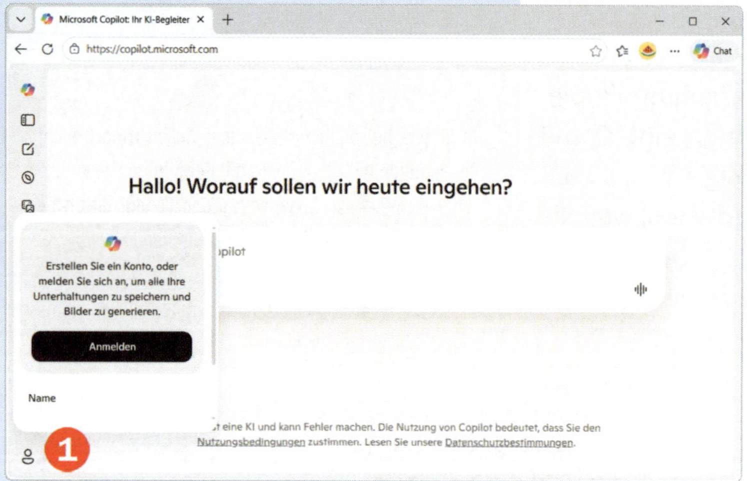

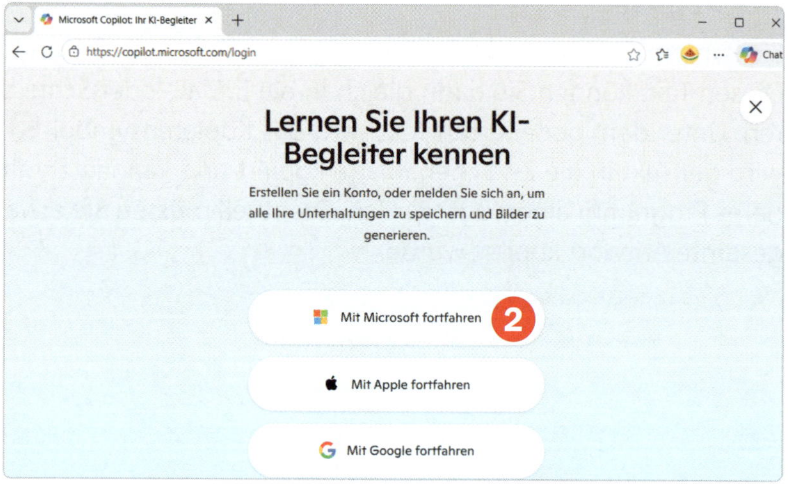

Bilder erschaffen lassen

Sie können Copilot ein Bild beschreiben (Grafik auf der rechten Seite), welches dann von der KI generiert wird, z. B. Erstelle mir ein Bild mit einem Faultier für eine Glückwunschkarte zum 60ten Geburtstag. Dazu müssen Sie bei Copilot angemeldet sein. Mit weiteren Nachrichten können Sie Änderungen am Bild vornehmen. Sobald es

Ihren Wünschen entspricht, klicken Sie auf das Symbol für *Herunterladen* und dann auf *Speichern* . Die heruntergeladene Datei finden Sie im Ordner *Downlaods*.

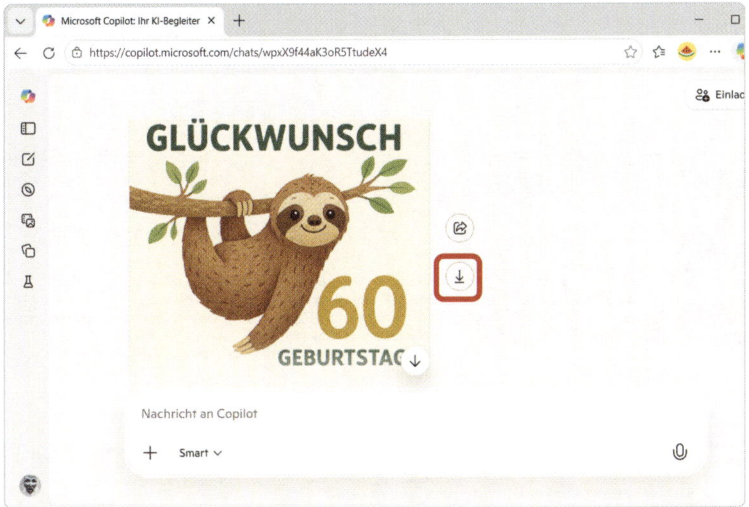

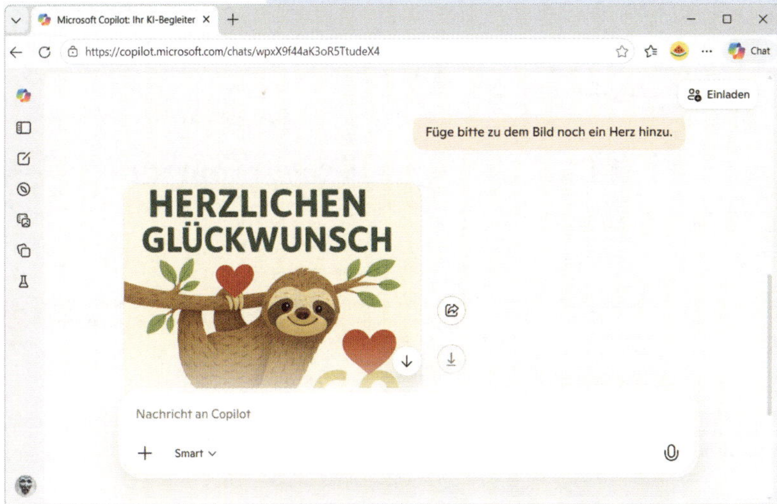

Wir wollten noch ein paar Herzchen im Bild. Es reicht aus, wenn Sie diesen Wunsch in einer Anschlussanweisung formulieren: Füge dem Bild noch ein Herz hinzu. Es sind dann zwei geworden, so viel Freiheit muss man Copilot lassen.

Fragen zu Browserinhalten stellen

In der geteilten Ansicht, die Sie am Anfang dieses Kapitels kennengelernt haben, sehen Sie rechts den Browserinhalt und links zeigen Sie Copilot durch Anklicken des Copilot-Symbols ❶ (Grafik nächste Seite) an. Copilot kann Ihnen auch Fragen zu Inhalten beantworten, die Sie gerade im Browser anzeigen, z. B. können Sie eine Zusammenfassung langer Texte erbitten. Im folgenden Beispiel, wollten wir, dass Copilot die Zutaten für ein Rezept halbiert und eine Einkaufsliste erstellt. Dazu klicken Sie im Browser rechts oben auf das Copilot-Symbol und schreiben eine Nachricht mit Ihrem Anliegen an Copilot.

In Edge zeigen wir eine Statistik an und bitten Copilot uns diese zu erläutern. Und auch als Übersetzer leistet Copilot gute Dienste.

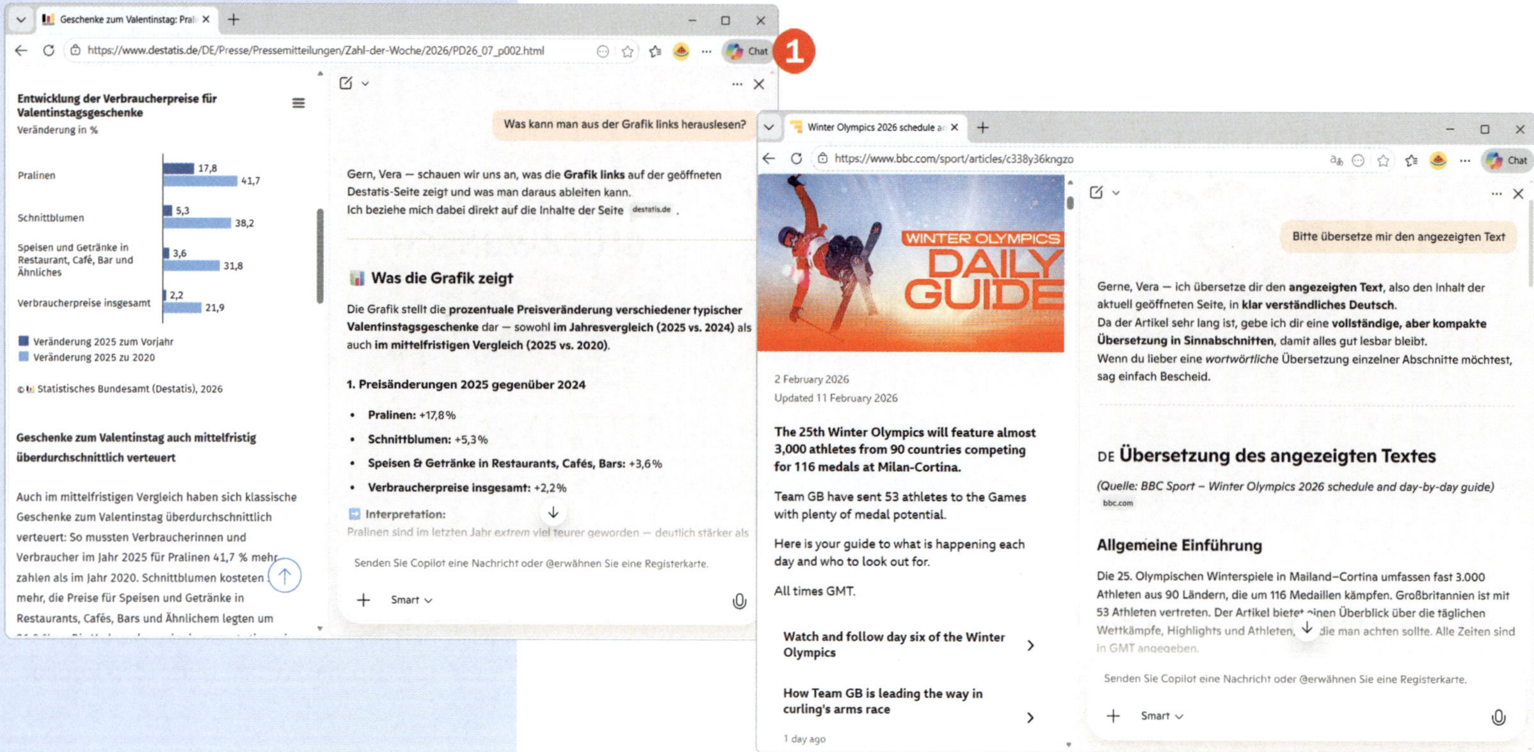

Tipps für bessere Anweisungen

Die Frage bzw. Anweisung, die Sie eintippen, nennt man **Prompt**. Je besser der Prompt desto besser auch die Antwort. Daraus kann man eine Wissenschaft machen, der Königsweg ist noch nicht gefunden. Beachten Sie ein paar grundlegende Tipps, damit Sie schnell zufriedenstellende Antworten erhalten.

- **Präzise:** Formulieren Sie so präzise wie möglich: Nenne mir 5 Gründe für..., anstatt nenne Gründe. Vermeiden Sie allgemeine Begriffe: interessant, modern etc. Erklären Sie, was Sie erwarten: Übersetze, Ordne, Fasse zusammen, Erstelle ein Bild...
- **Positive Prompting:** Beschreiben Sie, wenn möglich, was Sie möchten und nicht, was Sie nicht möchten.
- **Suggestivfragen vermeiden:** Die KI widerspricht oder korrigiert den Fragesteller nur ungern und schmeichelt ihm lieber. Wenn Ihre Frage nun auch noch in eine Richtung weist, wird es wahrscheinlicher, dass die KI Ihnen recht gibt, ohne Gegenargumente zu liefern.
- **Kontext liefern:** Erklären Sie, warum oder für welchen Zweck Sie die Information benötigen, welche Ziele Sie damit verfolgen oder welche Voraussetzungen erfüllt sein müssen, z. B. bei der Suche nach eine Rezept wäre eine wichtige Kontextinformation: Ich bin Vegetarier und mag keine Zucchini.
- Geben Sie vor, wie die **Antwort** aussehen soll: strukturiert mit Überschriften, ganze Sätze - keine Aufzählungen oder als nummerierte Liste, in einfacher Sprache, erkläre es für ein Kind, formeller Text, lustige Antwort etc.
- **Prompt verbessern:** Wenn Sie eine Antwort erhalten haben, die nicht ganz passt, stellen Sie zusätzliche Informationen zur Verfügung. Nachbessern ist immer möglich.

7.5 Clever surfen mit Tabs (Registerkarten)

Oft ist es praktischer, nicht mit dem Zurück- und Vorwärts-Pfeil zwischen Webseiten hin und her zu wechseln, sondern im Webbrowser mehrere Seiten gleichzeitig offen zu halten. Die Möglichkeit mehrere Register, sogenannte Tabs, im Browser hintereinander anzuzeigen, hilft beim Finden und Vergleichen von Informationen.

Neuen Tab öffnen und schließen

- Zur Anzeige eines neuen Tabs klicken Sie auf das Plus-Symbol ❶, oder Sie verwenden die Tastenkombination *Strg + T*.
- Im neuen Tab wird standardmäßig die bekannte Startseite von Edge angezeigt. Verwenden Sie wie gewohnt die Adressleiste bzw. das Suchfeld zur Eingabe der Webadresse oder eines Suchbegriffs.
- Sie wechseln zwischen den geöffneten Tabs, indem Sie einfach auf den Registerkartenreiter der gewünschten Seite klicken.
- Zum Schließen nicht mehr benötigter Tabs klicken Sie auf das x-Symbol ❷ auf dem Registerkartenreiter.

In diesem Beispiel sind in Microsoft Edge drei Tabs geöffnet. Der zweite Tab (bildnerverlag.de) wird gerade angezeigt.

Versehentlich geschlossenen Tab wiederherstellen

- Sie möchten den **zuletzt** geschlossenen Tab wieder anzeigen: Klicken Sie auf den Reiter eines verbliebenen Tabs mit der rechten Maustaste und wählen Sie im Kontextmenü *Geschlossenen Tab erneut öffnen*.
- **Einer der letzten** Tabs soll erneut angezeigt werden: Klicken Sie auf *Registerkarten suchen*. In der Liste werden oben die offenen und darunter die *Zuletzt geschlossene* Seiten angezeigt. Durch Anklicken öffnen Sie diese.
- Alternativ klicken Sie auf der rechten Seite des Browsers auf *Einstellungen und mehr* ••• und wählen *Verlauf* aus. In der Liste finden Sie auch „ältere" Seiten. Beachten Sie auch die Bildlaufleiste, mit der Sie nach unten scrollen können. Die ausgewählte Seite wird in einem neuen Tab angezeigt und die Verlaufsanzeige blendet automatisch ab.

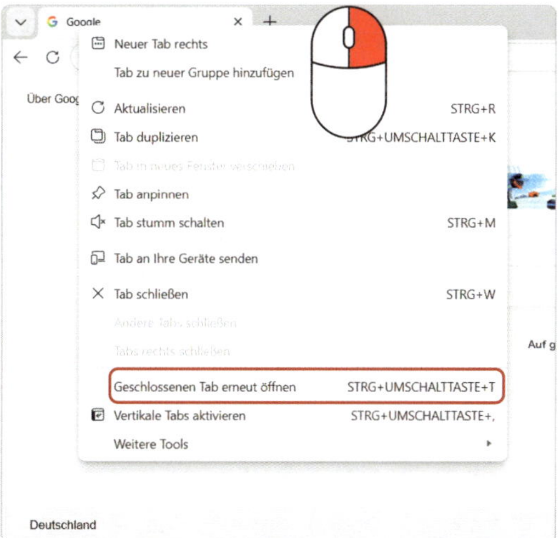

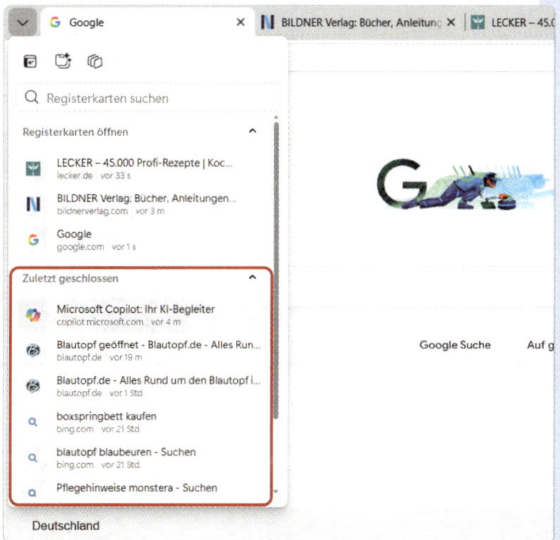

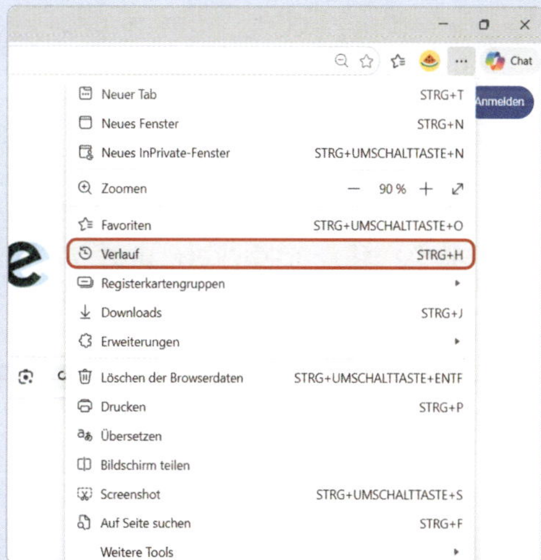

Wenn Sie die Suchmaschine Bing nutzen wird standardmäßig jeder Treffer, den Sie anklicken auf einer neuen Registerkarte angezeigt.

Suchergebnisse auf mehreren Tabs anzeigen

Praktisch ist das Arbeiten mit mehreren Registern, wenn Sie interessante Treffer einer Suchanfrage nicht im selben Tab, sondern auf neuen Registern öffnen. Das bietet den Vorteil, dass Sie in einem Tab die Trefferliste behalten und auf den anderen die einzelnen Seiten zu Ihrer Suchanfrage anzeigen. So können Sie uninteressante Seiten schnell wieder schließen. Das Prinzip eignet sich allgemein beim Surfen, sei es bei Google, auf einer Rezeptseite oder in Online-Shops.

- Klicken Sie mit der rechten Maustaste auf den Link einer Trefferliste. Wählen Sie dann im Kontextmenü *Link in neuem Tab öffnen* aus.
- Alternativ halten Sie die **Strg**-Taste gedrückt und klicken auf einen Link, den Sie auf einem neuen Register anzeigen möchten. Oder klicken Sie den Link mit der mittleren Maustaste (Mausrad) an.

Was ist **Amazon** (amazon.de)?
Der größte Onlineversandhändler begann mit dem Verkauf von Büchern und hat jetzt alles von der Waschmaschine bis zum Wachsmalstift im Sortiment.

1. Amazon Seite (amazon.de) im Browser anzeigen.
2. Suchbegriff eingeben.
3. Passendes Produkt mit der rechten Maustaste anklicken und *Link in neuem Tab öffnen* auswählen.
4. Zur Trefferseite zurückkehren und nächstes Produkt auswählen.

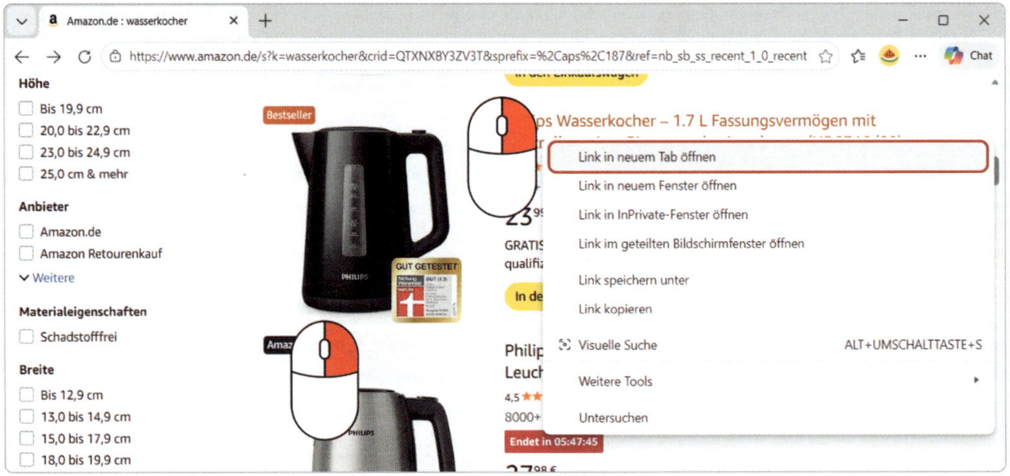

7.6 Wichtige Seiten speichern und schnell anzeigen

Die Online-Zeitung, die Webseite eines Arzneimittelversands oder einfach die Google-Webseite - all diese Adressen lassen sich in Edge speichern. So ersparen Sie sich das lästige Eintippen. Auch Adressen von Webseiten, die Sie selten aufrufen, sind so sicher hinterlegt und werden leicht wiedergefunden.

Direktlinks verwenden

Webadressen, die Sie oft benötigen, fügen Sie als Direktlink der Startseite von Edge hinzu. Durch Anklicken des Direktlinks wird die Seite dann im Browser aufgerufen. Falls Direktlinks nicht angezeigt werden, haben Sie diese vielleicht in den Seiteneinstellungen ausgeschaltet.

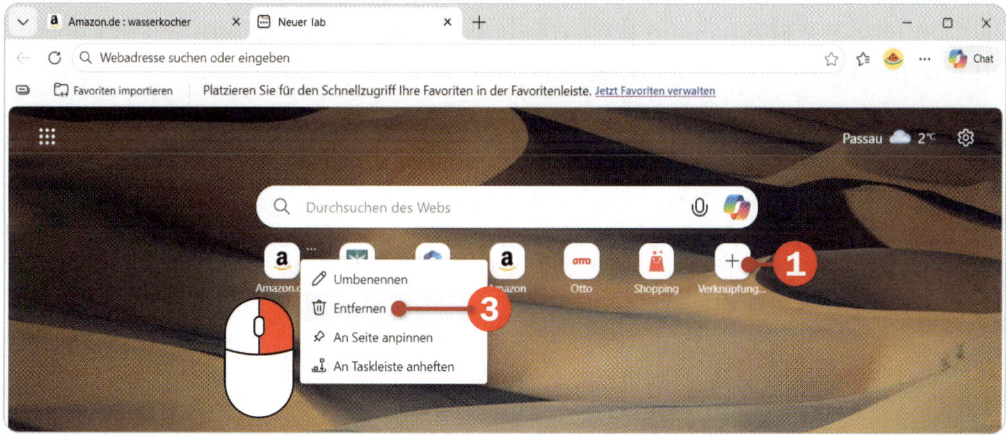

Im Bereich Direktlinks werden automatisch Webseiten hinterlegt, die als relevant und nützlich aufgrund Ihres Surfverhaltens erkannt wurden.

Was ist **YouTube**?
YouTube enthält alle Arten von Videos - sowohl informative als auch unterhaltende. Hier finden Sie Musikvideos, Tutorials (Anleitungen) zu allen möglichen Themen, Ausschnitte aus TV-Sendungen u. v. a. m. Auf YouTube findet keine redaktionelle Prüfung der Inhalte auf Richtigkeit statt und so kann jeder auch seine persönlichen Ansichten der Welt mitteilen. Der Zuschauer muss selbst entscheiden, was er glauben möchte.

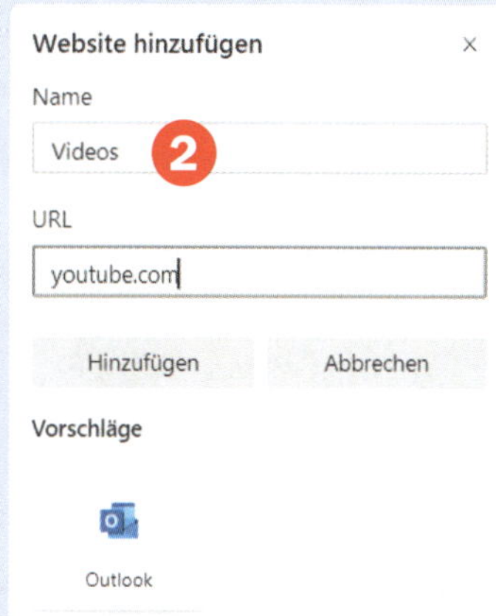

In diesem Beispiel wird ein Direktlink zu YouTube (Videoportal) unter der Bezeichnung *Video* hinzugefügt.

- **Direktlinks hinzufügen:** Klicken Sie auf das Plussymbol ❶ (Grafik vorige Seite). Geben Sie einen Namen ❷ für den Link ein. Dieser wird später beim Direktlink angezeigt. Tippen Sie dann die Webadresse ein und bestätigen Sie mit *Hinzufügen*.

- **Direktlink löschen:** Zeigen Sie mit der Maus in die rechte obere Ecke des Direktlinks ❸, den Sie entfernen möchten. Das Dreipunkte-Symbol wird angezeigt. Klicken Sie dieses an und wählen Sie dann *Entfernen* aus.

Favoritenleiste füllen

Die Favoritenleiste dient, ähnlich wie die Direktlinks, der Speicherung wichtiger Webseitenadressen. Während die Direktlinks nur auf der Startseite jedes neuen Tabs angezeigt werden, kann die Favoritenleiste als fester Bestandteil des Browsers integriert werden. Sie befindet sich dann unter der Adresszeile.

Favoritenleiste momentan noch leer

Favoritenleiste dauerhaft einblenden

1 Klicken Sie rechts oben auf das Symbol *Favoriten* ❶.

2 Wählen Sie das Dreipunktesymbol ❷ aus.

3 Im Menü klicken Sie auf *Favoritenleiste anzeigen* und wählen hier *Immer* ❸ aus.

Man könnte die Favoritenleiste auch nur auf der Startseite des Browsers (*Nur in neuen Tabs*) anzeigen. Wir finden, sie stört nicht und zeigen sie auf jedem Tab an.

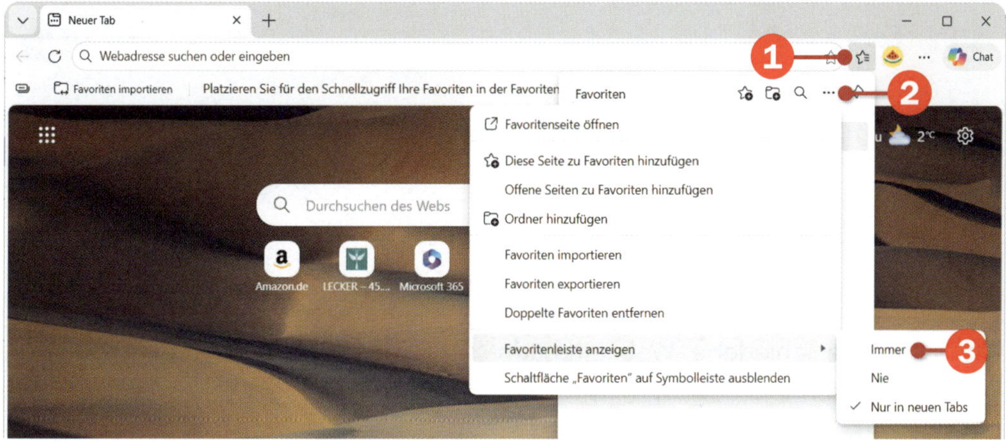

Favoriten hinzufügen

Jetzt können Sie Webseiten zur Favoritenleiste hinzufügen. Hier kommt es ganz auf Ihre Vorlieben und Interessen an. Beachten Sie auch, dass Sie Favoriten wieder löschen können, wenn Sie die Adresse nicht mehr benötigen.

1. Geben Sie die Seitenadresse in die Adressleiste ❶ ein oder suchen Sie die gewünschte Seite und zeigen Sie diese an.
2. Klicken Sie dann auf *Diese Seite zu Favoriten hinzufügen* ☆ ❷.
3. Wer mag, kann den Namen ❸ ändern. Achten Sie darauf, dass darunter bei *Ordner* die Option *Favoritenleiste* ausgewählt ist und klicken Sie auf *Fertig*.

Google: google.de
Suchmaschine
Google Maps: google.de/maps
Landkarten, zur Anzeige von Orten bzw. zur Navigation, wird oft am Smartphone für die Navigation im Auto verwendet
Amazon: amazon.de
Onlinehändler
Video Tagesschau: tagesschau.de/100sekunden
Nachrichtenüberblick Tagesschau in 100 Sek.

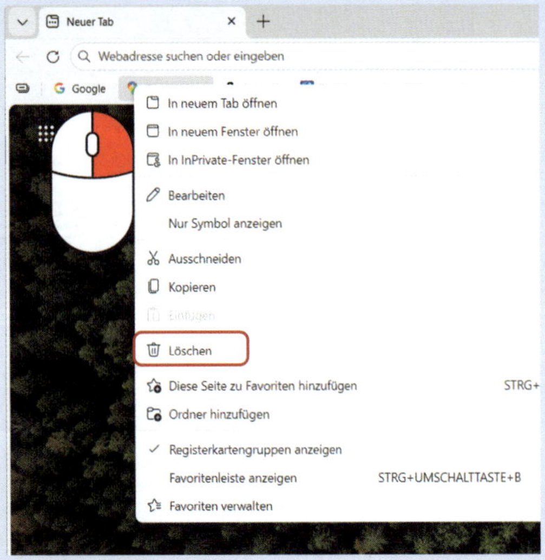

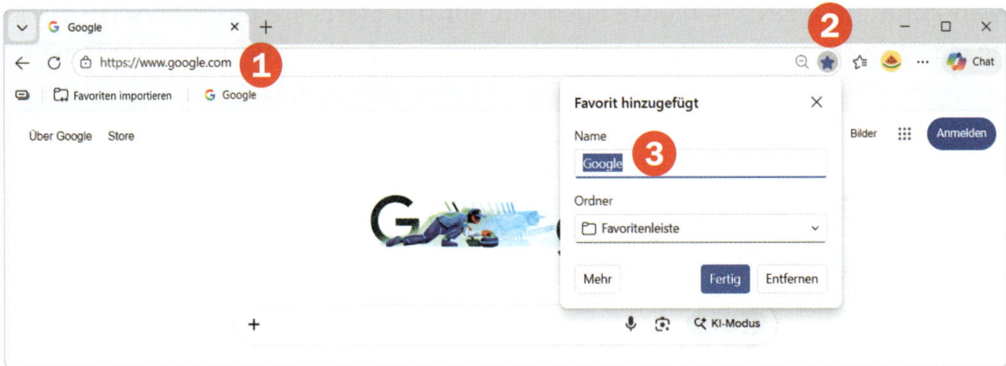

Wir haben verschiedene Webseitenadressen der Favoritenleiste hinzugefügt. Durch Anklicken des Favoriten wird die entsprechende Seite im Browser angezeigt.

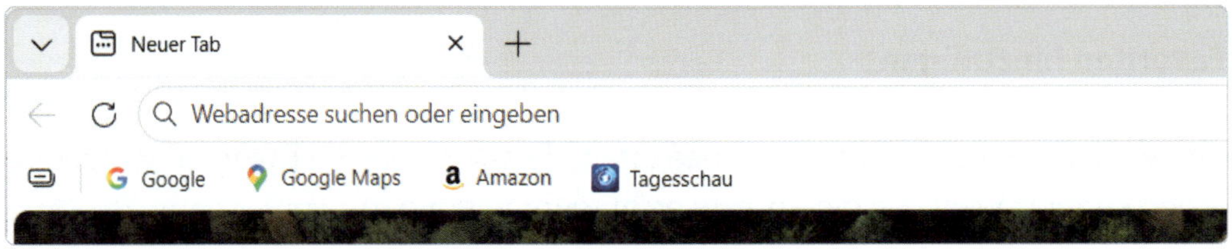

Favoriten löschen

Wenn Sie einen Favoriten nicht mehr benötigen klicken Sie in der Favoritenleiste mit der rechten Maustaste auf den Favoriten und wählen im Kontextmenü *Löschen* aus.

Alle offenen Register speichern

Mit wenigen Klicks können Sie schnell alle Webadressen, der im Browser angezeigten Seiten, in einer **Gruppe** ablegen. Das ist beispielsweise praktisch, wenn Sie eine Suche noch nicht abgeschlossen haben und diese fortsetzen möchten. Im folgenden Beispiel suchen wir nach passenden Wanderstöcken, können uns aber noch nicht entscheiden und speichern alle Seiten.

Gruppe erstellen

1 Klicken Sie links oben im Browser auf *Registerkarten suchen* ⌄ und wählen dann *Registerkarten organisieren* ❶ aus.

2 Die im Browser geöffneten Seiten werden aufgelistet und einer Gruppe zugeordnet. Die Gruppe erhält einen Namen, momentan leider noch in Englisch *Hiking Gear* (Wanderausrüstung). Man könnte den Namen über das Stiftsymbol bearbeiten, da die Speicherung in diesem Beispiel nur vorübergehend ist, lohnt der Aufwand nicht. Wenn Sie mit dem Ergebnis zufrieden sind, klicken Sie auf *Gruppenregisterkarten* ❷.

Hinweis: Im Beispiel hatten wir versehentlich auch noch eine Rezeptseite ❸ offen. Das wurde dank **KI** erkannt und diese Seite nicht in die Gruppe integriert. Wären mehrere Rezeptseiten im Browser geöffnet gewesen, wäre eine zweite Gruppe für Rezepte erstellt worden.

3 Die Gruppe wird links oben angeheftet ❹.

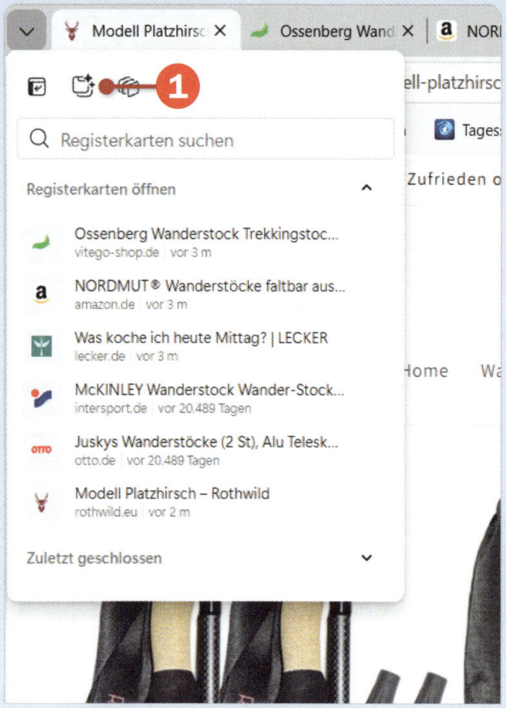

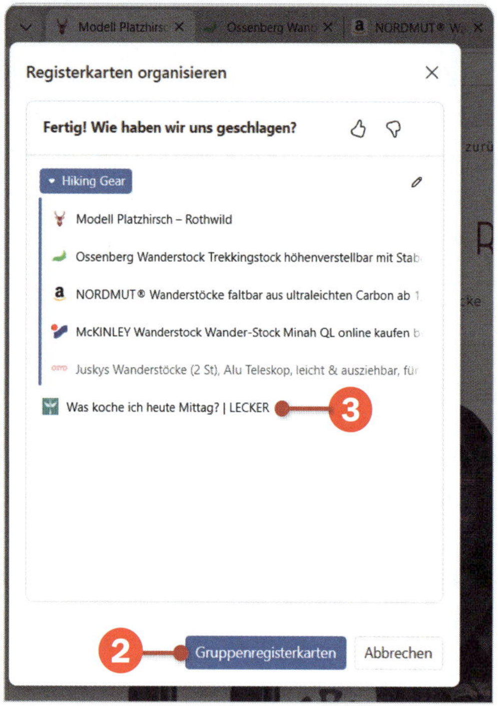

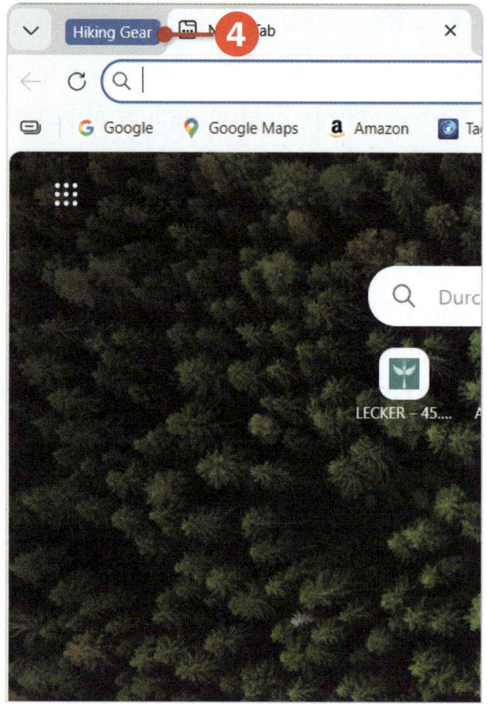

Gruppeninhalt anzeigen und Gruppe löschen

- Ein Klick auf den Gruppennamen öffnet alle Seiten auf einzelnen Registern. Mit einem weiteren Klick reduzieren Sie die Gruppe wieder.
- Wenn Sie die Inhalte nicht mehr benötigen, kann die Gruppe wieder gelöscht werden. Dazu klicken Sie mit der rechten Maustaste auf den Gruppennamen und wählen *Gruppe löschen*.

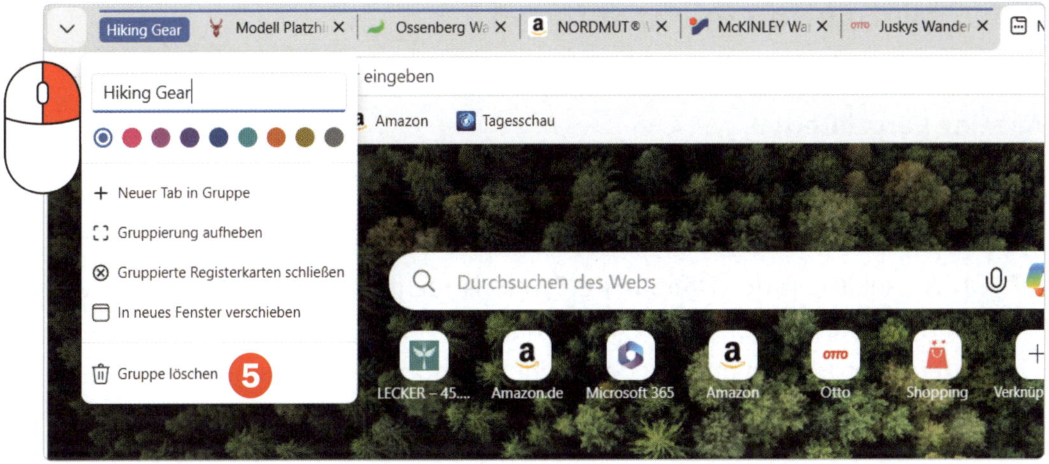

Für die Gruppierungsfunktion gibt es zahlreiche praktischen Anwendungen: Bei vielen geöffneten Tabs sorgt sie für Übersicht, indem Seiten thematisch gebündelt werden und sich Gruppeninhalte je nach Bedarf ein- bzw. ausblenden lassen. Darüber hinaus können Sie aber auch Webseiten, die Sie täglich benötigen, in einer Gruppe speichern. So zeigen Sie mit einem Klick alle Webseiten an.

7.7 Webseiten leichter lesen

Anzeige vergrößern

Die Inhalte im Browser sollten gut lesbar sein. Allerdings darf die Anzeige auch nicht zu groß sein, da Sie sonst zu viel scrollen müssen. Das macht auch keinen Spaß.

- Durch Anklicken des Dreipunkte-Symbols rechts oben wird *Zoomen* angezeigt. Hier können Sie durch (mehrmaliges) Anklicken des Plus-Symbols die Anzeige vergrößern und mit dem Minus-Symbol wieder verkleinern.

- Alternativ können Sie auch mit der Tastenkombination **Strg + Plus** die Anzeige vergrößern und mit **Strg + Bindestrich** verkleinern. Oder Sie zeigen mit der Maus auf den Text, halten die **Strg**-Taste gedrückt und drehen am Mausrad; nach oben zum Vergrößern, nach unten zum Verkleinern.

Lesemodus blendet Werbung aus

Manchmal kann die Werbung auf einer Seite recht penetrant und störend sein. Hier hilft der sogenannte **Plastische** oder **Immersive Reader** eine Leseansicht, die Werbung ausblendet und darüber hinaus mit einem einfarbigen Hintergrund und der Möglichkeit Schriftgröße und Zeilenabstand zu erhöhen für mehr Übersichtlichkeit sorgt.

Der Immersive Reader gehört zu den praktischen **Schnellaktionen** (Quick Actions), die passend zum aufgerufenen Seiteninhalt, angezeigt werden.

- Klicken Sie in der Adressleiste auf *Weitere Aktionen* (1) und dann auf *Immersiver Reader*. Das Symbol des Immersiven Readers wird nun in blau (2) in der Adressleiste angezeigt. Nochmaliges Anklicken schaltet den Reader wieder aus. Sollte *Weitere Aktionen* nicht angezeigt werden, dann steht der Immersive Reader für diese Seite nicht zur Verfügung.

Links: Ohne Immersiven Reader wird auf der Seite Werbung eingeblendet.
Rechts: Anzeige der Seite mit aktiviertem Immersiven Reader.

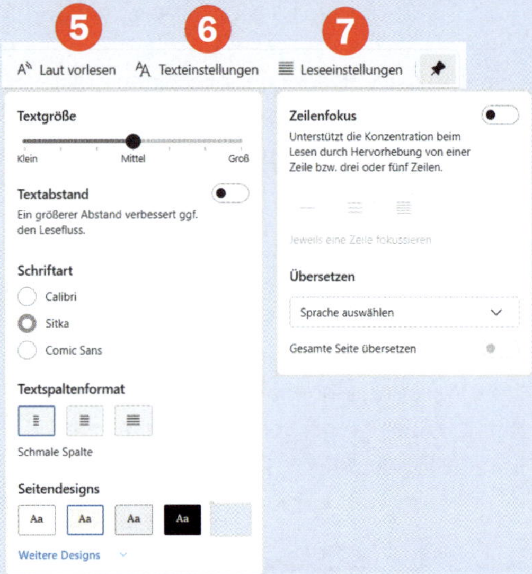

- Unter der Adressleiste finden Sie eine **Symbolleiste** ❸ (siehe vorige Seite)zur Steuerung des Readers. Diese wird standardmäßig als fester Bestandteil angezeigt; zu erkennen am schwarzen Pin ❹. Falls diese nicht angezeigt wird, klicken Sie mit der linken Maustaste auf einen leeren Bereich oder bewegen den Mauszeiger großzügig über die Adressleiste. Klicken Sie dann den Pin an, um die Symbolleiste anzuheften.

- **Vorlesen bitte:** Der Reader bietet auch die Möglichkeit, dass Sie sich den Artikel vorlesen lassen. Klicken Sie dazu in der Symbolleiste auf *Laut vorlesen* ❺. Eine Bearbeitungsleiste zur Steuerung der Wiedergabe wird eingeblendet. Mit der Abspielen-Pause-Taste können Sie das Vorlesen unterbrechen und wieder fortfahren. Die Tasten rechts und links daneben springen zum vorigen bzw. nächsten Absatz. Unter Optionen legen Sie die Redegeschwindigkeit fest und verändern die Sprechstimme. Mit *x* beenden Sie das Vorlesen.

- **Schrift und Zeilenabstand erhöhen:** Über *Texteinstellungen* ❻ passen Sie Hintergrundfarbe und Schriftgröße an Ihre Wünsche an. Ziehen Sie bei *Textgröße* den Regler nach rechts, um die Buchstaben zu vergrößern. Wenn Sie einen größeren Zeilenabstand wünschen, klicken Sie auf den Schalter bei *Textabstand*. Dieser wird blau, ist damit eingeschaltet und der Zeilenabstand damit erhöht. Nochmaliges Anklicken setzt den Schalter wieder auf die Position *Aus*. Bei *Seitendesigns* wählen Sie durch Anklicken eine andere Hintergrundfarbe mit angepasster Schriftfarbe.

- **Zeilenfokus setzen:** In den *Leseeinstellungen* ⑦ verwenden Sie die Option *Zeilenfokus*, um eine, drei oder fünf Textzeilen hervorzuheben. Mit den Pfeiltasten oder dem Mausrad verschieben Sie den Ausschnitt. Klicken Sie auf den Schalter, um die Funktion einzuschalten und wählen Sie dann die Anzahl der Zeilen aus.
- **Übersetzen:** Seiten in einer Fremdsprache können im Bereich *Übersetzen* in einen deutschen Text verwandelt werden. Wähle Sie die gewünschte Sprache aus und aktivieren Sie den Regler bei *Gesamte Seite übersetzen*; so verwandeln Sie beispielsweise einen englischen schnell in einen deutschen Text.

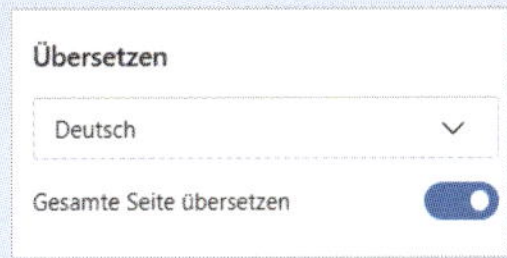

Seite übersetzen

Sobald eine Seite in fremder Sprache aufgerufen wird, erhalten Sie in der Adressleiste eine Übersetzungsoption.

- Klicken Sie auf die Schaltfläche *Übersetzungsoptionen anzeigen* und wählen Sie ggf. die Sprache aus, in die übersetzt werden soll.

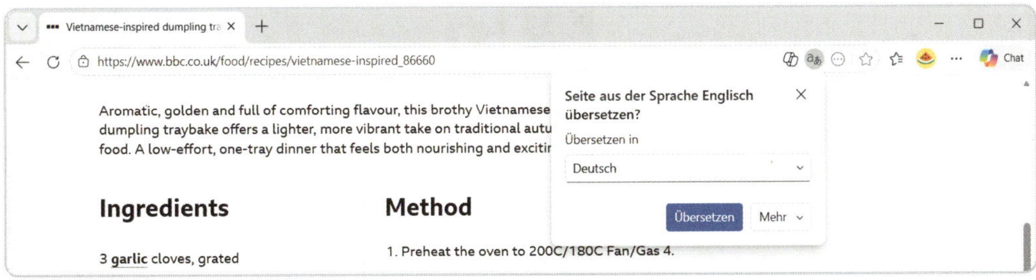

Die Übersetzungsfunktion gehört zu den praktischen **Schnellaktionen** (Quick Actions), die passend zum aufgerufenen Seiteninhalt, angezeigt werden.

- Sie können die Seite einfach verlassen, um die Übersetzung zu beenden, wenn Sie nochmal das Original anzeigen möchten, klicken Sie auf und wählen *Original anzeigen*.

7.8 Häufige Fragen und Tipps

Besuchte Webseite wiederfinden

Wer kennt das nicht, Sie haben vor Tagen eine Seite im Browser aufgerufen und möchten diese erneut anzeigen, wissen aber die Adresse nicht mehr. Hier hilft der Browserverlauf. Standardmäßig „merkt" sich Edge die Adressen aller besuchten Webseiten und speichert diese im Verlauf. Der Verlauf ist nach Datum gegliedert und enthält nicht nur Adressen besuchter Webseiten, sondern auch Suchanfragen, die sich mit einem Klick wieder aufrufen lassen.

- Zum Anzeigen des Verlaufs klicken Sie auf das Dreipunkte-Symbol **1** rechts oben und dann auf *Verlauf*.

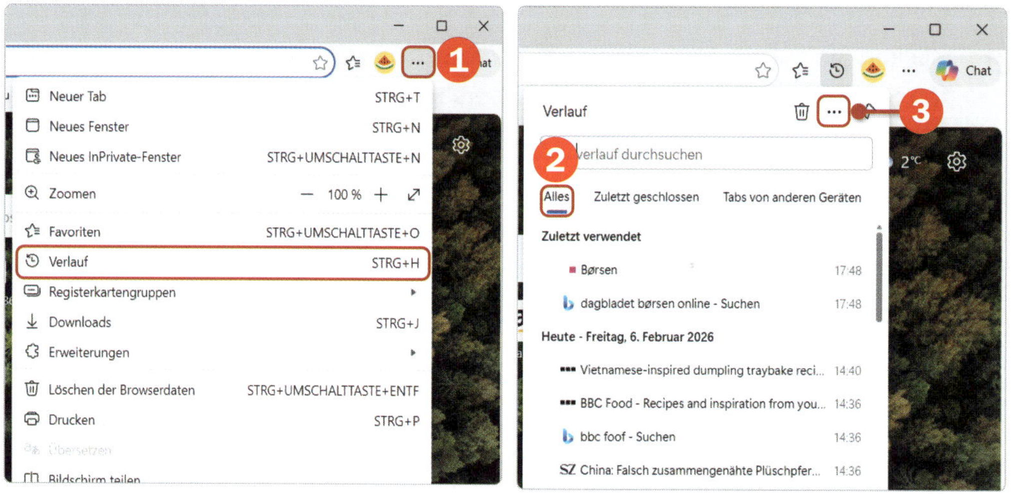

- Falls nicht schon ausgewählt, klicken Sie *Alles* ② an. Hier sehen Sie die besuchten Webseiten sortiert nach Datum. Klicken Sie die gesuchte Seite an, um diese erneut im Browser anzuzeigen.

- **Verlaufseite anzeigen:** Etwas mehr Übersicht bietet die Verlaufsseite. Diese erhalten Sie, wenn Sie im Bereich *Verlauf* auf das Dreipunkte-Symbol ③ klicken und *Verlaufsseite öffnen* auswählen. Der Verlauf wird auf einer separaten Registerkarte angezeigt. Wenn Sie die gesuchte Seite entdeckt haben, klicken Sie zur nochmaligen Anzeige diese einfach an.

- Falls Sie den Zeitraum eingrenzen können, stehen Ihnen durch Anklicken von *Nach Datum filtern* ④ verschiedene Zeiträume (Heute, Gestern, letzte Woche) zur Verfügung. Sie können aber auch durch Auswahl von *Datumsbereich* einen eigenen Zeitraum festlegen. Falls Sie die gesuchte Seite nicht finden, stimmt vielleicht die Zeitangabe nicht. Dann sollten Sie über die Schaltfläche *Nach Datum filtern* und Auswahl von *Filter löschen* den Filter entfernen.

- Unter Umständen hilft das Suchfeld ⑤ weiter.

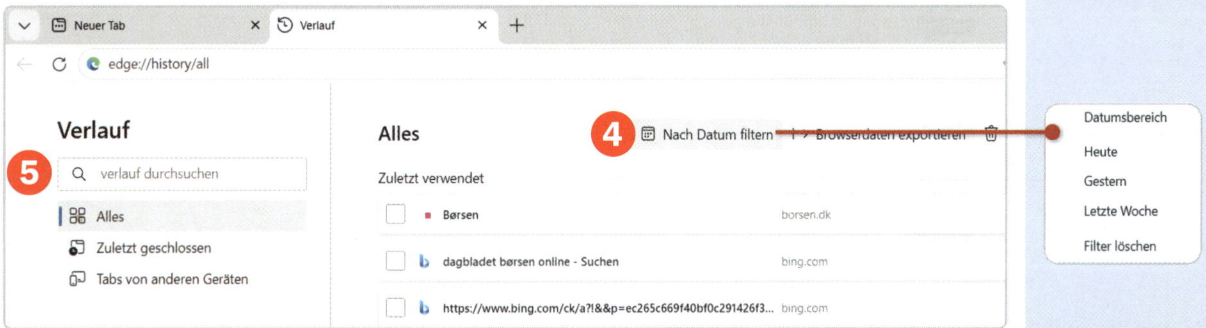

Information auf einer Seite finden

Die Webseite hat viel Text, Sie suchen aber nur eine bestimmte Information. Mit der Tastenkombination **Strg + F** können Sie die angezeigte Seite nach einem Schlagwort durchsuchen. Geben Sie das gesuchte Wort in das Suchfeld ❶ ein.

Dieses wird im Text markiert ❷. Kommt der gesuchte Begriff mehrmals vor, können Sie über die Pfeilschaltflächen ❸ zwischen den Markierungen wechseln. Durch Anklicken von x oder drücken der **ESC**-Taste verlassen Sie die Suche wieder.

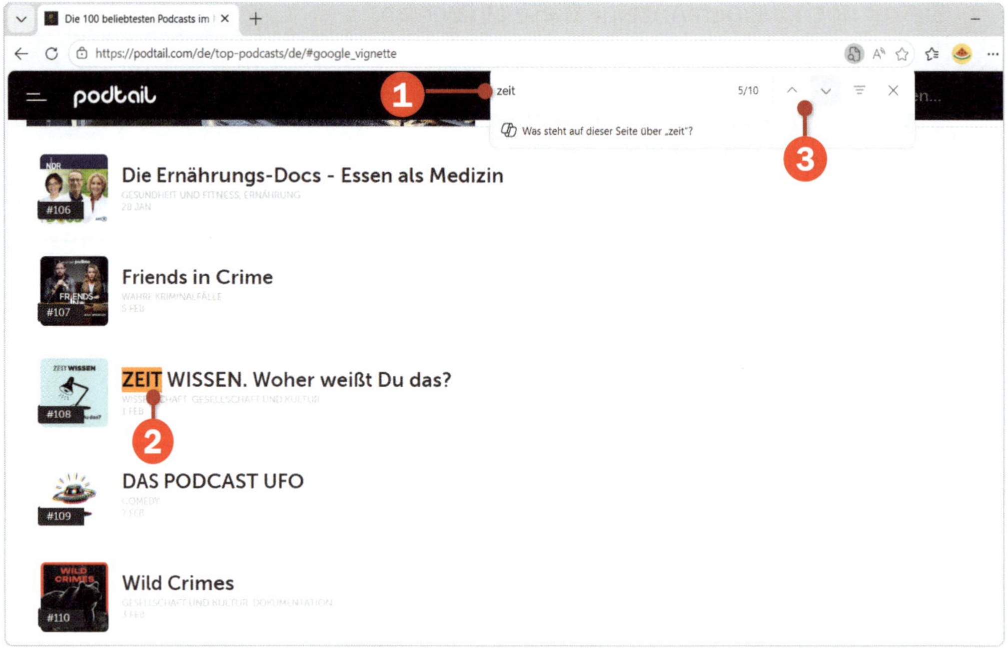

Tipp: Mediatheken verschiedener Fernsehsender nutzen

Viele Fernsehsender stellen einen Teil ihrer Sendungen in einer Mediathek kostenlos online zur Verfügung. So können Sie eine verpasste Serienfolge oder eine Reportage auch nachträglich betrachten.

- Geben Sie den Suchbegriff „Mediathek" zusammen mit dem gewünschten Fernsehsender ein, z. B. Mediathek zdf. Klicken Sie dann in der Trefferliste das entsprechende Angebot an.
- In der Rubrik *Live & TV* ❶ finden Sie Videos nach Ausstrahlungstag ❸ geordnet. Beim Öffnen wird der aktuelle Tag angezeigt, über die Pfeilschaltflächen können Sie bis zu einer Woche alte Sendungen anzeigen.
- Klicken Sie auf *Kategorien* ❸, um ältere Beiträge zu finden. Verwenden Sie die *Suche* ❹, wenn Sie den Titel der Sendung kennen.

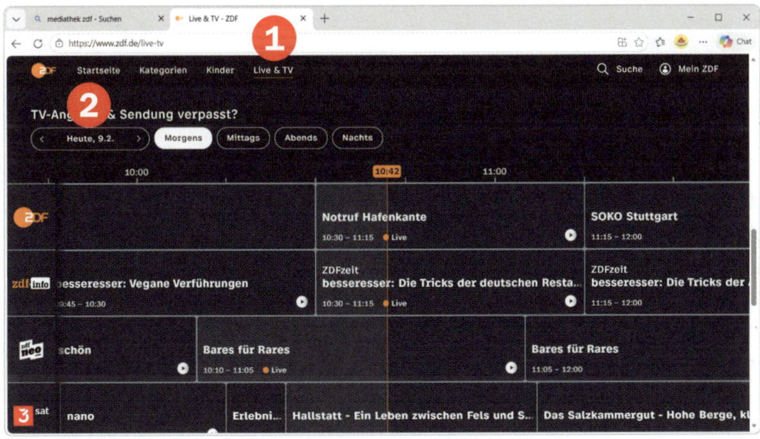

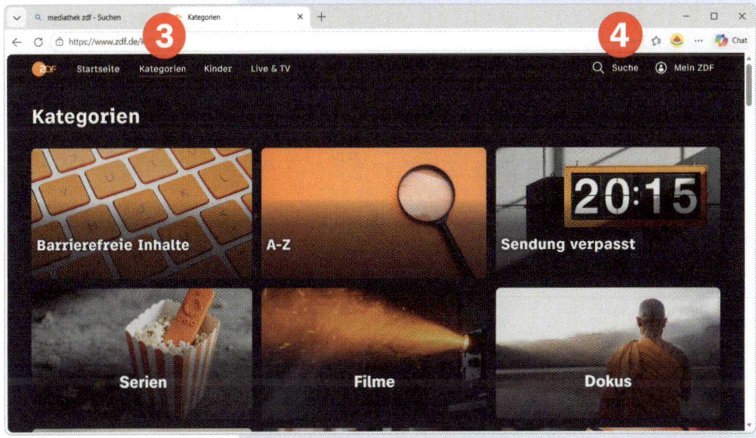

Einige Fernsehsender bieten auch Apps im Microsoft Store an. Öffnen Sie den Store und geben Sie in das Suchfeld Begriffe wie Mediathek, Name der Sendung (z. B. Tagesschau) oder Name eines Senders (z. B. arte) ein, um entsprechende Apps zu finden.

Die Webseite wurde nicht gefunden?

Mögliche Ursachen und Abhilfen für die abgebildete Meldung:

- Tippen Sie auf *Aktualisieren*, damit versuchen Sie erneute die Seite zu erreichen, vielleicht handelt es sich nur um einen temporären Fehler.
- Oftmals besteht momentan keine Verbindung zu Ihrem Modem bzw. Router. Geben Sie zum Test die Adresse einer anderen Seite ein. Sollten überhaupt keine Seiten angezeigt werden können, dann kontrollieren Sie die Internet- bzw. WLAN-Verbindung.
- Vielleicht haben Sie auch auf einen nicht mehr aktuellen Link geklickt. Manchmal verweisen Links auf Seiten, die nicht mehr existieren.
- Möglicherweise haben Sie sich bei der Eingabe der Adresse vertippt. Kontrollieren Sie diese.

YouTube verwenden

YouTube enthält alle Arten von Videos - sowohl informative als auch unterhaltende. Hier finden Sie Musikvideos, Tutorials (Anleitungen) zu allen möglichen Themen, Ausschnitte aus TV-Sendungen und vieles mehr. Die YouTube-Inhalte werden nicht auf ihre Richtigkeit überprüft und so kann jeder auch seine ganz persönlichen Ansichten der Welt mitteilen. Der Zuschauer muss selbst entscheiden, was er glauben möchte.

YouTube und auch die Personen (YouTuber, Influencer), die dort Videos hochladen, finanzieren sich durch Werbeeinblendungen. Aus diesem Grund sehen Sie am Anfang eines Videos und zum Teil auch als Videounterbrechung, Werbefilme. Das ist der Preis für das sonst kostenlose Angebot.

☛ Geben Sie in die Adressleiste youtube.com ein.

- Am linken Bildschirmrand finden Sie die YouTube-Bearbeitungsleiste mit den Rubriken *Startseite* und *Shorts* ❶. In der Rubrik *Shorts* wechseln Sie mit dem Mausrad oder den Pfeiltasten zwischen Kurzvideos (max. 60 sec).
- Wenn Sie nicht bei YouTube angemeldet sind, sehen Sie auf der Startseite zunächst keine Videos. Nutzen Sie einfach das Suchfeld, um nach Ihren Interessen zu suchen. Beim nächsten Aufrufen von YouTube, sind Videovorschläge vorhanden.

☛ **Video suchen:** Geben Sie Ihren Suchbegriff in die Suchleiste ❷ ein und bestätigen Sie die Suche mit der Enter-Taste.

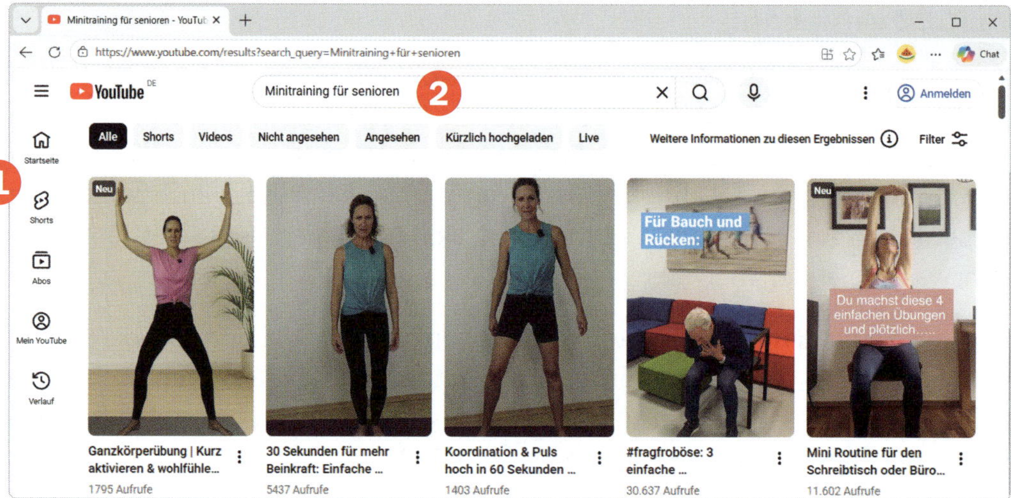

- **Video abspielen:** Wenn Ihnen ein Video zusagt, tippen Sie darauf. Das Video wird sofort gestartet. Vor vielen Videos wird zunächst Werbung eingeblendet. Diese können Sie in der Regel nach fünf Sekunden einfach mit einem Klich auf *Überspringen* ③ beenden. Wenn Sie das Video pausieren wollen, klicken Sie auf das Videobild. Wieder starten können Sie durch erneutes Anklicken. Alternativ verwenden Sie die Steuerelemente ④, die am unteren Rand des Videos eingeblendet werden, wenn Sie mit der Maus auf das Video zeigen.

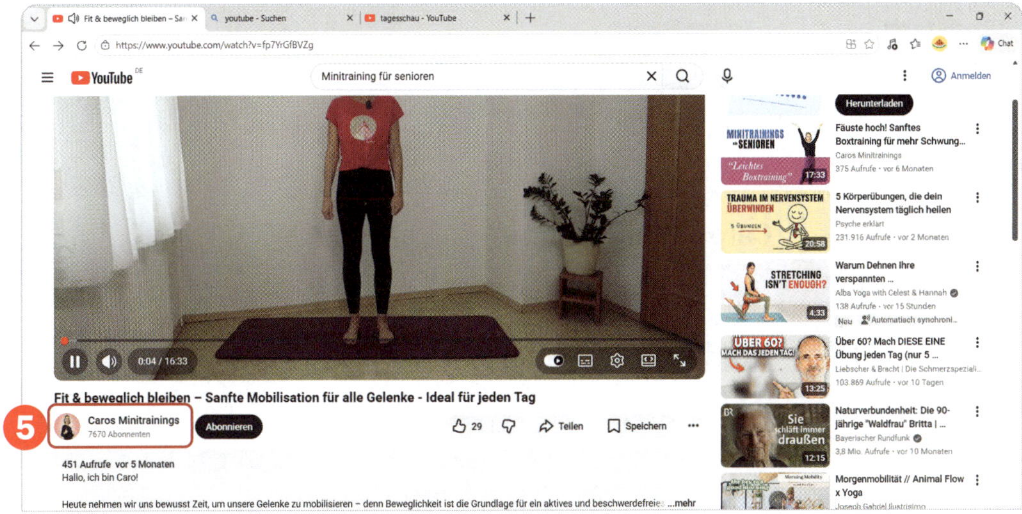

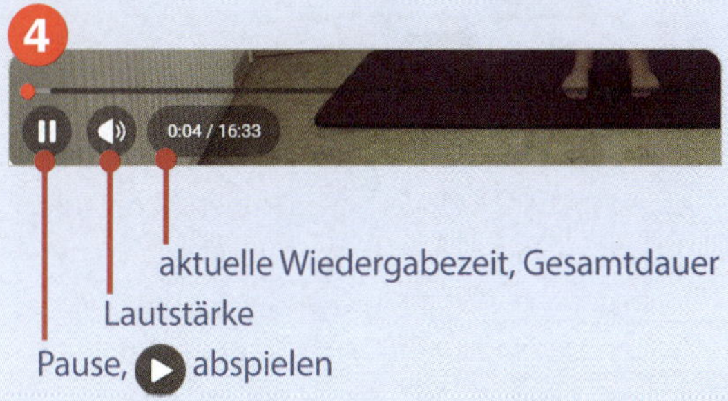

In der Leiste rechts neben dem Video, sehen Sie weitere Videos, die ähnliche Inhalte behandeln.

- **Kanal anzeigen:** Wenn Ihnen das Video gefällt, dann möchten Sie vielleicht noch mehr Videos von dieser Person sehen. Hier hilft der Kanal.

  Der Kanal ist die Übersichtsseite einer Person oder Organisation und enthält Informationen zum YouTube-Auftritt, Videos und/oder Shorts, Playlists (Zusammenstellungen von Videos zu einem Thema), Podcasts, Live-Beiträge etc. Was genau Sie hier finden, hängt immer von der Art des Kanals ab.

- Um einen Kanal aufzurufen, tippen Sie auf den Kanalnamen unter dem Video 5 (siehe Abbildung oben). Falls Sie den Kanalnamen kennen, können Sie diesen auch in das Suchfeld eintippen.

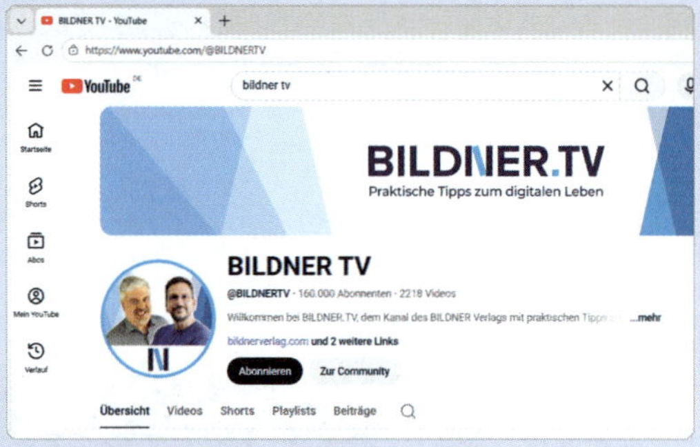

BILDNER TV
Auch der BILDNER Verlag hat einen Kanal mit Videos zu Windows-Themen, aber auch zu Smartphones, WhatsApp und vielem mehr. Geben Sie einfach BILDNER.TV in das Suchfeld ein, um uns auf YouTube zu finden.

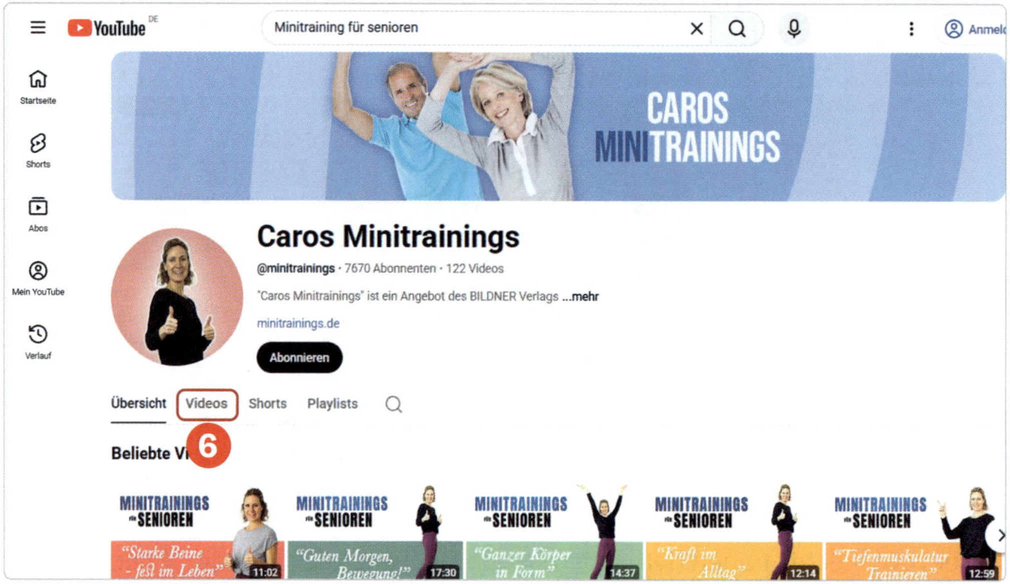

👉 Um alle Videos des Kanals anzuzeigen, klicken Sie auf *Videos* 6.

8 Daten speichern und verwalten

Sie lernen ...

- Dateien speichern und wieder öffnen
- Dateien im Datei-Explorer verwalten
- Speicherorte auswählen und Zugriff auf externe Speicher
- Dateien verschieben, kopieren und entfernen
- Ordner auf OneDrive für andere Personen freigeben

Was Sie bereits wissen sollten ...

- Desktop, Taskleiste und Startmenü
- Umgang mit Fenstern

8.1 Grundbegriffe

Eine Ausnahme stellen Bilder dar: Hier sehen Sie, abhängig von der Symbolgröße, entweder eine Vorschau auf das Bild oder ein einheitliches Bildsymbol.

Dateien

Als Datei bezeichnet man gespeicherte Daten, egal ob es sich beispielsweise um Text, ein Foto oder eine App bzw. ein Programm handelt.

Jede Datei benötigt einen eindeutigen Namen. Dieser wird ergänzt um einen, in der Standardeinstellung nicht sichtbaren Zusatz, die sogenannte Dateinamenerweiterung. Diese wird beim Speichern automatisch an den Dateinamen angefügt und kennzeichnet den Dateityp, z. B. ob es sich um Text oder ein Bild handelt. Der Dateityp ist auch am Symbol erkennbar, meist handelt es sich um das Symbol der App, mit der die Datei erstellt wurde.

Persönliche Ordner

Vom Benutzer angelegte Ordner

Ordner

Um das Auffinden von Dateien zu erleichtern, werden diese in Ordnern abgelegt. Windows stellt zu diesem Zweck mehrere persönliche Ordner bereit, z. B. den Ordner *Dokumente* zum Speichern von Texten und den Ordner *Bilder* für Ihre Fotos. Diese sind leicht am Symbol zu erkennen, wie im Bild links. Ordner können Sie nach Belieben durch Anlegen weiterer Ordner unterteilen, Ihre Ordner erhalten dann ein einheitliches gelbes Symbol. Auch jeder Ordner benötigt einen eindeutigen Namen.

Daneben existieren auf Ihrem PC noch weitere Ordner, in denen Windows selbst, sowie alle installierten Apps gespeichert sind. Mit diesen Ordnern brauchen Sie sich als Einsteiger nicht befassen, da diese von Windows verwaltet werden.

Speicherorte, Laufwerke

Sämtliche Speichermedien wie Festplatte oder externe Speicherkarte bezeichnet man als Laufwerke. Diese werden im Gegensatz zu Ordnern und Dateien nicht über ihren Namen, sondern mit einen Buchstaben, gefolgt von einem Doppelpunkt angesprochen. In der Regel erhält die Festplatte (Lokaler Datenträger) den Buchstaben C:, dann folgen die übrigen, zumeist externen Laufwerke. Die Buchstabenfolge entspricht der Reihenfolge, in der sie angeschlossen wurden, und ist daher nicht immer gleich.

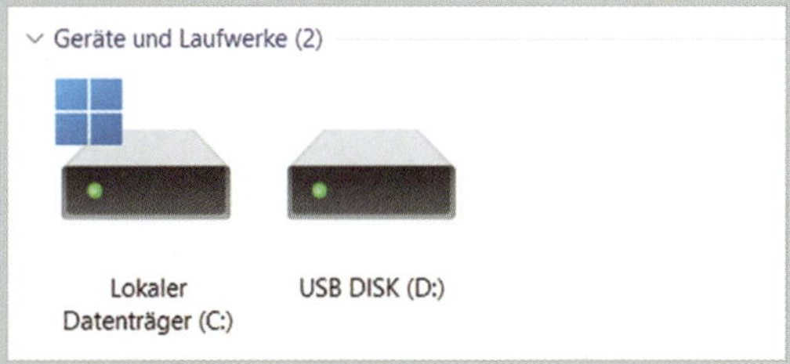

Info: Die Buchstaben A: und B: erhielten ursprünglich die heute längst nicht mehr gebräuchlichen Disketten.

Der Cloudspeicher OneDrive

Zusätzlich zu den oben beschriebenen Laufwerken können Sie außerdem sogenannte Cloudspeicher nutzen. Der Zugriff auf diese Speicher erfolgt über das Internet, die Speicher selbst befinden sich auf Rechnern des jeweiligen Dienstleisters. Auch Sie verfügen in Verbindung mit Ihrem Microsoft-Konto über einen solchen Cloudspeicher und zwar unter der Bezeichnung *OneDrive*. In der Verwendung unterscheidet sich OneDrive nicht von anderen Laufwerken, z. B. der Festplatte. Sie können hier Ihre Daten speichern und wieder entfernen, sowie in Ordnern organisieren. Auf OneDrive befindliche Daten sind mit einer Wolke gekennzeichnet.

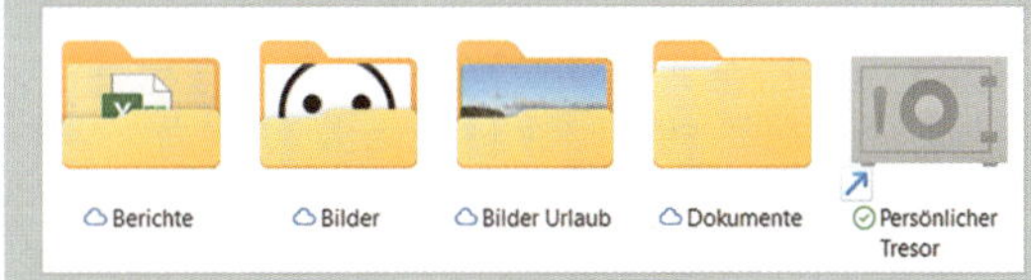

Der Vorteil eines Cloudspeichers: Sie haben, unabhängig vom Gerät, auch von jedem anderen PC aus Zugriff auf Ihre hier gespeicherten Daten. Zudem können Sie ausgewählte Ordner für andere Personen freigeben.

> Windows unterscheidet bei der Auswahl, Anzeige und Verwendung von Speicherorten nicht zwischen Ordnern, fest eingebauten und extern angeschlossenen Speichern und OneDrive. Der Umgang ist immer gleich.

8.2 So gehen Sie beim Speichern vor

Apps können Ihre Eingaben oder Änderungen dauerhaft speichern, etwa wenn Sie mit Microsoft Word einen Brief geschrieben haben oder mit einer geeigneten App ein Foto nachträglich bearbeiten.

Es spielt keine Rolle, mit welcher App Sie speichern, der Ablauf beim Speichern ist immer gleich: Sie müssen der Datei einen eindeutigen Namen geben und einen Speicherort wählen.

Für Dateinamen gelten folgende Regeln:

- Der Dateiname muss eindeutig sein und darf am selben Speicherort nicht bereits anderweitig vergeben sein.
- Ein Dateiname darf bis zu 255 Zeichen lang sein. In der Praxis sollten Sie sich jedoch auf kürzere, aussagefähige Namen beschränken.
- Dateinamen dürfen Leerzeichen, Groß- und Kleinbuchstaben, Ziffern und die meisten Sonderzeichen enthalten. Nur die folgenden Zeichen sind für interne Zwecke reserviert und daher nicht erlaubt: / \ : ? * < > |

Speicherort

- Als Speicherort wählen Sie in der Regel einen Ordner. Dieser kann sich auf einem beliebigen Laufwerk befinden, meist auf Festplatte oder OneDrive.
- Viele Apps schlagen beim Speichern automatisch einen passenden Ordner vor, z. B. den Ordner *Dokumente* beim Speichern von Text.

Eigentlich rechnet Windows zum Dateinamen den Speicherort (Laufwerksbuchstabe und Ordnernamen) hinzu, so dass deutlich weniger Zeichen für den eigentlichen Namen der Datei zur Verfügung stehen.

Im Standardordner speichern

Nehmen wir als Beispiel an, Sie möchten mit *Microsoft Word* oder einer anderen geeigneten App einen Text schreiben und anschließend dauerhaft speichern.

☛ Starten Sie dazu *Word* und tippen Sie einen beliebigen kurzen Text ein, zum Beispiel Ihr Lieblingsgedicht oder einem Liedtext.

Im nächsten Schritt speichern wir den Text, so gehen Sie dabei vor:

1 Klicken Sie auf *Datei* ❶ und danach auf *Speichern* ❷. Die meisten Apps öffnen daraufhin das Fenster *Speichern unter* (s. auf der nächsten Seite), in dem Sie einen Dateinamen eingeben und den Speicherort wählen.

Hinweis zu Microsoft Word: Word schlägt beim Klick auf *Speichern* oder *Speichern unter* ❸ meist verschiedene, zuletzt verwendete Speicherorte vor. In diesem Fall öffnen Sie mit Klick auf *Durchsuchen* ❹ das Fenster *Speichern unter*.

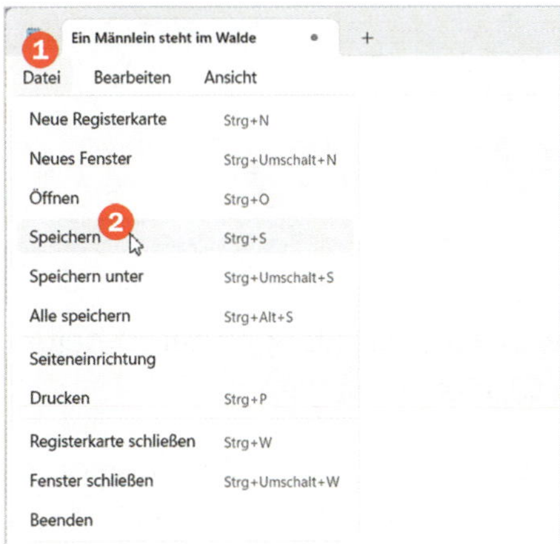

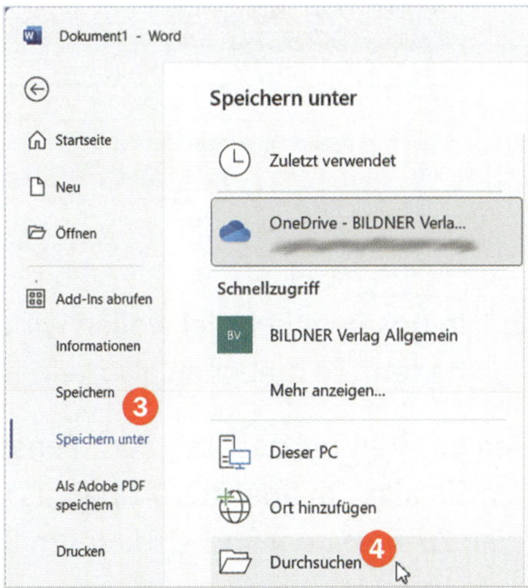

Tipp: Falls Microsoft Word nicht auf Ihrem Gerät installiert ist, eignet sich zum Ausprobieren auch jede andere App zum Schreiben von Text, z. B. *Libre Office Writer* (s. Kap. 4).

Oder benutzen Sie einfach die App *Editor*, diese ist fester Bestandteil von Windows. Zum Starten klicken Sie in der Taskleiste am unteren Bildschirmrand in das Suchfeld, tippen den Suchbegriff "Editor" ein und klicken anschließend auf *Editor*.

In Word können Sie auch links oben auf das Symbol *Speichern* klicken. Dann wird ebenfalls der zuletzt verwendete Speicherort vorgeschlagen. Klicken Sie auf *Weitere Optionen...* und danach auf *Durchsuchen*.

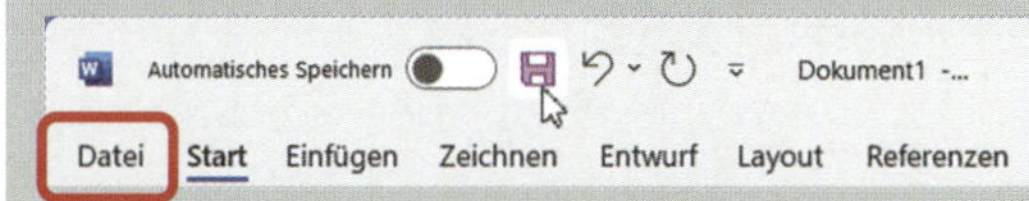

Alternativ können Sie bei fast jeder App zum Speichern auch die Tastenkombination **Strg+S** verwenden.

Das Fenster *Speichern unter* wird geöffnet. Im Bereich unmittelbar unterhalb des Fenstertitels sehen Sie im Adressfeld ❶ den aktuellen Speicherort. Bei Textinhalten wird in der Regel der Ordner *Dokumente* vorgeschlagen, wie im Bild unten. Dieser ist auch am charakteristischen Ordnersymbol zu erkennen und befindet sich auf der Festplatte Ihres Computers.

Da wir Text speichern möchten, wird als passender Ordner meist der Ordner *Dokumente* automatisch vorgeschlagen.

Der Ordner *Dokumente* ist bereits auf Ihrem PC vorhanden, er wurde von Windows zusammen mit Ihrem Konto bei der ersten Anmeldung erstellt.

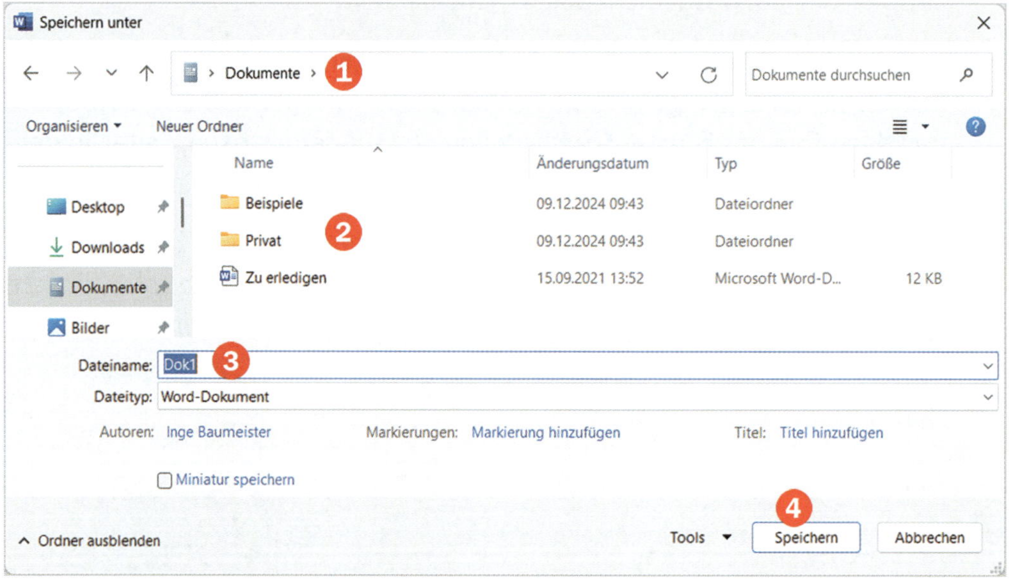

Der Ordnerinhalt unterscheidet sich natürlich auf Ihrem Gerät von der Abbildung. Die Elemente des *Speichern*-Fensters sind dagegen immer gleich.

2 In unserem Beispiel wollen wir den Ordner *Dokumente* als Speicherort beibehalten. Sie brauchen also keinen anderen Ordner auswählen.

Den größten Teil des *Speichern*-Fensters nimmt der Inhaltsbereich ❷ ein. Hier sehen Sie alle, am Speicherort bereits vorhandenen Elemente. Dies können Dateien (hier: *Zu erledigen*) und Ordner (im Bild oben *Beispiele* und *Privat*) sein.

3 Im Feld *Dateiname* ❸ geben Sie den Namen ein, unter dem die Datei gespeichert werden soll. Die meisten Apps schlagen bereits einen Dateinamen vor, dann steht hier z. B. *Dokument* oder die ersten Wörter Ihres Textes.

- Wenn der Inhalt dieses Feldes bereits markiert (blau hinterlegt) ist, dann tippen Sie einfach den gewünschten Dateinamen über die Tastatur ein. Der vorhandene Inhalt wird dadurch überschrieben.
- Sollte der Feldinhalt nicht markiert sein, so klicken Sie einmal auf den hier befindlichen Dateinamen. Dieser wird dadurch markiert und kann anschließend durch Tastatureingabe überschrieben werden.

Der Dateityp im Feld darunter ist bereits vorgegeben, hier sind keine Änderungen erforderlich.

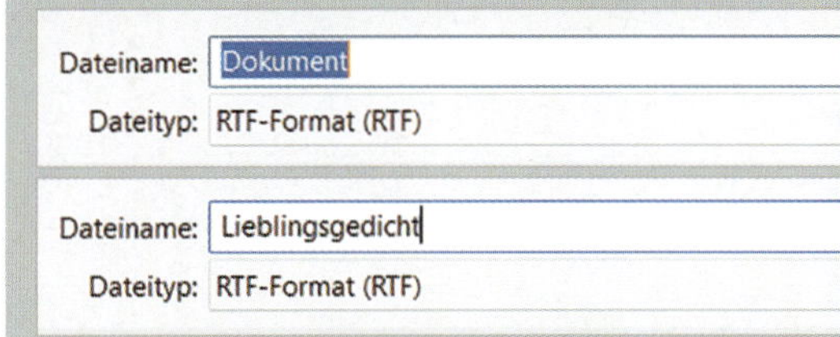

4 Damit sind alle erforderlichen Angaben gemacht. Klicken Sie zum Abschluss auf *Speichern* ❹.

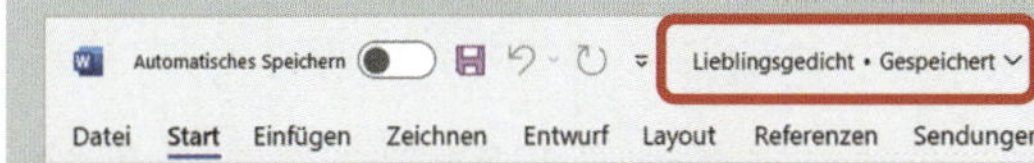

Das Fenster *Speichern unter* wird automatisch geschlossen und es erscheint keine weitere Meldung. Dass Ihr Text gespeichert wurde, erkennen Sie an der Titelleiste der App. Hier sehen Sie nun den zuvor eingegebenen Dateinamen.

Hinweis: Möglicherweise ist im Fenster *Speichern unter* der Ordnerinhalt ausgeblendet. Damit der Inhalt sichtbar wird, klicken Sie auf *Ordner durchsuchen* ❺.

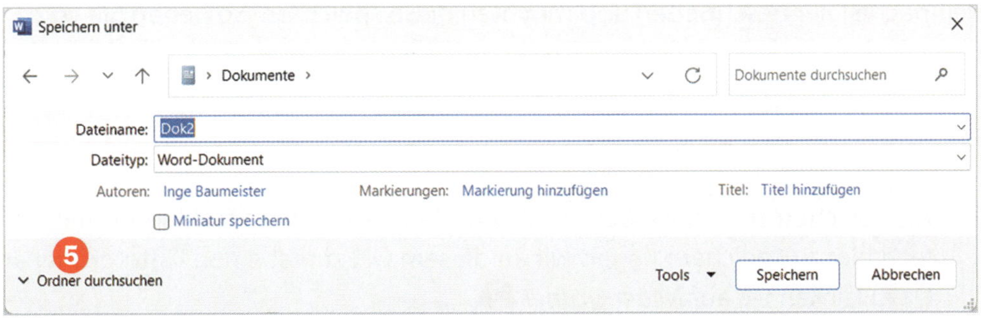

Oder verwenden Sie die Tastenkombination **Strg+S**.

Speichern Sie regelmäßig!
Nach dem Speichern können Sie mit der Eingabe fortfahren. Wenn Sie zwischendurch den aktuellen Stand speichern möchten, dann klicken Sie einfach erneut auf das Symbol *Speichern* , am besten in regelmäßigen Zeitabständen.

Achtung: Beim ersten Speichern hat die Datei einen Namen erhalten und Sie haben den Speicherort gewählt. Diese Angaben werden also beim späteren Speichern der Datei nicht mehr benötigt, daher erscheint auch das Fenster *Speichern unter* nicht mehr. Ihre Änderungen werden trotzdem gespeichert.

Beim Speichern einen Ordner anlegen

Wenn Sie häufig Texte schreiben und im Ordner *Dokumente* speichern, dann dürfte dieser mit der Zeit sehr voll und damit unübersichtlich werden. In diesem Fall legen Sie im Ordner *Dokumente* besser passende Unterordner an und speichern die Dateien dort. Nehmen wir an, Sie haben den Schriftverkehr Ihres Vereins übernommen. Dann ist es sinnvoll, alle Dateien in Zusammenhang mit dem Verein in einem gesonderten Ordner zu speichern. Beispiel: Sie haben eine Einladung zur Weihnachtsfeier geschrieben und möchten diese speichern. So gehen Sie vor:

1 Rufen Sie das Fenster *Speichern unter* auf und geben Sie, wie oben beschrieben, im Feld *Dateiname* einen aussagefähigen Dateinamen ein, z. B. *Einladung Weihnachtsfeier* ❶ (Bild auf der nächsten Seite).

2 Als Speicherort wird wieder der Ordner *Dokumente* vorgeschlagen. Statt einfach hier zu speichern, legen wir an diesem Ort zuerst einen Unterordner an. Dazu klicken Sie auf *Neuer Ordner* ❷.

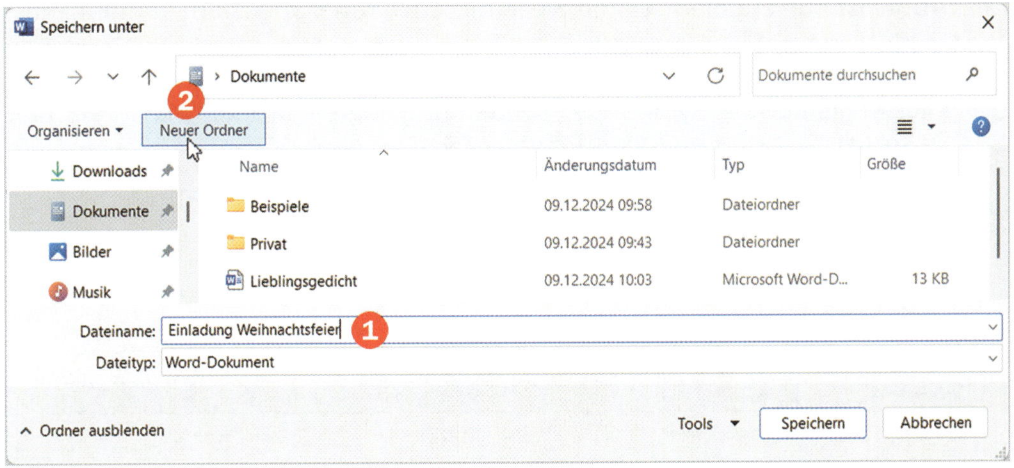

Der neue Ordner erscheint sofort im Inhaltsbereich des Fensters, sein vorläufiger Name *Neuer Ordner* befindet in einem kleinen, umrandeten Eingabefeld und ist markiert ❸.

3 Tippen Sie einen Namen für den Ordner über die Tastatur ein. Der bisherige Name wird dadurch überschrieben ❹.

4 Schließen Sie die Eingabe mit Drücken der **Eingabetaste** ab oder klicken Sie an eine beliebige freie Stelle des Speichern-Fensters.

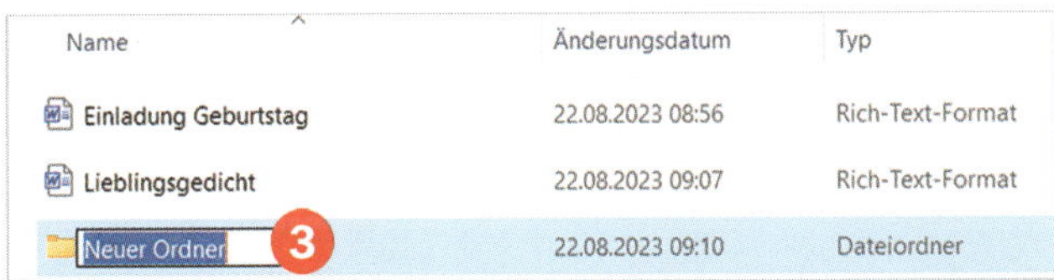

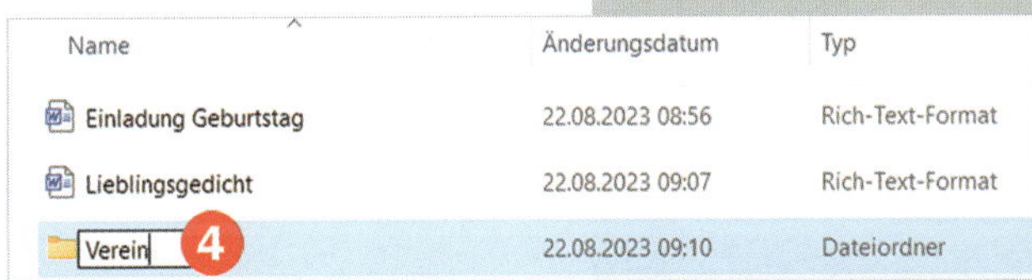

Tipp: Schneller geht das Öffnen mit **Doppelklick** auf das Ordnersymbol.

Der Ordner ist nun angelegt. Damit Sie in diesem Ordner speichern können, müssen Sie ihn im nächsten Schritt öffnen:

5 Klicken Sie auf das Symbol des soeben angelegten Ordners *Verein* 5 und klicken Sie auf die Schaltfläche *Öffnen* 6.

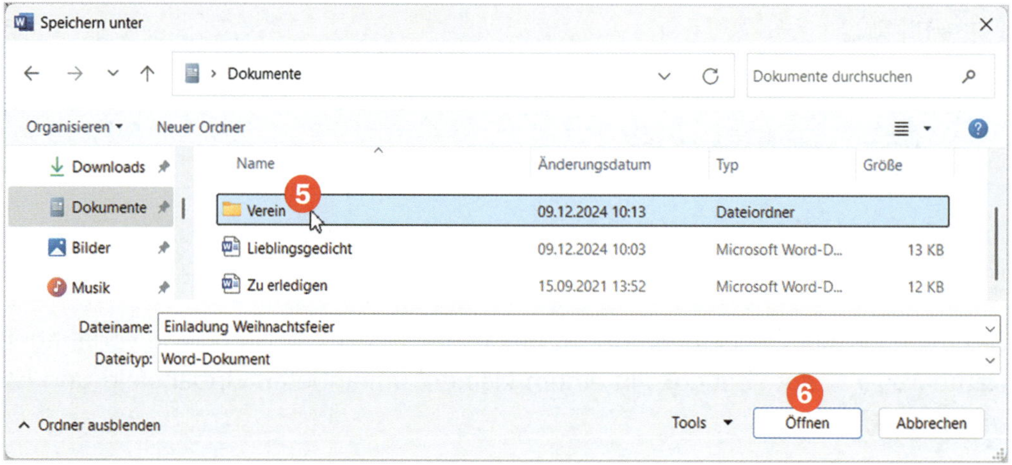

6 Da der Ordner neu erstellt wurde, ist der Inhaltsbereich noch leer 7. Klicken Sie auf *Speichern* 9.

Ob es sich um den richtigen Ordner handelt, erkennen Sie mit einem Blick in das Adressfeld 8 unterhalb des Fenstertitels. *> Dokumente > Verein* bedeutet, Sie haben den Inhalt des Ordners *Verein* vor sich und dieser befindet sich im Ordner *Dokumente* auf der Festplatte Ihres Geräts.

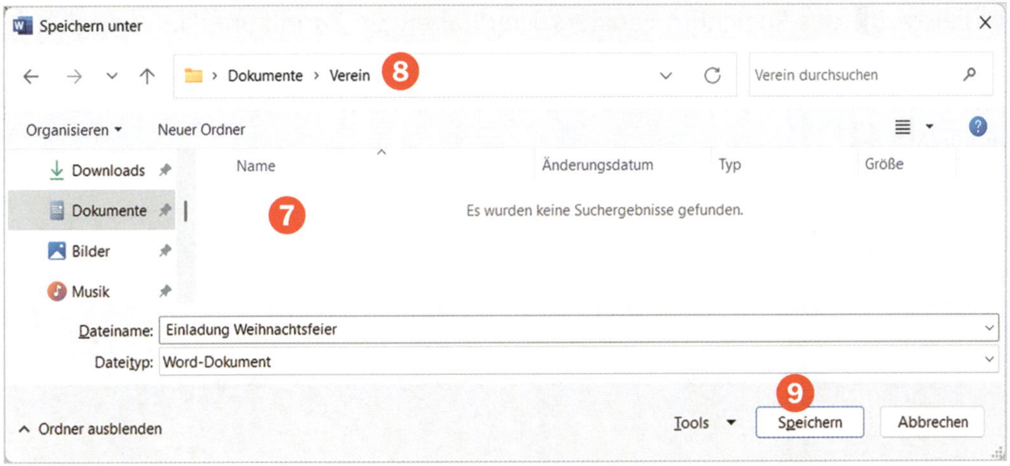

Falls Sie versehentlich den falschen Ordner geöffnet haben, dann gelangen Sie auf folgenden Wegen schnell wieder zurück zum Ausgangsordner, in diesem Fall *Dokumente*:

- Klicken Sie im Adressfeld auf den Namen des übergeordneten Ordners, in unserem Beispiel *Dokumente*.
- Oder klicken Sie links vom Adressfeld auf den nach oben weisenden Pfeil.

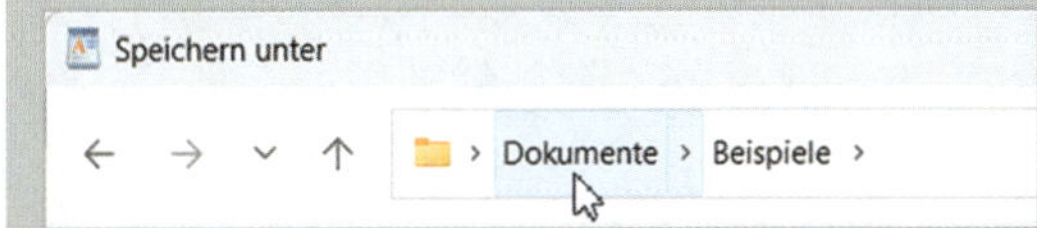

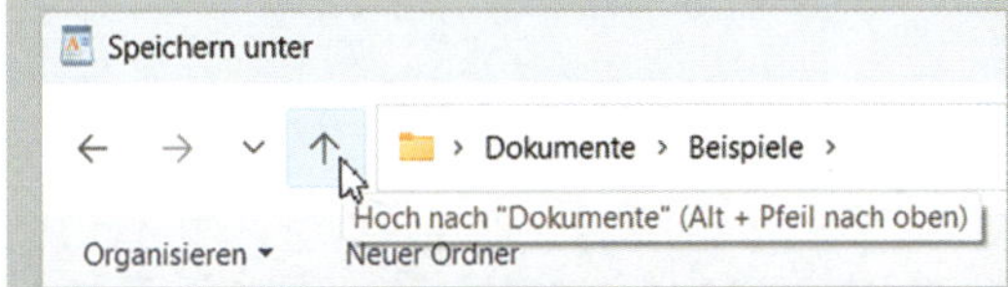

Speicherort in der Navigationsleiste auswählen

Nicht bei jedem Speichern wird auch ein neuer Ordner benötigt. Sie können außer dem vorgeschlagenen Ordner, hier *Dokumente*, auch jeden anderen Ordner als Speicherort wählen. Dann erfolgt die Auswahl am einfachsten über die Navigati-

Wenn nicht alle Elemente auf den ersten Blick sichtbar sind, erkennen Sie dies am Vorhandensein der Bildlaufleiste ❷.

onsleiste ❶ des Speichern-Fensters. Hier haben Sie Zugriff auf alle verfügbaren Speicherorte, einschließlich OneDrive und angeschlossene externe Datenträger und um einen anderen Ordner, z. B. *Bilder* auszuwählen, brauchen Sie diesen nur anklicken ❸.

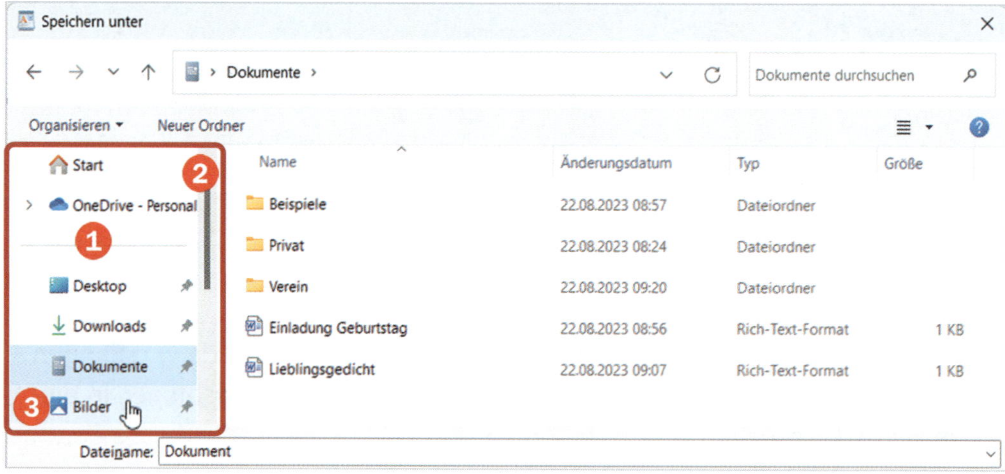

Beachten Sie, dass die Navigationsleiste nur Laufwerke und Ordner, aber keine Dateien anzeigt.

Falls nicht alle Elemente auf einen Blick sichtbar sein sollten, so müssen Sie den sichtbaren Ausschnitt verschieben (scrollen): Zeigen Sie mit der Maus in die Navigationsleiste und drehen Sie das Mausrädchen.

Die Abschnitte der Navigationsleiste

Die Navigationsleiste gliedert sich in folgende Abschnitte (von oben nach unten).

Hinweis: Sollte unterhalb von *Start* auch noch *Galerie* angezeigt werden, so beachten Sie, dass diese eine Sammlung Ihrer Fotos anzeigt und sich nicht als Speicherort eignet.

- *Start*: Die Startseite ist eine Zusammenstellung von verschiedenen Empfehlungen, *Schnellzugriff*, *Favoriten* mit fest angehefteten Dateien und einer Liste zuletzt verwendeter Dateien.
- *OneDrive - Personal* oder *Ihr Name - Persönlich*: Hier finden Sie alle Ordner und Dateien auf OneDrive, Ihrem Speicher in der Cloud.

- Der Abschnitt *Schnellzugriff* umfasst Ihre persönlichen Ordner, z. B. *Dokumente*, *Bilder* und *Desktop* usw. sowie häufig verwendete Ordner. Weitere Ordner können Sie hier jederzeit anheften und so schneller auffinden. Angeheftete Ordner erkennen Sie am Pin-Symbol, wie im Bild rechts.
- *Dieser PC*: Der Abschnitt *Dieser PC* enthält alle Laufwerke, die sich im Gerät befinden oder extern angeschlossen sind, also unter der Bezeichnung *Lokaler Datenträger (C:)* die Festplatte, sowie eventuell USB-Speicherstift usw.
- *Netzwerk*: In einer Firma haben Sie über *Netzwerk* meist noch Zugriff auf zentrale freigegebene Laufwerke und Ordner innerhalb des Unternehmens.

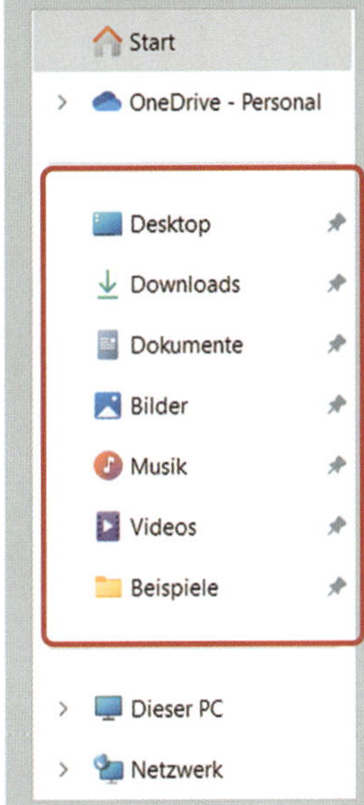

Elemente ein- und ausblenden

Um die Navigationsleiste übersichtlich zu halten, sind für *OneDrive*, *Dieser PC* und *Netzwerk* untergeordnete Elemente bzw. Ordner meist ausgeblendet. Zum Ein- und Ausblenden benutzen Sie die kleinen Pfeile links vom Symbol, dabei gilt:

- **Pfeil weist nach rechts**: Die dazugehörigen Speicherorte sind ausgeblendet und können mit Klick auf den Pfeil ausgeklappt werden.
- **Pfeil weist nach unten**: Die dazugehörigen Speicherorte sind unterhalb und etwas eingerückt sichtbar und ein Klick auf den Pfeil klappt die Speicherorte wieder ein.

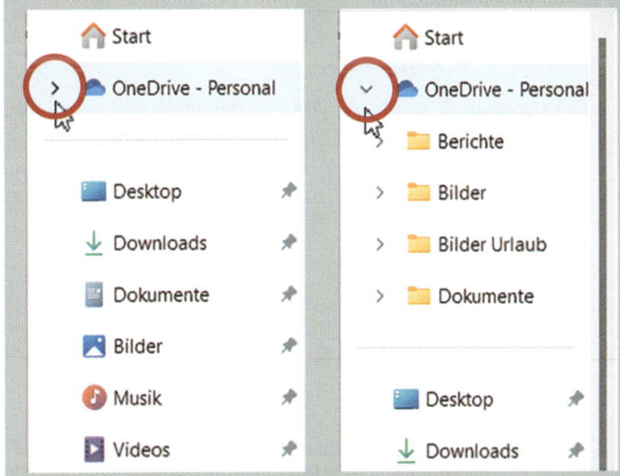

Zusammenfassung: Sie möchten ...

- Unterordner anzeigen: Klicken Sie auf den nach rechts weisenden Pfeil.
- Unterordner ausblenden: Klicken Sie auf den nach unten weisenden Pfeil.
- Ordnerinhalt anzeigen: Klicken Sie direkt auf das Ordnersymbol.

Beispiel: Den Ordner Verein in der Navigationsleiste auswählen

Rufen Sie das Fenster *Speichern unter* auf und geben Sie einen Dateinamen ein.

1 Falls der gesuchte Ordner im Bereich *Schnellzugriff* der Navigationsleiste sichtbar ist, dann klicken Sie diesen hier an ❶. Andernfalls klicken Sie zuerst auf den übergeordneten Ordner *Dokumente* ❷, damit erscheint dessen Inhalt im Inhaltsbereich. Doppelklicken Sie dann zum Öffnen auf das Symbol des gewünschten Ordners ❸.

2 Kontrollieren Sie nochmals im Adressfeld, ob der richtige Ordner ausgewählt ist und klicken Sie dann auf *Speichern*.

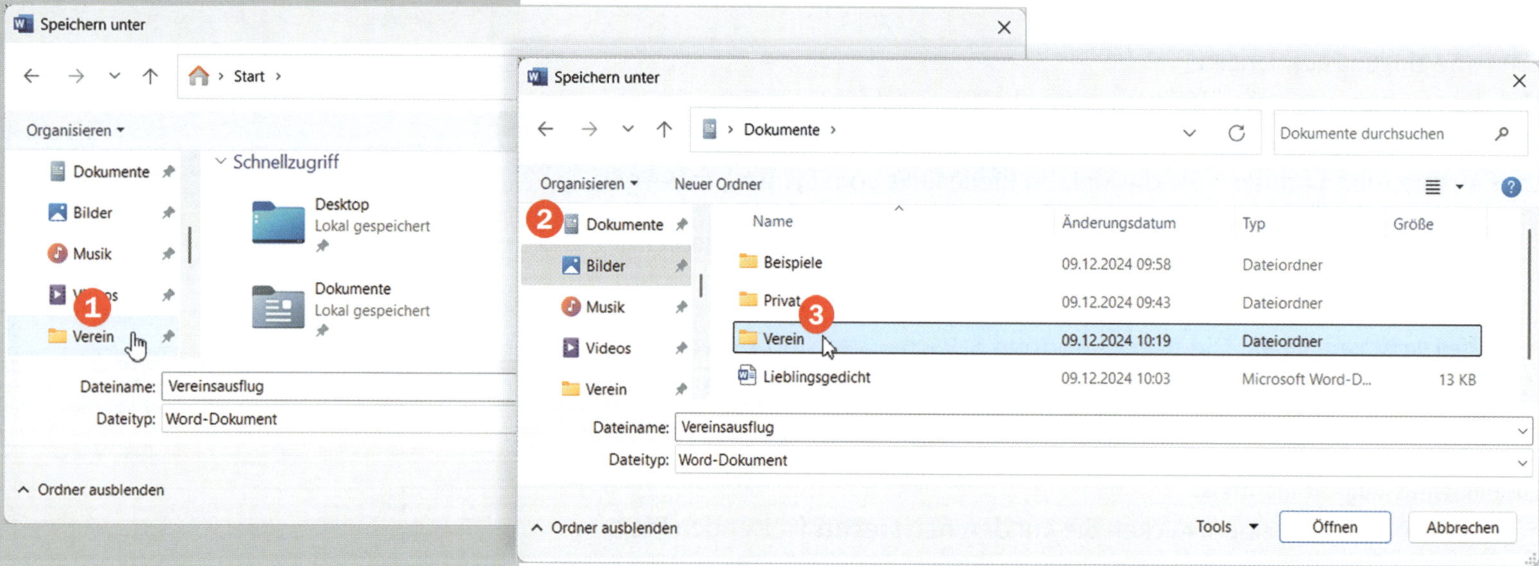

Beim Beenden speichern

Wenn Sie eine App, z. B. Word, beenden und Ihre letzten Änderungen noch nicht gespeichert wurden, dann erscheint vor dem eigentlichen Beenden die Rückfrage, ob Sie Ihre Änderungen speichern möchten.

- Damit die App beendet werden kann, müssen Sie entweder auf *Speichern* oder *Nicht speichern* klicken.

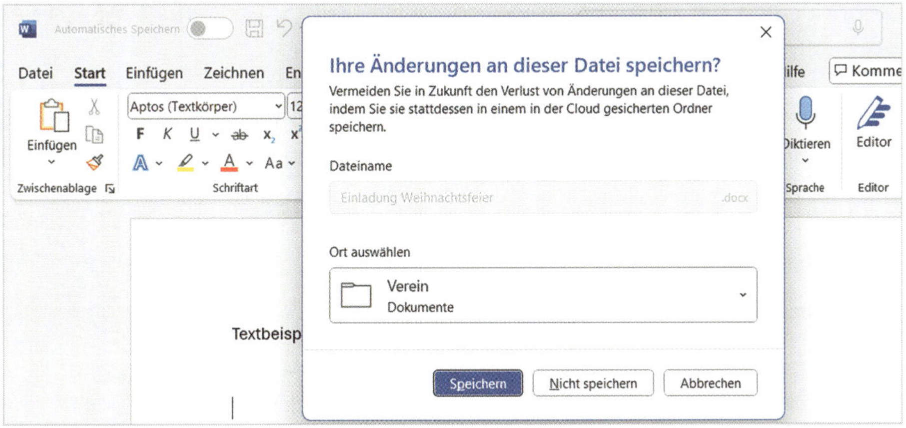

Abbrechen bedeutet hier, Sie brechen das Beenden der App ab. In diesem Fall passiert also überhaupt nichts: Die App wird nicht beendet und es wird auch nicht gespeichert.

Diese Meldung erscheint auch, wenn ein neues Dokument noch nicht gespeichert wurde. Klicken Sie in diesem Fall auf *Speichern*, so erscheint das Fenster *Speichern unter* und Sie können die Datei, wie oben beschrieben, speichern.

Wenn beim Beenden einer App keine Aufforderung zum Speichern erscheint, dann bedeutet dies, dass alle Änderungen bereits gespeichert sind oder dass das Dokument leer ist bzw. keine Änderungen vorgenommen wurden.

Manchmal erscheint allerdings auch bei einem leeren Dokument die Frage, ob Sie speichern möchten. Dann können Sie beruhigt auf *Nicht speichern* klicken.

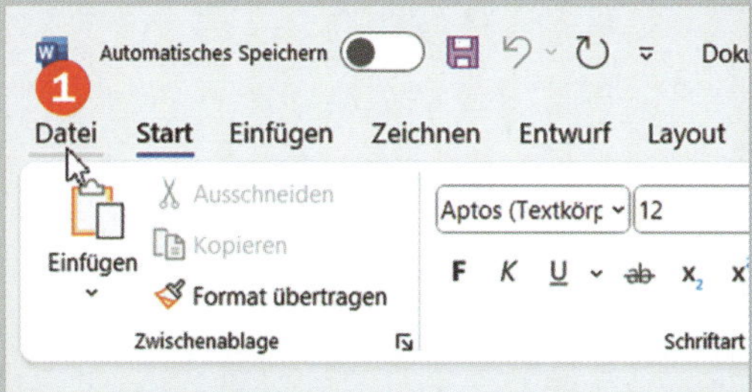

8.3 Dateien öffnen

Sie möchten mit einer App, z. B. Word eine gespeicherte Datei wieder auf den Bildschirm holen und weiter bearbeiten? Die Vorgehensweise beim Öffnen unterscheidet sich nur wenig vom Speichern.

1. Starten Sie die App und klicken Sie auf *Datei* ❶.
2. Befindet sich der gesuchte Text in der Liste *Zuletzt verwendet* ❷, so genügt zum Öffnen ein Mausklick auf den Dateinamen.
3. Wenn die letzte Bearbeitung länger zurückliegt, dürfte die Datei hier nicht mehr aufgeführt sein. Dann klicken Sie auf *Öffnen* ❸ und *Durchsuchen* ❹.

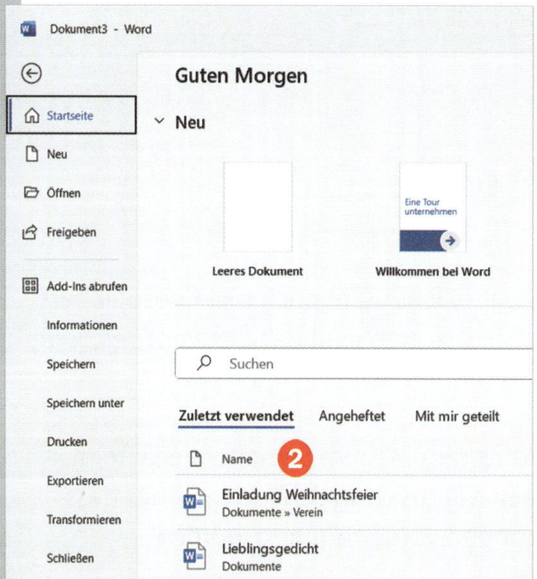

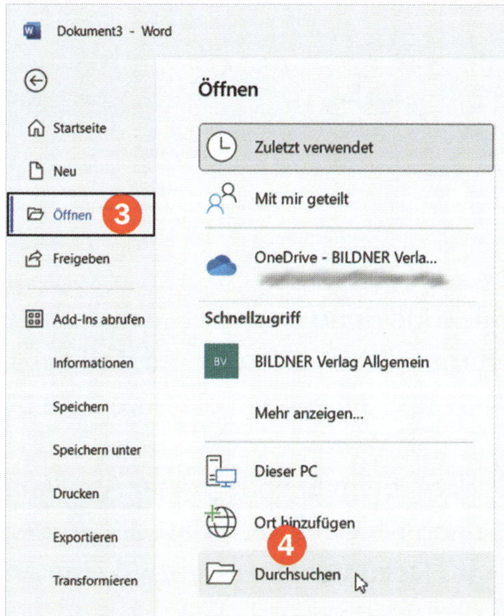

4 Das Fenster *Öffnen* ❺ erscheint. Wie beim Speichern ist meist der passende persönliche Ordner bereits ausgewählt und dessen Inhalt sichtbar, beim Beispiel Word ist dies wieder der Ordner *Dokumente*.

5 Wenn sich die gesuchte Datei hier befindet, dann klicken Sie im Inhaltsbereich auf den Dateinamen ❻. Dieser erscheint nun im Feld *Dateiname* und braucht im Gegensatz zum Speichern nicht eingegeben werden.

Falls sich die gesuchte Datei in einem Unterordner befindet, müssen Sie diesen zuvor mit Doppelklick auf das Ordnersymbol öffnen.

6 Klicken Sie zuletzt auf *Öffnen* ❼.

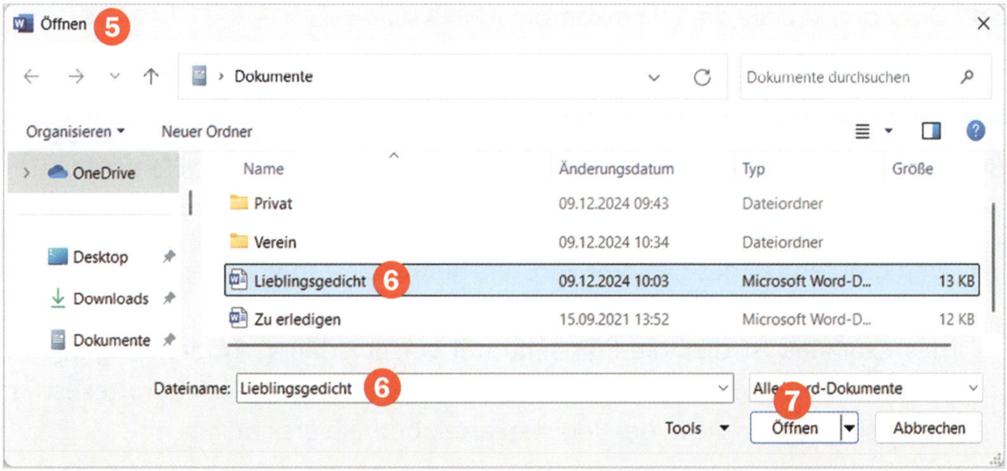

Tipp: Auch hier können Sie die Datei mit **Doppelklick** auf das Dateisymbol schneller öffnen.

Achtung: Bis auf den Titel ❺ unterscheidet sich das Fenster *Öffnen* wenig vom Fenster *Speichern unter*. Verwechseln Sie also die beiden Fenster nicht!

Das Symbol des Datei-Explorers.

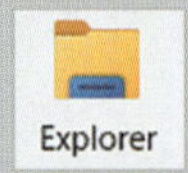

Sollte sich das Symbol Explorer nicht in der Taskleiste befinden, können Sie auch danach suchen.

8.4 Der Datei-Explorer

Der *Datei-Explorer* von Windows, kurz auch *Explorer* genannt, ist eine App, in der Sie sämtliche Laufwerke, Dateien und Ordner verwalten. Dazu zählt zum Beispiel das Kopieren, Verschieben oder Löschen von Dateien.

Den Explorer starten

- Klicken Sie in der Taskleiste am unteren Bildschirmrand auf das Explorer-Symbol (standardmäßig hier enthalten). Eventuell finden Sie den Explorer auch im Startmenü im Bereich *Angeheftet*.
- Oder drücken Sie die Tastenkombination **Windows**+**E**.

Die Elemente des Explorer-Fensters

Betrachten wir zunächst das Umfeld des Explorers genauer. Einige Elemente dürften Sie bereits vom Speichern und Öffnen von Dateien her kennen.

- Den größten Teil des Explorer-Fensters nimmt der Inhaltsbereich ❶ ein, hier werden alle Elemente des aktuellen Speicherortes angezeigt. Nach dem Start des Explorers ist dies die Startseite mit verschiedenen Empfehlungen und zuletzt verwendeten Dateien. Der Name des aktuellen Speicherortes ist im Adressfeld ❷ sowie in der Registerkarte oberhalb ersichtlich.
- Die linke Spalte des Explorers ❸, die Navigationsleiste, dient zur Navigation zwischen den verschiedenen Speicherorten.
- Die Befehle des Explorers finden Sie der Befehlsleiste ❹.

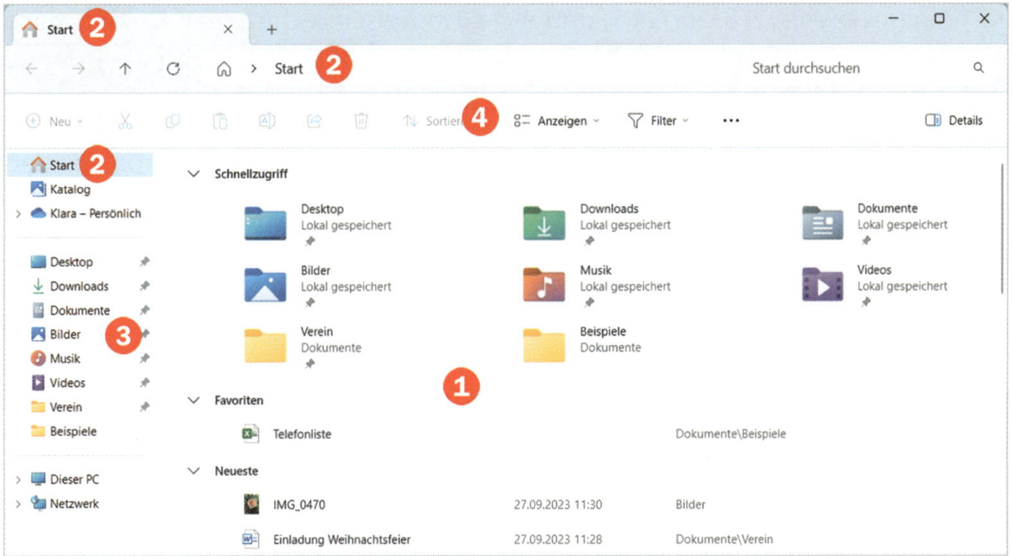

Info: Unter *Favoriten* können Sie häufig benötigte Dateien fest anheften. Wie Sie Favoriten und Schnellzugriff verwalten, erfahren Sie weiter unten.

Einen Einstieg zum Umgang mit dem Datei-Explorer erhalten Sie auch bei BILDNER.TV. Zum Betrachten des Videos geben Sie die folgende Adresse in Ihren Browser ein:

https://bildnerverlag.de/005251

Die Befehlsleiste des Datei-Explorers

Wichtige Befehle finden Sie in Form von Symbolen oder als Menüs in der Befehlsleiste. Anzeige und Verfügbarkeit sind abhängig vom Speicherort und der Auswahl bzw. Markierung. Aktuell nicht anwendbare Befehle sind ausgegraut.

Tipp: Eine Kurzinfo zum Symbol erscheint, wenn Sie den Mauszeiger über einem Symbol positionieren und hier kurz verweilen, wie im Bild unten ❶.

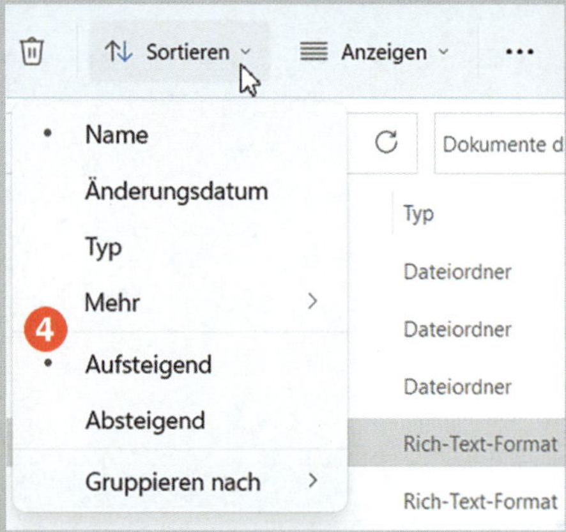

Tipp: Die aktuelle Einstellung ist in Menüs mit einem kleinen Punkt gekennzeichnet ❹.

Die aktuelle Anzeige, im Bild *Mittelgroße Symbole* ist mit einem Punkt versehen ❷ und zum Ändern klicken Sie einfach auf die gewünschte Ansicht.

Info: Hier ❸ wählen Sie, ob ganz rechts in der Befehlsleiste das Symbol *Details* ❹ oder das Symbol *Vorschaufenster* erscheint, mit dem Sie schnell eine Vorschau auf den Inhalt oder weitere Details der markierten Datei anzeigen und wieder ausblenden können.

- Einige Befehle, z. B. *Sortieren* und *Anzeigen* weisen rechts einen kleinen, nach unten weisenden Pfeil auf ❷. Dies bedeutet, ein Klick darauf öffnet ein Menü mit den dazugehörigen Optionen, siehe Bild.
- Noch mehr Befehle erhalten Sie, wenn Sie ganz rechts auf das Symbol mit den drei Punkten ❸ klicken oder tippen (Dreipunkt-Menü).

Symbolansichten im Inhaltsbereich

Die Symbole von Dateien und Ordnern können im Inhaltsbereich des Explorers in unterschiedlichen Größen dargestellt werden, je nach Darstellungsart auch noch mit weiteren Informationen. Eine Liste aller Anzeigemöglichkeiten erhalten Sie mit einem Klick auf das Symbol *Anzeigen* ❶ in der Befehlsleiste.

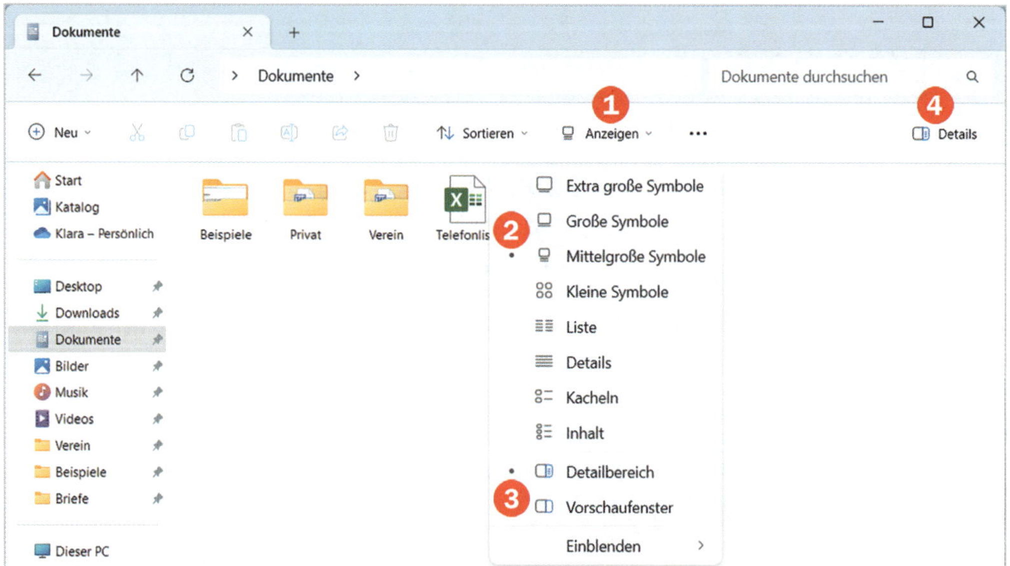

Tipp: Die Symbole der beiden wichtigsten Ansichten, nämlich *Details* und *Große Symbole*, finden Sie zusätzlich auch in der rechten unteren Ecke des Explorer-Fensters **5**.

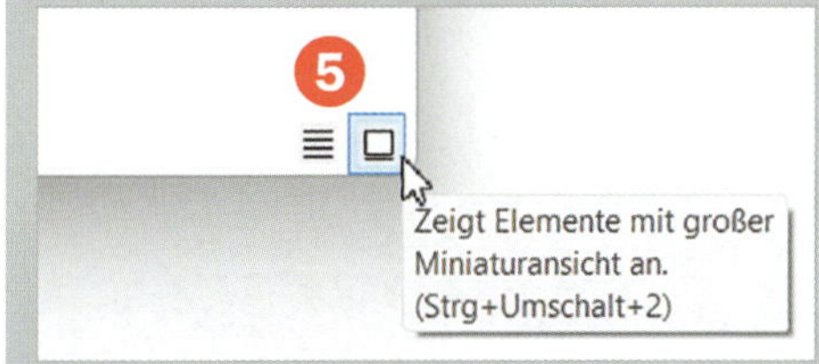

Tipps und Hinweise

- Am besten testen Sie die Ansichten selbst der Reihe nach und nutzen dann diejenige Ansicht, mit der Sie am besten zurechtkommen. Als Beispiel in den Abbildungen rechts Inhalte des Ordners *Bilder* in den Ansichten *Große Symbole*, *Kacheln* und *Liste* (von links nach rechts).

- Sie können für jeden Ordner, je nach Ordnerinhalt jeweils eine andere Ansicht wählen. So eignen sich beispielsweise die Ansichten *Extra große Symbole*, *Große Symbole* und *Mittelgroße Symbole* am besten für Bilder.
- In den Ansichten *Kacheln*, *Inhalt* und *Details* sehen Sie zusätzliche Informationen wie Dateityp, letztes Änderungsdatum oder Dateigröße. Diese Ansichten werden häufig für Ordner mit Textinhalten verwendet. Die Ansicht *Details* erlaubt darüber hinaus auch noch schnelles Sortieren, siehe weiter unten und dürfte deshalb die beliebteste Ansicht sein.

Die gewählte Ansicht gilt, falls keine anderen Einstellungen festgelegt wurden, immer nur für den aktuellen Ordner bzw. Speicherort. Windows „merkt" sich für jeden Ordner die zuletzt verwendete Ansicht, so dass Sie z. B. einen Ordner mit Urlaubsfotos beim Öffnen immer in derselben Ansicht vorfinden. Nicht jede Ansicht eignet sich für jeden Ordnerinhalt. Sie können also jedem Ordner seine Ansicht zuweisen und so die Vorteile jeder Ansicht nutzen.

Ordnerinhalte sortieren

Standardmäßig sind im Inhaltsbereich die Inhalte nach Namen aufsteigend sortiert, wobei Dateien und Ordner je eine gesonderte Gruppe bilden. Zur Orientierung und zum schnellen Auffinden einer bestimmten Datei kann es sinnvoll sein, eine andere Sortierung, zum Beispiel nach Änderungsdatum, zu wählen.

☛ Klicken Sie der Befehlsleiste auf *Sortieren* ❶ und auf das gewünschte Sortierkriterium, z. B. *Änderungsdatum* ❷. Zwischen aufsteigender und absteigender Sortierfolge ❸ können Sie unterhalb wählen.

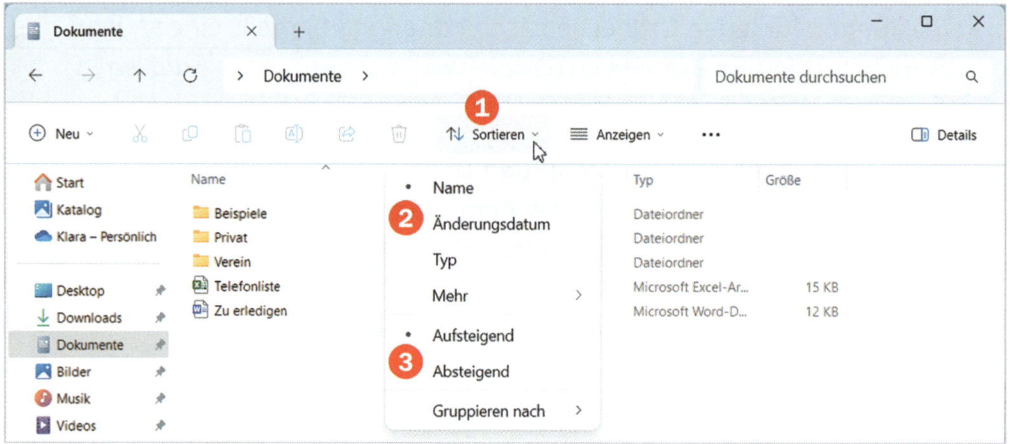

Tipp: In der Ansicht *Details* brauchen Sie zum Sortieren nur die Überschrift der betreffenden Spalte anklicken, wie im Bild links. Die aktuelle Sortierung und Sortierrichtung (aufsteigend oder absteigend) erkennen Sie am Pfeil in der Spaltenüberschrift und ein weiterer Klick an diese Stelle kehrt die Richtung um.

Unabhängig von der Ansicht und Sortierung bilden Dateien und Ordner jeweils eine eigene zusammenhängende Gruppe.

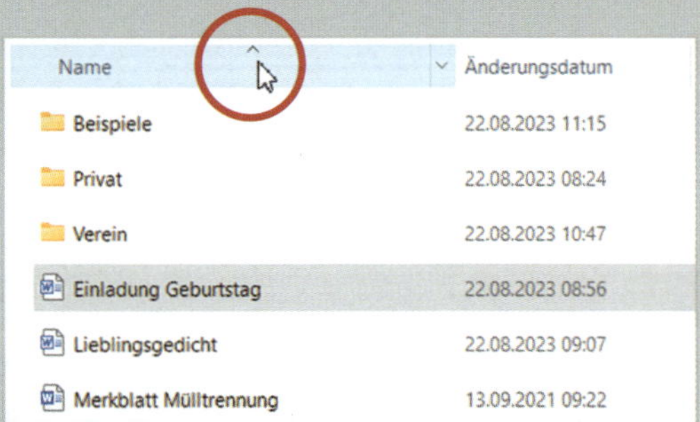

8.5 Inhalte von Ordnern und Laufwerken anzeigen

In der Navigationsleiste des Explorers haben Sie Zugriff auf alle Speicherorte Ihres PCs, also auch auf *OneDrive* und angeschlossene Laufwerke.

- Sollten hier die Namen von Ordnern oder Laufwerken nur unvollständig angezeigt werden, so zeigen Sie zum Verbreitern auf die (fast unsichtbare) Trennlinie zwischen Navigations- und Inhaltsbereich, bis sich der Mauszeiger in einen waagrechten Doppelpfeil verwandelt. Anschließend verschieben Sie die Trennlinie mit gedrückter Maustaste etwas nach rechts.

> Im Gegensatz zum Inhaltsbereich enthält die Navigationsleiste ausschließlich Laufwerke und Ordner. Diese sind innerhalb eines Abschnitts automatisch sortiert, ein Ändern der Sortierung ist nur im Bereich *Schnellzugriff* möglich.
>
> In der Navigationsleiste genügt ein einfacher Mausklick auf ein Laufwerk oder einen Ordner, um dessen Inhalt im Inhaltsbereich anzuzeigen.

Neben dem Symbol *Start* (1) zur Anzeige der Startseite besteht die Navigationsleiste aus folgenden Abschnitten:

- **OneDrive - Personal** (2) oder **Ihr Name - Persönlich**: Hier haben Sie Zugriff auf alle Ordner, die sich auf OneDrive in der Cloud (Internet) befinden.
- **Schnellzugriff** (3): Hier finden Sie standardmäßig Ihre persönlichen Ordner z. B. *Dokumente*, *Bilder*, *Downloads*, sowie den *Desktop* und zuletzt verwendete Ordner. Weitere häufig benötigte Speicherorte können Sie hier bei Bedarf fest anheften.

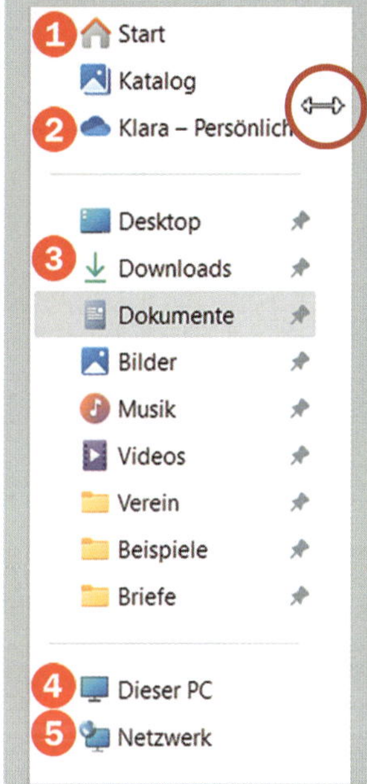

(1) Start

(2) OneDrive

(3) Schnellzugriff

(4) Dieser PC

(5) Netzwerk

Hinweis: Unterhalb von *Start* finden Sie auch noch *Katalog* oder *Galerie*. Hierbei handelt es sich um eine Ansicht, die Ihre sämtlichen Bilder aus dem Ordner *Bilder*, chronologisch geordnet anzeigt. Sie unterscheidet sich nicht von der Startseite der Windows-Fotoanzeige. Auf diese wird in einem gesonderten Kapitel näher eingegangen.

- **Dieser PC** ④ umfasst alle Laufwerke, die sich auf Ihrem PC befinden bzw. daran angeschlossen sind.
- **Netzwerk** ⑤: Über *Netzwerk* haben Sie, falls vorhanden, Zugriff auf zentrale freigegebene Laufwerke und Ordner innerhalb des Unternehmens.

Untergeordnete Elemente ein- und ausblenden

Mit Ausnahme des Schnellzugriffs finden Sie links von manchen Symbolen kleine Pfeile, über diese werden untergeordnete Elemente ein- oder ausgeblendet.

- Ein nach rechts weisender Pfeil signalisiert, die dazugehörigen Laufwerke oder Ordner sind ausgeblendet und mit Klick auf den Pfeil kann die nächste Ebene eingeblendet werden. Diese erscheinen dann unterhalb und etwas eingerückt, wie zum Beispiel im Bild unten die Ordner auf *OneDrive* oder *USB*.
- Ein nach unten weisender Pfeil bedeutet, die nächsttiefere Ebene ist sichtbar und wird per Mausklick auf den Pfeil wieder ausgeblendet.

Achtung: Sie haben auf diesem Weg unter *Dieser PC* auch Zugriff auf alle Ordner auf der lokalen Festplatte. Davon ist allerdings Einsteigern abzuraten, da hier in erster Linie Ordner erscheinen, in denen die Apps und auch Windows selbst mit allen Einstellungen gespeichert sind.

Zugriff auf Ihre persönlichen Ordner erhalten Sie wesentlich schneller über den Bereich Schnellzugriff.

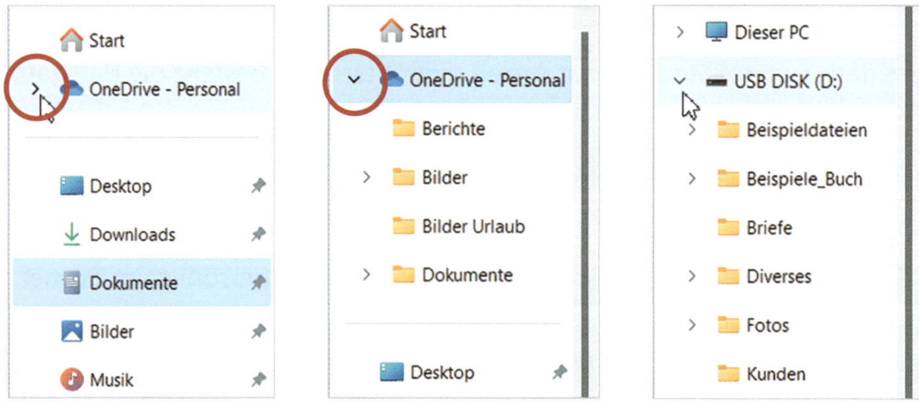

Navigation über die Adressleiste

Die Adressleiste des Explorers zeigt den aktuellen Speicherort im Adressfeld ❶ an (im Bild rechts *Verein*) und am Symbol links im Feld ❷ erkennen Sie, ob sich dieser – wie im Bild – auf Ihrem Gerät, oder in der Cloud OneDrive befindet. Die übrigen Symbole links dienen zur Navigation.

- Mit dem Pfeil *Zurück* ❸ gelangen Sie zurück zum zuletzt besuchten Speicherort. Auch mehrmaliges Anklicken ist möglich.
- Der Pfeil *Vorwärts* ❹ bringt Sie wieder zu dem Speicherort, den Sie zuvor mit *Zurück* verlassen haben.
- Mit dem nach oben weisenden Pfeil ❺ gelangen Sie zum übergeordneten Speicherort, im Bild ist dies der Ordner *Dokumente*.

Auch das Adressfeld kann zur Navigation benutzt werden:

☛ Klicken Sie rechts von einem übergeordneten Ordner, z. B. *Dokumente* wie im Bild rechts, auf den kleinen Pfeil, so erscheinen alle hier befindlichen Unterordner. Klicken Sie dann auf den gewünschten Ordner.

Was ist ein Dateipfad?
Als Datei- oder Suchpfad bezeichnet man die genaue Beschreibung, wo eine Datei zu finden ist. Laufwerksbuchstabe, Ordner- und Dateiname werden mit einem rückwärts gewandten Schrägstrich getrennt. Befindet sich zum Beispiel die Datei „Tagebuch" auf dem USB-Stick mit dem Buchstaben E: im Ordner Sonstiges, dann lautet der Pfad: E:\Sonstiges\Tagebuch.

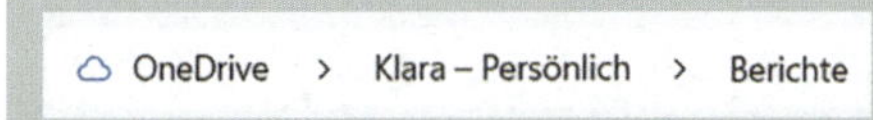

Tipp: Mit Klick auf das Symbol *Aktualisieren* ❻ können Sie bei Bedarf die Anzeige im Datei-Explorer aktualisieren.

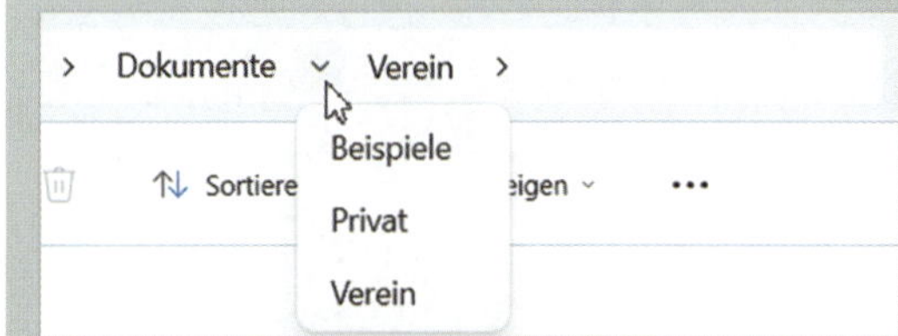

Der rückwärts gewandte Schrägstrich wird als „Backslash" bezeichnet. Zur Eingabe benutzen Sie auf der Tastatur die Tasten **Alt Gr** + **ß**.

Auf externe Speichermedien zugreifen

Externe Speicher sind z. B. USB-Speicherstift, eine zusätzliche externe Festplatte oder die Speicherkarte Ihrer Kamera bzw. die Kamera selbst.

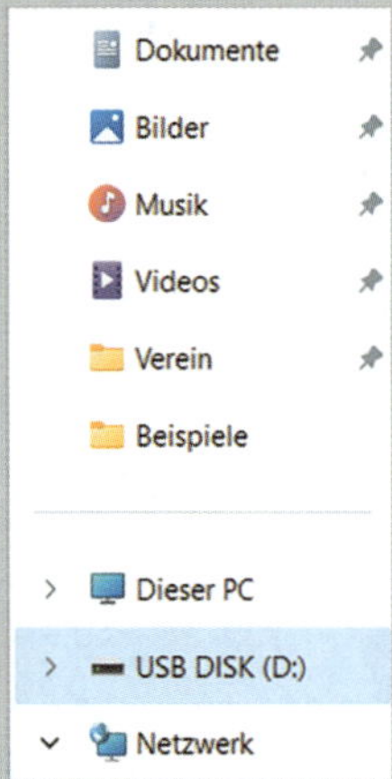

Sobald ein weiterer Speicher am PC angeschlossen wird, erscheint auch dieser im Explorer und Sie können über die Navigationsleiste auf den Inhalt zugreifen. Der Umgang mit Ordnern und Dateien ist immer gleich, egal ob sich diese auf der eingebauten Festplatte oder auf einem externen Speicher befinden.

Wurde ein eingelegter bzw. angeschlossener Speicher erkannt, so erscheint er in der Navigationsleiste unterhalb von *Dieser PC* mit seiner Bezeichnung und dem automatisch zugewiesenen Laufwerksbuchstaben, gefolgt von einem Doppelpunkt :. Im Bild links hat beispielsweise der USB-Speicherstift den Buchstaben D: erhalten.

- Klicken Sie in der Navigationsleiste auf das Laufwerksymbol ❶, hier *USB-Disk (D:)*, um rechts dessen Inhalt anzuzeigen.

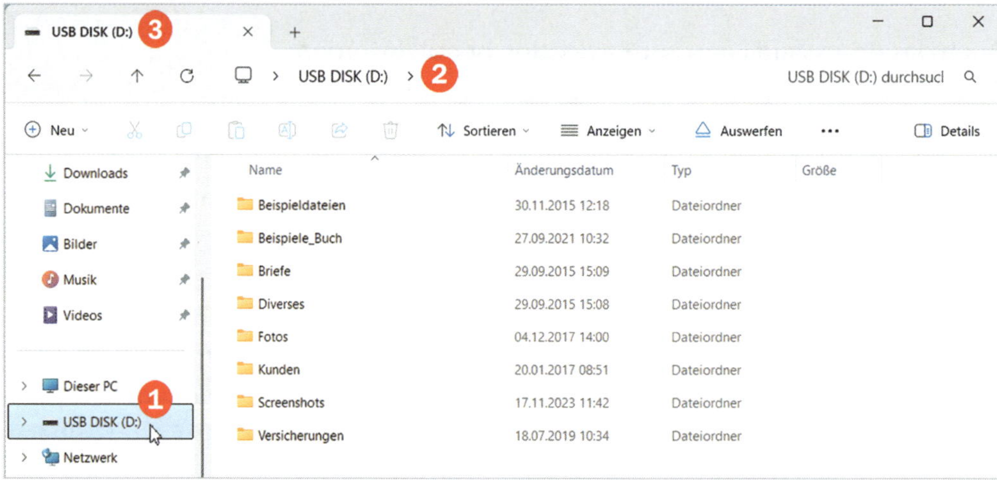

Das ausgewählte Laufwerk erscheint auch im Adressfeld ❷ und auf der Registerkarte ❸.

Externe Speicher abmelden

Externe Speicher wie USB-Speicherstift und externe Festplatte dürfen nicht während eines Schreib- oder Lesevorgangs entnommen werden, da sonst in vielen Fällen der Datenträger anschließend nicht mehr gelesen werden kann. Um dies zu vermeiden, sollten Sie sicherheitshalber vor der Entnahme jeden externen Speicher abmelden.

- Klicken Sie im Datei-Explorer im Navigationsbereich auf das abzumeldende Laufwerk und in der Befehlsleiste auf *Auswerfen* ❶.

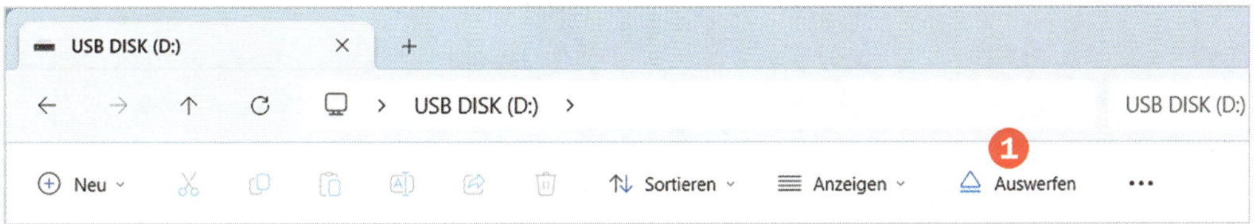

Anschließend erscheint unten rechts auf dem Bildschirm die Meldung, dass der Speicher jetzt entfernt werden kann. Falls der Speicher noch verwendet wird, erhalten Sie ebenfalls eine Meldung und müssen in diesem Fall zuerst die App beenden, mit der eine Datei auf dem Speicher noch geöffnet ist.

Alternative: Bei angeschlossenen USB-Speichermedien erscheint im Infobereich der Taskleiste das Symbol *Hardware sicher entfernen und Medium auswerfen* ❷. Klicken Sie auf dieses Symbol und danach auf das Laufwerk ❸, das Sie abmelden möchten.

Eventuell müssen Sie zuvor den Überlaufbereich mit Klick auf den Pfeil öffnen.

Beim ersten Mal müssen externe Festplatte und USB-Speicherstift erst mal installiert werden. Dies dauert einige Sekunden, dann ist der Speicher einsatzbereit.

Speicherinhalt beim Anschließen anzeigen

Wenn Sie einen externen Speicher zum ersten Mal an Ihren Computer anschließen, erscheint in der Regel in der rechten unteren Ecke des Bildschirms eine kurze Meldung, die Sie zur Auswahl einer Aktion für Wechseldatenträger auffordert.

1 Klicken Sie auf die Meldung ❶.

2 In der rechten oberen Ecke erscheinen nun verschiedene Aktionen. Wenn Sie anschließend den Inhalt im Datei-Explorer anzeigen möchten, dann klicken Sie auf *Ordner öffnen, um Dateien anzuzeigen* ❷. Damit wird der Datei-Explorer geöffnet und zeigt den Speicherinhalt im Inhaltsbereich an.

Eine Beschreibung, wie Sie die automatische Wiedergabe bei Bedarf wieder deaktivieren, finden Sie am Ende dieses Kapitels auf Seite 318.

> **Achtung**: Die ausgewählte Aktion wird gespeichert und künftig automatisch ausgeführt, wenn Sie einen Speicher desselben Typs anschließen, Stichwort „Automatische Wiedergabe". Wenn Sie dies nicht wünschen, dann klicken Sie auf *Keine Aktion durchführen* oder ignorieren die Meldung.

Wenn Sie keine Aktion auswählen bzw. speichern möchten, dann ignorieren Sie die Meldung einfach. Sie verschwindet nach einigen Sekunden automatisch und erscheint dann beim nächsten Anschließen des Speichers erneut.

Gleichzeitig geöffnete Ordner in Registerkarten verwalten

Manchmal ist es praktisch, wenn mehrere Ordner gleichzeitig geöffnet sind, z. B. beim Verschieben oder Kopieren oder wenn sich die benötigten Dateien an verschiedenen Orten befinden. In diesem Fall können Sie z. B. den Datei-Explorer nochmals in einem weiteren Fenster öffnen. Den besseren Überblick haben Sie jedoch, wenn Sie Ordner innerhalb des Datei-Explorers in Registerkarten öffnen. Zum Wechseln zwischen den Ordnern brauchen Sie dann nur die Registerkarte des betreffenden Ordners anklicken.

Info: Registerkarten werden auch als Tabs bezeichnet und sind in Browsern, z. B. Microsoft Edge bereits seit langem üblich.

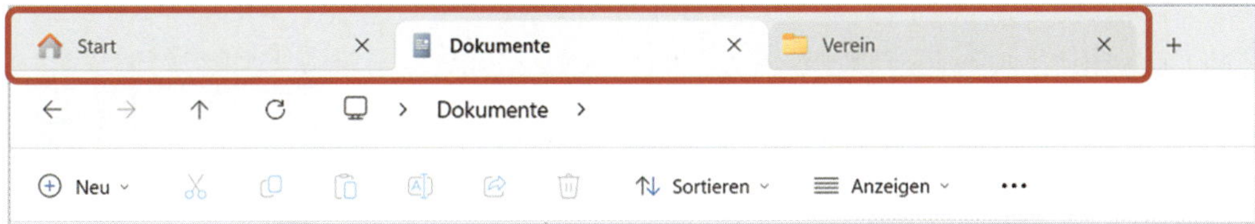

Neue Registerkarte öffnen, Neuer Tab

- Klicken Sie oben im Explorer-Fenster auf das + Zeichen ❶, oder drücken Sie die Tastenkombination **Strg+T**. Die neue Registerkarte erscheint mit der Startseite und Sie können hier zum gewünschten Ordner navigieren.

Tipp: Auch ein kurzes Anklicken mit der mittleren Maustaste bzw. mit dem Mausrad öffnet eine neue Registerkarte.

Registerkarte schließen, Tab schließen

- Klicken Sie auf das x ❷ der betreffenden Registerkarte.

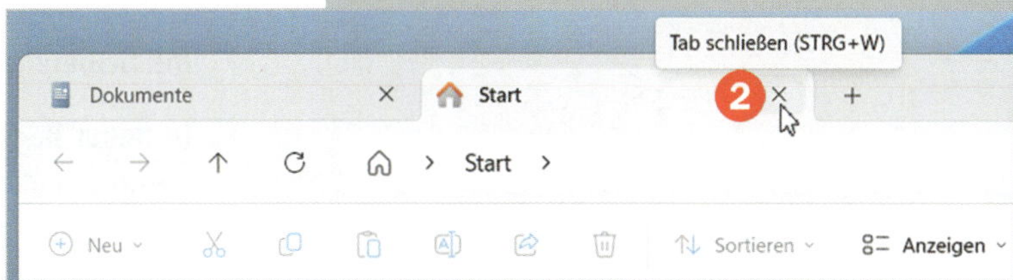

Ordner in neuer Registerkarte öffnen

Meist geht es schneller, wenn Sie gleich einen Ordner in einer neuen Registerkarte öffnen. Beispiel: Den Ordner *Beispiele* in einer neuen Registerkarte öffnen:

- Klicken Sie dazu mit der **rechten** Maustaste auf das Symbol des zu öffnenden Ordners ➊ und dann mit der linken Maustaste auf *In neuer Registerkarte öffnen* ➋. Es spielt keine Rolle, ob dies in der Navigationsleiste oder im Inhaltsbereich geschieht, wie im Bild unten.

Ordner in einem eigenen Fenster öffnen:
Falls Sie den betreffenden Ordner in einem gesonderten Fenster öffnen möchten, dann gehen Sie genauso vor: Klicken Sie mit der **rechten** Maustaste auf das Ordnersymbol und wählen Sie den Befehl *In neuem Fenster öffnen.*

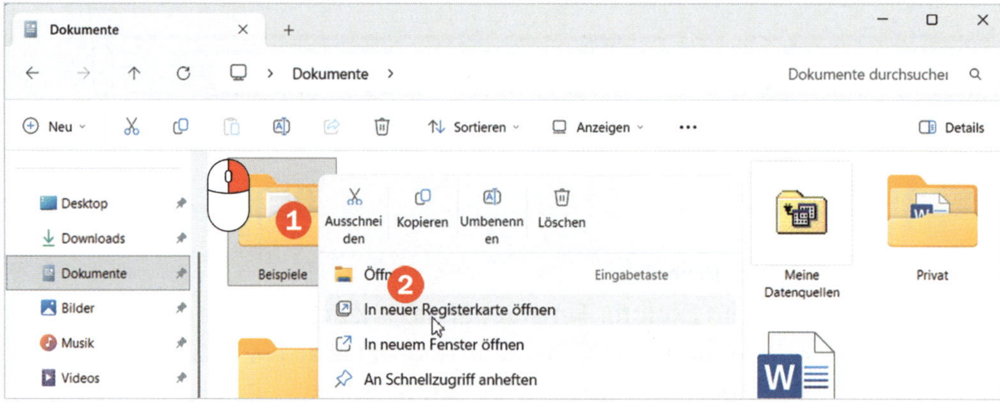

Übersicht: Ordner öffnen

- **Navigationsleiste**: Ordnersymbol 1x anklicken
- **Inhaltsbereich**: Doppelklick auf das Ordnersymbol
- **In neuer Registerkarte öffnen**: Rechtsklick und Befehl *In neuer Registerkarte öffnen.*

8.6 Dateien im Explorer öffnen

Nicht nur aus der jeweiligen App heraus, sondern auch im Datei-Explorer können Sie Dateien öffnen. Dabei wird jede Datei automatisch mit der dazugehörigen App geöffnet. Die Vorgehensweise ist einfach:

- Klicken Sie im Inhaltsbereich des Datei-Explorers zweimal kurz hintereinander (**Doppelklick**) auf das Symbol der Datei ❶, die Sie öffnen möchten. Als Beispiel im Bild unten die Datei *Einladung Weihnachtsfeier*.

Die Datei wird geöffnet, je nach installierter App entweder zusammen mit LibreOffice Writer oder Microsoft Word und Sie können mit der Texteingabe fortfahren.

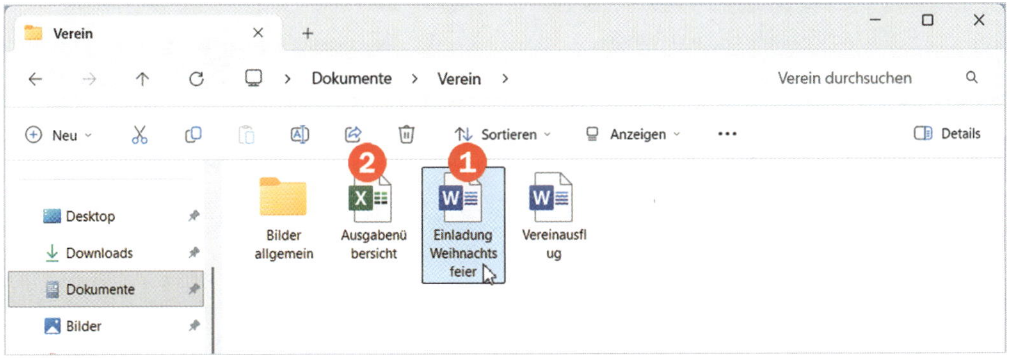

Jedem Dateityp ist zum Öffnen eine Standard-App zugeordnet. Diese ist am Dateisymbol leicht zu erkennen, so handelt es sich z. B. im Bild bei der Datei *Ausgabenübersicht* ❷ um eine Excel-Arbeitsmappe.

App zum Öffnen auswählen

Für manche Dateitypen, z. B. Dateien mit Textinhalt oder Fotos kommen auch mehrere Apps zum Öffnen in Frage. Wenn Sie die App zum Öffnen der Datei auswählen möchten, dann gehen Sie so vor:

Sollte keine geeignete App auf dem Gerät vorhanden sein, so gelangen Sie mit Klick auf *Microsoft Store durchsuchen* 4 zum gleichnamigen Store. Dort können Sie unter verschiedenen kostenlosen oder kostenpflichtigen Apps wählen. Die App wird danach heruntergeladen und sofort installiert.

Näheres zum Microsoft Store lesen Sie in Kapitel 10 dieses Buches.

1 Klicken Sie mit der **rechten** Maustaste auf die betreffende Datei 1 und danach mit der linken Maustaste auf *Öffnen mit* 2.

2 Es erscheinen verschiedene installierte Apps, die diesen Dateityp öffnen können, beim abgebildeten Beispiel eines Fotos *Paint*, *Snipping Tool* und *Windows Fotoanzeige* 3. Klicken Sie auf die gewünschte App.

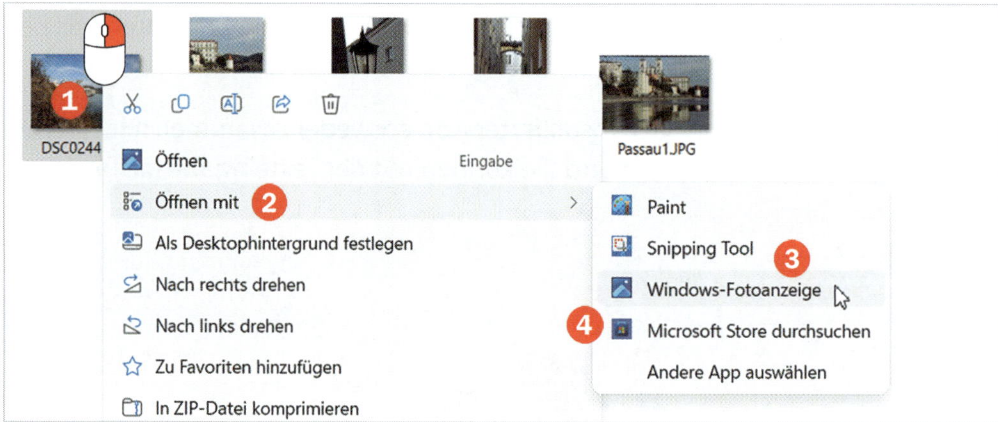

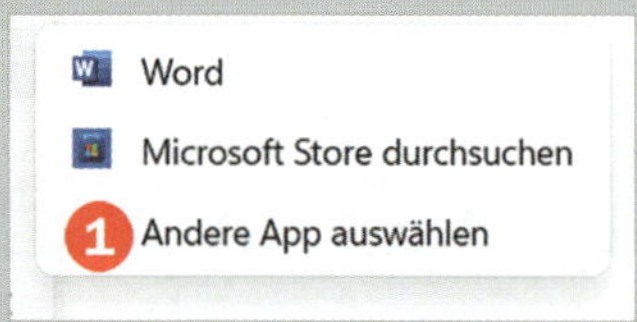

Eine installierte App erscheint nicht in der Liste?

Manchmal erscheint eine App nicht in der Liste, obwohl sie auf dem PC vorhanden ist. So enthält die Liste meist die entsprechende Standard-App, z. B. Microsoft Word für Dateien mit Textinhalt, andere Apps werden dagegen nicht immer auf Anhieb in der Liste angezeigt, wie im Bild links.

1 Wenn Sie in einem solchen Fall die Datei trotzdem mit einer anderen App öffnen möchten, dann klicken Sie auf *Andere App auswählen* 1.

2 Es öffnet sich ein Fenster mit der Aufforderung *Wählen Sie eine App aus, um diese Datei zu öffnen* und weiteren installierten Apps. Klicken Sie auf die gewünschte App, z. B. *LibreOffice Writer* ❷ oder *Editor*.

3 Anschließend entscheiden Sie, ob dieser Dateityp ab sofort immer mit der ausgewählten App geöffnet werden soll:

- Wenn die Datei nur dieses Mal mit der App geöffnet werden soll, dann klicken Sie auf *Nur einmal* ❸.
- Möchten Sie dagegen die Datei ab sofort immer mit dieser App öffnen, dann klicken Sie auf *Immer* ❹.

Achtung: Häufig enthält die Liste auch Apps, die zum Öffnen des ausgewählten Dateityps eigentlich nicht geeignet sind, z. B. im Bild den Browser *Firefox*. Klicken Sie also nur auf *Immer*, wenn Sie sicher sind, dass die ausgewählte App die richtige ist und Sie die Standard-App für diesen Dateityp wirklich ändern möchten.

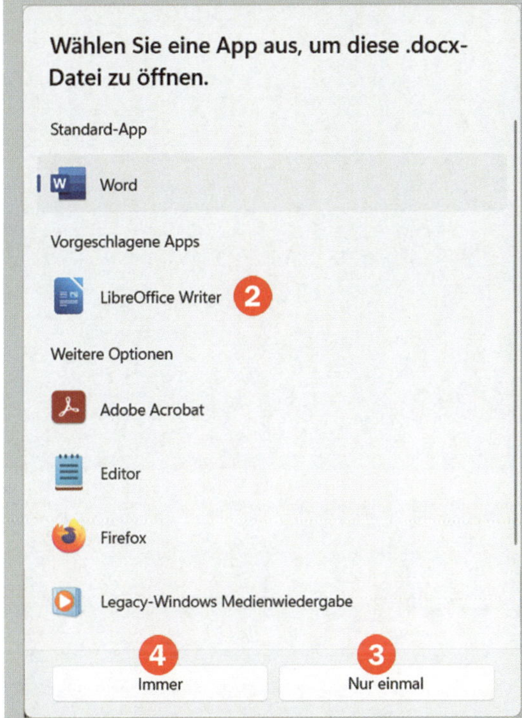

8.7 Dateien und Ordner verwalten

Neuen Ordner anlegen

Tipps und Hinweise zum Anlegen von Ordnern

- Ordner können an jedem verfügbaren Speicherort, also auch auf *OneDrive*, einem USB-Speicherstift oder auf einer externen Festplatte, erstellt werden.
- Für Ordnernamen gelten dieselben Regeln wie für Dateinamen. Mit Ausnahme der Sonderzeichen / \ : ? * < > | können alle Groß- und Kleinbuchstaben, Ziffern und sonstigen Zeichen verwendet werden.
- Ein Ordnername muss eindeutig sein, darf also am selben Speicherort nicht bereits vorhanden sein.
- Auf der lokalen Festplatte sollten Sie unbedingt Ihre Ordner in einem der persönlichen Ordner (*Dokumente*, *Bilder*, *Musik* usw.) anlegen, beispielsweise im Ordner *Dokumente* einen Ordner für Briefe. Der Grund: Dateien, die sich hier oder in einem dazugehörigen Unterordner befinden, werden bei der Suche schneller gefunden.
- Legen Sie dagegen keine Ordner unmittelbar auf der Festplatte *Lokaler Datenträger (C:)* an. Dieser Ort sollte ausschließlich Windows und den installierten Apps vorbehalten bleiben, da ein versehentliches Löschen wichtiger Ordner dazu führen kann, dass Apps oder Windows selbst nicht mehr korrekt funktionieren.

Ihre persönlichen Ordner befinden sich selbstverständlich auch auf der Festplatte, aber ihr genauer Speicherort ist aus Sicherheitsgründen nicht leicht zu finden.

Beispiel: Einen Ordner für Versicherungen anlegen

1 Im ersten Schritt sorgen Sie dafür, dass der Inhalt des Ordners, in dem Sie den neuen Ordner erstellen möchten, im Inhaltsbereich des Explorers sichtbar ist, in unserem Beispiel der Ordner *Dokumente* ❶.

2 Klicken Sie in der Befehlsleiste auf *Neu* ❷ und wählen Sie *Ordner* ❸.

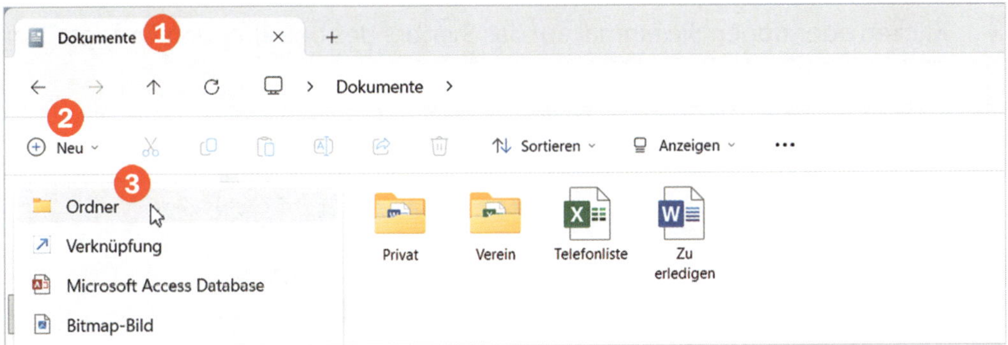

Kontrollieren Sie Adressfeld und Registerkarte des Datei-Explorers!

3 Der neue Ordner erscheint sofort im Inhaltsbereich. Sein Name *Neuer Ordner* befindet sich in einem kleinen Eingabefeld (Rahmen) und ist markiert ❹.

4 Tippen Sie den gewünschten Ordnernamen über die Tastatur ein, im Beispiel rechts Versicherungen, dadurch wird der alte Name überschrieben ❺.

5 Betätigen Sie zum Abschluss die **Eingabetaste** oder tippen Sie an eine freie Stelle des Inhaltsbereichs.

6 Der Rahmen verschwindet, der Ordnername wird übernommen ❻ und der Ordner bleibt markiert.

Den neuen Ordner umbenennen: Falls Sie versehentlich geklickt haben und ein Überschreiben nicht mehr möglich ist, dann ändern Sie den Namen nachträglich. Näheres lesen Sie auf der nächsten Seite.

Ordner und Dateien umbenennen

Ausnahme: Die Namen der persönlichen Ordner (*Dokumente*, *Bilder*, *Musik* usw.) können nicht geändert werden.

Ordner umbenennen

Wenn Sie sich bei der Eingabe des Ordnernamens vertippt haben oder das Benennen eines neuen Ordners nicht auf Anhieb geklappt hat, wie im Bild unten, dann ändern Sie den Namen des Ordners einfach nachträglich. So geht's:

1. Klicken oder tippen Sie einmal auf das Symbol des betreffenden Ordners. Der Ordner ist nun markiert ❶.
2. Klicken Sie in der Befehlsleiste auf das Symbol *Umbenennen* ❷.

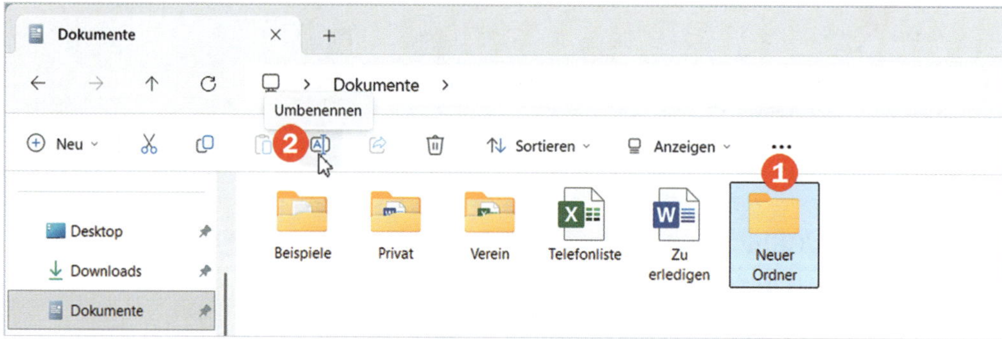

Eine weitere Möglichkeit zum Umbenennen: Markieren Sie den Ordner mit einem Mausklick und drücken Sie dann auf der Tastatur die Taste **F2**.

3. Der Name des Ordners wechselt in den Textmodus und erscheint jetzt in einem kleinen umrandeten Eingabefeld ❸. Im Textmodus kann der Ordnername jederzeit geändert oder überschrieben werden ❹.
4. Schließen Sie das Umbenennen mit der **Eingabetaste** ❺ ab.

Achtung: Manchmal wechselt ein Ordnername auch in den Textmodus, wenn beim Öffnen per Doppelklick versehentlich auf den Namen geklickt wurde. In solchen Fällen beenden Sie durch Drücken der **Esc**-Taste den Textmodus, ohne dass der Name des Ordners oder der Datei geändert wird.

Dateinamen ändern
Auf dieselbe Weise können Sie auch die Namen von Dateien ändern. Allerdings müssen Sie dabei folgende Punkte beachten:

- Manche Dateitypen können nicht umbenannt werden, während sie gleichzeitig geöffnet sind. Gleiches gilt auch für Ordnernamen, wenn eine Datei aus diesem Ordner geöffnet ist.
- Die Dateinamenerweiterung kennzeichnet den Dateityp und legt damit die zum Öffnen verwendete App fest. Sie ist normalerweise nicht sichtbar und wird in diesem Fall beim Umbenennen auch nicht angetastet. Sollte die Dateinamenerweiterung allerdings sichtbar sein, zum Beispiel .jpg für Fotos oder .docx für Word-Dateien, dann darf diese auf keinen Fall geändert werden! Die Datei kann sonst nicht mehr geöffnet werden.

Wie Sie die Dateinamenerweiterung aus- oder einblenden, lesen Sie im nächsten Punkt.

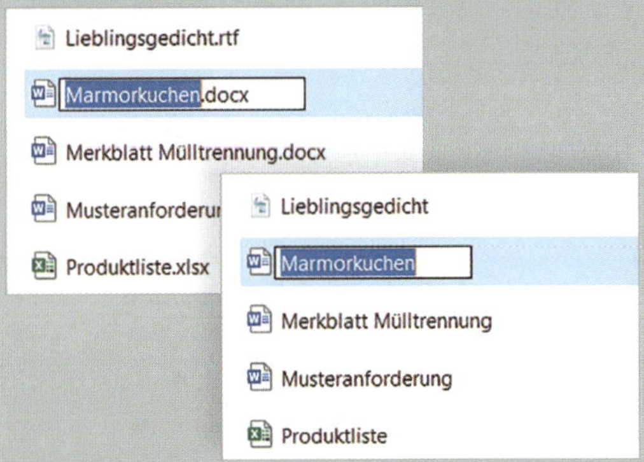

Dateinamenerweiterungen ein- und ausblenden

Die Dateinamenerweiterung ist ein Zusatz des Dateinamens und legt den Dateityp fest, sie spielt daher eine wichtige Rolle. Eine Datei ohne oder mit der falschen Erweiterung kann nicht mehr geöffnet werden. Damit die Dateinamenerweiterung nicht versehentlich beim Umbenennen geändert wird, ist sie in der Standardein-

Info: Das Einblenden der Dateinamenerweiterungen wirkt sich auf das gesamte System aus. Daher erscheint sie z. B. auch beim Speichern von Dateien im Fenster *Speichern unter*.

stellung ausgeblendet. Wir empfehlen Ihnen, als Einsteiger diese Einstellung zumindest vorerst beizubehalten.

Falls Sie die Dateinamenerweiterung ein- oder ausblenden möchten, dann klicken Sie in der Befehlsleiste auf *Anzeigen* ❶ und hier auf *Einblenden* ❷. Klicken Sie auf *Dateinamenerweiterungen* ❸.

Fortgeschrittene Anwender bevorzugen aus Sicherheitsgründen sichtbare Dateinamenerweiterungen. Auf diese Weise kann z. B. ein E-Mail-Anhang mit Schadsoftware am Zusatz .exe leichter erkannt werden.

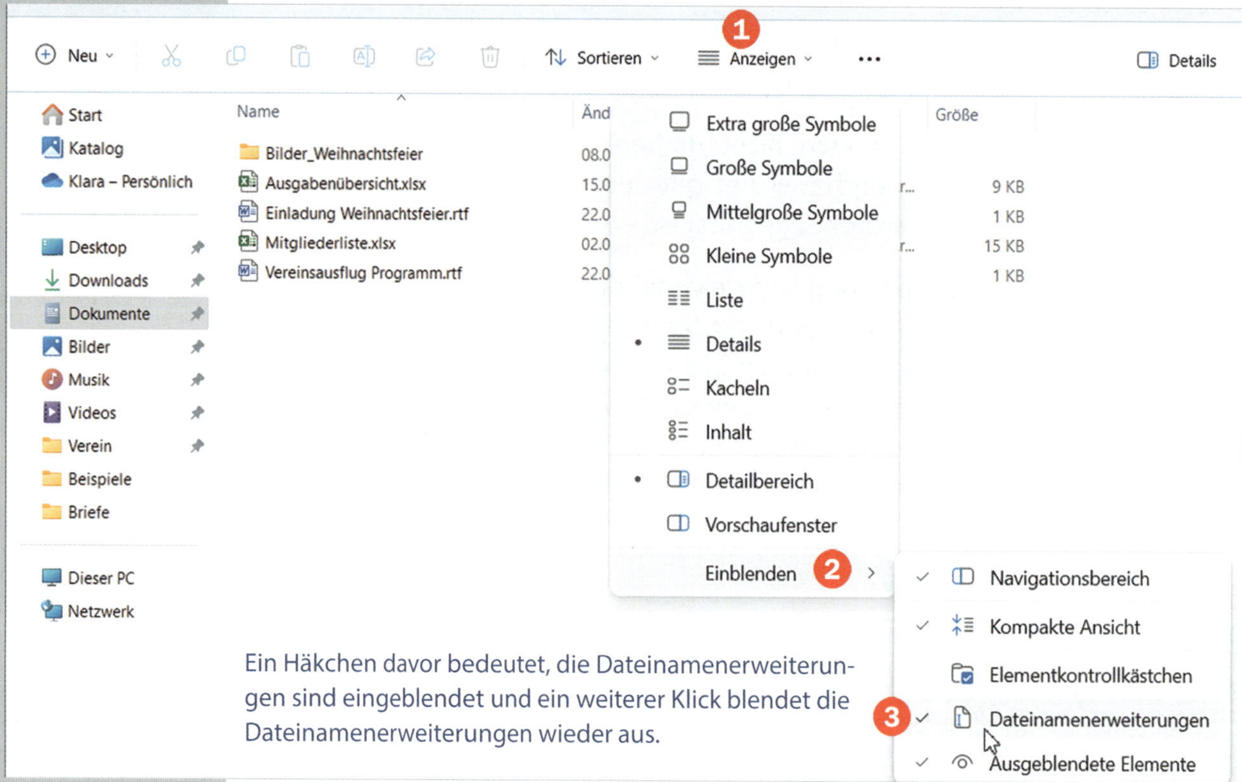

Ein Häkchen davor bedeutet, die Dateinamenerweiterungen sind eingeblendet und ein weiterer Klick blendet die Dateinamenerweiterungen wieder aus.

Elemente markieren

Bevor Sie eine Datei oder einen Ordner verschieben, kopieren oder löschen, müssen Sie das betreffende Element markieren. Markierte Elemente sind farblich hervorgehoben ❶ und dadurch leicht zu erkennen.

☛ Ein einzelnes Element markieren Sie durch Anklicken (kein Doppelklick!).

Tipp: Die Tastenkombination **Strg+A** (Alles) markiert den gesamten Ordnerinhalt.

❷ **Achtung:** Wenn Sie mit der Maus auf eine Datei oder einen Ordner zeigen, wird dieses Element ebenfalls farbig hervorgehoben. Allerdings blasser und nur, solange sich der Mauszeiger an dieser Stelle befindet.

Ein markiertes Element hingegen bleibt solange markiert, bis Sie an eine andere Stelle klicken.

Mehrere Elemente markieren

Manchmal sparen Sie Arbeitsschritte, wenn Sie zuvor mehrere Dateien gleichzeitig markieren. Dies geht am einfachsten mit Hilfe von Kontrollkästchen, die beim Zeigen erscheinen, wie im Bild rechts. Allerdings müssen Sie die Kontrollkästchen zunächst einblenden.

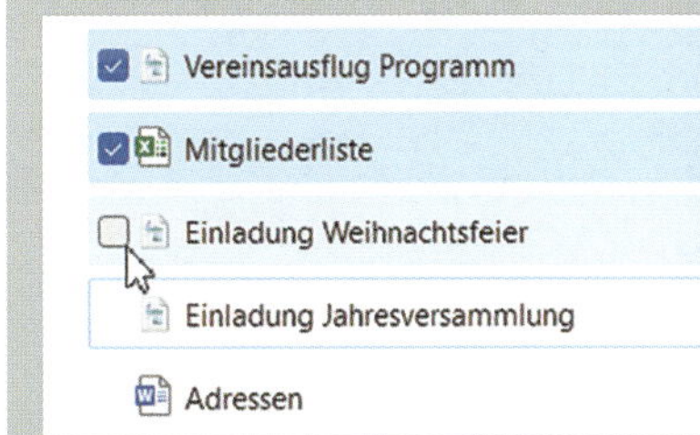

☛ Klicken Sie in der Befehlsleiste auf *Anzeigen* ❶ und hier auf *Einblenden* ❷. Klicken Sie dann im Untermenü auf *Elementkontrollkästchen* ❸ (Bild auf der nächsten Seite.

Links von jedem Datei- und Ordnersymbol erscheinen nun kleine Kästchen, wenn Sie mit der Maus darauf zeigen und durch Anklicken der Kästchen werden einzelne Dateien der Reihe nach markiert (Häkchen) 4.

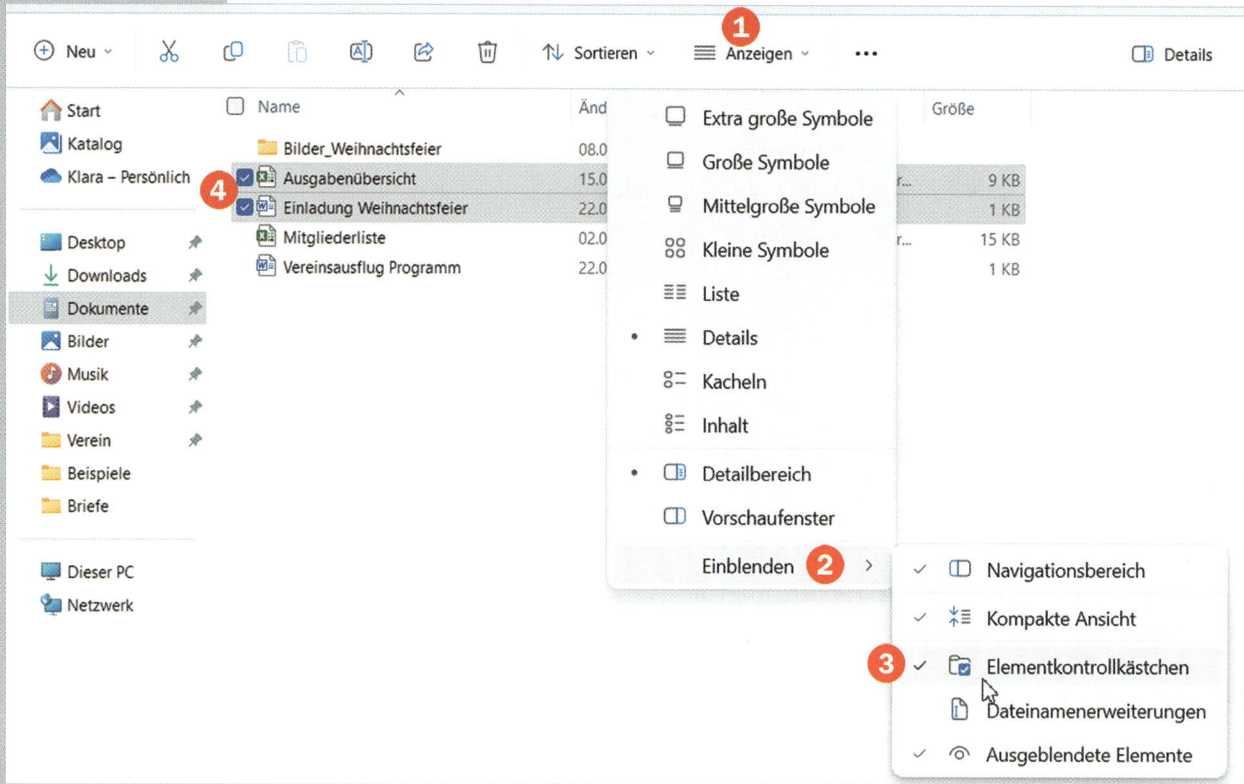

Bei versehentlich angeklickten bzw. markierten Elementen entfernt ein weiterer Mausklick das Häkchen bzw. die Markierung wieder.

Dateien und Ordner über die Zwischenablage verschieben oder kopieren

Manchmal stellen Sie erst einige Zeit nach dem Speichern fest, dass eine Datei eigentlich in einen anderen Ordner gehört. Oder Sie haben noch nachträglich den passenden Ordner erstellt. Dann verschieben Sie die Datei einfach in den richtigen Ordner. Gleiches gilt auch, wenn ein Ordner versehentlich am falschen Ort erstellt wurde. In diesem Fall verschieben Sie den gesamten Ordner, die Vorgehensweise ist dieselbe. Die Weitergabe oder Sicherung von Daten erfolgt dagegen mittels Kopieren, meist auf andere Speicher wie USB-Speicherstift oder *OneDrive*.

Die Zwischenablage

Eine gängige Methode zum Kopieren und Verschieben ist der Weg über die sogenannte Zwischenablage; einen temporären Speicher in den ein Element ausgeschnitten (Verschieben) oder kopiert wird und daraus anschließend an anderer Stelle eingefügt wird.

Zum Kopieren, Ausschneiden und Einfügen über die Zwischenablage finden Sie in der Befehlsleiste des Datei-Explorers die folgenden Symbole.

Aktion	Symbol	Beschreibung
Ausschneiden		Das markierte Element in die Zwischenablage ausschneiden. Ausgeschnittene Elemente verbleiben solange am Quellort, bis sie andernorts eingefügt werden, können also nicht verloren gehen.
Kopieren		Das markierte Element in die Zwischenablage kopieren.
Einfügen		Zuvor kopierte oder ausgeschnittene Elemente aus der Zwischenablage an der aktuellen Position einfügen.

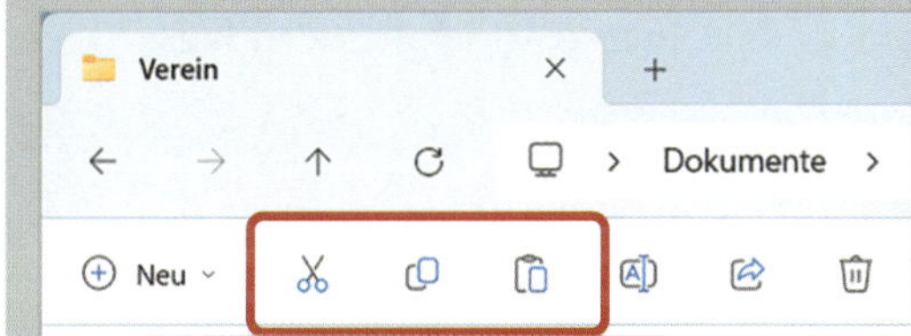

Diese Symbole erscheinen auch im Kontextmenü beim Rechtsklick auf ein Element. Hier sind sie sogar beschriftet.

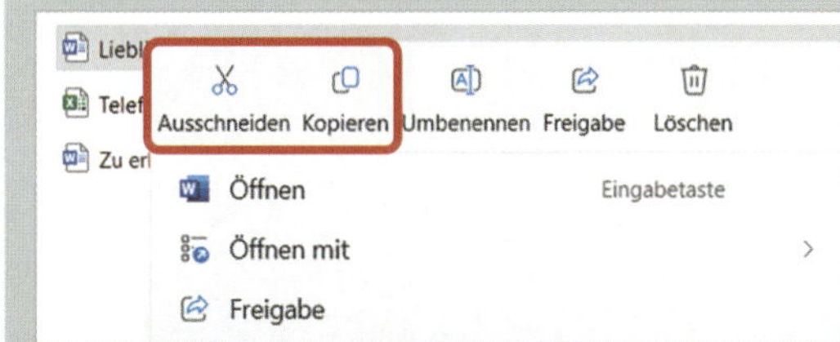

Statt der Symbole können auch folgende Tastenkombinationen verwendet werden:

Ausschneiden **Strg+X**
Kopieren **Strg+C**
Einfügen **Strg+V**

Wie lange bleibt ein Element in der Zwischenablage? Ein ausgeschnittenes oder kopiertes Element verbleibt so lange in der Zwischenablage, bis das nächste Element ausgeschnitten oder kopiert wird.

Hinweis: Wenn, wie im Bild unten, nach dem Einfügen die Datei in anderer Symbolgröße erscheint, dann liegt das daran, dass der Zielordner eine andere Ansicht verwendet.

Beispiel: Eine Datei in einen anderen Ordner verschieben

Als Beispiel soll die Datei *Merkblatt Mülltrennung* aus dem Ordner *Verein* in den Ordner *Verschiedenes* verschoben werden. Dieselbe Vorgehensweise gilt auch für Ordner und die Schritte sind immer gleich:

1. Markieren Sie die Datei (oder den Ordner) ❶ und klicken Sie in der Befehlsleiste auf das Symbol *Ausschneiden* ❷, an der Schere leicht zu erkennen.
2. Wechseln Sie zum Zielordner, hier *Privat* ❸ und klicken Sie in der Befehlsleiste auf das Symbol *Einfügen* ❹. Die Datei verschwindet vom ursprünglichen Speicherort und befindet sich nun am Zielort.

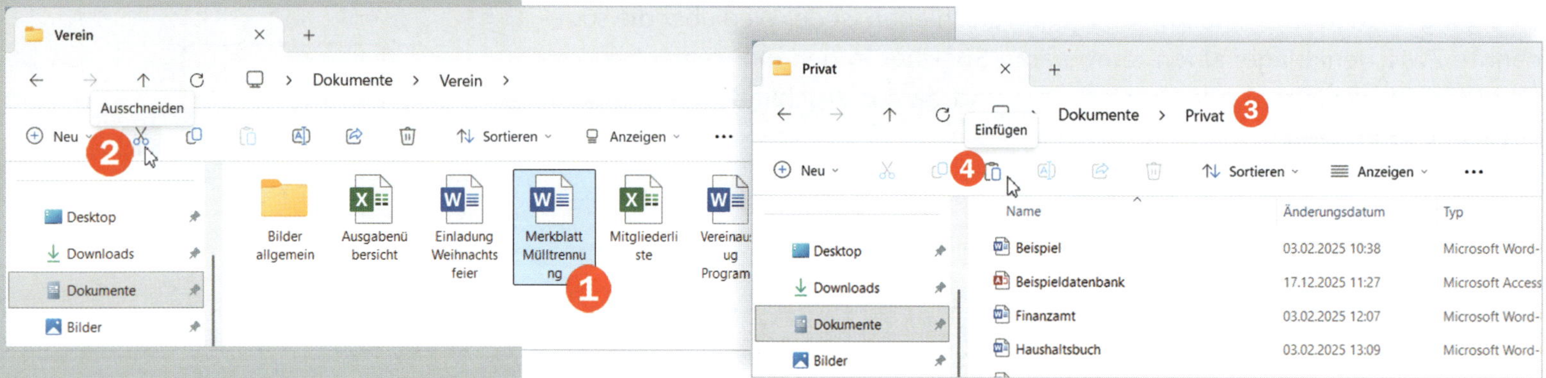

Symbol inaktiv?
Sollte das Symbol *Ausschneiden* ausgegraut, also inaktiv sein, dann ist kein Element zum Ausschneiden markiert. Wenn dagegen das Symbol *Einfügen* inaktiv ist, wie im Bild links, dann ist die Zwischenablage leer.

Datei kopieren

Genauso gehen Sie vor, wenn Sie eine Datei kopieren möchten. Im Unterschied zum Ausschneiden verbleibt beim Kopieren das Element am ursprünglichen Ort und ist nach dem Einfügen am Zielort an beiden Orten vorhanden. Diese Möglichkeit benutzt man meist zum Sichern von Daten, z. B. auf einen externen Speicher.

Wie Sie den gesamten Ordner *Dokumente* auf eine externe Festplatte sichern, lesen Sie am Ende dieses Kapitels ab Seite 312.

Hier als Beispiel das Kopieren und Einfügen einer Datei, dieselbe Vorgehensweise gilt auch für Ordner.

Tipp: Am übersichtlichsten gestaltet sich das Kopieren oder Verschieben, wenn Quell- und Zielort gleichzeitig geöffnet sind, entweder als Registerkarten (Tabs) oder in zwei Fenstern.

1 Markieren Sie die Datei ❶, hier *Zimtschnecken*, und klicken Sie in der Befehlsleiste auf das Symbol *Kopieren* ❷ (oder Tasten **Strg**+**C**).

2 Wechseln Sie zum Zielordner ❸ und klicken Sie in der Befehlsleiste auf das Symbol *Einfügen* ❹ oder drücken Sie die Tasten **Strg**+**V**.

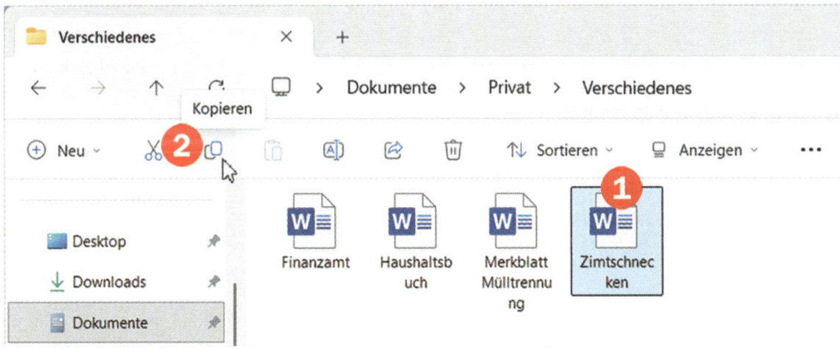

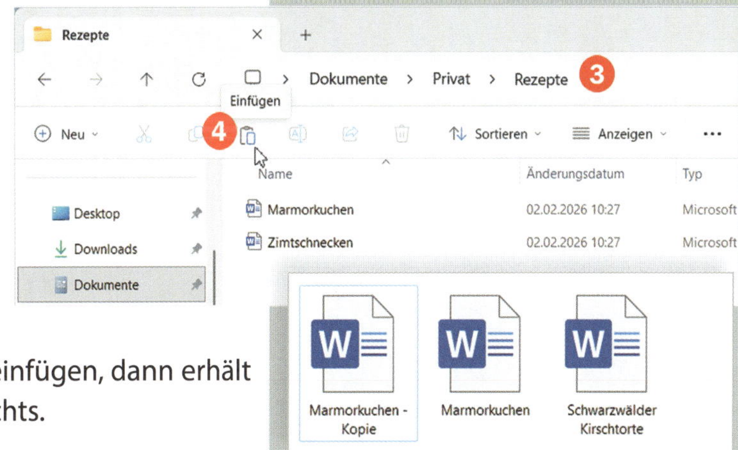

Hinweis: Wenn Sie eine kopierte Datei am selben Ort wieder einfügen, dann erhält der Dateiname automatisch den Zusatz *Kopie*, wie im Bild rechts.

Elemente mit der Maus verschieben

Statt über die Zwischenablage können Dateien und Ordner auch mit der Maus verschoben oder kopiert werden. Diese Methode wird als Drag & Drop (dt. Ziehen und Ablegen) bezeichnet und bedeutet nichts anderes, als ein Element mit gedrückter linker Maustaste an den Zielort zu ziehen. Diese Methode eignet sich, wenn sich Datei und Zielordner am selben Ort befinden, z. B. im Ordner *Dokumente* wie im Bild unten.

1 Markieren Sie mit einem Mausklick die verschiebende Datei. Positionieren Sie dann den Mauszeiger über dem Symbol dieser Datei ❶, drücken Sie die linke Maustaste und halten Sie die Taste gedrückt.

2 Bewegen Sie die Maus mit gleichzeitig gedrückter Maustaste in Richtung des Zielordners ❷, das Dateisymbol wandert mit.

3 Lassen Sie die Maustaste erst los, wenn am Mauszeiger ein entsprechender Hinweistext auf das Ziel ❸ erscheint.

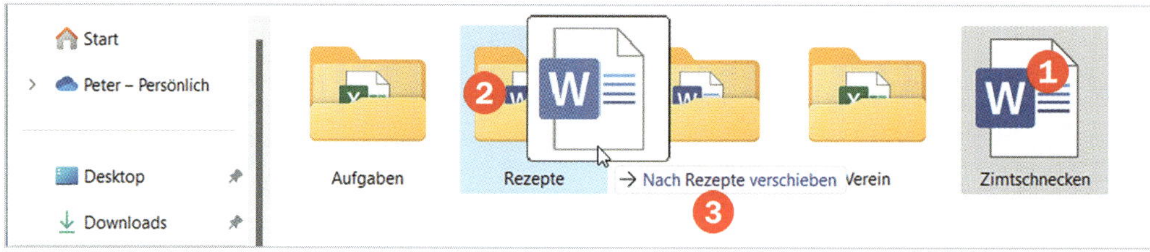

Die Datei verschwindet vom ursprünglichen Speicherort und befindet sich nun im Zielordner.

Tipp: Sollte beim Verschieben mit der Maus etwas schiefgegangen sein, so machen Sie diese Aktion einfach sofort danach wieder rückgängig. Wie das geht, lesen Sie auf Seite 293.

Beachten Sie beim Ziehen mit der Maus die Standardeinstellungen

- Ziehen Sie ein Element auf ein anderes Laufwerk, dann wird dort automatisch eine Kopie erstellt.
- Ziehen Sie innerhalb eines Laufwerks, z. B. Festplatte, von einem Ordner in einen anderen, so wird das Element an den Zielort verschoben.
- Ausnahme *OneDrive*: Beim Ziehen von der Festplatte in einen *OneDrive*-Ordner wird ebenfalls verschoben.

Auf andere Laufwerke kopieren oder verschieben

Über die Zwischenablage oder durch Ziehen mit der Maus können Sie Dateien und Ordner auch auf andere Laufwerke, z. B. externe Festplatte zur Datensicherung oder auf OneDrive kopieren oder verschieben.

Beachten Sie, dass der Kopiervorgang auf ein anderes Laufwerk in der Regel etwas länger dauert, insbesondere bei umfangreichen Ordnern. Dann lässt sich der Kopierfortschritt in einem kleinen Fenster mitverfolgen (s. Bild) und hier ggf. mit Klick auf die beiden Schaltflächen unter- oder ganz abbrechen.

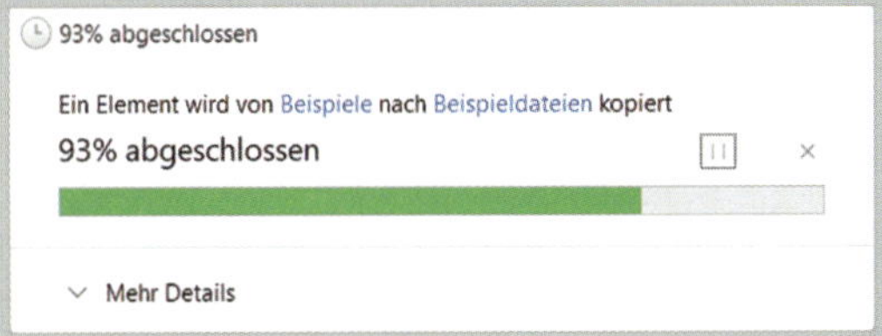

Mögliche Konflikte und Fehler beim Kopieren und Verschieben

Möglicherweise erhalten Sie beim Verschieben oder Kopieren eine Fehlermeldung. Hier die häufigsten Meldungen mit Tipps zur Abhilfe:

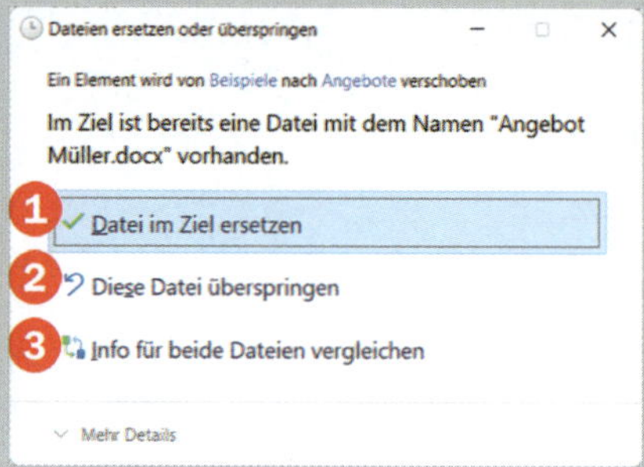

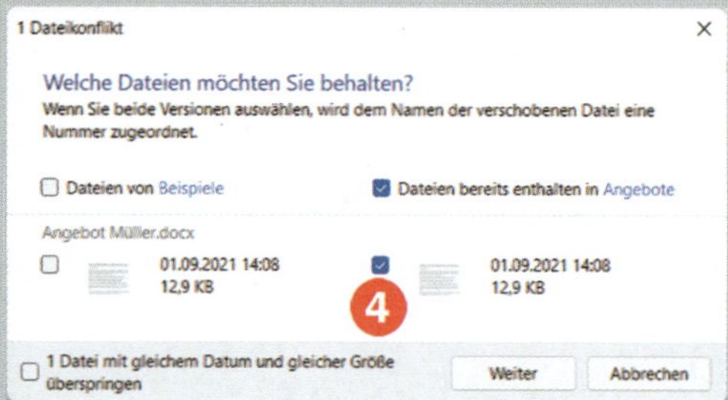

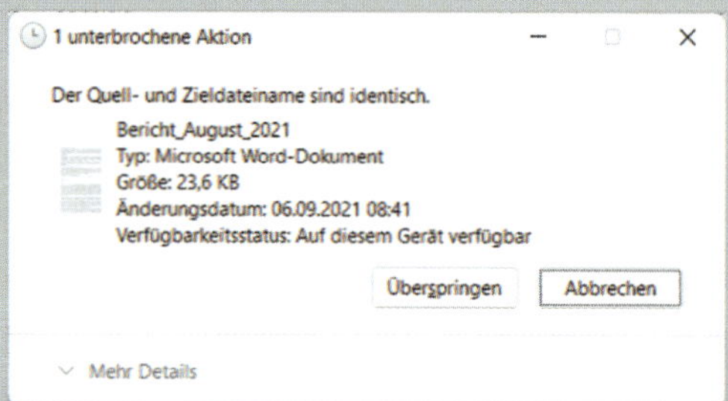

Datei ist bereits im Ziel vorhanden

Manchmal befindet sich am Zielort bereits eine Datei oder ein Ordner mit demselben Namen. Dann erhalten Sie eine Meldung mit folgenden Möglichkeiten:

- *Datei im Ziel ersetzen* ❶ bedeutet, die vorhandene Datei am Zielort wird überschrieben. Handelt es sich um denselben Inhalt und die zu kopierende Datei stellt die aktuellere Version dar, dann wählen Sie diese Option.
- Ist der Inhalt beider Dateien identisch oder möchten Sie die Datei lieber nicht kopieren bzw. verschieben, dann klicken Sie auf *Diese Datei überspringen* ❷.
- *Info für beide Dateien vergleichen* ❸ öffnet ein weiteres Fenster und Sie können entscheiden, welche Dateien Sie beibehalten möchten. Klicken Sie dazu in die kleinen Kästchen: Ein Häkchen ❹ bedeutet, diese Datei wird beibehalten. Wenn Sie beide behalten, so erhält der Name der zweiten Datei eine zusätzliche Nummer.

Der Quell- und Zieldateiname sind identisch

Dies ist eine gar nicht so seltene Fehlermeldung beim Verschieben und bedeutet einfach nur, Sie haben versucht ein Element dorthin zu verschieben, wo es sich bereits befindet. Klicken Sie auf *Abbrechen*.

Datei wird verwendet

Bei manchen Dateitypen kann auch die Fehlermeldung *Diese Datei wird gerade verwendet* erscheinen. Dies bedeutet, die betreffende Datei ist im Hintergrund geöffnet. Brechen Sie in diesem Fall den Vorgang ab, schließen Sie die Datei und versuchen Sie es anschließend nochmals.

Nicht mehr benötigte Dateien entfernen

Nicht mehr benötigte Dateien können im Datei-Explorer von der Festplatte entfernt (gelöscht) werden. Sie werden allerdings noch nicht endgültig entfernt, sondern zunächst in den Papierkorb verschoben. So gehen Sie beim Löschen vor:

- Markieren Sie die Datei ❶ im Inhaltsbereich des Explorers und klicken Sie in der Befehlsleiste auf das Symbol *Löschen* ❷. Oder drücken Sie auf der Tastatur die **Entf**-Taste (Del).

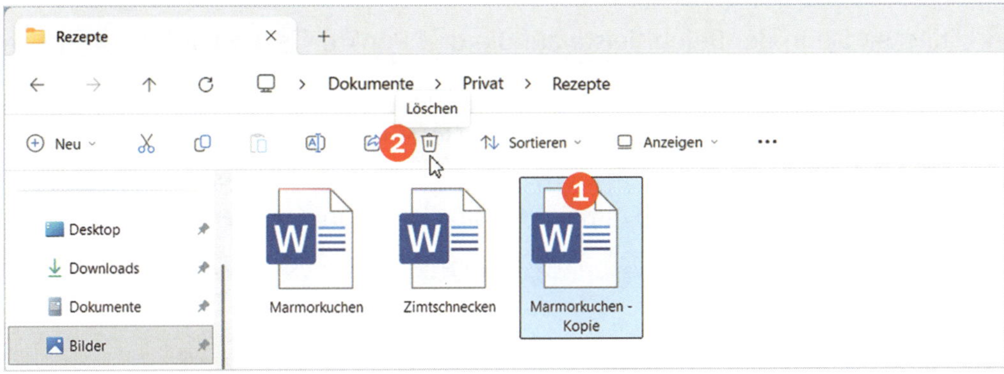

Die Datei verschwindet aus dem Inhaltsbereich und befindet sich nun im Papierkorb. Auf dieselbe Weise können Sie auch ganze Ordner löschen. Bedenken Sie aber, dass mit dem Ordner auch sein gesamter Inhalt gelöscht wird!

Tipp: Falls der Papierkorb auf dem Desktop sichtbar ist, können Sie zum Löschen die Datei auch mit gedrückter linker Maustaste einfach aus dem Explorer-Fenster heraus auf das Papierkorbsymbol ziehen.

Oder klicken Sie das zu löschende Element mit der **rechten** Maustaste an und klicken dann mit der linken Maustaste auf *Löschen*.

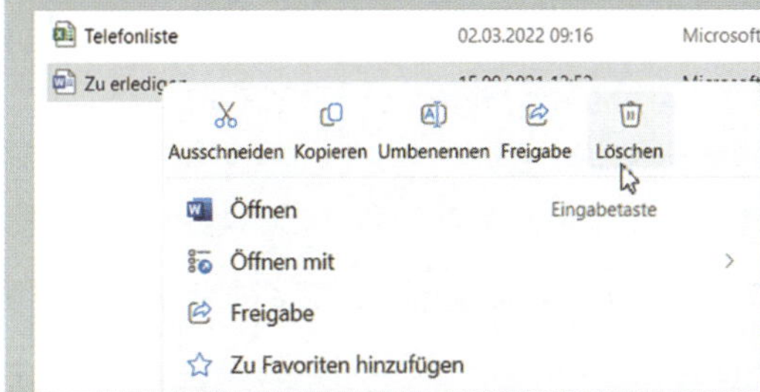

Gelöschte Elemente aus dem Papierkorb wiederherstellen

Solange sich ein Element noch im Papierkorb befindet, kann es daraus zurückgeholt und am ursprünglichen Speicherort wiederhergestellt werden. So gehen Sie dabei vor:

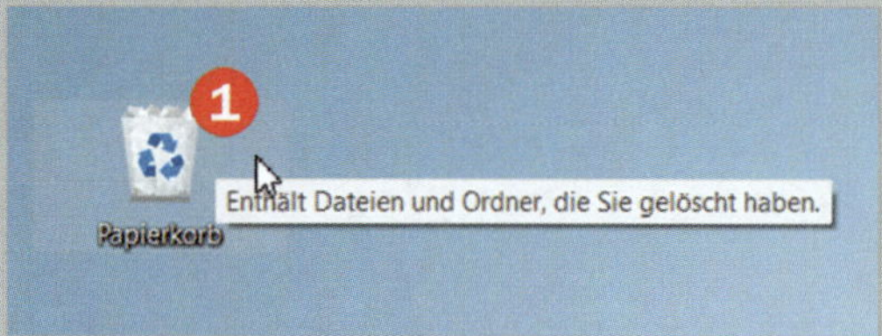

Achtung Papierkorb leeren!
Der Befehl *Papierkorb leeren* ❼ entfernt alle Elemente endgültig aus dem Papierkorb. Diese können danach nicht mehr wiederhergestellt werden.

1 Öffnen Sie auf dem Desktop den Papierkorb ❶ mit **Doppelklick**. Der Datei-Explorer mit dem Inhalt des Papierkorbs ❷ wird geöffnet.

2 Markieren Sie das Element, das Sie wiederherstellen möchten ❸.

3 Klicken Sie in der Befehlsleiste auf die drei Punkte ❹ und auf *Ausgewählte Elemente wiederherstellen* ❺.

Vorsicht: Die Befehlsleiste enthält auch den Befehl *Alle Elemente wiederherstellen* ❻. Damit wird der gesamte Papierkorbinhalt wiederhergestellt und vorherige „Aufräumaktionen" werden so mit einem Mausklick zunichte gemacht.

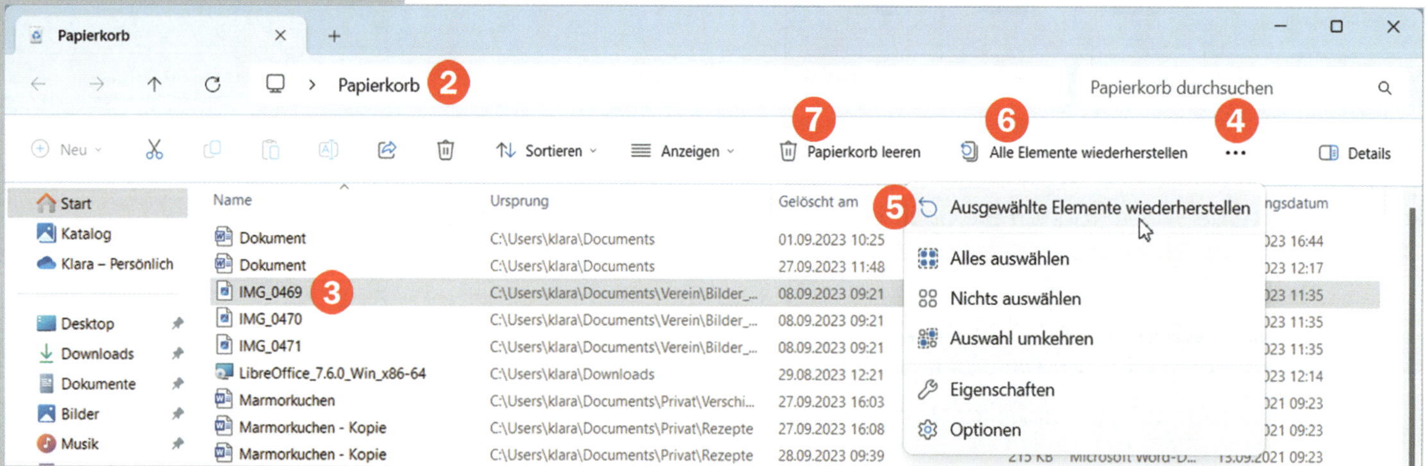

Eine Aktion rückgängig machen

Manchmal werden Dateien oder Ordner versehentlich verschoben oder gelöscht. Dies lässt sich unmittelbar danach wieder rückgängig machen.

- Klicken Sie dazu in der Befehlsleiste des Datei-Explorers auf die drei Punkte ❶ und auf *Rückgängig* ❷.

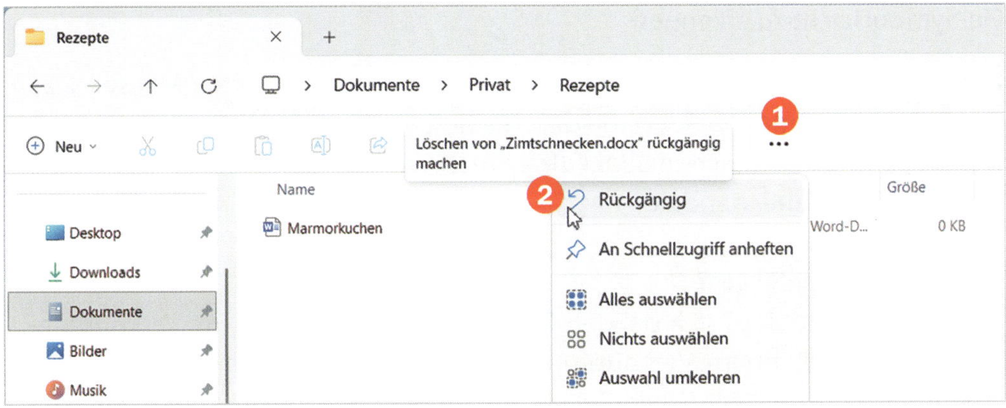

Achtung: Es wird immer die jeweils letzte Aktion rückgängig gemacht. Sie sollten also eine Aktion unmittelbar nach der Ausführung rückgängig machen, später müssen Sie zusätzlich auch alle übrigen, zwischenzeitlich erfolgten Aktionen rückgängig machen.

Falls allerdings beim Kopieren oder Verschieben eine Datei überschrieben wurde, siehe Konflikte, lässt sich dies nicht mehr rückgängig machen!

Hinweis: Haben Sie zuvor eine Aktion auf diesem Weg rückgängig gemacht, dann finden Sie hier stattdessen den Befehl *Wiederholen*, mit dem Sie das Rückgängig machen wieder zurücknehmen können.

Tipp: Auch die Tasten **Strg+Z** machen die letzte Aktion rückgängig.

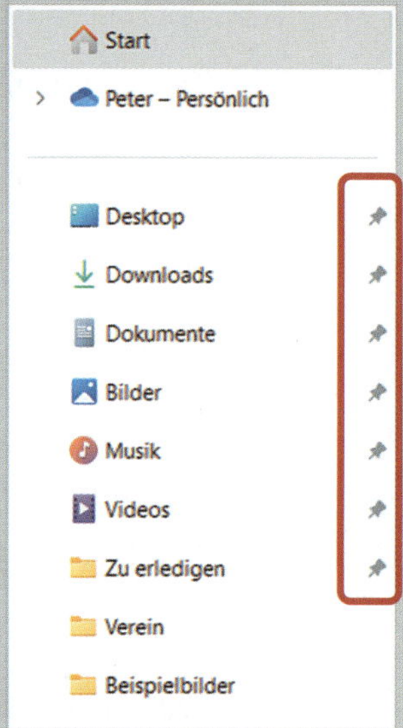

Achtung: Im Schnellzugriff können ausschließlich Ordner angeheftet werden, nicht aber Dateien!

So nutzen Sie den Schnellzugriff

Den Bereich *Schnellzugriff* finden Sie in der Navigationsleiste des Explorers. Er enthält standardmäßig die persönlichen Ordner *Downloads*, *Dokumente*, *Bilder*, *Musik* und *Videos* sowie der *Desktop*. Hinzu kommen häufig verwendete Ordner, die sich durch ihr Ordnersymbol von den persönlichen Ordnern unterscheiden. Weitere Ordner können Sie hier jederzeit dauerhaft anheften, solche Ordner sind am Pin-Symbol leicht zu erkennen.

Vorteil: Im Schnellzugriff der Navigationsleiste genügt ein einfacher Mausklick zum Anzeigen des Ordnerinhalts, ohne dass Sie den genauen Ort kennen müssen. Das erspart langwieriges Suchen oder Öffnen mehrerer Ordner, insbesondere wenn es sich um Unterordner handelt.

Was sind Verknüpfungen?
Eigentlich handelt es sich bei den Ordnern im Schnellzugriff um Verknüpfungen zu diesen Ordnern. Verknüpfungen werden auch als Links bezeichnet und ermöglichen einen schnellen Zugriff auf Ordner, ohne dass der genaue Speicherort bekannt sein muss.

Ordner im Schnellzugriff anheften

1 Klicken Sie auf das Symbol des Ordners ❶, den Sie anheften möchten, hier der Ordner *Aufgaben*. Es spielt keine Rolle, ob in der Navigationsleiste oder im Inhaltsbereich, wie im Bild auf der nächsten Seite.

2 Klicken Sie in der Befehlsleiste auf die drei Punkte ❷ und auf *An Schnellzugriff anheften* ❸.

3 Der Ordner erscheint anschließend im Schnellzugriff mit dem Pin-Symbol ❹.

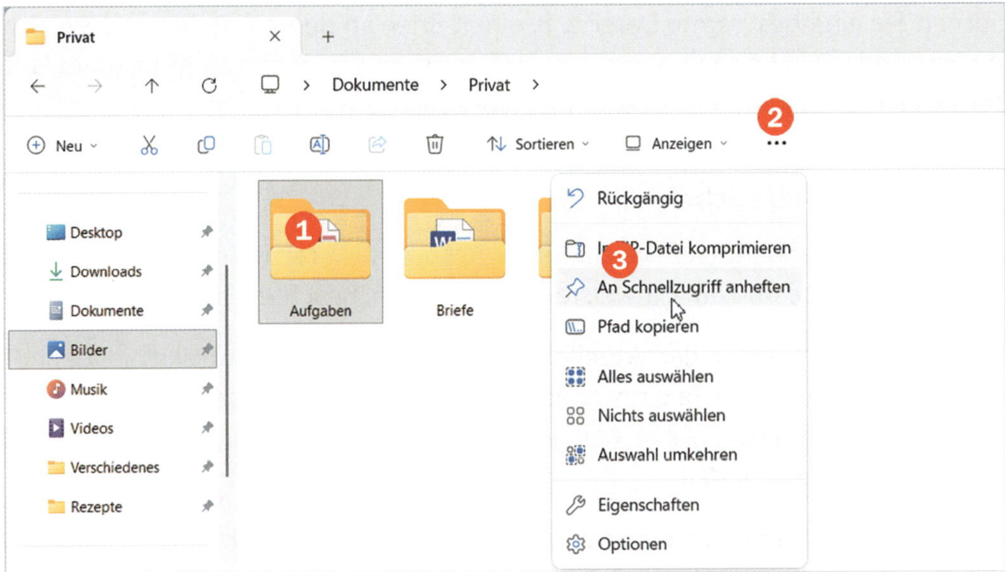

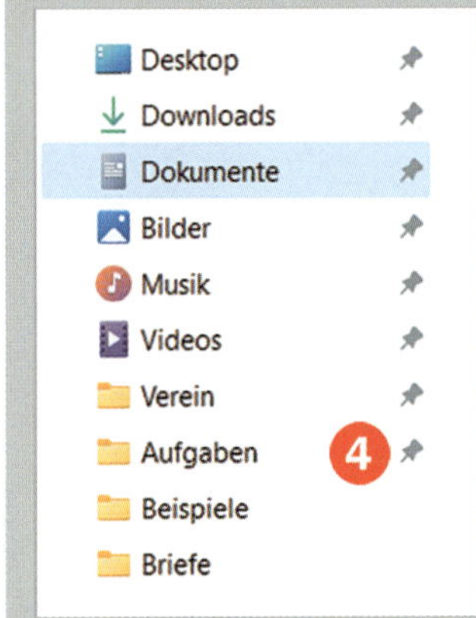

Angehefteten Ordner aus dem Schnellzugriff entfernen

Im Gegensatz zum Anheften benötigen Sie zum Entfernen einer Verknüpfung aus dem Schnellzugriff das Kontextmenü der rechten Maustaste.

- Klicken Sie in der Navigationsleiste im Schnellzugriff mit der **rechten** Maustaste auf den Ordner, hier *Zu erledigen* ❶, und danach mit der linken Maustaste auf *Von Schnellzugriff lösen* ❷.

  Hinweis: Im Kontextmenü erscheint auch der Befehl *An „Start" anheften*. Damit ist das Startmenü und nicht die Startseite des Explorers gemeint!

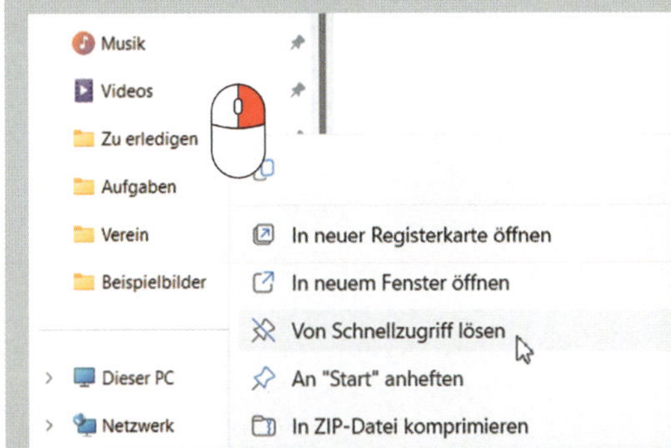

8.8 Nach Dateien und Ordnern suchen

Suchen Sie eine bestimmte Datei, z. B. einen Brief, an deren Dateinamen Sie sich nur vage erinnern können und/oder der Speicherort ist Ihnen nicht bekannt? für solche Fälle stellt Windows eine komfortable Suchfunktion bereit.

Im Datei-Explorer suchen

Im Datei-Explorer benutzen Sie zur Suche das Suchfeld rechts in der Adressleiste, leicht an der Lupe und am Hinweistext zu erkennen. Beachten Sie:

- Durchsucht werden der aktuelle Ordner, z. B. *Dokumente* und alle hier befindlichen Unterordner. Beginnen Sie daher in dem Ordner, der die gesuchte Datei mit der größten Wahrscheinlichkeit enthält, also *Dokumente*, wenn es sich um Textinhalt handelt.
- Bei Dateien berücksichtigt die Suche Name und Inhalt, bei Ordnern dagegen nur die Namen. Außerdem wird nicht zwischen Groß- und Kleinschreibung unterschieden.

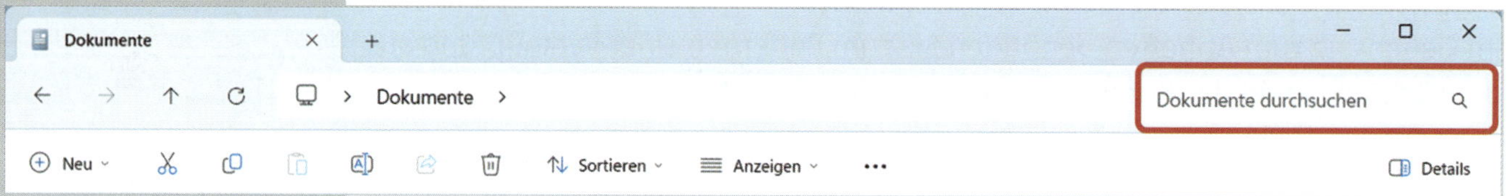

Als Beispiel soll nach Dateien und Ordnern gesucht werden, die im Namen oder im Inhalt die Zeichenfolge „Mül" enthalten. Da es sich um eine Datei mit Textinhalt handelt, beginnen Sie mit der Suche im Ordner *Dokumente*.

1 Öffnen Sie den Explorer und sorgen Sie dafür, dass der Inhalt des zu durchsuchenden Ordners *Dokumente* im Inhaltsbereich des Explorers sichtbar ist.

2 Klicken Sie in das Suchfeld und tippen Sie die gesuchte Zeichenfolge ein ❶. Bereits während der Eingabe werden im Inhaltsbereich die Suchergebnisse aufgelistet ❷ und die gesuchte Zeichenfolge ist gelb hervorgehoben.

3 Ein Doppelklick öffnet die gesuchte Datei oder den Ordner.

Über die *Suchoptionen* können Sie die Suche auch auf das Datum der letzten Änderung in einem bestimmten Zeitraum einschränken, z. B. *Letzte Woche*.

Info: Die Suchergebnisse werden automatisch in der Ansicht *Inhalt* aufgelistet, da Sie hier auch weitere Informationen wie letztes Änderungsdatum und Speicherort sehen.

Tipp: Falls Sie die gesuchte Datei zuerst an Ihrem Speicherort anzeigen möchten, dann klicken Sie die Datei mit der rechten Maustaste an und wählen im Kontextmenü den Befehl *Dateipfad öffnen*.

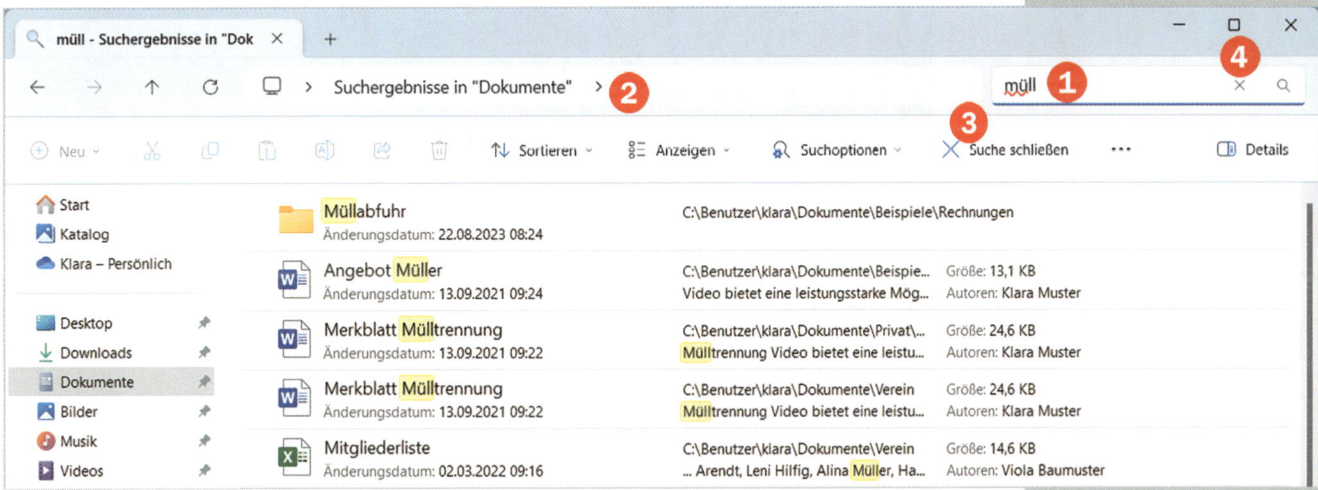

4 Um das Suchkriterium zu löschen und wieder den vorherigen Ordnerinhalt anzuzeigen, klicken Sie in der Befehlsleiste auf *Suche schließen* ❸. Oder klicken Sie im Suchfeld rechts auf das x ❹.

Achtung: In einem kleineren Explorer-Fenster versteckt sich der Befehl *Suche schließen* unter Umständen im Dreipunktemenü, dann müssen Sie zuerst auf die drei Punkte klicken.

Über das Suchfeld der Taskleiste suchen

Auch über das Suchfeld bzw. Symbol *Suchen* in der Taskleiste können Sie nach Dateien und Ordnern suchen. Beachten Sie aber, dass dann nur die Namen von Dateien und Ordnern berücksichtigt werden, nicht aber Dateiinhalte.

Klicken Sie in das Suchfeld und tippen Sie den Suchbegriff ein ❶.

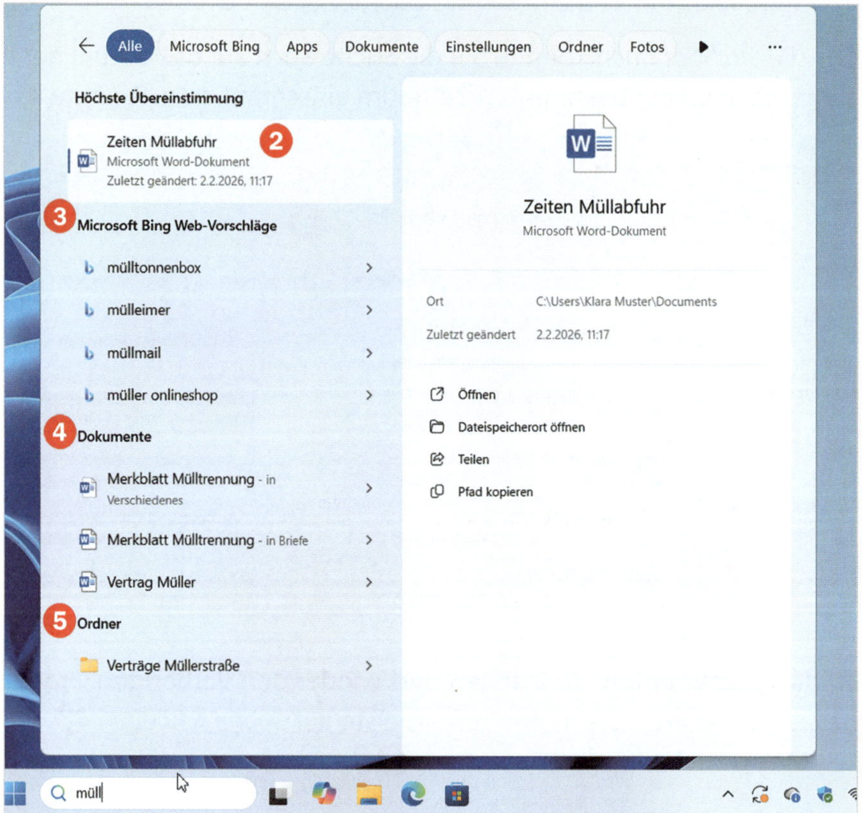

- Das Suchergebnis mit der höchsten Übereinstimmung **2** ist hervorgehoben und rechts sehen Sie weitere Details.
- Im Abschnitt *Microsoft Bing Web-Vorschläge* **3** erhalten Sie Vorschläge für die Suche im Web und ein Klick rechts auf den dazugehörigen Pfeil zeigt die Trefferliste des Suchdienstes Bing an.
- Der Abschnitt *Dokumente* **4** listet gefundene Dokumente auf, deren Dateiname den Suchbegriff enthält. Um ein Dokument zusammen mit der dazugehörigen App zu öffnen, genügt ein Klick auf den Dateinamen. Mit Klick auf den jeweiligen Pfeil erhalten Sie dagegen rechts weitere Details.
- Im Abschnitt *Ordner* **5** finden Sie zum Suchbegriff passende Ordner.

Suche eingrenzen

Über die Leiste im oberen Bereich können Sie die Suchergebnisse eingrenzen, z. B. auf *Dokumente* **6**, *Ordner* oder *Fotos* **7**.

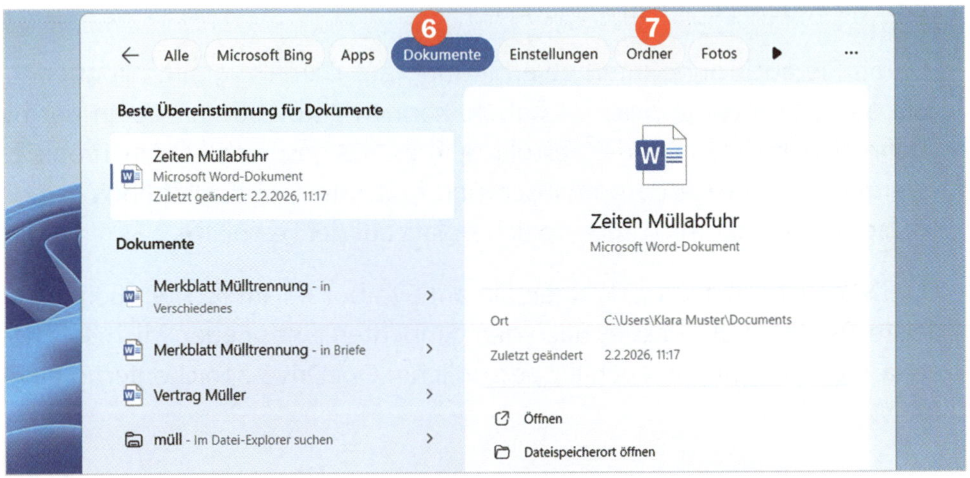

8.9 Der Cloudspeicher OneDrive

OneDrive umfasst in der kostenlosen Basisversion nach derzeitigem Stand 5 GB Speicherplatz. In Verbindung mit Microsoft 365 (kostenpflichtig) steht Ihnen 1 TB zur Verfügung.

Wie mehrfach erwähnt, steht Ihnen mit einem Microsoft-Konto unter der Bezeichnung *OneDrive* zusätzlicher kostenloser Speicher im Internet zur Verfügung. Öffnen und Speichern von Dateien auf OneDrive unterscheideen sich nicht von lokal gespeicherten Dateien. Der einzige Unterschied: Beim Speichern auf OneDrive dauert der Speichervorgang etwas länger, da die Datenübertragung über die vergleichsweise langsame Internetverbindung erfolgt.

- OneDrive befindet sich zwar nicht auf Ihrem PC, ist aber vollständig in den Datei-Explorer integriert.
- Auf die hier gespeicherten Daten können Sie auch unabhängig vom Gerät im Browser und über das Internet zugreifen, müssen sich dazu aber mit Ihrem Microsoft-Konto anmelden. Einzelne Dateien oder Ordner können Sie bei Bedarf für andere Personen freigeben.
- Damit Sie auch ohne Internetverbindung auf Daten zugreifen können, die Sie auf OneDrive gespeichert haben, können automatisch Kopien der hier befindlichen Daten auf der Festplatte Ihres PCs gespeichert (synchronisiert) werden. Dies passiert automatisch und im Hintergrund, allerdings belegen diese Dateien natürlich auch Speicherplatz auf der Festplatte.

Ist das Symbol für OneDrive mit einem kreisförmigen Symbol versehen, so werden die Daten gerade synchronisiert.

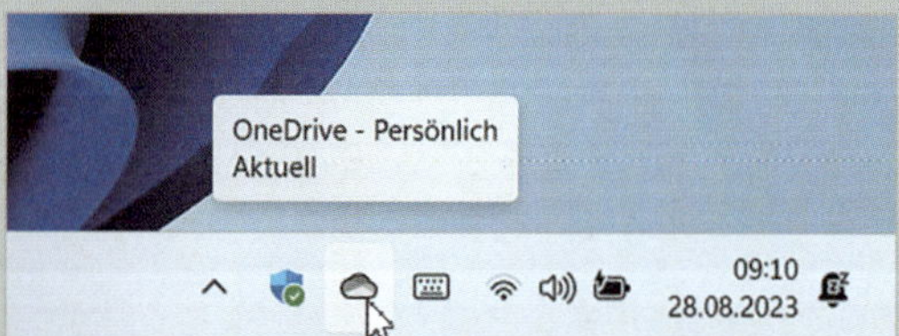

Ob OneDrive verfügbar ist, erkennen Sie am Symbol im rechten Bereich der Taskleiste. Beachten Sie, dass es nach dem Einrichten eines neuen Microsoft-Kontos etwas dauern kann, bis auch Ihr persönlicher OneDrive-Speicher fertig eingerichtet ist.

Inhalte von OneDrive anzeigen

Um zu sehen, welche Daten auf OneDrive gespeichert sind, starten Sie den Datei-Explorer und klicken in der Navigationsleiste auf *OneDrive*.

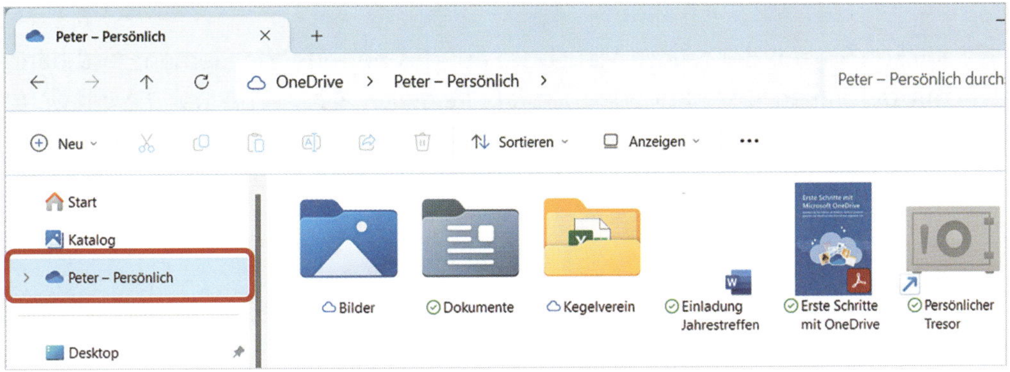

Je nach Ansicht werden die Symbole unterhalb oder rechts von den Ordner- bzw. Dateinamen angezeigt.

Die Statusanzeige von OneDrive Elementen

Ein zusätzliches Symbol gibt Auskunft über den Status, d. h. ob eine Datei oder ein Ordner auf OneDrive auch ohne Internetverbindung zugänglich ist.

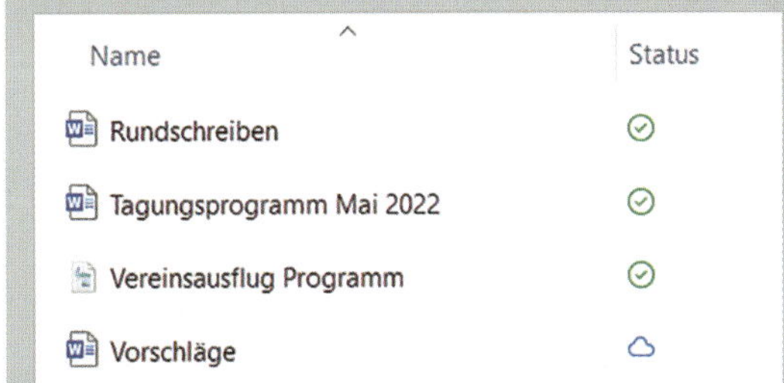

- In der Standardeinstellung sind Dateien und Ordner auf *OneDrive* zunächst nur online, d. h. wenn eine Verbindung zum Internet besteht, verfügbar. Solche Elemente erkennen Sie an diesem Symbol ☁.
- Wenn Sie eine, nur online verfügbare Datei öffnen, wird diese gleichzeitig heruntergeladen und ist künftig auch ohne Internetverbindung, also offline auf Ihrem Gerät verfügbar. Offline verfügbare Dateien und Ordner erkennen Sie an diesem Symbol ✓ .
- Dieses Symbol ⟳ signalisiert, dass das Element gerade aktualisiert wird.

Hinweis: Die Suche berücksichtigt bei nur online verfügbaren Dateien ausschließlich die Dateinamen, nicht aber deren Inhalte.

Status manuell ändern

Offline verfügbare Dateien und Ordner belegen natürlich auch Speicherplatz auf der Festplatte Ihres Geräts. Falls Sie Speicherplatz auf der Festplatte freigeben möchten, brauchen Sie nur den Status ändern, so geht's:

- Klicken Sie mit der **rechten** Maustaste auf das betreffende Element und dann mit der linken Taste auf *Speicherplatz freigeben* ❶. *Immer auf diesem Gerät behalten* ❷ dagegen bedeutet, dass die Datei oder der Ordner ab jetzt auch ohne Internet-Verbindung auf Ihrem PC verfügbar ist.

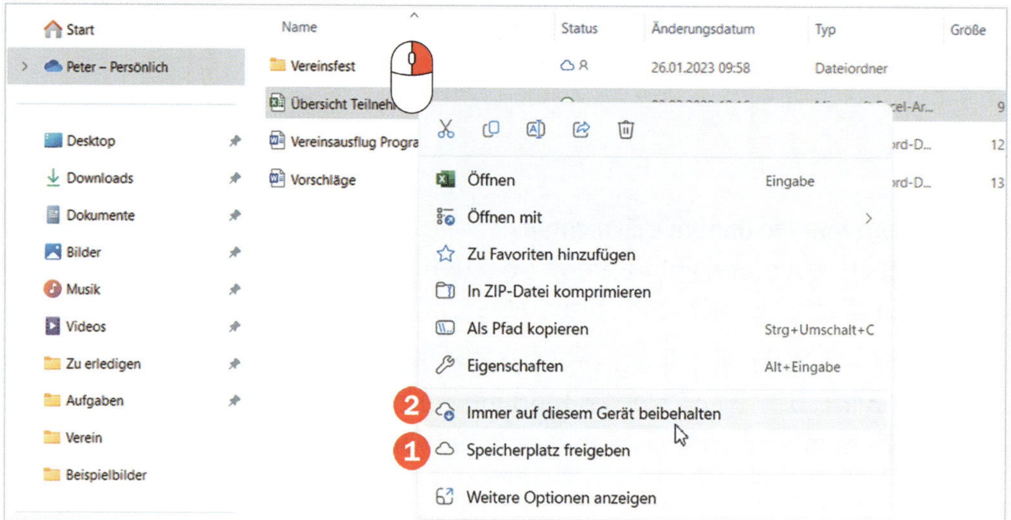

Info: Wenn ein Ordner nur online verfügbar ist, können trotzdem einzelne Dateien dieses Ordners als *Immer auf diesem Gerät behalten* gekennzeichnet werden.

OneDrive Ordnersicherung

Falls Sie bei der Ersteinrichtung von Windows, siehe Kapitel 2, die OneDrive Ordnersicherung aktiviert haben, erscheinen die Symbole der Statusanzeige auch bei allen Elementen, die sich auf der Festplatte in den Ordnern *Dokumente* und *Bilder* befinden. Wie Sie bei Bedarf die OneDrive Ordnersicherung nachträglich aktivieren oder deaktivieren, lesen Sie auf Seite 315 nach.

OneDrive Inhalte im Browser anzeigen

Einer der Vorteile von OneDrive besteht darin, dass Sie von jedem beliebigen PC aus auf Ihre Daten zugreifen können, vorausgesetzt das Gerät ist mit dem Internet verbunden. In diesem Fall werden Ihre Dateien und Ordner im Browser angezeigt, z. B. Microsoft Edge oder Mozilla Firefox.

Browser ist die gängige Bezeichnung für Apps, mit denen Sie im Internet surfen.

1 Starten Sie Ihren Browser und geben folgende Adresse ein: **OneDrive.com**

2 Klicken Sie auf der Startseite auf *Anmelden* und geben Sie anschließend E-Mail Adresse und Kennwort Ihres Microsoft-Kontos ein.

Falls Sie auf dem Gerät bereits mit Ihrem Microsoft-Konto angemeldet sind, entfällt die Anmeldung, zumindest wenn Sie Microsoft Edge als Browser nutzen.

So finden Sie sich zurecht

Anzeige und Navigation im Browser unterscheiden sich nur wenig vom Datei-Explorer, im Bild unten die wichtigsten Bedienelemente:

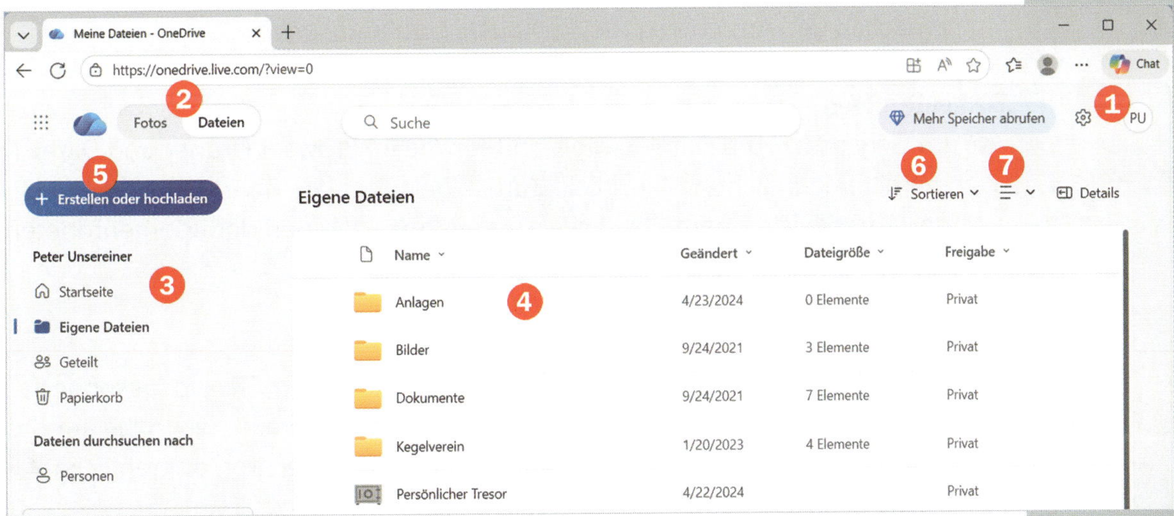

Info: An verschiedenen Stellen, z.B. In der linken unteren Ecke oder rechts oben, bietet Ihnen Microsoft den Wechsel zur Premium- Version von OneDrive mit wesentlich mehr Speicherplatz an. Allerdings ist diese kostenpflichtig und kein Muss.

Achtung: Die Navigationsspalte ist nur sichtbar, wenn die Breite des Fensters ausreicht.

- Rechts oben sehen Sie Ihre Initialen ❶ oder Ihr Profilbild und mit Klick darauf können Sie Ihr Microsoft-Konto bearbeiten oder sich abmelden.
- Hier wechseln Sie zwischen Dateien ❷ und der Anzeige von Fotos in einer speziellen Fotogalerie. In der Standardansicht *Dateien* steht unterhalb eine Navigationsspalte ❸ zur Verfügung, über Sie schnell zwischen *Eigene Dateien* mit der Anzeige aller Dateien und Ordner, *Zuletzt verwendet*, *Geteilten Elementen* und dem *Papierkorb* mit gelöschten Elementen wechseln. Rechts ❹ erscheint der Inhalt des ausgewählten Ordners.
- Oberhalb des Navigationsbereichs finden Sie eine Schaltfläche ❺, über die Sie neue Dokumente erstellen oder bestehende hochladen können.
- Mit *Sortieren* ❻ können Sie den Inhalt eines Ordners nach Name oder Änderungsdatum sortieren und die Schaltfläche rechts daneben ❼ wechselt zwischen den Ansichten *Liste*, *Kompakte Liste* und *Kacheln*.

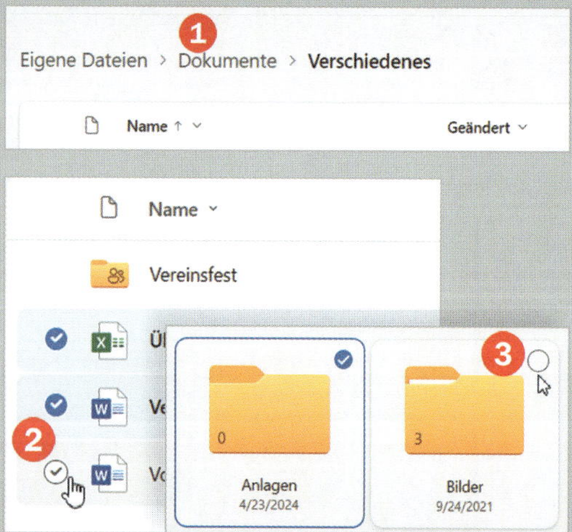

Elemente öffnen

☛ Im Gegensatz zum Datei-Explorer öffnen Sie im Browser Ordner und Dateien mit einem einfachen Mausklick. Zurück gelangen Sie über den Dateipfad in der Adressleiste oberhalb: Klicken Sie einfach auf einen der übergeordneten Ordner, z. B. *Dokumente* ❶ wie im Bild links.

Markieren

☛ Zum Markieren von Dateien und Ordnern benutzen Sie ein gesondertes Symbol, ähnlich einem Kontrollkästchen. Dieses erscheint, wenn Sie auf das betreffende Element zeigen, je nach Ansicht in der rechten oberen Ecke ❸ (Ansicht *Kacheln*) oder links vom Namen ❷.

Dateien und Ordner organisieren

Die Befehle zur Verwaltung von Dateien und Ordnern finden Sie in der Befehlsleiste. Sollten nicht alle Befehle angezeigt werden, so klicken Sie auf die drei Punkte ... am Ende der Leiste.

Beachten Sie, dass die Verfügbarkeit einiger Befehle davon abhängt, ob ein Objekt markiert ist.

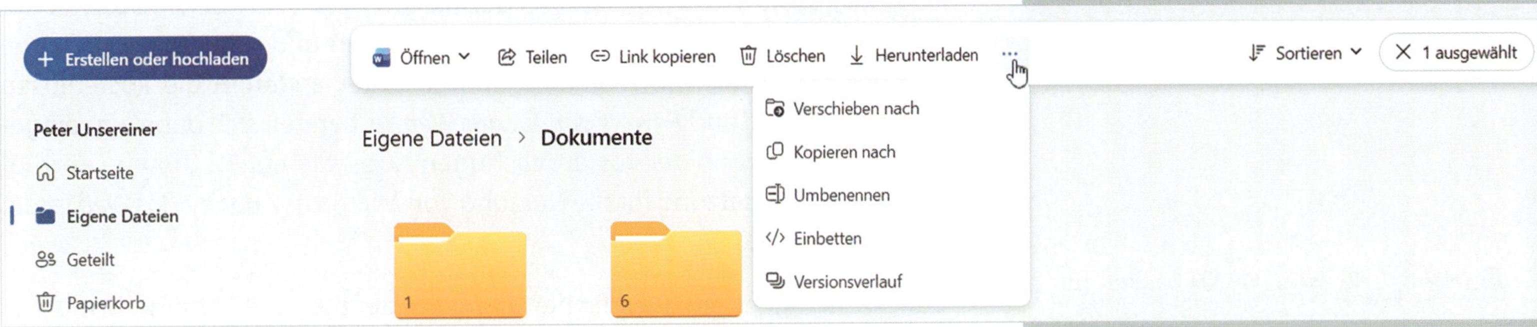

- **Neuen Ordner anlegen, Datei oder Ordner von der lokalen Festplatte hinzufügen:** Klicken Sie auf *+ Erstellen oder Hochladen*. Im Auswahlmenü können Sie entscheiden, ob Sie einen *Ordner* erstellen oder *Dateien* oder *Ordner hochladen* möchten. Je nach Auswahl öffnet sich anschließend ein Dialogfenster, in dem Sie dem Ordner einen Namen geben oder Dateien oder Ordner auswählen.
- **Markierte Dateien und/oder Ordner auf der lokalen Festplatte speichern:** Klicken Sie auf *Herunterladen*. Die Elemente werden automatisch im Ordner *Downloads* gespeichert.
- Die Befehle *Löschen*, *Verschieben nach* und *Kopieren nach* unterscheiden sich nicht vom Datei-Explorer. Bei *Umbenennen* erscheint ein Dialogfenster, in das Sie den neuen Datei- oder Ordnernamen eingeben können. Bestätigen Sie mit *Speichern* oder brechen Sie die Aktion mit x ab.

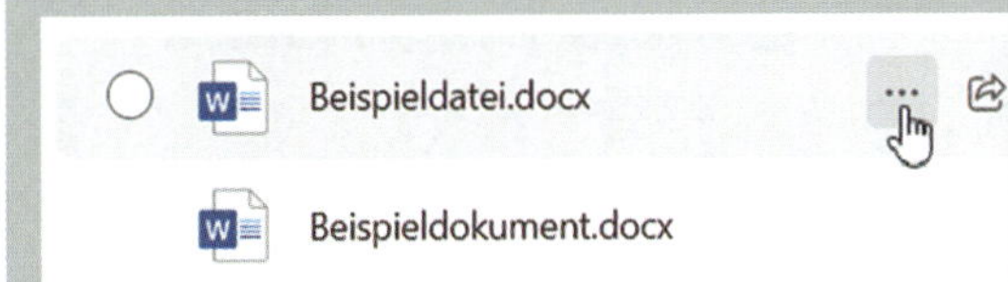

Alternativ erhalten Sie diese Befehle auch, wenn Sie auf die drei Punkte rechts vom Dateinamen klicken. Achtung: Nicht in der Ansicht *Kacheln*!

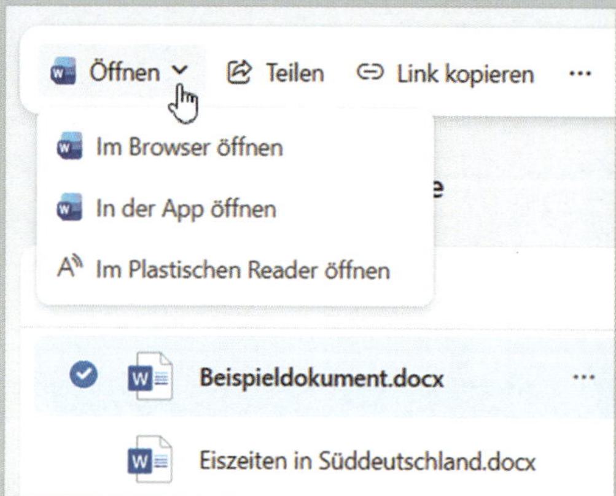

Dateien im Browser öffnen

- Fotos können problemlos im Browser betrachtet werden, die Anzeige unterscheidet sich wenig von der App *Windows-Fotoanzeige*.
- Auch Microsoft-Office Dokumente, beispielsweise Excel-Arbeitsmappen oder Word-Dokumente können Sie im Browser öffnen und mit Microsoft Online bearbeiten. Zu Microsoft Online gehören unter anderem die kostenlosen Apps *Word*, *Excel* und *PowerPoint für das Web*, es handelt sich dabei um eingeschränkte Versionen der kostenpflichtigen Apps, die nur im Browser verfügbar sind. Voraussetzung für die Nutzung von Microsoft *Apps für das Web* ist ein Microsoft-Konto.
- Zum Öffnen genügt ein einfacher Mausklick auf die Datei. Alternativ markieren Sie die Datei und verwenden den Befehl *Öffnen* in der Befehlsleiste. Falls Microsoft Word auf Ihrem Gerät installiert ist, haben Sie hier die Wahl zwischen *Im Browser öffnen* und *In Word öffnen*.
- Im Browser wird das Dokument in einem neuen Tab bzw. einer neuen Registerkarte geöffnet und zum Schließen brauchen Sie nur den Tab des Browsers wieder schließen.

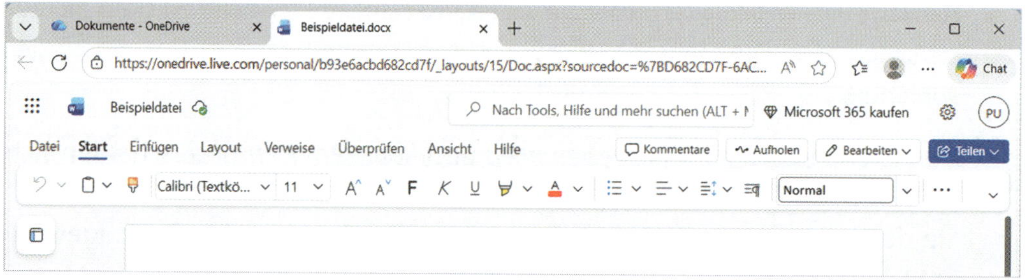

Dateien und Ordner für andere Personen freigeben

Auf *OneDrive* befindliche Dateien können für andere Personen zum Betrachten oder Bearbeiten freigegeben werden. Die Freigabe kann sowohl im Datei-Explorer als auch im Browser erfolgen. So gehen Sie bei der Freigabe im Datei-Explorer vor:

1 Markieren Sie im Inhaltsbereich des Datei-Explorers die Datei oder den Ordner ❶, im Bild unten *Vereinsfest*, und klicken Sie in der Befehlsleiste auf das Symbol *Freigabe* ❷.

2 Geben Sie im nachfolgenden Fenster *Vereinfest teilen* unter *Link senden* die E-Mail Adresse des Empfängers ein ❸. Weitere Adressen fügen Sie unterhalb hinzu (*Weitere hinzufügen*). Darunter können Sie bei Bedarf noch eine Nachricht eingeben ❹.

In der Standardeinstellung kann jede Person, mit der Sie eine Datei geteilt haben, diese auch bearbeiten. Falls Sie den Ordner nur zum Betrachten freigeben möchten, so klicken Sie auf das Symbol *Bearbeiten* ❺ und wählen stattdessen *Kann anzeigen*.

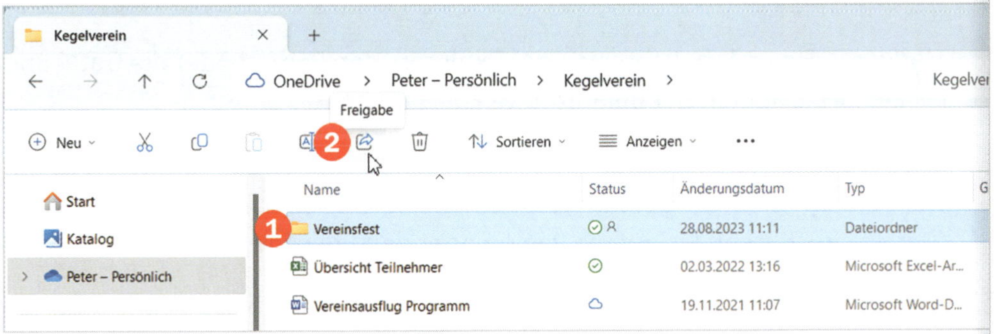

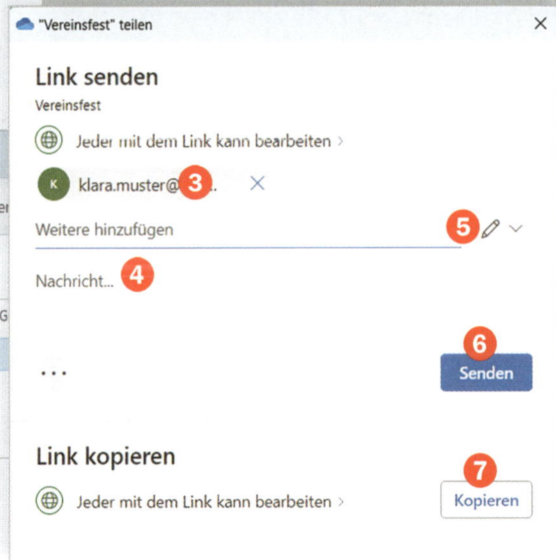

3 Zuletzt entscheiden Sie, auf welchem Weg Sie den Link weitergeben:

- Mit Klick auf *Senden* ❻ wird der Link mit Ihrer Standard E-Mail App, z. B. Outlook an alle angegebenen Empfänger gesendet.

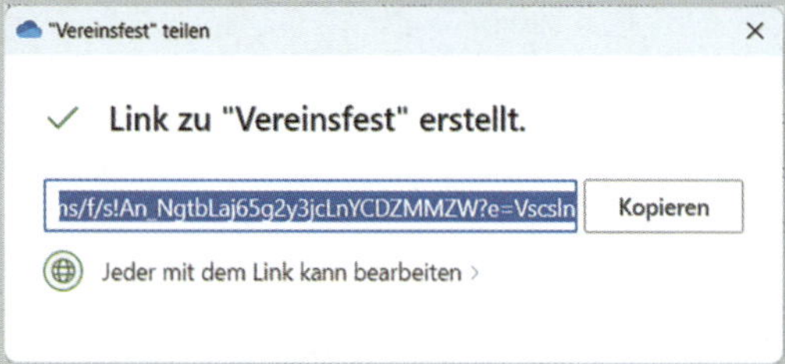

Bei der Freigabe im Browser markieren Sie den betreffenden Ordner oder die Datei und klicken in der Befehlsleiste auf das Symbol *Teilen*. Anschließend verfahren Sie, wie oben beschrieben.

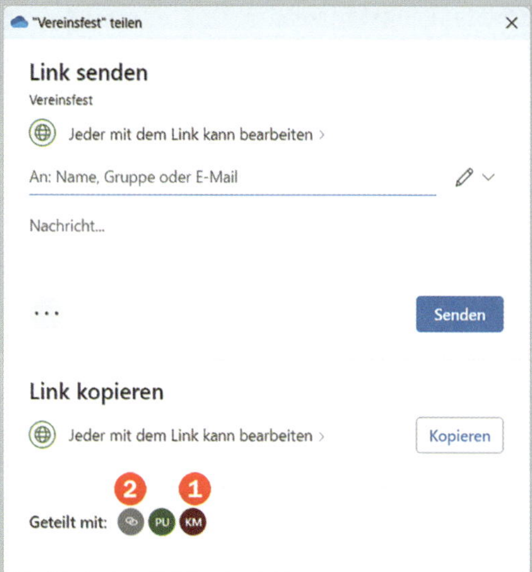

- Möchten Sie dagegen den Freigabelink selbst weitergeben, dann lassen Sie die E-Mail Adresse leer und klicken auf die Schaltfläche *Kopieren* ❼. Der Link erscheint in einem gesonderten Fenster, klicken Sie auf *Kopieren*. Der Freigabelink wird in die Zwischenablage kopiert und kann anschließend mit den Tasten **Strg**+**V** in ein beliebiges Dokument oder eine E-Mail eingefügt werden.

Egal, wie Sie den Freigabelink weitergegeben haben: Die Empfänger brauchen nur auf den Link klicken, um die Datei oder den freigegebenen Ordner auf OneDrive im Browser zu öffnen.

Freigabe wieder aufheben

Freigegebene Ordner und Dateien erkennen Sie an diesem Symbol. Falls Sie eine Freigabe wieder aufheben möchten, dann gehen Sie so vor:

1 Markieren Sie im Inhaltsbereich des Explorers den Ordner oder die Datei und klicken Sie erneut in der Befehlsleiste auf *Freigabe*.

2 Das Fenster *„***" teilen* öffnet sich erneut und im unteren Teil sehen Sie, mit wem Sie das Element geteilt ❶ oder einen Freigabelink ❷ erzeugt haben (*Geteilt mit*). Klicken Sie auf die Person oder den Freigabelink.

3 Im nachfolgenden Fenster *Zugriff verwalten* erscheinen alle Personen, für die Sie das Element freigegeben haben. Klicken Sie auf den Namen der Person ❸ und anschließend auf die aktuelle Zugriffsmöglichkeit, in der Standardeinstellung *Direkter Zugriff: Bearbeitung möglich* und auf *Kann bearbeiten* ❹.

4 Wählen Sie *Direktzugriff entfernen* ❺ und klicken Sie auf die Schaltfläche *Anwenden* ❻. Danach können Sie das Fenster *Zugriff verwalten* schließen.

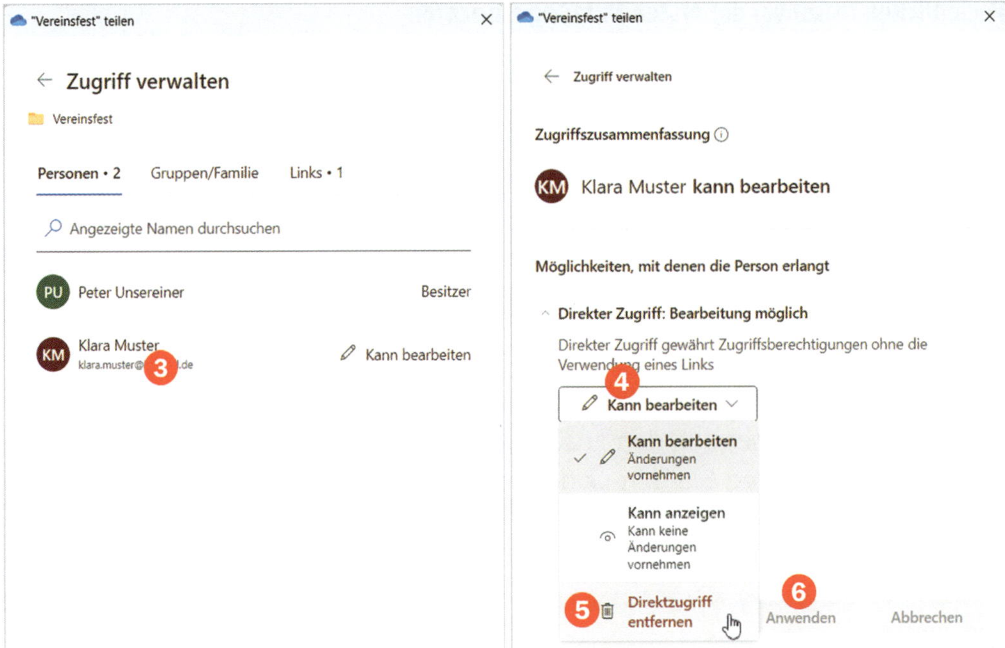

Freigabelink löschen: Wenn Sie dagegen einen Freigabelink sperren möchten, so klicken Sie im Fenster *Zugriff verwalten* auf *Links* ❶ und anschließend neben dem Link auf das Symbol *Link entfernen* ❷. Bestätigen Sie nochmals, dass Sie den Link löschen möchten.

Vertrauliche Daten im persönlichen Tresor verwalten

Zu *OneDrive* gehört auch Ihr persönlicher Tresor. Hierbei handelt es sich um einen zusätzlich abgesicherten Speicherort für besonders wichtige oder vertrauliche Daten. Allerdings fasst dieser in der kostenlosen Version nur maximal drei Dateien. Vor jedem Zugriff auf den persönlichen Tresor müssen Sie sich identifizieren, dies passiert in der Regel durch Eingabe eines Codes, der zuvor entweder per SMS oder E-Mail an Sie gesendet wird.

Achtung: Die angebotenen Möglichkeiten der Identifizierung sind abhängig von den, in den Sicherheitsinformationen Ihres Microsoft-Kontos hinterlegten Informationen. Falls Sie hier Ihre Mobilfunknummer angegeben haben, kann der Code auch per SMS an diese Nummer gesendet werden, ansonsten erhalten Sie den Code per E-Mail.

Wie Sie zusätzliche Sicherheitsinformationen in Ihrem Konto hinterlagen, lesen Sie in Kapitel 10.1 nach.

Persönlichen Tresor vor der ersten Nutzung einrichten

Falls Sie den persönlichen Tresor nutzen möchten, müssen Sie diesen zuerst einrichten, hier eine Kurzanleitung.

1. Klicken Sie im Navigationsbereich des Datei-Explorers auf *OneDrive* und doppelklicken Sie im Inhaltsbereich auf *Persönlicher Tresor*.
2. Sie erhalten zunächst einige Informationen, klicken Sie auf *Weiter* ❶. Danach müssen Sie die Erlaubnis zum Einrichten des Tresors erteilen, klicken Sie auf *Zulassen* ❷.
3. Im nächsten Schritt wird Ihre Identität überprüft. Zu diesem Zweck wird ein Code an Sie gesendet, den anschließend eingeben müssen. Wählen Sie aus, auf welchem Weg Sie den Code erhalten möchten bzw. klicken Sie auf die gewünschte Methode ❸.

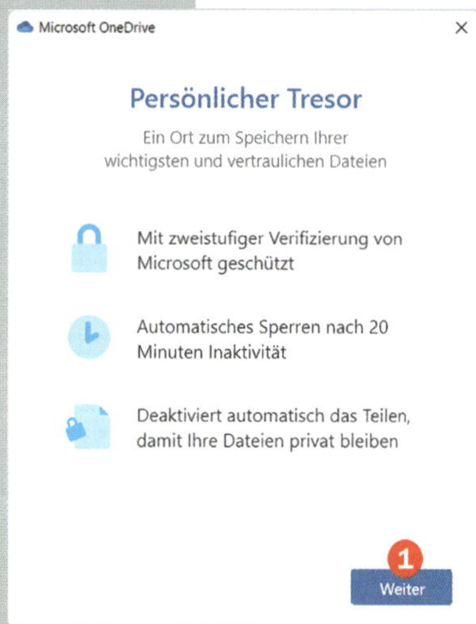

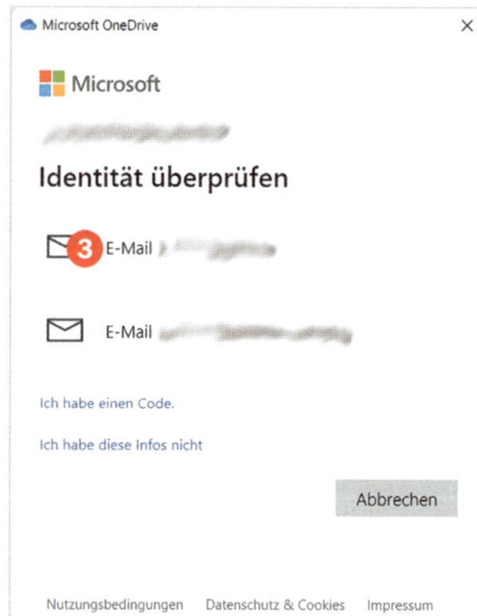

4 Aus Sicherheitsgründen werden Mobilfunknummer oder E-Mail Adresse nicht vollständig angezeigt, diese müssen Sie zur Bestätigung anschließend nochmals eingeben. Klicken Sie dann auf *Code senden*.

5 Überprüfen Sie den Posteingang Ihres E-Mail Kontos bzw. Ihre SMS-Nachrichten. Geben Sie im nachfolgenden Fenster den soeben erhaltenen Code ein **4** und klicken Sie auf *Bestätigen*.

6 Nun wird der Tresor eingerichtet, dies kann einige Minuten dauern. Danach erscheint in der rechten unteren Ecke des Bildschirms eine Benachrichtigung.

7 Der persönliche Tresor kann anschließend im Datei-Explorer geöffnet und wie jeder andere Ordner verwendet werden. Ziehen Sie einfach die Dateien, maximal drei, hierher.

Achtung: Der persönliche Tresor wird nach 20 Minuten Inaktivität automatisch gesperrt und bei jedem Öffnen (Doppelklick) wird jedes Mal erneut Ihre Identität überprüft, siehe oben Schritt 3 bis 5.

Dies geschieht durch Eingabe eines Codes, der an die, in den Sicherheitsinformationen Ihres Microsoft-Kontos hinterlegte, E-Mail Adresse oder Mobilfunknummer gesendet wird. Auch Mobilfunknummer und E-Mail Adresse müssen jedes Mal von Ihnen erneut bestätigt werden (zweistufige Verifizierung). Diese Vorgehensweise gilt auch, wenn Sie im Browser oder von einem mobilen Gerät aus auf Ihren Tresor zugreifen.

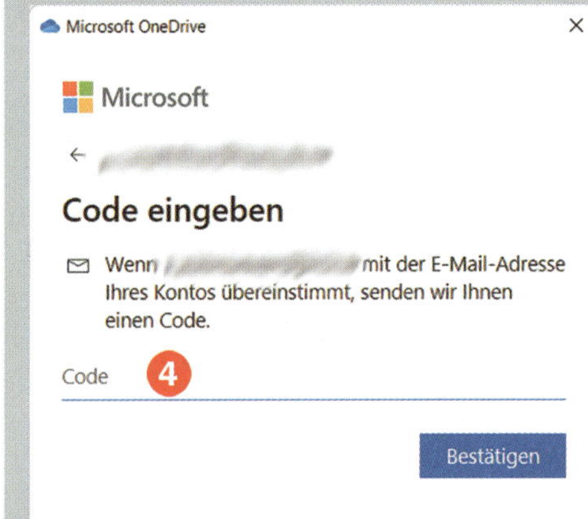

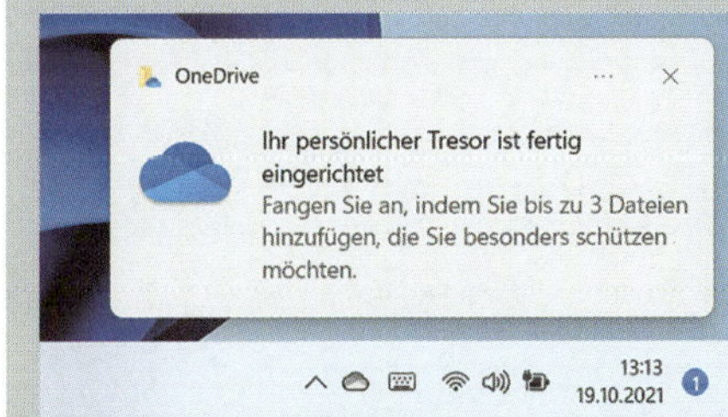

8.10 Sichern Sie wichtige Daten!

Eine Datensicherung ist nur sinnvoll, wenn sie auf einem zweiten, externen Speicher erfolgt und nicht auf der lokalen Festplatte Ihres Computers!

Externe Festplatten sind im Elektronik-Fachhandel als SSD oder HDD erhältlich. Beide Typen werden am USB-Anschluss Ihres Geräts per mitgeliefertem Kabel angeschlossen.

SSD (Solid State Disk): Höhere Lebensdauer und schneller Zugriff, höherer Preis.

HDD: Viel Speicherkapazität zum günstigen Preis; ihr Einsatz ist für Privatanwender in der Regel völlig ausreichend.

USB-Stick: Leicht zu transportieren und schneller Zugriff.

Beachten Sie, dass auch die Lebensdauer von USB-Speicherstift und externer Festplatte nur begrenzt ist. Sie sollten daher wichtige Sicherungsdaten nach einigen Jahren auf einen neuen Datenträger kopieren.

Vielleicht haben Sie schon von Verschlüsselungstrojanern gehört oder gelesen. Hierbei handelt es sich um Schadsoftware, die per E-Mail oder beim Besuch infizierter Webseiten auf Ihren PC gelangt und Ihre persönlichen Ordner samt Dateien so verschlüsselt, dass sie sich nicht mehr öffnen lassen. Auch die Lebensdauer einer Festplatte oder eines Computers ist nicht unbegrenzt.

Um den Verlust wichtiger Daten zu verhindern, sollten Sie regelmäßig Ihre Daten sichern!
Datensicherung bedeutet, mindestens eine Kopie Ihrer Daten befindet sich auf einem zweiten, externen Speicher, noch besser natürlich zwei Kopien auf zwei verschiedenen Speichern. Als Speicher bieten sich an:

- OneDrive oder ein anderer Online-Speicher.
- Ein USB-Speicherstift oder eine zweite, externe Festplatte. Beide sollten Sie nach dem Sichern wieder vom PC trennen, da sie sonst beispielsweise durch Überspannung bei Blitzeinschlag beschädigt werden können und Verschlüsselungstrojaner auch nach angeschlossenen Laufwerken suchen. Bewahren Sie die Datenträger sorgfältig auf.

Auf eine externe Festplatte sichern

Wichtiger Hinweis bevor Sie beginnen: Am einfachsten sichern Sie gleich die gesamten persönlichen Ordner, z. B. *Bilder* und *Dokumente*. Allerdings dauert eine umfassende Datensicherung, je nach Umfang der zu sichernden Daten, etwas länger.

Führen Sie also die Datensicherung nicht gerade dann durch, wenn Sie anschließend noch Wichtiges am PC zu erledigen haben und schließen Sie vorher alle noch geöffneten Dateien.

1 Schließen Sie die externe Festplatte per Kabel an Ihrem PC an. Sollte anschließend eine Meldung erscheinen, die Sie zur Auswahl einer Aktion auffordert, so ignorieren Sie diese.

2 Starten Sie den Datei-Explorer. Im Navigationsbereich müsste nun die externe Festplatte unter *Dieser PC* mit ihrer Bezeichnung und einem Laufwerksbuchstaben erscheinen. Im Bild unten ist dies der Buchstabe D: ❶.

3 Im nächsten Schritt legen Sie auf der externen Festplatte einen Ordner für die Sicherung an: Klicken Sie im Navigationsbereich auf die externe Festplatte, deren Inhalt erscheint nun im Inhaltsbereich ❷.

4 Klicken Sie danach in der Befehlsleiste auf *Neu* ❸ und auf *Neuer Ordner*. Geben Sie dem Ordner einen Namen, aus dem das Datum der Sicherung hervorgeht, z. B. Sicherung 30-12-2024 ❹.

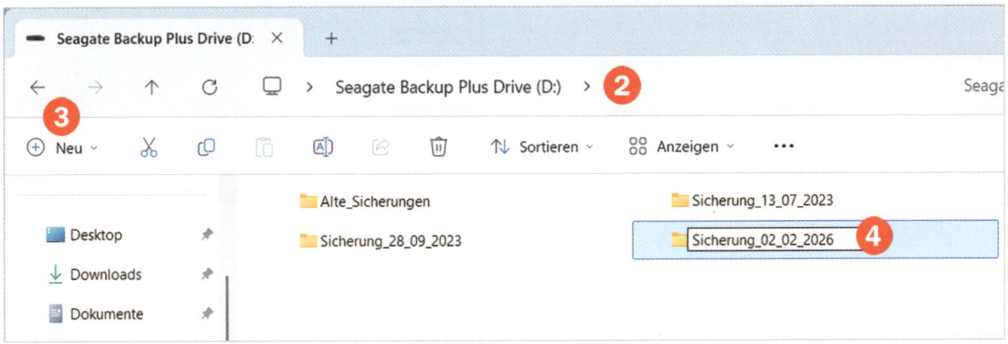

Das Thema Sicherung von Daten auf einer externen Festplatte haben wir auch in einem Video beschrieben. Geben Sie folgende Adresse in den Browser ein, um es zu betrachten:

https://bildnerverlag.de/005256

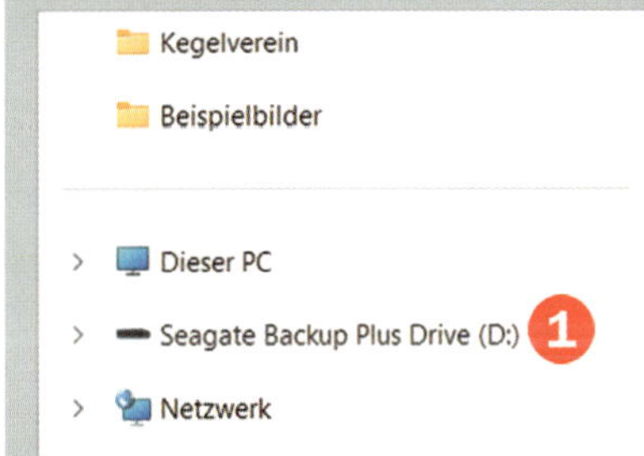

Sie können Datumsangaben in Ordnernamen mit Leerzeichen, Punkt, Bindestrich oder Unterstrich_ trennen, niemals aber mit Schrägstrich / oder Doppelpunkt!

Achtung: Kopieren durch Ziehen mit der Maus funktioniert bei den persönlichen Ordnern nicht, da hier Windows automatisch nur eine Verknüpfung zu diesem Ordner erstellt.

5 Klicken Sie im Bereich *Schnellzugriff* des Datei-Explorers auf den ersten persönlichen und zu sichernden Ordner, z. B. *Dokumente* ⑤ und in der Befehlsleiste auf das Symbol *Kopieren* ⑥. Oder Rechtsklick und Befehl *Kopieren* in der Symbolleiste des Kontextmenüs.

6 Öffnen Sie dann auf der externen Festplatte den Sicherungsordner ⑦ und klicken Sie in der Befehlsleiste auf *Einfügen* ⑧. Der Kopiervorgang beginnt und Sie können den Fortschritt anhand eines Balkens verfolgen.

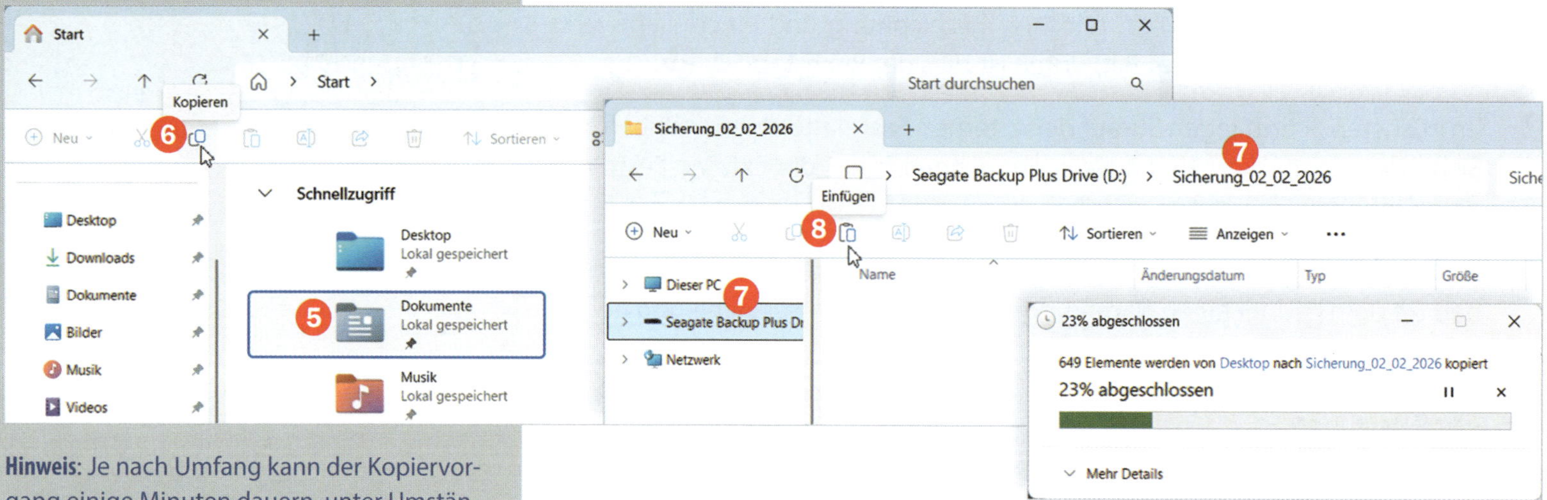

Hinweis: Je nach Umfang kann der Kopiervorgang einige Minuten dauern, unter Umständen auch eine halbe Stunde. In diesem Fall zeigt Windows zum Fortschrittsbalken auch noch die geschätzte Zeitdauer an.

Externe Speicher abmelden, siehe Seite 271.

7 Wiederholen Sie die Schritte 5 und 6 für alle weiteren Ordner, z. B. den Ordner *Bilder*.

8 **Melden Sie die externe Festplatte ab, bevor Sie sie entfernen!**

OneDrive als Sicherungslaufwerk einrichten

Falls Sie über ausreichend Speicherplatz auf OneDrive verfügen, können Sie auch OneDrive als Sicherungslaufwerk einrichten. Dies hat den Vorteil, dass die Datensicherung automatisch und im Hintergrund erfolgt. Wenn Sie OneDrive nicht bereits bei der ersten Anmeldung zur Datensicherung eingerichtet haben, können Sie dies auch später nachholen. So gehen Sie vor:

1. Klicken Sie im rechten Bereich der Taskleiste auf das Symbol *OneDrive* (Wolke), danach auf das Rädchen und auf *Einstellungen* ❶.
2. Wählen Sie links die Kategorie *Synchronisieren und sichern* ❷ und klicken Sie auf die Schaltfläche *Sicherung verwalten* ❸.
3. Im nachfolgenden Fenster können Sie nun per Schalter ❹ für jeden persönlichen Ordner einzeln entscheiden, ob Sie diesen sichern möchten.
4. Klicken Sie abschließend auf *Änderungen speichern* ❺. Das nachfolgende Fenster können Sie einfach schließen.

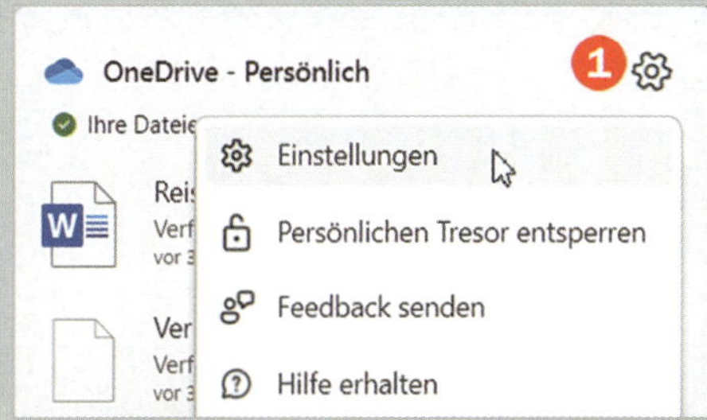

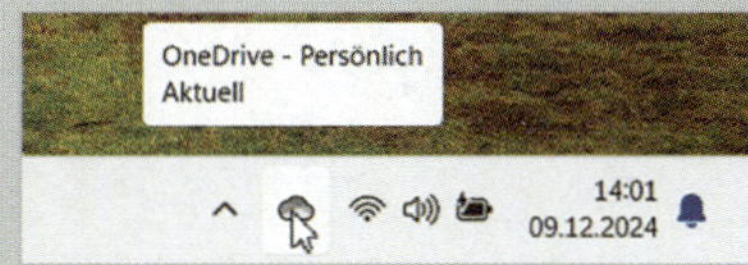

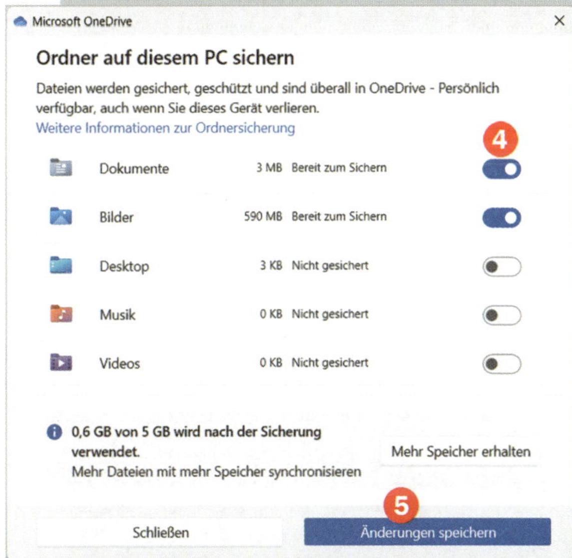

Achtung Speicherplatzbedarf!
Bevor Sie OneDrive als Sicherungslaufwerk einrichten, sollten Sie bedenken, dass Ihnen in der kostenlosen Version nur 5 GB (GigaByte) Speicherplatz zur Verfügung stehen, was z. B. für eine umfangreiche Fotosammlung bei weitem nicht ausreicht.

Haben Sie dagegen (kostenpflichtig) Microsoft 365 abonniert, dann verfügen Sie hier über 1 TB (Terabyte) und einer Datensicherung steht nichts im Wege.

Ab jetzt werden alle Dateien die Sie in den, zur Sicherung ausgewählten Ordnern einschließlich aller Unterordner speichern oder ändern, automatisch im Hintergrund mit *OneDrive* synchronisiert, daher dauert auch der Speichervorgang etwas länger. Jede Datei ist also stets an beiden Speicherorten verfügbar und aktuell.

Achtung: Beim Aktivieren der Ordnersicherung werden die Ordnerinhalte nach OneDrive verschoben. Sie verbleiben hier auch, falls Sie sich später entschließen sollten, die Ordnersicherung wieder zu beenden!

Datensicherung beenden

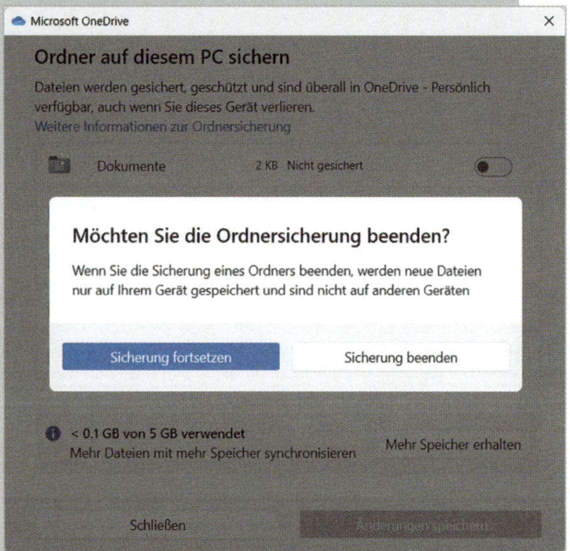

Genauso gehen Sie auch vor, wenn Sie die Ordner nicht mehr auf *OneDrive* sichern möchten.

1. Klicken Sie erneut in der Taskleiste auf das Symbol *OneDrive*, danach auf das Rädchen ⚙ und auf *Einstellungen*. Wählen Sie wieder die Kategorie *Synchronisieren und sichern* und klicken Sie auf die Schaltfläche *Sicherung verwalten*.

2. Ändern Sie dann bei den betreffenden Ordnern, z. B. *Dokumente* oder *Bilder* den Schalter auf *Aus* und klicken Sie bei der nachfolgenden Rückfrage *Möchten Sie die Ordnersicherung beenden?* auf die Schaltfläche *Sicherung beenden*.

3. Anschließend können Sie das Fenster *Ordner auf diesem PC sichern* mit der Schaltfläche *Schließen* wieder schließen.

8.11 Häufige Fragen und Tipps

Navigationsleiste und andere Elemente des Datei-Explorers

Die Navigationsleiste des Datei-Explorers kann zusammen mit weiteren Elementen aus- und eingeblendet werden. Sollte also auf Ihrem PC die Navigationsleiste nicht sichtbar sein, dann gehen Sie so vor:

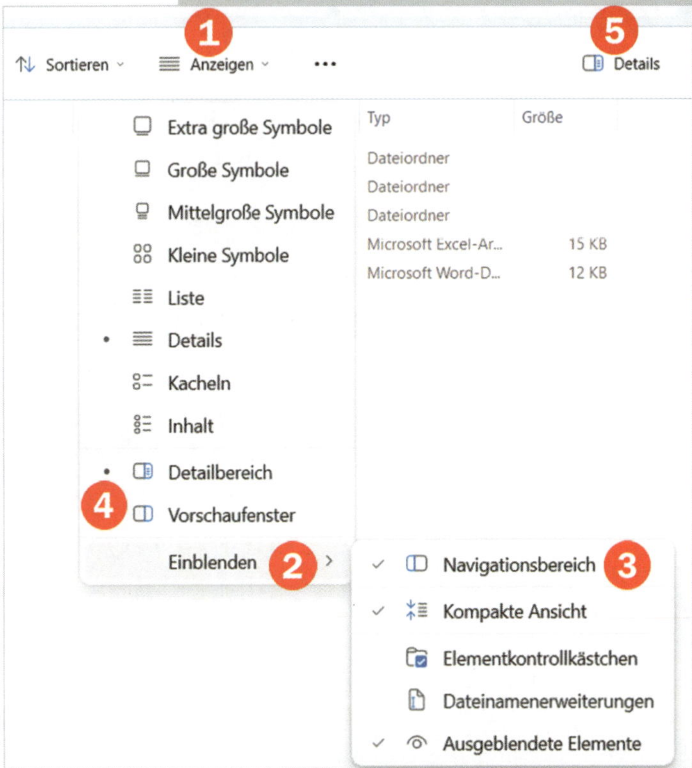

Klicken Sie in der Befehlsleiste auf *Anzeigen* ❶ und auf *Einblenden* ❷. Rechts erscheinen nun verschiedene Optionen.

- Ein fehlendes Häkchen links von *Navigationsbereich* ❸ bedeutet, dieser ist ausgeblendet und Sie brauchen zum Einblenden nur hier klicken.
- Die Bereiche *Detailbereich* und *Vorschaufenster* ❹ öffnen sich am rechten Rand des Explorerfensters und zeigen entweder die Eigenschaften oder eine Vorschau auf den Inhalt der markierten Datei an. Falls Sie einen dieser Bereiche nutzen möchten, können Sie hier wählen, welches Symbol die Befehlsleiste ❺ zum schnellen Öffnen und Schließen anzeigen soll. Beide Bereiche werden allerdings nicht zwingend benötigt.

Achtung: Ist die Navigationsleiste bereits sichtbar bzw. mit einem Häkchen versehen, dann wird sie durch erneutes Anklicken wieder ausgeblendet.

Standardaktion für externe Speicher ändern

Nach dem Anschließen oder Einlegen eines externen Speichers (Wechseldatenträger) erscheint eine Meldung und fordert Sie auf, eine Aktion zu wählen. Windows speichert die ausgewählte Aktion und führt diese beim nächsten Anschließen des Speichers automatisch aus. Dies bezeichnet man als automatische Wiedergabe. Haben Sie versehentlich auf die falsche Aktion geklickt, so kann dies auf Dauer ziemlich nervig sein. Die Einstellungen für die automatische Wiedergabe lassen sich aber leicht ändern:

1 Klicken Sie in das Suchfeld der Taskleiste, geben Sie den Suchbegriff „automatische wiedergabe" ein und klicken Sie auf *Einstellungen für automatische Wiedergabe* (*Systemeinstellungen*) ❶.

Oder klicken Sie in den Einstellungen auf *Bluetooth und Geräte* und scrollen nach unten bis zur *Automatischen Wiedergabe*.

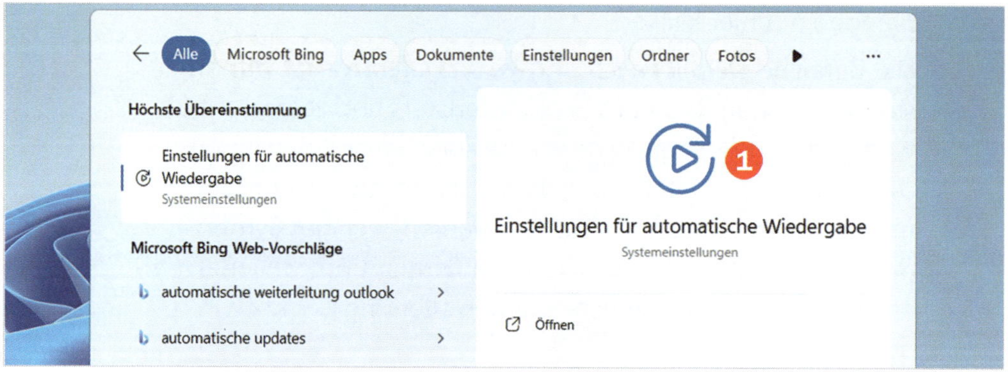

2 Nun können Sie die automatische Wiedergabe entweder für alle Geräte und Medien komplett ausschalten ❸ oder Wechseldatenträgern ❹ und Speicherkarte ❺ jeweils gesondert eine Aktion zuweisen: Klicken Sie dazu in das jeweilige Feld und wählen Sie eine Aktion.

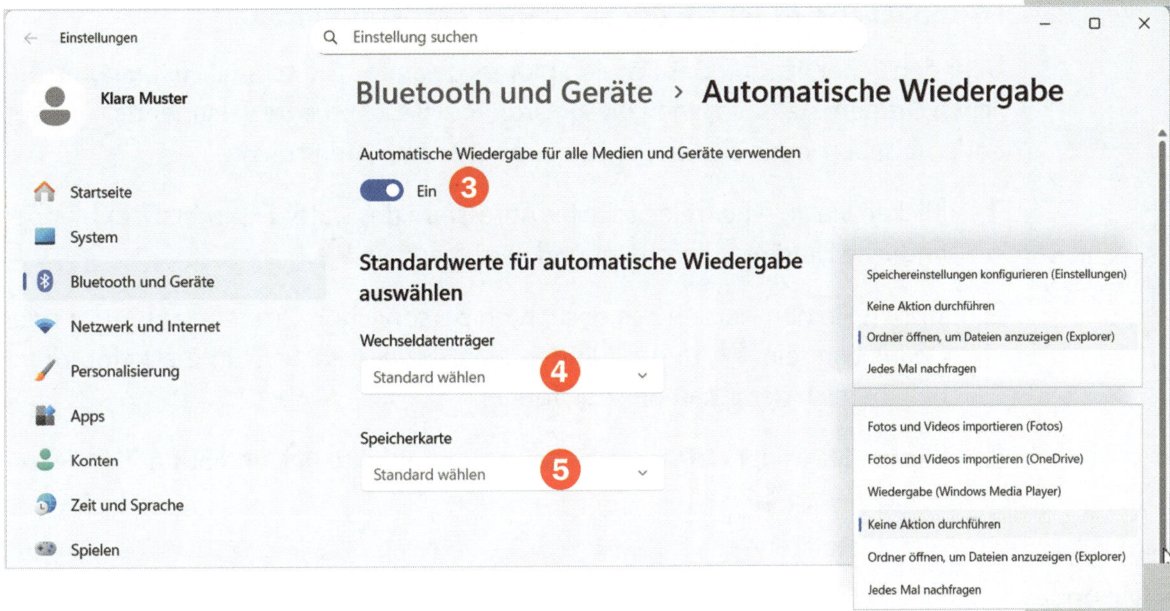

- *Keine Aktion durchführen* bedeutet, es passiert überhaupt nichts.
- Mit der Auswahl *Jedes Mal nachfragen* erhalten Sie bei jedem Anschließen erneut eine Meldung. Dies oder *Keine Aktion durchführen* empfiehlt sich, wenn Sie sich alle Möglichkeiten offen halten möchten.
- Die übrigen Auswahlmöglichkeiten sind abhängig vom Speichertyp.

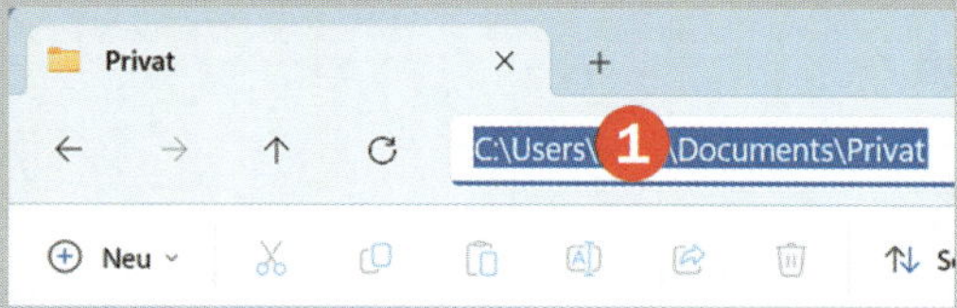

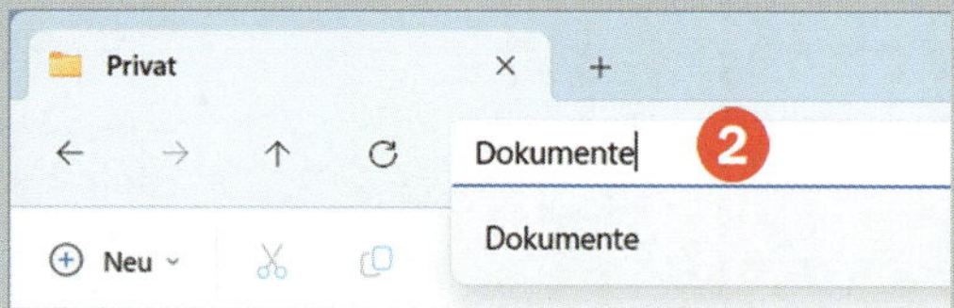

Hinweis: Alternativ können Sie zur Auswahl des Ordners auch im Adressfeld auf den Pfeil ganz links klicken. Es erscheint eine Liste der wichtigsten Speicherorte: Klicken Sie auf den gesuchten Ordner.

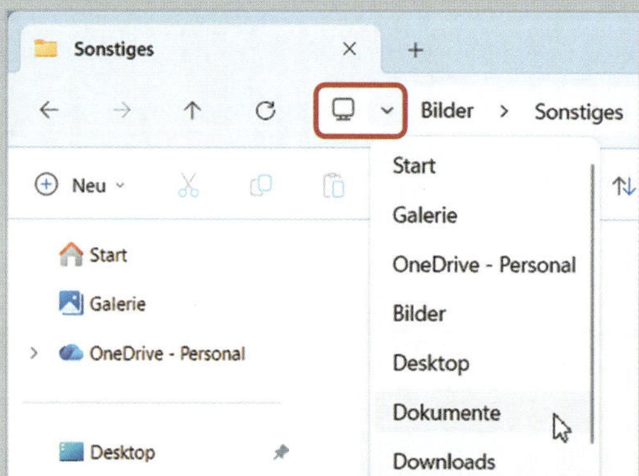

Persönlichen Ordner wieder an Schnellzugriff anheften

Über den Schnellzugriff des Datei-Explorers gelangen Sie schnell zu Ihren persönlichen Ordnern. Falls Sie einen dieser Ordner, z. B. *Dokumente* versehentlich daraus entfernt haben, dann gehen Sie zum erneuten Anheften so vor:

1 Klicken Sie an eine freie Stelle im Adressfeld des Datei-Explorers: Der hier befindliche Dateipfad erscheint und wird markiert ❶.

2 Tippen Sie den Namen des gesuchten persönlichen Ordners, z. B. *Bilder* oder *Dokumente* ein ❷ und betätigen Sie die **Eingabetaste**. Nun erscheint im Inhaltsbereich der Inhalt dieses Ordners.

3 Klicken Sie in der Befehlsleiste auf die drei Punkte ❸ und auf *An Schnellzugriff anheften* ❹.

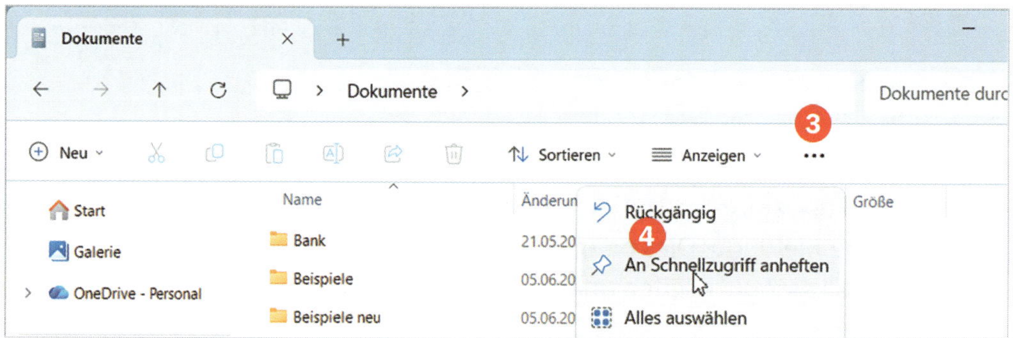

Tipp Reihenfolge ändern: Falls Sie die Reihenfolge ändern möchten, so ziehen Sie in der Navigationsleiste den Ordner mit gedrückter linker Maustaste an die gewünschte Stelle. Ein waagrechter schwarzer Balken kennzeichnet die Einfügeposition.

9 Fotos verwalten und bearbeiten

Sie lernen...

- Fotos von Kamera oder Handy übertragen
- wie Sie Fotos am Computer anzeigen
- welche Möglichkeiten Ihnen bei der Verwaltung Ihrer Fotos zur Verfügung stehen
- wie Sie ein Foto bearbeiten, z. B. zuschneiden, drehen oder Bildbereiche entfernen

Was Sie bereits wissen sollten...

- Umgang mit Maus, Touchpad oder Touchscreen
- Datei speichern, kopieren oder verschieben
- Grundsätzlicher Umgang mit Apps
- Grundkenntnisse im Internet

9.1 Fotos von Kamera oder Handy übertragen

Die Windows-Fotoanzeige zeigt Ihre Bilder an

Mit der **Windows-Fotoanzeige** betrachten, verwalten und bearbeiten Sie Ihre Bilder. Diese App ist in Windows 11 standardmäßig vorinstalliert, kann aber auch unter dem Namen *Microsoft Fotos* kostenlos aus dem Microsoft Store bezogen werden. Auch der **Datei-Explorer** hilft bei der Verwaltung Ihrer Bildbestände. In diesem Kapitel beschäftigen wir uns allerdings mit den Möglichkeiten der *Windows-Fotoanzeige*.

In Kapitel 10 erfahren Sie, wie Sie Apps aus dem Microsoft Store herunterladen und installieren.

Dateiformat

Fotos, die Sie von Ihrer Kamera oder von Ihrem Smartphone auf den PC übertragen, sind in der Regel JPEG-Bilder. **JPEG** oder auch **JPG** ist das gebräuchlichste Grafikformat zur Speicherung von Fotos. Viele Kameras und auch einige Handys stellen Fotos im **RAW**-Format zur Verfügung.Das sind Rohdaten, die am Computer umfangreich bearbeitet werden können.

Hinweis: Sollte Ihnen beim ersten Start der Windows-Fotoanzeige angeboten werden, Ihre Bilder in der Cloud bzw. auf OneDrive zu speichern, so bedenken Sie, dass der standardmäßig verfügbare kostenlose Speicherplatz von 5 GB bei weitem nicht für eine Fotosammlung ausreicht. Anders sieht es natürlich aus, wenn Sie in Verbindung mit Microsoft 365 über 10 TB verfügen.

Speicherkarte

Zur Speicherung Ihrer Fotos und Videos befindet sich in Ihrer Kamera eine Speicherkarte, meist eine SD-Speicherkarte. Es kommen überwiegend SDXC-Karten mit Kapazitäten von 64 GB bis 1 TB zum Einsatz. Der Inhalt der Speicherkarten kann mittels eines Kartenlesegeräts angezeigt und auf den PC übertragen werden. Das Kartenlesegerät ist in vielen Laptops bereits integriert, kann aber auch als Einzelgerät hinzugekauft werden. Daneben sind auch WLAN-fähige Speicherkarten (WiFi-Card) erhältlich. Sie können über WLAN eine Verbindung zwischen Karte und Smartphone, Tablet, Laptop oder PC herstellen und Fotos betrachten bzw. herunterladen.

Optionen zur Übertragung der Fotos von der Kamera auf den Computer

- Stellen Sie eine USB-Verbindung zwischen Kamera und Computer her, indem Sie die beiden Geräte mit einem Kabel verbinden.
- Entnehmen Sie aus der Kamera die Speicherkarte und legen Sie diese in das Kartenlesegerät Ihres Computers ein.
- Einige Kameras verfügen über WiFi-Konnektivität, d. h. zwischen Kamera und Rechner kann eine drahtlose Verbindung aufgebaut werden.

So übertragen Sie Ihre Fotos

1 Stecken Sie die Speicherkarte in das Lesegerät oder verbinden Sie Kamera oder Smartphone per Kabel mit dem PC und schalten Sie das Gerät ein.

Hinweis: Falls Sie Fotos vom Smartphone auf den PC übertragen möchten, muss dieses entsperrt sein und Sie müssen Zugriff auf die Daten erlauben.

2 Falls Kamera, Speicherkarte oder Smartphone zum ersten Mal mit dem Computer verbunden werden, erscheint in der rechten unteren Ecke des Bildschirms eine Meldung ❶. Klicken Sie diese an. Ein Fenster rechts oben bietet nun verschiedene Aktionen an; klicken Sie auf *Fotos und Videos importieren - Windows Fotoanzeige* ❷.

3 Die Windows-Fotoanzeige öffnet sich und das verbundene Gerät erscheint unter *Externe Geräte* ❸. Klicken Sie auf Ihr Gerät, z. B. Speicherkarte oder Smartphone, so erscheinen rechts alle hier vorhandenen Fotos. Entscheiden Sie nun, welche Bilder Sie importieren möchten:

- **Alle Bilder auswählen:** Aktivieren Sie das Kontrollkästchen *Alle auswählen* ❹.

Meldung versäumt? Kein Problem, dann starten Sie den Import aus der Windows-Fotoanzeige heraus, siehe Seite 325.

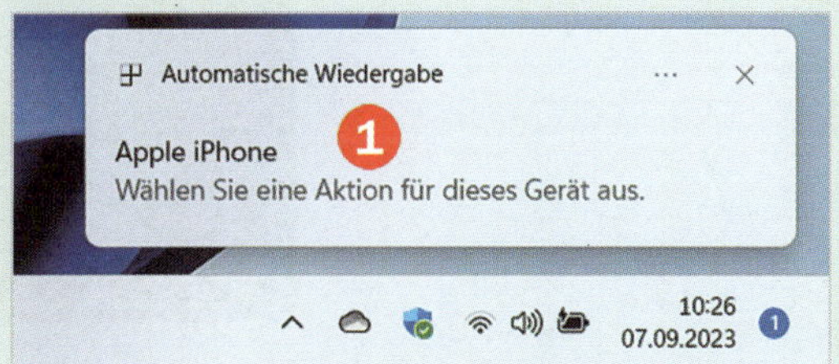

In der Regel werden Sie erst einmal alle Bilder importieren und danach am Computer die misslungenen Fotos löschen.

Ein weiterer Klick in das Kästchen entfernt das Häkchen wieder.

- **Seit dem letzten Import neu hinzugekommene Bilder auswählen**: Aktivieren Sie das Kontrollkästchen *Neu auswählen*.
- **Nur bestimmte Bilder auswählen**: Klicken Sie in das Kästchen in der rechten oberen Ecke der betreffenden Bilder 5.

4 Klicken Sie danach auf die Schaltfläche *Elemente hinzufügen* 6, hier sehen Sie auch die Anzahl der ausgewählten Fotos.

5 Im nächsten Schritt wählen Sie den Zielordner, standardmäßig ist dies der Ordner *Bilder*. Wenn Sie einen Unterordner dieses Ordners auswählen möch-

ten, dann blenden Sie diese mit Klick auf den kleinen Pfeil 7 links von *Bilder* ein und klicken danach auf den betreffenden Unterordner.

Neuen Ordner erstellen: Wenn Sie die Fotos in einen neuen Ordner importieren möchten, dann wählen Sie *Ordner erstellen* 8. Geben Sie anschließend dem Ordner einen Namen und klicken Sie auf *Ordner erstellen*.

6 Klicken Sie abschließend auf *Importieren* 9, um den Import zu starten. Dieser Vorgang kann je nach Umfang etwas dauern.

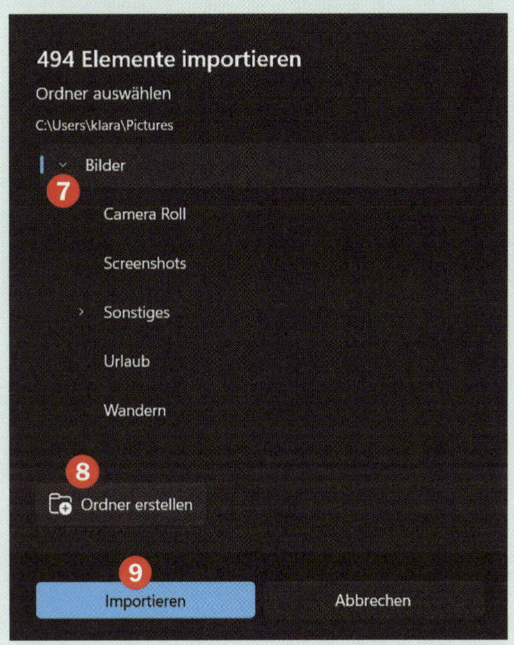

> Standardmäßig werden in der Windows-Fotoanzeige nur Fotos angezeigt, die im Ordner *Bilder* (lokal oder OneDrive) gespeichert sind.
>
> Der Vorteil der beschriebenen Importmethode ist, dass schon einmal importierte Bilder nicht nochmals übertragen werden. Sie können natürlich die Fotos auch über den Datei-Explorer, wie in Kapitel 8 beschrieben, kopieren.

Meldung beim Anschließen versäumt?

Dann starten Sie im Startmenü die *Windows-Fotoanzeige*, klicken anschließend rechts oben auf *Importieren* und wählen hier das verbundene Gerät aus. Anschließend verfahren Sie, wie oben beschrieben.

9.2 So finden Sie sich in der Fotoanzeige zurecht

Anzeige steuern

Nach dem Start der App ist der *Katalog* ❶ ausgewählt. Dieser zeigt standardmäßig nur Fotos an, die im Ordner *Bilder* gespeichert sind. Fotos aus anderen Ordnern, z. B. *Dokumente* oder *Desktop* sind nicht einbezogen. Der Ordner *Bilder* kann Unterordner enthalten. Deren Inhalte werden selbstverständlich angezeigt. Alle Bilder werden im Katalog nach Aufnahmedatum sortiert abgebildet.

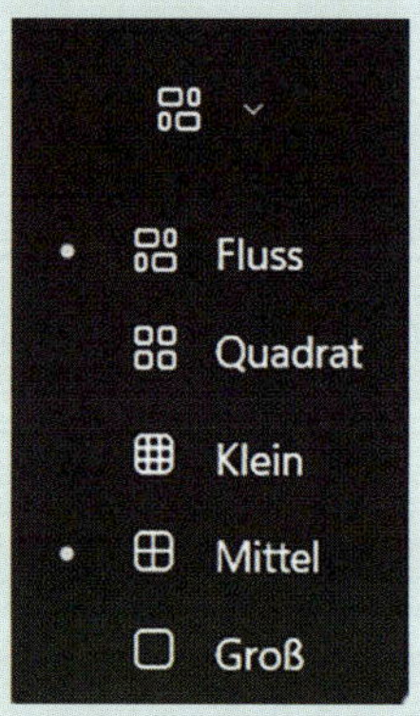

- **Navigationsbereich ein-/ausblenden:** Den Navigationsbereich links verwenden Sie zur Auswahl eines Speicherorts. Sollte dieser Bereich bis auf die Symbole ausgeblendet sein, so klicken Sie zur vollständigen Anzeige auf das Symbol *Navigation öffnen* ❷. Hier finden Sie ganz oben den *Katalog*.
- Um durch Ihren Bildbestand zu scrollen, zeigen Sie in die App und drehen das Mausrädchen (Scrollen).
- **Bildgröße und Darstellung:** Sie können steuern, wie die Bilder in der App angezeigt werden. Das Symbol *Katalogtypen und -größen* ❸ bietet verschiedene Vorschauvarianten an: Der Typ *Fluss* berücksichtigt unterschiedliche Ausrichtungen (Hoch- und Querformat), während *Quadrat* alle Bilder im selben Seitenverhältnis anzeigt und dadurch in der Vorschau Teile abschneidet. Zusätzlich können Sie zwischen den Anzeigegrößen *Klein*, *Mittel* und *Groß* wählen.
- **Zeitleiste einblenden:** Zeigen Sie mit der Maus auf den rechten Rand des Fensters, um eine Zeitleiste einzublenden. Eine blaue Markierung kennzeichnet den Zeitpunkt der aktuell sichtbaren Aufnahmen und beim Zeigen darauf erscheinen auch Jahr und Monat ❹. Wenn Sie schnell weiter zurückliegende Bilder anzeigen möchten, so genügt ein Klick auf den entsprechenden Zeitraum.

- **Ordner auswählen**: Wenn Sie sich die Mühe gemacht haben, Ihren Bilderordner mittels Unterordner zu sortieren, können Sie selbstverständlich auch nur den Inhalt eines Ordners anzeigen. Klicken Sie im Navigationsbereich unter *Dieser PC* auf den Ordner *Bilder* 5. Die dazugehörigen Unterordner erscheinen. Durch Anklicken zeigen Sie den Ordnerinhalt rechts an.

- **Diashow vorführen:** Ein Klick auf *Diashow starten* 6 zeigt Ihre Fotos im Vollbildmodus mit Sound- und Übergangseffekten. Mit Klick auf *Diashow beenden* oder der **Esc**-Taste kehren Sie zur Übersicht zurück. Für eine Diashow ist es durchaus sinnvoll, die gewünschten Bilder in einem Ordner zu sammeln. Mit Auswahl des Ordners werden nur diese Fotos in die Diashow einbezogen.

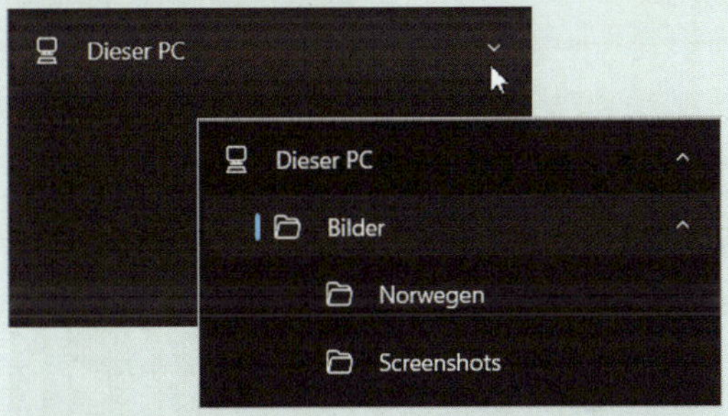

Falls unter *Dieser PC* der Ordner *Bilder* nicht sichtbar sein sollte, so klappen Sie diesen per Klick auf den Pfeil auf (s. Bild oben). Dasselbe gilt auch für Unterordner im Ordner *Bilder*.

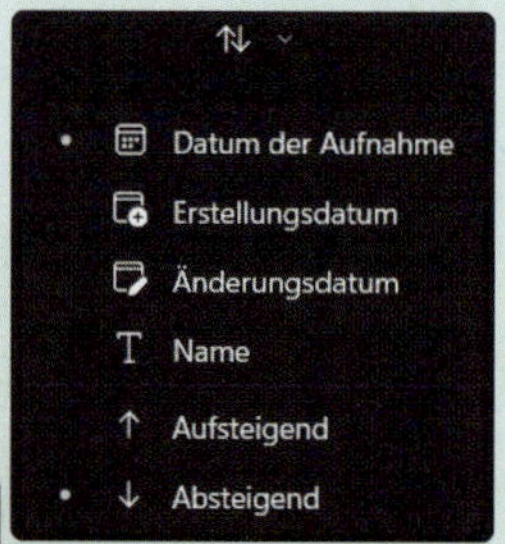

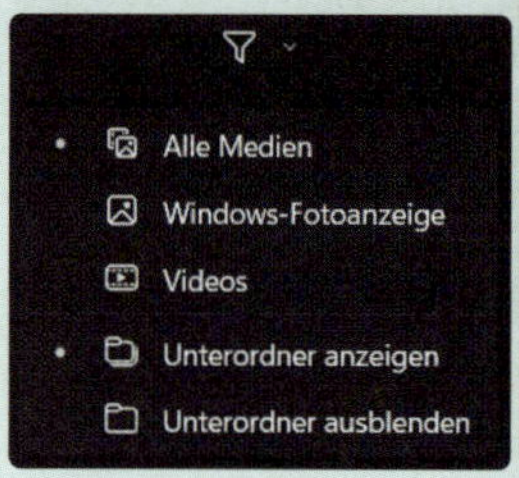

- **Fotos auf OneDrive**: Wenn Sie gerne und oft Fotos machen, ist es wenig sinnvoll, diese auf OneDrive (Ihren persönlichen Cloudspeicher) zu sichern. Der Standardspeicherplatz von 5 GB wäre sofort voll. Wieviel Speicherplatz Sie haben, sehen Sie unten links 7 (siehe Grafik vorige Seite). Falls Ihnen mehr Speicherplatz zur Verfügung steht, können Sie selbstverständlich den Ordner Bilder auf OneDrive sichern (siehe dazu Kapitel 8) Fotos, die auf OneDrive gespeichert sind, erkennen Sie am Symbol *Wolke*. Fehlt dieses Symbol, so befindet sich das betreffende Foto auf der lokalen Festplatte im Ordner *Bilder*.
- **Sortierung ändern**: Der Katalog ist standardmäßig nach *Aufnahmedatum* sortiert. Mit Klick auf das Symbol *Sortieren* 8 (siehe Grafik vorige Seite) haben Sie die Möglichkeit, die Bilder in der Übersicht nach *Erstellungsdatum* (gemeint ist hier das Datum, an dem das Bild auf den PC importiert wurde) und *Änderungsdatum* (Datum der letzten Bearbeitung) sowie nach Name aufsteigend oder absteigend zu sortieren.
- **Videos:** Videos erkennen Sie am kleinen Symbol in der linken oberen Ecke. Über das Symbol *Filter* 9 können Sie auf Wunsch schnell Videos herausfiltern. Die Auswahl *Alle Medien* stellt die ursprüngliche Anzeige wieder her. Zum Betrachten klicken Sie in der Übersicht auf das Video (mehr dazu auf Seite 338).

Ordner hinzufügen

Wie schon erwähnt, werden standardmäßig nur die Inhalte des Ordners *Bilder* in der Windows-Fotoanzeige abgebildet. Sie überprüfen das im Navigationsbereich bei *Dieser PC* bzw. wenn Sie die Inhalte mit OneDrive synchronisieren im Ordner *Persönlich*.

Wenn Sie weitere Ordner hinzufügen möchten, dann gehen Sie so vor:

1 Klicken Sie im Navigationsbereich neben *Katalog* auf das Symbol *Ordner hinzufügen* ❶.

2 Navigieren Sie im nachfolgenden Fenster zu dem Speicherort, an dem sich der gewünschte Ordner befindet, dies kann z. B. auch ein Unterordner des Ordners *Dokumente* sein oder wie im Bild unten der Ordner *Videos* ❷. Klicken Sie auf den Ordner ❸ und dann auf die Schaltfläche *Ordner auswählen*.

Hinweis: Sollten sich im ausgewählten Ordner auch Dokumente oder PDFs befinden, z. B. Briefe, so werden diese von der Windows-Fotoanzeige ignoriert und nicht angezeigt.

Anschließend erscheint am unteren Rand eine kleine Meldung, dass der Ordner hinzugefügt wird. Sollte danach der neu hinzugefügte Ordner nicht unter *Dieser PC* erscheinen, so beenden Sie die Fotoanzeige und starten diese neu.

Details zur Navigation zwischen Ordnern lesen Sie in Kap. 8 nach.

Genauso verfahren Sie auch, um einen OneDrive Ordner hinzuzufügen.

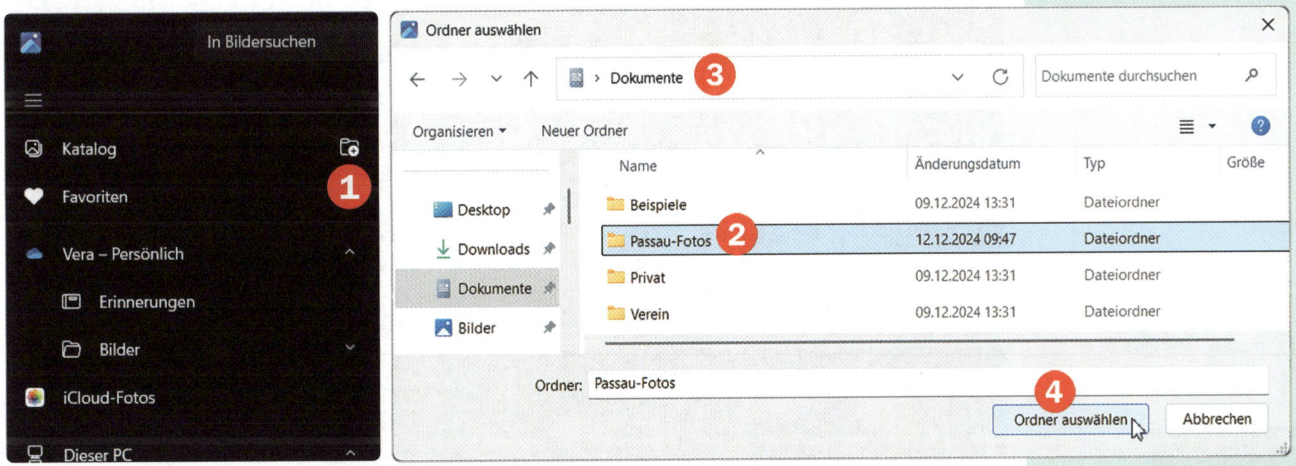

9.3 Fotos und Videos betrachten

Die Einzelbildansicht der Windows-Fotoanzeige

Zur genaueren Betrachtung und Bearbeitung eines Fotos klicken Sie in der Übersicht auf das gewünschte Bild. Dieses wird in der Einzelbildansicht in einem gesonderten Fenster geöffnet.

Ist auf dem Filmstreifen ein Bild mit einer Zeitangabe versehen, handelt es sich dabei um ein Video.

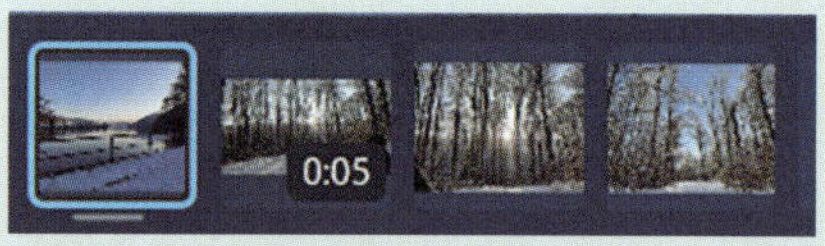

- Am oberen Rand sehen Sie verschiedene Werkzeuge ❶, z. B. *Bearbeiten*, *Löschen* oder *Drucken*.

Zwischen Fotos wechseln

- Mit den Pfeilen ❷ gelangen Sie zum nächsten bzw. vorherigen Foto. Die Pfeile werden sichtbar, wenn Sie mit der Maus an den rechten oder linken Rand des Fensters zeigen.

- **Filmstreifen einblenden:** Sie können auch am unteren Rand die Bilder des aktuellen Ordners in Form eines Filmstreifens anzeigen lassen. Dazu klicken Sie links unten auf dieses Symbol ❸. Dann wechseln Sie zu einem anderen Bild, indem Sie das gewünschte Bild ❹ einfach anklicken. Das aktuell angezeigte Bild ist blau umrandet. Um den Filmstreifen ein- und wieder auszublenden, klicken Sie links unten auf das Symbol.

Achtung: Klicken bei der Auswahl auf dem Filmstreifen nicht in das kleine Quadrat, Sie aktivieren sonst die sogenannte Multi-Ansicht (Mehr zur Multi-Ansicht auf Seite 341).

Foto vergrößern (zoomen) und verkleinern

- Die Option *auf tatsächliche Größe zoomen* ❺ vergrößert das Bild auf 100%. Bei Bildern mit guter Qualität, wird dann nur noch ein Ausschnitt des Bilds angezeigt.

- Zum Vergrößern oder Verkleinern der Anzeige des Fotos benutzen Sie die Zoomleiste ❻ in der rechten unteren Ecke. Klicken Sie mehrmals auf die Symbole *Vergrößern* bzw. *Verkleinern*. **Alternativen:** Zeigen Sie in das Bild und drehen Sie das Mausrädchen oder klicken Sie doppelt auf das Bild.

- Sobald ein Bild gezoomt wurde, wird das Symbol *An Fenstergröße anpassen* ❼ eingeblendet, damit verkleinern oder vergrößern Sie das Bild, so dass es wieder gesamt im Fenster angezeigt werden kann.

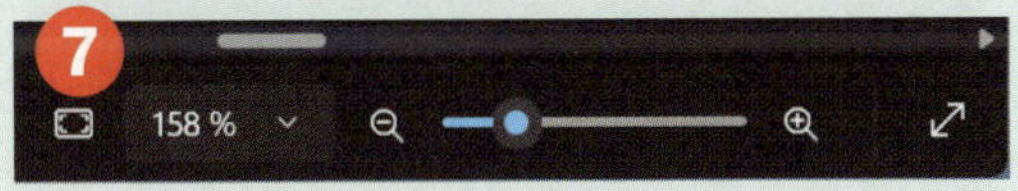

- Um bei einem vergrößerten Bild den sichtbaren Bildbereich zu verschieben, zeigen Sie mit der Maus in der Bild, drücken die linke Maustaste und halten diese gedrückt, während Sie das Bild an die gewünschte Position ziehen.

Foto im Vollbildmodus anzeigen

Soll das Foto ohne störende Bedienelemente angezeigt werden und den gesamten Bildschirm ausfüllen, dann wählen Sie als Anzeige den Vollbildmodus.

- Klicken Sie dazu in der in der unteren rechten Ecke auf das Symbol *Vollbild* oder drücken Sie die Funktionstaste **F11**. Um wieder zurück zur vorherigen Anzeige zu gelangen, betätigen Sie entweder die **Esc**-Taste oder erneut die Taste **F11**.

- Auch im Vollbildmodus stehen die Pfeile rechts und links zum Wechseln zwischen den Bildern zur Verfügung, sobald Sie an den linken oder rechten Bildschirmrand zeigen.

Foto ausrichten

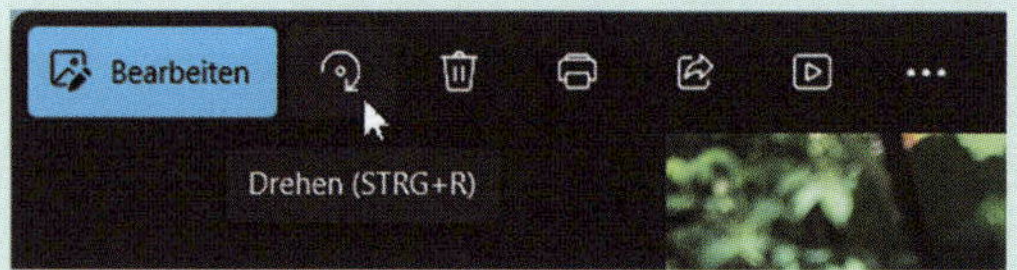

Beim Import der Bilder von der Kamera werden diese in der Regel korrekt ausgerichtet. Falls ein Bild dennoch einmal gedreht werden muss, hilft die Schaltfläche *Drehen* in der Bearbeitungsleiste. Diese dreht das Bild bei mehrmaligem Anklicken jeweils um 90 ° im Uhrzeigersinn. Die letzte Ausrichtung wird automatisch beibehalten.

Bilder löschen oder als Lieblingsfotos kennzeichnen

- **Bild löschen**: Wenn Sie in der Einzelbildansicht das aktuelle Bild löschen möchten, dann klicken Sie in der Bearbeitungsleiste auf das Symbol *Löschen* (Papierkorb) oder betätigen Sie die Taste **Entf**. Da dadurch das Bild aus dem Ordner entfernt wird, müssen Sie anschließend das Löschen nochmals bestätigen.

- **Lieblingsfotos als Favoriten kennzeichnen**: Ihre Lieblingsfotos können Sie als Favoriten kennzeichnen und später gesondert betrachten. Dazu klicken Sie in der Einzelbildansicht auf das Herz-Symbol *Zu Favoriten hinzufügen* links unten.

  Um eine Zusammenstellung Ihrer Favoriten anzuzeigen, klicken Sie in der Navigationsleiste auf *Favoriten*. Falls Sie ein Bild wieder aus den Favoriten entfernen möchten, so zeigen Sie es erneut in der Einzelbildansicht an und deaktivieren das Symbol *Herz* mit einem weiteren Klick wieder.

Fotos direkt vergleichen

Dank der Digitalfotografie knipst man heute oft gleich mehrmals dasselbe Motiv. Damit die Bilderflut nicht überhand nimmt, sollte man sich von sehr ähnlichen Fotos trennen. Bei der Auswahl der besten Aufnahme hilft die Multi-Ansicht. Damit können Sie in der Einzelbildansicht mehrere Bilder nebeneinander anzeigen und so besser vergleichen.

1. Zeigen Sie das erste Bild in der Einzelbildansicht an.

2. Wählen Sie dann im Filmstreifen die weiteren Fotos aus. Dazu zeigen Sie mit dem Mauszeiger auf das Bild und klicken in das kleine Kästchen ❶, das beim Zeigen erscheint.

3. Die Bilder werden nebeneinander angeordnet und Sie können die Aufnahmen vergleichen.

   - Möchten Sie eines der ausgewählten Bilder löschen, zeigen Sie in das Foto und klicken auf das Papierkorb-Symbol ❷. Bestätigen Sie mit *Löschen*. Das Foto wird damit in den Papierkorb verschoben.

   - Wenn Sie ein Foto nicht mehr in der Multi-Ansicht anzeigen möchten, entfernen Sie durch erneutes Anklicken das Häkchen vom betreffenden Foto, im Filmstreifen.

4. Mit der **Esc**-Taste oder Klick auf den Pfeil *Zurück* links oben kehren Sie zur Einzelbildansicht des zuletzt hinzugefügten Fotos zurück.

1

Klicken, um das Medienelement anzuzeigen
2

Tastenkombination **Strg+P**.

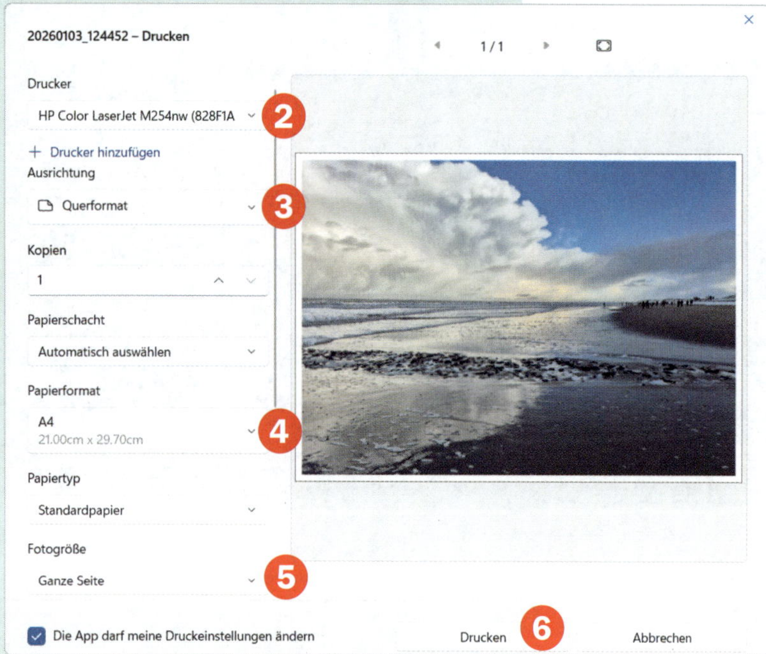

Foto drucken

Klicken Sie in der Einzelbildansicht in der Bearbeitungsleiste auf das Symbol *Drucken* ❶. Das Druckdialogfenster wird geöffnet. Die Darstellung kann je nach verwendetem Drucker und dessen Möglichkeiten abweichen.

- Kontrollieren Sie, ob der richtige Drucker ausgewählt ist ❷ und stellen darunter ggf. die korrekte *Ausrichtung* ❸ des Bildes (Hoch- oder Querformat) ein.
- Bei *Papierformat* ❹ wählen Sie die Größe des im Drucker eingelegten Papiers aus.
- Unter *Fotogröße* ❹ geben Sie an, in welcher Größe das Foto gedruckt werden soll.

Um den Ausdruck zu starten, klicken Sie auf *Drucken* ❺.

Informationen zum Foto anzeigen

Zusammen mit dem Foto können Zusatzinformationen, wie z. B. Aufnahmedatum und -ort, verwendete Kamera (oder Smartphone), Bildgröße etc. gespeichert werden.

Um diese Informationen oder den Speicherort anzuzeigen, klicken Sie in der Einzelbildansicht links unten auf das Symbol *Dateiinfo*.

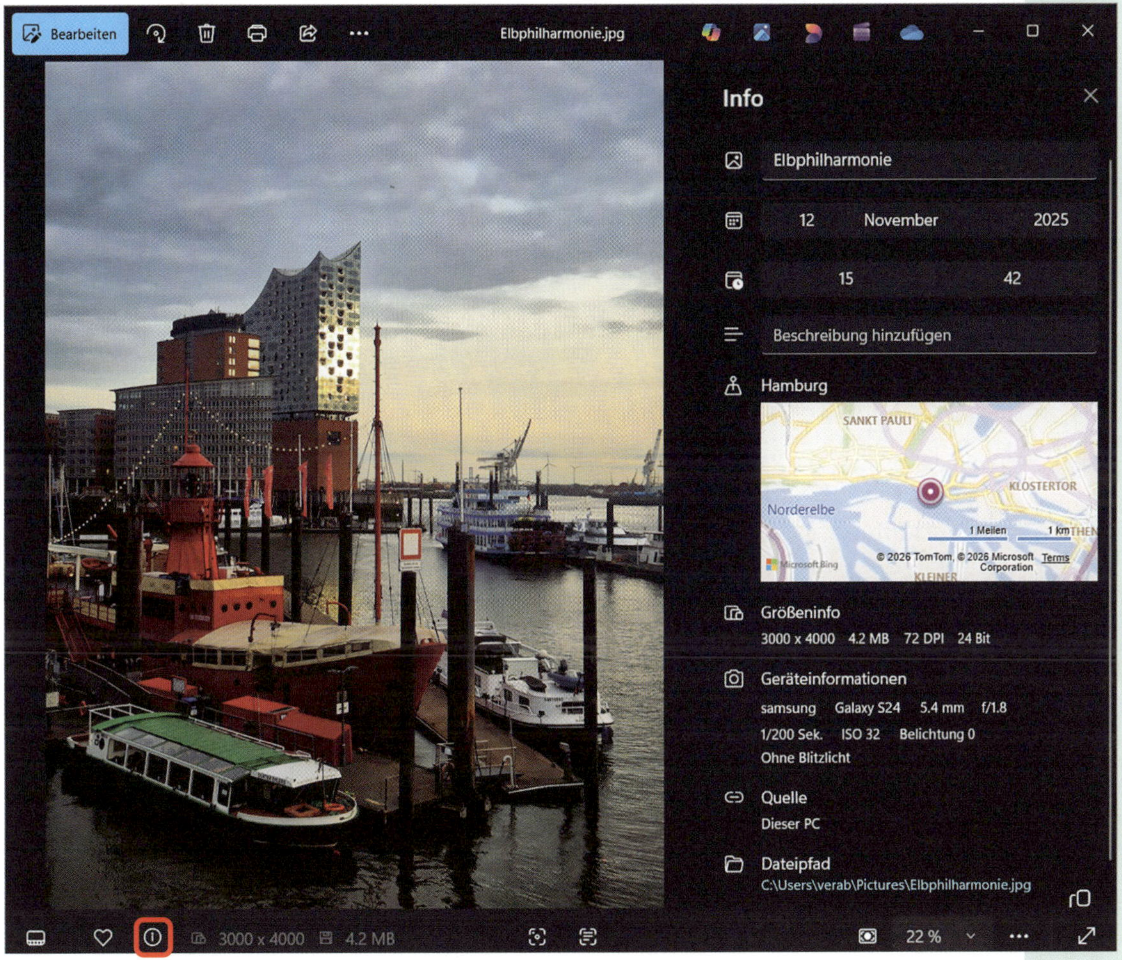

x-Symbol schließt den Infobereich

Dateiname, kann geändert werden

Aufnahmedatum

Uhrzeit der Aufnahme

Beschreibung, optional

Aufnahmeort

Auflösung und DPI, Dateigröße

Brennweite, Blende, Belichtungszeit, ISO

Speicherort: Dieser PC oder OneDrive

Dateipfad: Genauer Speicherort

Tipp: Wer mag, kann einen Dateinamen oder eine Beschreibung einfach in das Feld eintippen. Die neuen Infos werden automatisch gespeichert.

Video in der Übersicht (links) und im Filmstreifen der Einzelbildansicht (rechts)-

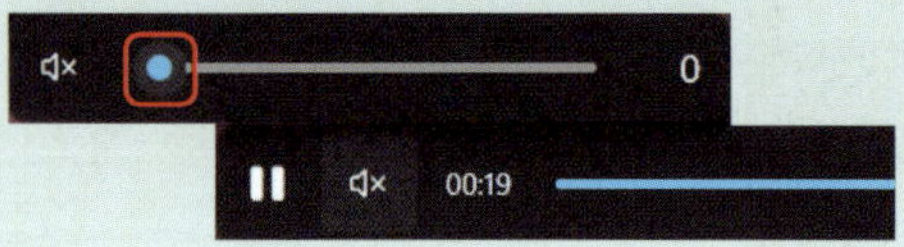

Videos abspielen

Wie bereits erwähnt, kann die Windows-Fotoanzeige auch Videos abspielen. Diese sind in der Übersicht am Videosymbol leicht zu erkennen und im Filmstreifen der Einzelbildansicht mit der Abspieldauer versehen.

Zum Abspielen klicken Sie in der Übersicht auf das Video. Es startet sofort und eine Bedienungsleiste wird eingeblendet.

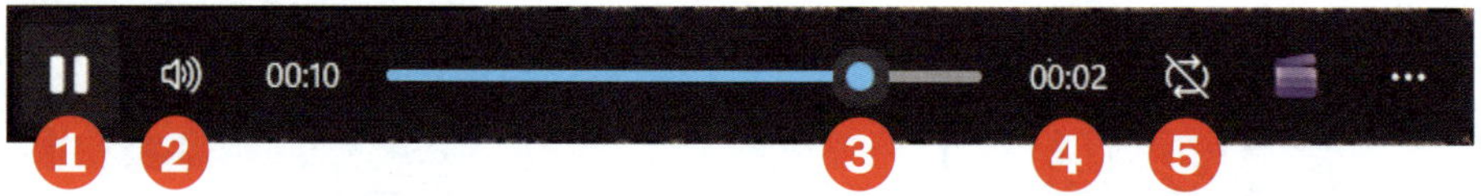

- Mit der Schaltfläche 1 *Pausieren* können Sie das Video unterbrechen und mit *Abspielen* wieder fortsetzen.
- Die Lautstärke regeln Sie über dieses Symbol 2. Zeigen Sie auf die Schaltfläche, um den Lautstärkeregler darüber einzublenden; ziehen Sie bei gedrückter linker Maustaste an dem blauen Knopf.

  Durch Anklicken der Schaltfläche schalten den Ton aus und wieder ein.
- Der Fortschrittsbalken 3 zeigt an, an welcher Stelle Sie sich im Video befinden; rechts davon sehen Sie die Restdauer 4. Den blauen Knopf können Sie mit gedrückter Maustaste verschieben und so das Video an eine andere Position vor- oder zurückspulen.
- Mit diesem Symbol 5 aktivieren und deaktivieren Sie das Wiederholen des Videos (Dauerschleife).

9.4 Fotos in der Übersicht verwalten

Tipp: alle Fotos auswählen
Drücken Sie die Tastenkombination **Strg+A**.

Bilder markieren

Wenn Sie Ihre Fotos in der Übersicht verwalten, z. B. löschen, kopieren oder an einen anderen Ort verschieben möchten, dann müssen Sie diese zuvor auswählen bzw. markieren.

- **Ein Foto auswählen:** Zeigen Sie mit der Maus auf das Foto, welches Sie auswählen möchten. In dessen rechter oberer Ecke erscheint ein Kästchen ❶, klicken Sie dieses an.
- **Weitere Fotos auswählen:** Da schon ein Bild ausgewählt wurde, wird das Auswahlkästchen jetzt auch für alle anderen Bilder eingeblendet. Sie müssen jetzt nicht mehr genau das Kästchen treffen, ein Klick auf das Foto reicht aus.
- **Auswahlmarkierung entfernen:** Um das Häkchen von einem Foto zu entfernen, klicken Sie nochmal auf das Bild. Sollen alle Markierungen entfernt werden, so klicken Sie oben auf *Abbrechen* ❷ oder betätigen die **Esc**-Taste.

Alternativ klicken Sie auf die Schaltfläche *Wählen* ❸ und klicken dann auf alle Bilder, die Sie markieren möchten.

Markierte Fotos löschen

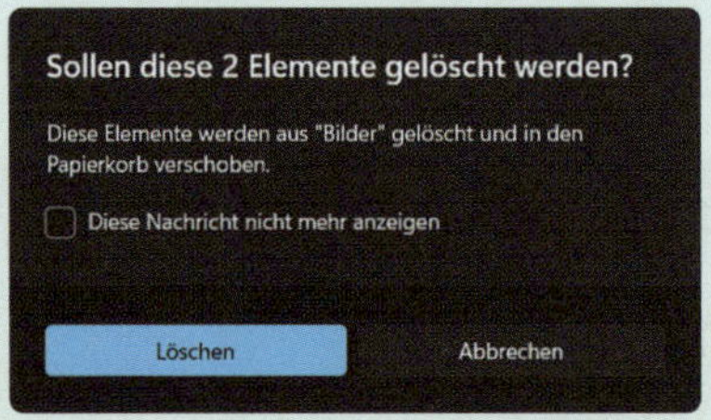

☛ Um die markierten Fotos zu entfernen, klicken Sie auf das Papierkorb-Symbol ④ (siehe vorige Seite) oder drücken die **Entf**-Taste. Da die Fotos anschließend aus dem Ordner entfernt und in den Papierkorb verschoben werden, müssen Sie noch die Sicherheitsfrage mit Klick auf *Löschen* bestätigen.

Fotos in einen anderen Ordner verschieben oder kopieren

1 Zum Kopieren oder Verschieben in einen anderen Ordner, markieren Sie ebenfalls zunächst die Bilder. Klicken Sie dann in der Bearbeitungsleiste auf *Verschieben/Kopieren* ❶ und wählen die gewünschte Aktion.

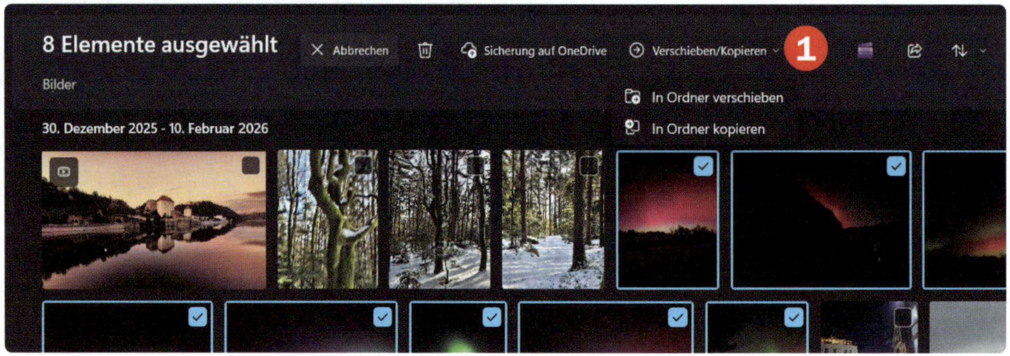

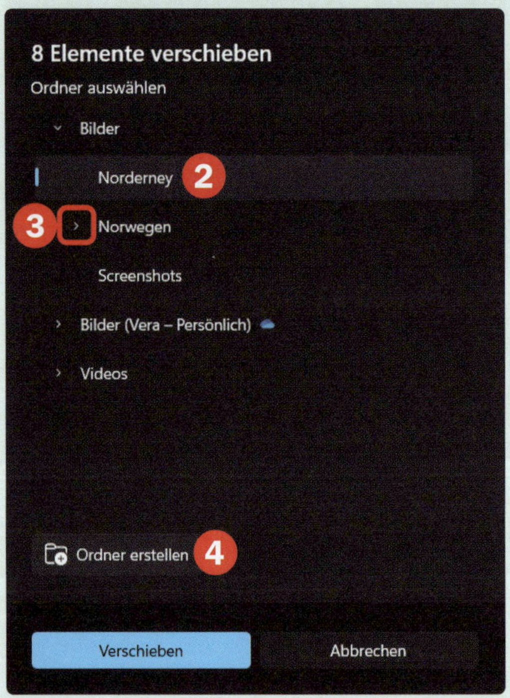

2 Klicken Sie im nachfolgenden Fenster auf den Zielordner ❷; sollte dieser nicht sichtbar sein, so blenden Sie untergeordnete Ordner mit Klick auf den kleinen Pfeil ❸ ein. Bei Bedarf können Sie auch im aktuell ausgewählten Ordner einen neuen Ordner erstellen ❹.

3 Klicken Sie abschließend auf *Kopieren* bzw. *Verschieben* ❼.

Kopierte Fotos, die mehrfach bzw. in mehreren Ordnern vorhanden sind, sind mit einem Symbol gekennzeichnet. Zeigen Sie mit der Maus auf das Symbol, so werden die Speicherorte aufgelistet.

Fotos suchen

Ganz oben in der Windows-Fotoanzeige finden Sie ein Suchfeld ❶, über das Sie nach Fotos suchen können. Durchsucht werden der aktuelle Ort, z. B. *Katalog* oder *Dieser PC* oder der aktuelle Ordner und alle hier befindlichen Unterordner. Bei der ersten Verwendung des Suchfelds erscheint eine Meldung. Sie können erlauben, dass die Standortdaten verwendet werden dürfen. Wenn Sie das erlauben, können Sie auch nach Orten suchen, z. B. alle Fotos anzeigen, die in Hamburg geknipst wurden. Wenn Sie das möchten, klicken Sie auf *Zulassen*; ansonsten auf *Nicht zulassen*. In diesem Fall können Sie nur nach Dateiname, Dateityp, z. B. .jpg und Datumsangaben suchen. Falls Sie für Ihre Fotos Beschreibungen eingetragen haben (siehe Seite 336) kann auch danach gesucht werden.

- **Suchort auswählen:** Das Suchfeld befindet sich am oberen Rand des Fensters. Je nach ausgewähltem Speicherort im Navigationsbereich, wird im Suchfeld die entsprechende Bezeichnung angezeigt, z. B. *Im Katalog suchen*, *In Bilder suchen* oder *In Favoriten* suchen. Wählen Sie zunächst aus, wo gesucht werden soll. Die umfangreichste Suche starten Sie mit Auswahl von *Katalog* im Navigationsbereich.

- **Suchbegriff eingeben:** Klicken Sie in das Suchfeld, geben Sie einen Suchbegriff ein, z. B. einen Zeitraum *März 2012*, einen Dateinamen oder, sofern vereinbart, einen Ort *Hamburg* und drücken Sie die **Eingabetaste**. Oder wählen Sie einen der Vorschläge ❷ durch Anklicken aus.

- Die Suche beenden Sie klassisch durch anklicken eines x-Symbols am Ende der Suchzeile. Dieses wird aber nur angezeigt, wenn Sie in die Suchzeile klicken. Das ist umständlich. Leichter geht's, wenn Sie einfach im Navigationsbereich einen Eintrag anklicken.

9.5 Fotos bearbeiten

Bearbeitungsmöglichkeiten anzeigen

Aus der Einzelbildansicht heraus ist auch die Bearbeitung eines Fotos möglich. Wenn Sie am aktuellen Foto Korrekturen vornehmen möchten, klicken Sie auf die Schaltfläche *Bearbeiten* ❶.

Oder verwenden Sie die Tastenkombination **Strg+E**.

Das Bild erscheint im Bearbeitungsmodus. Im oberen Bereich finden Sie die grundlegenden Bearbeitungsbereiche *Zuschneiden*, *Anpassungen*, *Filter*, *Markup* und die KI-unterstützen Funktionen *Löschen* und *Hintergrund* ❷. Mit Klick auf den Pfeil *Zurück* ❸ beenden Sie den Bearbeitungsmodus wieder.

Beim Zeigen auf eines der Symbole erhalten Sie eine Kurzbeschreibung.

AI = Artificial Intelligence = Künstliche Intelligenz

Zurücksetzen, Änderungen speichern oder verwerfen

Egal, welche Bearbeitungen Sie durchführen, beim Beenden des Bearbeitungsmodus entscheiden Sie, ob und wie Ihre Änderungen übernommen werden.

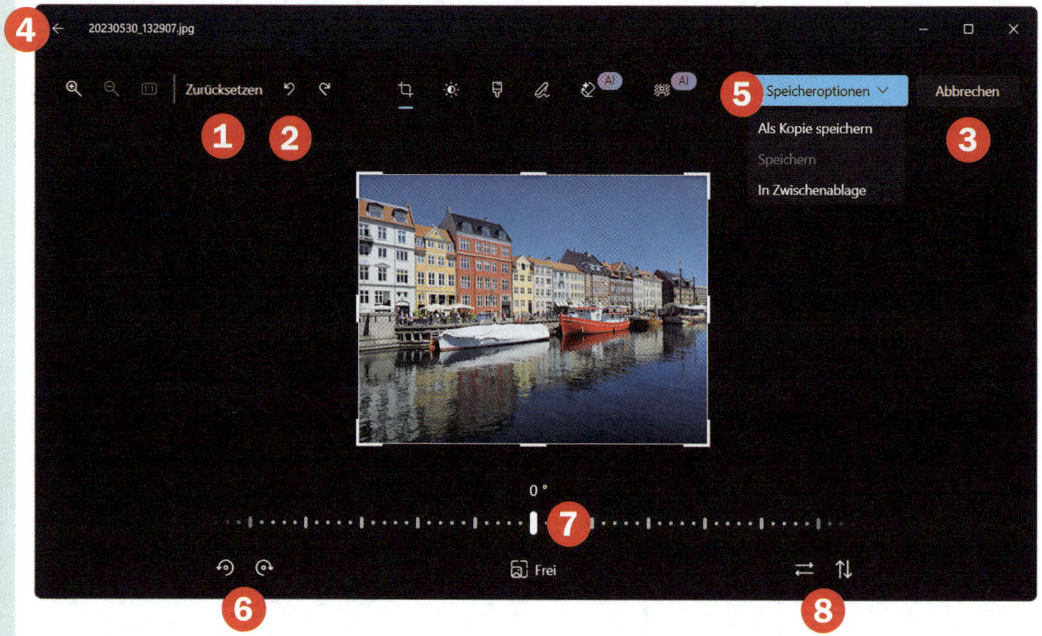

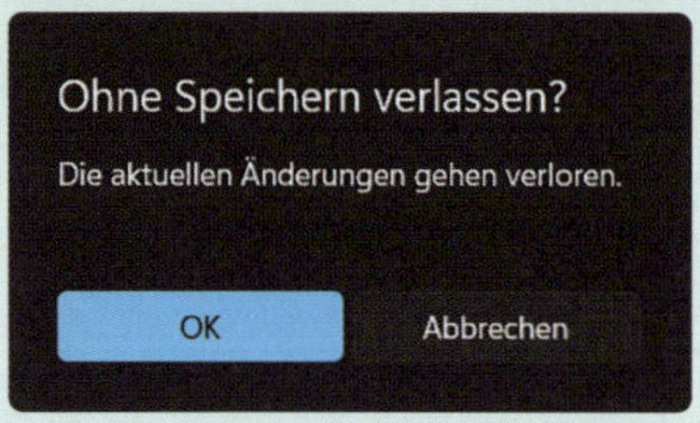

Daneben können Sie auch noch jeden einzelnen Bearbeitungsschritt sofort wieder rückgängig machen ②.

- **Änderungen verwerfen**: Falls Sie sämtliche, im Bearbeitungsmodus vorgenommenen Änderungen verwerfen und von Neuem beginnen möchten, dann klicken Sie auf *Zurücksetzen* ①. Oder verlassen Sie den Bearbeitungsmodus, indem Sie auf *Abbrechen* ③ oder auf den Pfeil *Zurück* ④ klicken und bestätigen Sie die nachfolgende Warnmeldung *Ohne Speichern verlassen* mit Klick auf *OK*.

- **Änderungen speichern**: Klicken Sie auf *Speicheroptionen* und wählen Sie:
  - **Das geänderte Bild als neue Datei speichern**: Wenn das Foto im Original erhalten bleiben soll, aber Sie Ihre Änderungen trotzdem speichern möchten, dann klicken Sie auf *Speicheroptionen* 5 und wählen *Als Kopie speichern*. Geben Sie im Dialogfenster *Speichern unter* einen neuen Dateinamen ein (andernfalls wird die alte Datei überschrieben) und klicken Sie auf *Speichern*.
  - **Änderung in das Original übernehmen**: Um Änderungen in das Originalbild zu übernehmen, klicken Sie auf *Speicheroptionen* 5 und dann auf *Speichern*. **Achtung**: Damit wird das Originalbild geändert, was nicht mehr rückgängig gemacht werden kann. Speichern Sie also im Zweifelsfall besser eine Kopie!

Fotos zuschneiden und ausrichten

Im Bearbeitungsbereich *Zuschneiden* ändern Sie das Format Ihres Fotos oder richten dieses korrekt aus.

- **Foto drehen:** Mit diesen beiden Symbolen 6 (siehe Bild vorige Seite) drehen Sie das Bild jeweils um 90 °.
- **Bild gerade rücken:** Wenn Sie die Kamera während der Aufnahme schief gehalten haben, dann richten Sie das Bild durch Ändern des Drehwinkels gerade 7. Dazu ziehen Sie mit gedrückter Maustaste den Regler (senkrechter weißer Balken) nach rechts oder links. Das eingeblendete Gitternetz hilft bei der Ausrichtung. Bedenken Sie jedoch, dass Randbereiche des Fotos verloren gehen.
- **Spiegeln:** Mit diesen beiden Symbolen 8 können Sie das Bild horizontal oder vertikal spiegeln, wie im Bild rechts. Enthält ein Bild Text wird dieser beim horizontalen Spiegeln seitenverkehrt angezeigt.

Tipp: Am besten behalten Sie den alten Dateinamen bei und ergänzen diesen um einen Zusatz.

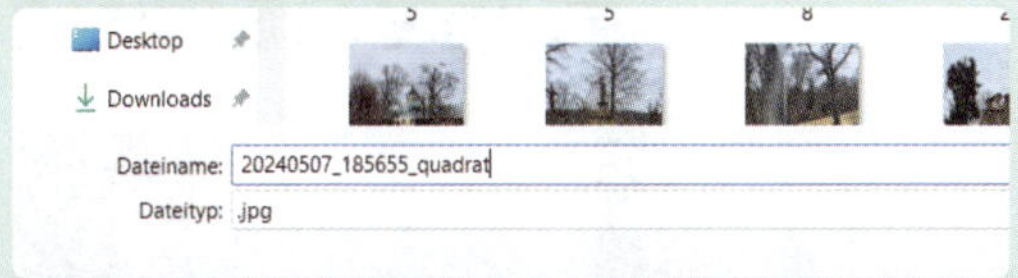

Bei diesem Beispiel haben wir es ein bisschen übertrieben, damit der Rand, der abgeschnitten wird, deutlich zu sehen ist.

Horizontal gespiegelt

Vertikal gespiegelt

Seitenverhältnis und Zuschneiden

Das gängige Seitenverhältnis für Fotos von **3:2** stammt aus der analogen Fotografie, wurde aber von neueren Spiegelreflexkameras übernommen. Kompaktkameras und Smartphones verwenden dagegen meist **4:3**. Viele Kameras und Smartphones ermöglichen das Umstellen auf ein anderes Seitenformat, bevor das Foto geknipst wird. So kann man beispielsweise Fotos, die man am TV oder Bildschirm des PCs vorführen möchte, im dafür passenden Format von **16:9** aufnehmen. Auch mit der Windows-Fotoanzeige lässt sich das Seitenverhältnis eines Fotos ändern.

- **Zuschneiden:** Eine Möglichkeit, vom ursprünglichen Seitenverhältnis abzuweichen, ist das Zuschneiden. Dazu zeigen Sie mit der Maus auf eine der weißen Zuschneidemarken: Der Mauszeiger erscheint als Doppelpfeil und mit gedrückter Maustaste können Sie diese nun verschieben. Auf diese Weise können Sie z. B. störende Elemente am Rand wegschneiden.

  Hinweis: Falls Sie zuvor ein festes Seitenverhältnis ausgewählt haben, siehe unten, dann bleibt dieses erhalten.

- **Seitenverhältnis auswählen:** Alternativ wählen Sie ein festes Seitenverhältnis. Klicken Sie dazu unterhalb des Bildes auf das aktuelle Seitenverhältnis, in der Standardeinstellung *Frei* ❶ und anschließend auf das gewünschte Format, z. B. *Quadrat* ❷. Falls Sie das ursprüngliche Seitenverhältnis erhalten möchten, so wählen Sie *Original*.

  Bildausschnitt festlegen: Durch das neue Seitenverhältnis wird in der Regel ein Teil des Bildes abgeschnitten. Um den beizubehaltenden Bildbereich auszuwählen, zeigen Sie mit der Maus in das Bild ❸ und verschieben dann mit gedrückter Maustaste den sichtbaren Bildbereich. Zum Übernehmen des neuen Seitenverhältnisses klicken Sie auf *Fertig* 4 und speichern eine Kopie ab.

Beispiel: Ein Foto, das mit dem Smartphone aufgenommen wurde und im Original im Seitenverhältnis 4:3 vorliegt, soll von einem Fotodienst in der Größe 10x15 cm ausgedruckt werden. Dazu klicken Sie auf das Symbol *Seitenverhältnis* (Standardeinstellung *Frei*)und wählen *3:2*. Alternativ können Sie das Bild auch direkt in der Software des Fotodienstleisters entsprechend zuschneiden.

Automatische Korrekturen und Filter

Automatische Korrektur

Wenn Sie das ausgewählte Bild automatisch verbessern möchten, dann wählen Sie den Bearbeitungsbereich *Filter* ❶ und klicken hier auf *Automatisch verbessern* ❷. Dadurch wird eine Kontrast- und Farbkorrektur durchgeführt und die Helligkeit angepasst. Durch Verschieben des Intensitätsreglers ❸ können Sie die Stärke der Korrektur steuern.

Filter verwenden

Filter verleihen dem Bild einen eigenen Look. Testen Sie die vorgegebenen Filteroptionen, z. B. *Warmer Kontrast* ❹ oder *Schwarz/Weiß*. Zu jedem Filter erscheint ebenfalls ein Intensitätsregler, mit dem Sie den Effekt verstärken oder abschwächen. Mit Klick auf *Original* ❺ stellen Sie den ursprünglichen Zustand wieder her.

Helligkeit und Farbe manuell anpassen

Wenn Sie statt automatischer Korrekturen Helligkeit und Farbe selbst anpassen möchten, dann wählen Sie den Bearbeitungsbereich *Anpassung*. Anschließend stehen Ihnen verschiedene Regler zur Verfügung, z. B. für *Helligkeit*, *Belichtung* und *Kontrast*.

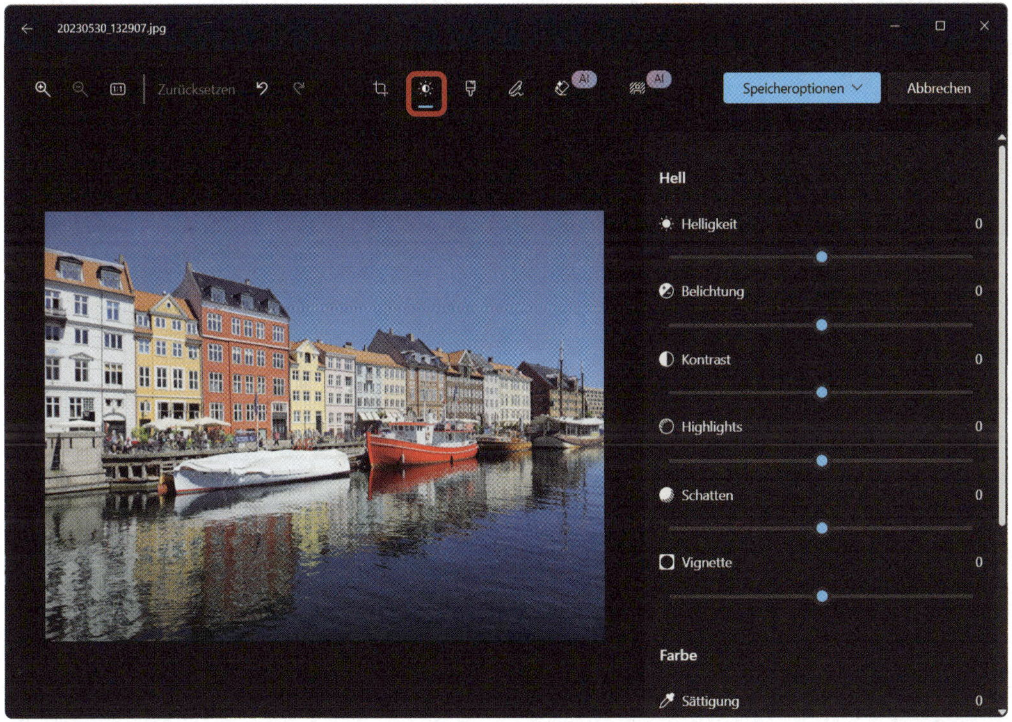

Mit **Helligkeit** lässt Sie das Bild aufhellen oder abdunkeln. Dabei werden nur die sog. Mittelwerte des Bildes verändert, was dazu führt, dass in den Randbereichen des Helligkeitsspektrums nicht zu viel Kontrast verloren geht.

Belichtung funktioniert ähnlich, allerdings verschiebt sich das gesamte Helligkeitsspektrum - die sehr dunklen und sehr hellen Teile werden also ebenfalls verändert.

Bei **Kontrast** legen Sie fest, wie markant der Unterschied zwischen den hellen und dunklen Teilen des Bildes sein soll.

Highlights lässt Sie selektiv nur die hellen Teile des Bildes beeinflussen, Schatten dagegen nur die dunklen.

Mit einer **Vignette** fügen Sie dem Foto einen aufgehellten (negativer Bereich) oder schattierten (positiver Bereich) Rahmen hinzufügen. Dadurch kann man den Blick des Betrachters noch stärker auf das Motiv lenken.

Sättigung dient dazu, die Intensität der Farben zu verstärken oder abzuschwächen.

Wärme lässt Sie das Bild wärmer (rötlicher) oder kälter (bläulicher) gestalten.

Über **Farbton** verschieben Sie alle Farben des Bildes entlang des Farbspektrums. Diesen Effekt können Sie nutzen, wenn Sie einen einzigartigen Look erzeugen wollen.

Info: Beide Werkeuge setzen KI (künstliche Intelligenz) ein, um das gewünschte Ergebnis zu erzielen.

Bildbereiche korrigieren

Störende Elemente, z. B. Flecken oder Lichtreflexe können Sie im Bearbeitungsbereich *Löschen* wegretuschieren. Möchten Sie dagegen den Hintergrund entfernen, weichzeichnen oder ersetzen, so wählen Sie den Bearbeitungsbereich *Hintergrund*.

Beispiel Bildbereich löschen: Wir stellen das Tool auf die Probe und versuchen die Person aus dem Bild zu entfernen. Wählen Sie den Bearbeitungsbereich *Löschen* ❶. Legen Sie dann die Größe des Korrekturpinsels fest ❷ und bewegen Sie anschließend den Pinsel mit gedrückter linker Maustaste über den, zu korrigierenden Bereich ❸.

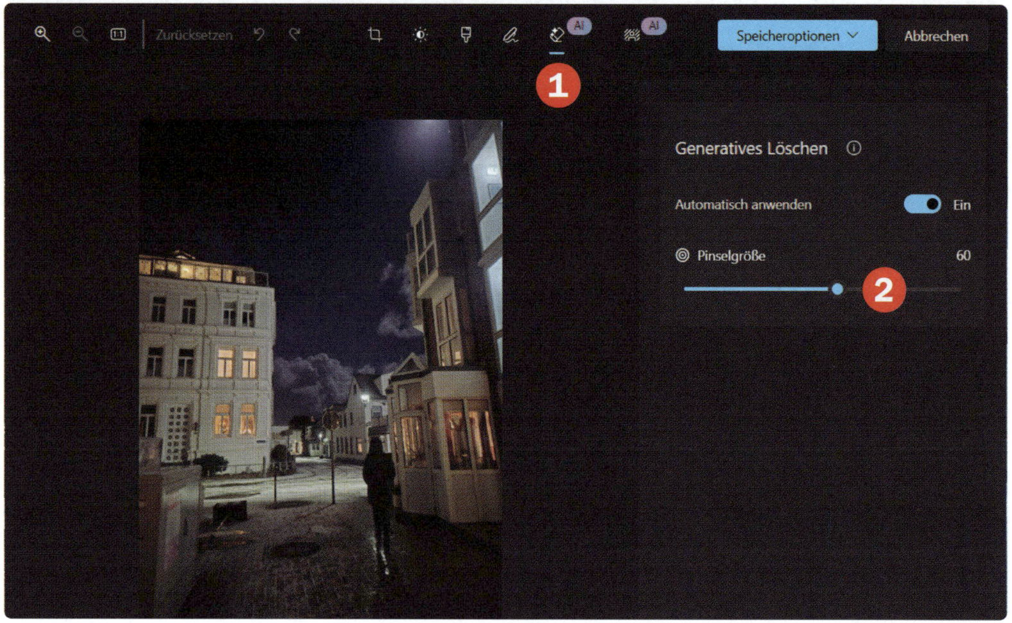

Sobald Sie die Maustaste loslassen, wird dieser Bildbereich automatisch gelöscht bzw. an die Umgebung angepasst, weil der Schalter bei *Automatisch anwenden* eingeschaltet ist.

Das Ergebnis ist okay; man sieht aber, dass am Bild manipuliert wurde. Bei stärker abgegrenzten Objekten und Bildern mit mehr Licht, können bessere Ergebnisse erzielt werden.

- **Hintergrund bearbeiten:** Wenn Sie gezielt den Hintergrund ersetzen oder entfernen möchten, wählen Sie den Bearbeitungsbereich *Hintergrund* 4. Der Hintergrund wird nach kurzer Zeit automatisch ausgewählt 5. Sie können sich dann für *Unschärfe*, *Entfernen* oder *Ersetzen* 6 entscheiden. Falls die Auswahl des Hintergrunds nicht funktioniert, aktivieren Sie das Pinselwerkzeug.

Zurücksetzen
5

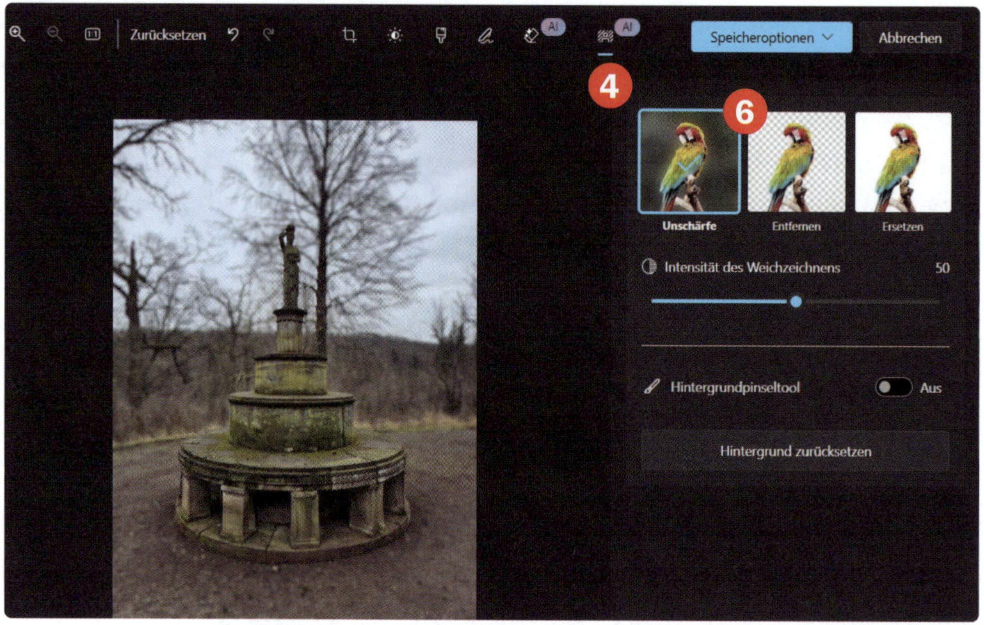
Zurücksetzen
Speicheroptionen
Abbrechen
4
6
Unschärfe
Entfernen
Ersetzen
Intensität des Weichzeichnens
50
Hintergrundpinseltool
Aus
Hintergrund zurücksetzen

10 Wichtige Einstellungen für Ihren Computer

Sie lernen, wie Sie ...

- Ihr Benutzerkonto und die Art der Anmeldung ändern
- Ihre persönlichen Daten schützen und für die Sicherheit Ihres PC sorgen
- Apps installieren und entfernen
- einen Drucker anschließen und den PC mit einem WLAN verbinden

Was Sie bereits wissen sollten ...

- Umgang mit Taskleiste und Startmenü
- Apps starten und beenden
- Die Bedienoberfläche in den Einstellungen anpassen
- Grundlagen der Datenspeicherung

Das Profilbild erscheint dann bei der Anmeldung und im Startmenü zusammen mit Ihrem Namen.

10.1 Einstellungen Ihres Benutzerkontos ändern

Zu Beginn dieses Buches wurde in Kapitel 2 beschrieben, wie Sie ein Microsoft-Konto erstellen und eine PIN zur Anmeldung vereinbaren. Sie können Kennwort und PIN in den Windows-Einstellungen jederzeit nachträglich ändern und bei Bedarf auch eine andere Art der Anmeldung wählen oder hinzufügen.

Ein Profilbild hinzufügen

1 Öffnen Sie das Startmenü ❶ und klicken Sie links unten auf Ihren Namen bzw. Ihr Profilbild ❷. Wählen Sie *Mein Microsoft-Konto* ❸ um die Einstellungen mit der Kategorie *Konten* ❹ zu öffnen.

2 Klicken Sie unter *Kontoeinstellungen* auf *Ihre Infos* ❺.

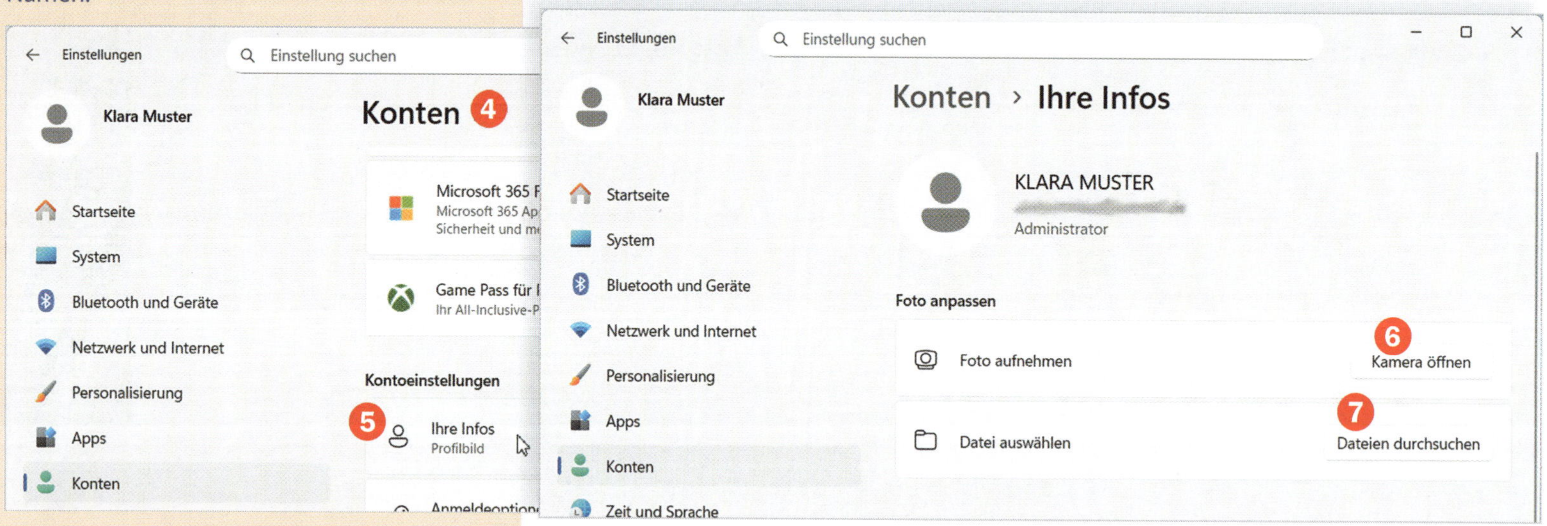

3 Verfügt Ihr Gerät über eine angeschlossene Webcam, dann können Sie mit dieser ein Bild aufnehmen und verwenden. Klicken Sie dazu auf *Kamera öffnen* ❻. Wenn Sie ein vorhandenes Bild verwenden möchten, dann klicken Sie stattdessen auf *Dateien durchsuchen* ❼. Wählen Sie im Dialogfenster *Öffnen* Speicherort und Bild aus und klicken Sie auf *Bild auswählen*.

Die Handhabung der Kamera ist einfach: Die App wird automatisch gestartet, wenn Sie auf *Kamera öffnen* klicken, und um ein Bild aufzunehmen, brauchen Sie dann nur noch den Auslöser betätigen.

Microsoft-Konto verwalten und Sicherheitsinformationen hinterlegen

Änderungen an Ihrem Microsoft-Konto, z. B. Kennwort ändern oder das Hinterlegen zusätzlicher Sicherheitsinformationen, mit denen Sie Ihre Identität bestätigen können, nehmen Sie online im Browser vor, z. B. Microsoft Edge.

- Scrollen Sie dazu in den Einstellungen ▶ *Konten* ▶ *Ihre Infos* (s. Bild auf der vorherigen Seite) etwas weiter nach unten und klicken Sie unter *Verwandte Einstellungen* auf *Konten (Meine Konten verwalten)* ❶.

Microsoft Edge wird mit der Startseite ❷ Ihres Kontos geöffnet. Ob Sie sofort Zugriff auf Ihr Konto erhalten oder sich zuvor noch mit PIN oder Kennwort anmelden müssen, ist abhängig vom Browser und den Sicherheitseinstellungen.

Info: Möglicherweise finden Sie unter *Konten* auch die Möglichkeit, sich mit einem lokalen Konto statt mit einem Microsoft-Konto anzumelden. Dies wird allerdings nicht von allen Windows-Editionen unterstützt und daher hier nicht weiter beschrieben.

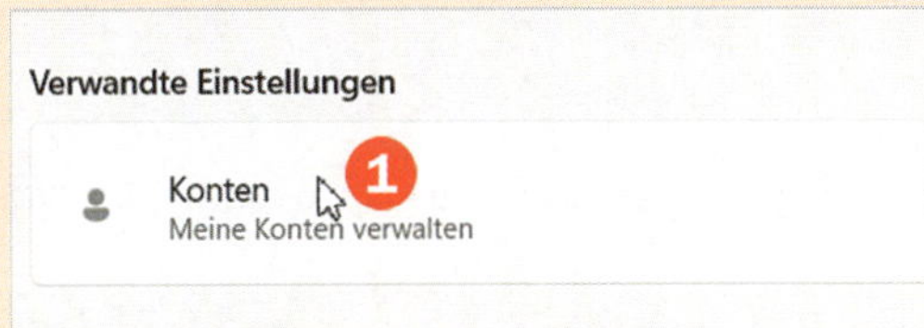

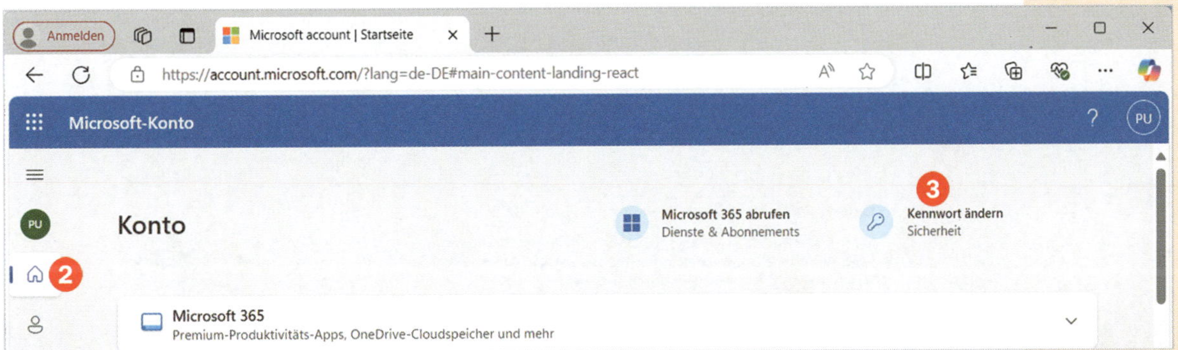

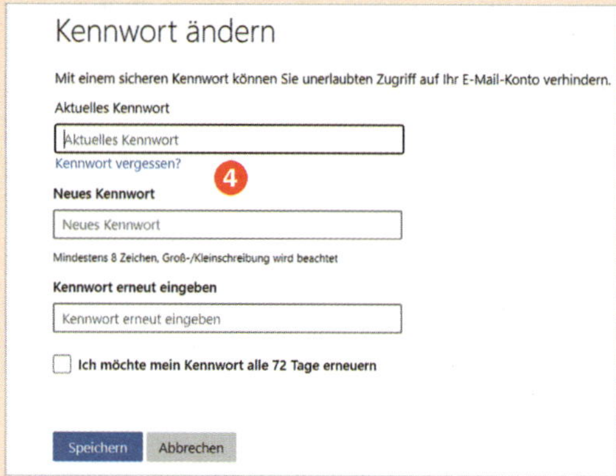

Kennwort ändern

Klicken Sie rechts oben auf Kennwort ändern ❸. Geben Sie anschließend zuerst das aktuelle Kennwort Ihres Microsoft-Kontos und darunter das neue Kennwort ein ❹. Um sicherzustellen, dass Sie sich nicht vertippt haben, müssen Sie das neue Kennwort ein zweites Mal eingeben. Klicken Sie zuletzt auf *Speichern*.

Informationen zur Identifizierung hinterlegen

Für den Fall, dass Sie das Kennwort Ihres Microsoft-Kontos oder Ihre PIN vergessen haben, sollten Sie unbedingt zusätzliche Möglichkeiten hinterlegen, wie Sie trotzdem auf Ihr Microsoft-Konto zugreifen können. Dies kann eine zweite E-Mail-Adresse, am besten bei einem anderen Anbieter, oder eine Mobilfunknummer sein, an die ein Prüfcode per SMS gesendet wird. Zur Feststellung Ihrer Identität geben Sie dann auf Aufforderung diesen Code ein und erhalten wieder Zugang zu Ihrem Microsoft-Konto.

1 Klicken Sie dazu in der linken Leiste auf *Sicherheit* ❺ und hier auf *Verwalten, wie ich mich anmelde* ❻.

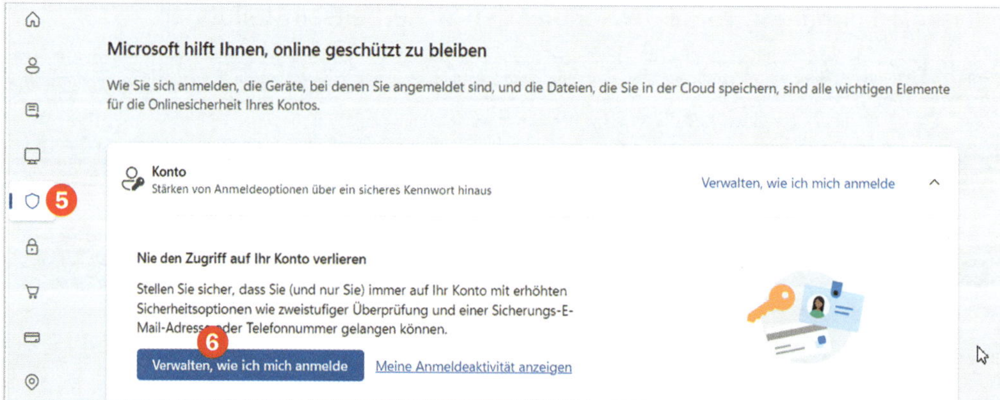

2 Klicken Sie auf *Neue Möglichkeit zur Anmeldung oder Verifizierung hinzufügen* **7** und wählen Sie, wie Sie Ihre Identität bestätigen möchten. Die Auswahl *Gesichtserkennung, Fingerabdruck, PIN oder Sicherheitsschlüssel* bedeutet, Sie können zur Bestätigung Ihrer Identität dieselben Methoden verwenden, wie zur Anmeldung am PC.

Näheres zu den Anmeldeoptionen finden Sie im nächsten Punkt.

Mit *Code per E-Mail senden* und *Code per SMS senden* (unter *Weitere Optionen anzeigen*) können Sie anschließend eine zweite E-Mail Adresse oder Ihre Mobilfunknummer hinterlegen.

Sie können auch mehrere Sicherheitsinformationen, z. B. E-Mail Adresse und Mobilfunknummer hinterlegen!

Bei der Option *App verwenden* melden Sie sich mit Ihrem Smartphone statt Kennwort an, dies erfordert auf Ihrem Handy eine spezielle Authenticator-App, die Sie anschließend herunterladen können.

Beispiel: Code per E-Mail senden
Soll beispielsweise der Code an eine E-Mail Adresse gesendet werden, dann geben Sie im nächsten Schritt eine zweite E-Mail Adresse ein, die nicht identisch ist mit Ihrem Microsoft-Konto und klicken auf *Weiter*. Anschließend wird ein Code an die angegebene Adresse gesendet. Kontrollieren Sie den Posteingang dieser E-Mail Adresse und geben Sie zur Bestätigung den erhaltenen Code im nachfolgenden Fenster in das Feld ein. Klicken Sie auf *Weiter* um die E-Mail Adresse hinzuzufügen.

Hinterlegen Sie unbedingt zusätzlich eine zweite E-Mail Adresse oder eine Telefonnummer!
Damit können Sie Ihre Identität auch nachweisen, wenn Sie ein anderes Gerät benutzen.

Anmeldeoptionen

Bei der Ersteinrichtung von Windows haben Sie auch eine PIN zur Anmeldung am PC zu vereinbart. Weitere Alternativen, z. B. Fingerabdruckerkennung richten Sie in den Systemeinstellungen ein. Allerdings setzen biometrische Verfahren eine entsprechende Hardware voraus und sind daher nicht auf jedem Gerät verfügbar.

1 Um eine Anmeldemethode einzurichten oder zu ändern, z. B. PIN, klicken Sie in der Taskleiste am unteren Bildschirmrand in das Suchfeld bzw. auf das Symbol *Lupe*, geben den Begriff „anmelden" ein und klicken auf *Anmeldeoptionen Systemeinstellungen* ❶.

2 Zum Einrichten oder Anzeigen weiterer Details, z. B. Ändern der PIN, klicken Sie auf die jeweilige Anmeldeoption oder auf den Pfeil ❷.

Sie können auch mehrere Möglichkeiten der Anmeldung einrichten. Um bei der Anmeldung zwischen diesen zu wählen, klicken Sie auf der Anmeldeseite auf *Anmeldeoptionen*.

3 Aus Sicherheitsgründen sollte die Anmeldung am PC nicht mit dem Kennwort des Microsoft-Kontos erfolgen, sondern mit Sicherheitsschlüssel, Fingerabdruck- oder Gesichtserkennung oder PIN. Dazu setzen Sie den Schalter *Für Microsoft-Konten auf diesem Gerät aus Sicherheitsgründen nur Anmeldung mit Windows Hello erlauben* 3 auf *Ein*.

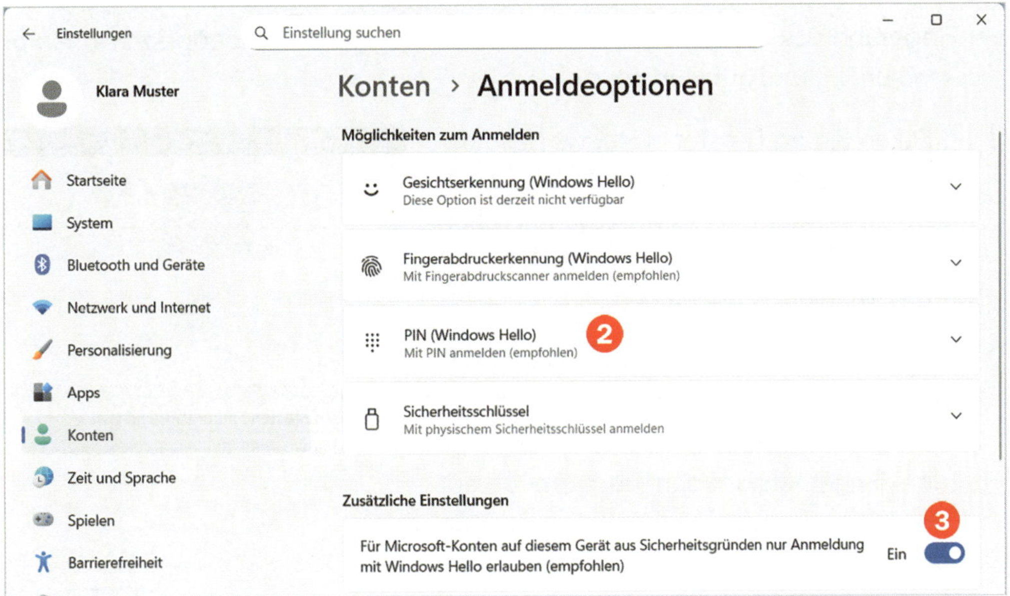

Diese sicheren Optionen zur Anmeldung fasst Windows unter der Bezeichnung *Windows Hello* zusammen.

Falls dieser Schalter 3 deaktiviert ist, finden Sie hier zusätzlich die Anmeldeoptionen *Kennwort* und *Bildcode*. Bei letzterem handelt es sich um ein frei gewähltes Bild auf dem zur Anmeldung nacheinander, zuvor festgelegte Tipp- oder Wischbewegungen ausgeführt werden müssen.

PIN ändern

Eine PIN zur Anmeldung haben Sie bei der Ersteinrichtung von Windows bereits vereinbart. Falls Sie diese PIN ändern möchten, klicken Sie auf *PIN (Windows Hello)* und auf *PIN ändern*. Geben Sie dann Ihre bisherige PIN und darunter die neue PIN ein, diese muss aus mindestens vier Ziffern bestehen. Um sicherzustellen, dass Sie

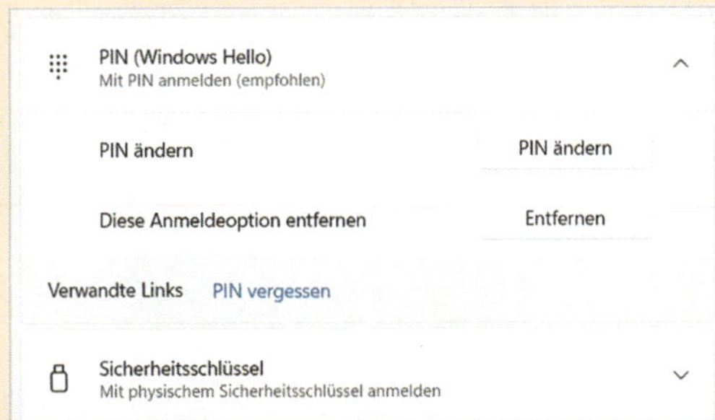

sich nicht vertippt haben, müssen Sie diese zur Bestätigung ein zweites Mal eingeben. Klicken Sie abschließend auf *OK*.

Anmeldung per Fingerabdruckerkennung einrichten

Wenn Ihr Gerät über einen entsprechenden Sensor verfügt, können Sie sich auch per Fingerabdruck anmelden. Dazu klicken Sie auf die Anmeldeoption *Fingerabdruckerkennung* und auf *Einrichten*.

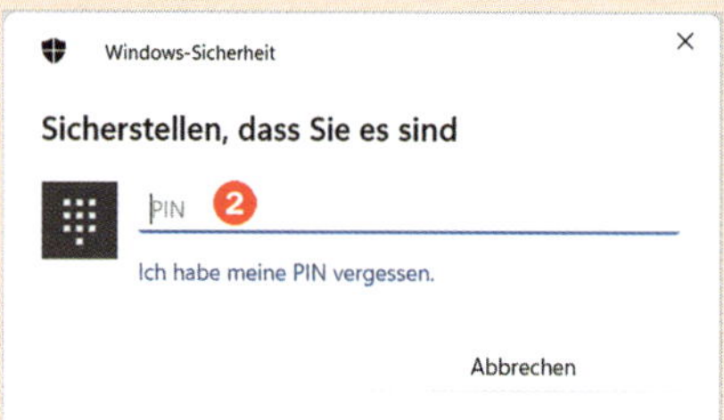

1. Klicken Sie im Fenster *Windows Hello-Setup* auf *Los geht's* ❶. Anschließend müssen Sie wieder Ihre Identität je nach Einstellung durch Eingabe Ihrer PIN ❷ oder Ihres Kennworts bestätigen.

2. Berühren Sie anschließend mit einem Finger, z. B. Zeigefinger den Fingerabdrucksensor Ihres Geräts ❸. Die Aufforderung, den Finger anzuheben und erneut auf den Sensor aufzulegen, erscheint nun mehrmals, bis Ihr Finger vollständig erkannt ist.

3. Klicken Sie dann entweder auf *Weiteren Finger hinzufügen* und wiederholen Sie den letzten Schritt für den nächsten Finger oder schließen Sie das Setup-Fenster.

10.2 Die Sicherheitseinstellungen Ihres Computers

Ein wirksamer Schutz vor unerlaubten Zugriffen und schädlicher Software (Stichwort Computerviren) ist ein absolutes Muss für jeden Computer. Windows verfügt deshalb über einen integrierten Virenschutz und eine sogenannte Firewall, beide sind ständig im Hintergrund aktiv und werden unter der Bezeichnung *Windows Sicherheit* bzw. *Windows Defender* zusammengefasst.

Das Symbol für *Windows Sicherheit* dafür finden Sie rechts im Infobereich der Taskleiste. Ein grünes Häkchen bedeutet, alle Einstellungen sind OK, ein Ausrufezeichen dagegen signalisiert, Sie sollten die Einstellungen kontrollieren, möglicherweise sind wichtige Funktionen ausgeschaltet.

- Zum Öffnen der Windows-Sicherheitseinstellungen klicken Sie auf das Symbol in der Taskleiste, siehe Bild. Auf der Startseite sehen Sie den Sicherheitsstatus der einzelnen Kategorien. Ein grünes Häkchen, wie im Bild unten bedeutet, die dazugehörigen Einstellungen sind OK.

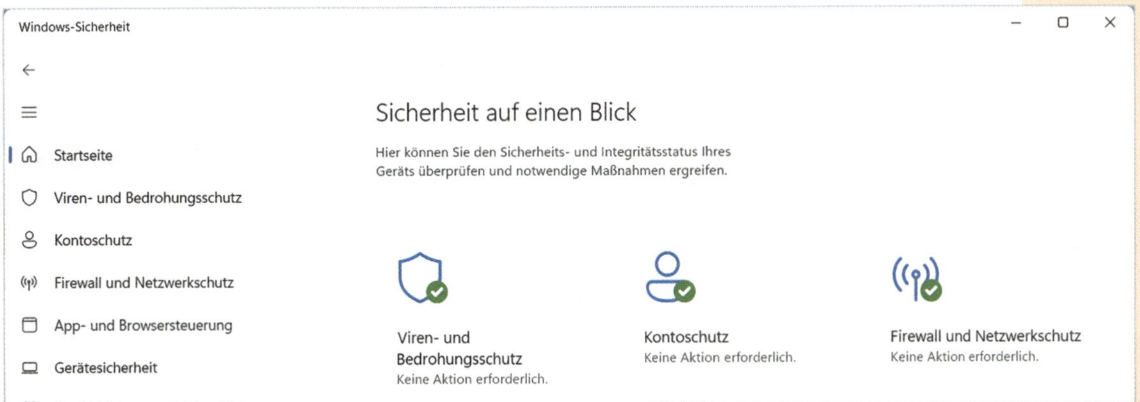

Als Firewall, zu deutsch Brandmauer bezeichnet man eine Sicherheitssoftware, die ein Netzwerk oder einen einzelnen Computer vor unerwünschten Angriffen von außen schützt indem sie laufend den Datenverkehr überwacht.

Eventuell müssen Sie zuvor mit Klick auf den kleinen Pfeil den Überlaufbereich der Taskleiste öffnen.

So schützen Sie Ihr Gerät vor Schadprogrammen (Computerviren)

Zu einem umfassenden Schutz gehört auch die regelmäßige Aktualisierung des Antivirenprogramms, am besten täglich. Diese erfolgt über das Internet automatisch und im Hintergrund.

Zum Schutz vor Schadprogrammen benötigen Sie eine entsprechende Software. Diese ist unter dem Namen *Windows Defender Antivirus* fester Bestandteil von Windows. Alternativ kann auch kostenlose oder kostenpflichtige Sicherheitssoftware anderer Hersteller installiert werden. Egal, welches Programm Sie zum Schutz vor Viren verwenden: Ihr PC wird im Hintergrund durch die Antivirensoftware ständig überwacht und erkannte Bedrohungen werden in den meisten Fällen automatisch entfernt. Auf Sicherheitsprobleme macht Sie eine Meldung in der rechten unteren Ecke des Bildschirms oder im Benachrichtigungscenter aufmerksam.

> Laut neuerer Testergebnisse ist Windows Defender vielen kostenlos erhältlichen Programmen anderer Hersteller mindestens ebenbürtig, teils sogar überlegen. Lediglich umfassende, allerdings kostenpflichtige Sicherheitspakete spezialisierter Hersteller bieten noch bessere Leistungen.

Haben Sie Antivirensoftware eines anderen Herstellers installiert, dann ist Windows Defender automatisch deaktiviert. In diesem Fall starten Sie zur Überprüfung Ihr installiertes Programm. Die weitere Vorgehensweise unterscheidet sich natürlich von der Windows Software und kann aus Platzgründen hier nicht näher beschrieben werden.

Die Antivirensoftware von Windows 11

Wenn Sie *Windows Defender Antivirus* verwenden und die dazugehörigen Einstellungen kontrollieren oder Ihren Computer einer genaueren Überprüfung unterziehen möchten, dann gehen Sie so vor:

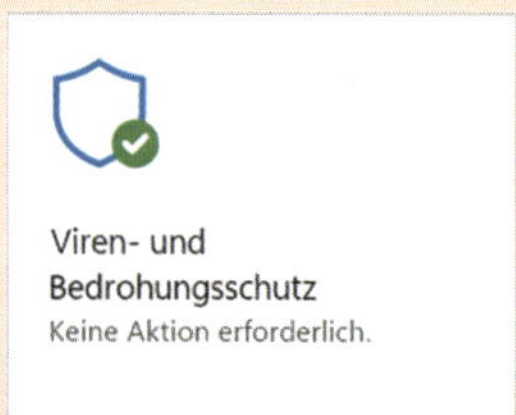

- Klicken Sie auf der Startseite der Windows-Sicherheit auf *Viren- und Bedrohungsschutz*. Sie sehen zunächst Datum und Ergebnis der letzten automatischen Überprüfung (dieses Ergebnis erhalten Sie auch im Benachrichtigungscenter). Wenn Sie zwischendurch eine Überprüfung manuell starten möchten, dann wählen Sie entweder *Schnellüberprüfung* ❶ oder legen über *Scanoptionen* ❷ genauere Einstellungen fest.

- Die *Schnellüberprüfung* ist die Standardeinstellung und durchsucht nur Bereiche, die für schädliche Software in Frage kommen.
- Wenn Sie dagegen den gesamten Computer oder ein bestimmtes Laufwerk, z. B. USB-Speicherstift prüfen möchten, dann klicken Sie auf *Scanoptionen*, wählen zwischen vollständiger oder benutzerdefinierter Überprüfung ❸ und klicken abschließend auf *Jetzt überprüfen* ❹.
- Die Option *Microsoft Defender Antvirus (Offlineüberprüfung)* sollten Sie wählen, wenn durch Ihre Antivirensoftware besonders gut versteckte Schadsoftware auf Ihrem PC gefunden wurde und nach einer Überprüfung ein entsprechender Hinweis erscheint. Oder wenn Sie vermuten, Ihr PC ist mit Schadsoftware infiziert, diese jedoch nicht gefunden wird.

Achtung: Schließen Sie alle geöffneten Apps und Dateien bevor Sie die Offline-Überprüfung starten, da dazu ein Neustart des PCs erforderlich ist.

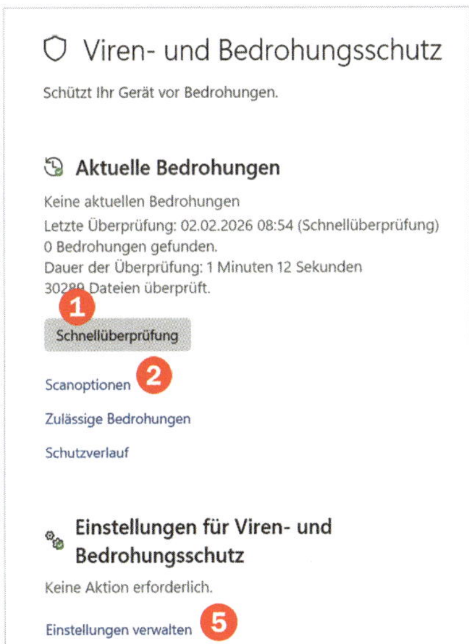

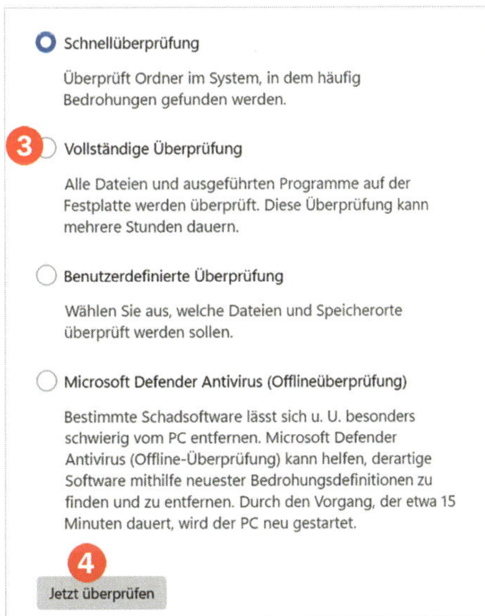

Die vollständige Überprüfung kann auch länger dauern und sollte am besten vorgenommen werden, wenn der Computer gerade nicht benötigt wird.

Wenn nur ein bestimmter Speicherort überprüft werden soll, dann wählen Sie *Benutzerdefinierte Überprüfung*. Die Auswahl des Ordners oder Laufwerks erfolgt, nachdem Sie auf *Jetzt überprüfen* geklickt haben.

Achtung: Bei sicherheitsrelevanten Änderungen meldet sich die Benutzerkontensteuerung und Sie müssen explizit bestätigen, ob Änderungen vorgenommen werden dürfen. Unter Umständen ist dazu auch die Eingabe eines Administratorkennworts erforderlich.

Überwachter Ordnerzugriff schützt Dateien und Ordner vor sogenannten Erpressungstrojanern, indem der Zugriff auf alle persönlichen Ordner, z. B. Dokumente und Bilder durch nicht vertrauenswürdige Apps blockiert wird.

Nachteil: Als vertrauenswürdige Apps stuft Windows Apps aus dem Microsoft Store und Microsoft Office-Anwendungen ein, bei anderen Apps erhalten Sie unter Umständen die Meldung, dass der Zugriff durch die App blockiert wurde. In solchen Fällen können Sie mit Klick auf *App durch überwachten Ordnerzugriff zulassen* die betreffende App als vertrauenswürdig hinzufügen.

Einstellungen für Viren- und Bedrohungsschutz

- Um die Einstellungen zu kontrollieren, klicken Sie unter *Einstellungen für Viren- und Bedrohungsschutz* auf *Einstellungen verwalten* ❺ (Bild auf der vorherigen Seite).

- Für einen wirksamen Schutz müssen unter *Einstellungen für Viren und Bedrohungsschutz* unbedingt **alle** Schalter auf *Ein* gesetzt sein, siehe Bild unten.

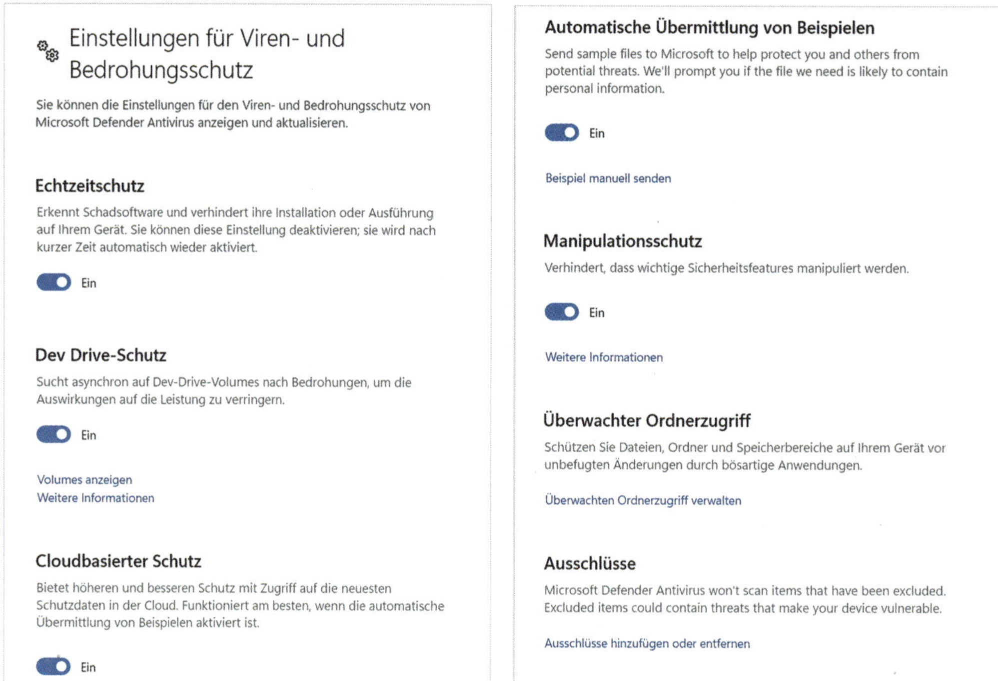

Automatische Übermittlung von Beispielen legt fest, ob bei auftretenden Problemen und Bedrohungen automatisch ein Beispiel an Microsoft gesendet wird. Der Schalter *Manipulationsschutz* verhindert das unbemerkte Deaktivieren wichtiger Schutzfunktionen durch schädliche Software. Auch diese beiden Schalter erfüllen eine wichtige Funktion und sollten eingeschaltet sein.

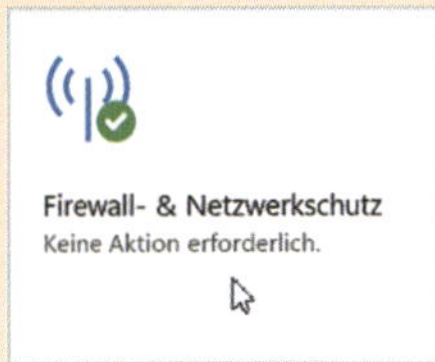

Die Windows Firewall

Als Firewall bezeichnet man eine Schutzfunktion, die ein Netzwerk oder einen einzelnen Computer vor unerwünschten Netzwerkzugriffen von außen schützt und somit einen wichtigen Bestandteil der Computersicherheit bildet. Auch Windows verfügt über eine integrierte Firewall, diese ist automatisch im Hintergrund ständig aktiv. Änderungen sind eigentlich nicht erforderlich.

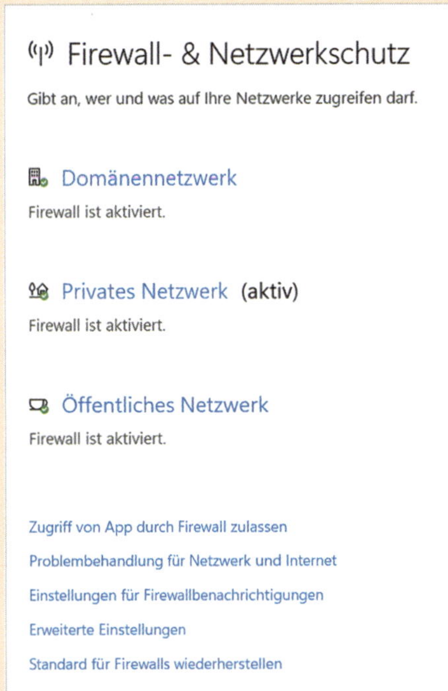

☛ Wenn Sie den Status der Firewall kontrollieren möchten, dann klicken Sie auf der Startseite der *Windows-Sicherheit* auf *Firewall- und Netzwerkschutz*.

Die Firewall unterscheidet zwischen privaten und öffentlichen Netzwerken, z. B. in Hotels und Flughäfen und zeigt an, welche Art von Netzwerk gerade verwendet wird (*Aktiv*). Grundsätzlich sollte die Firewall für alle Netzwerktypen aktiviert sein. Falls nicht, so klicken Sie auf das betreffende Netzwerk und ändern den Schalter *Windows Defender Firewall* auf *Ein*.

Achtung: Windows erlaubt mit Klick auf *Zugriff von App durch Firewall zulassen* und *Erweiterte Einstellungen* Änderungen an den Standardeinstellungen der Firewall. Diese sollten aber grundsätzlich nur mit guten Kenntnissen vorgenommen werden.

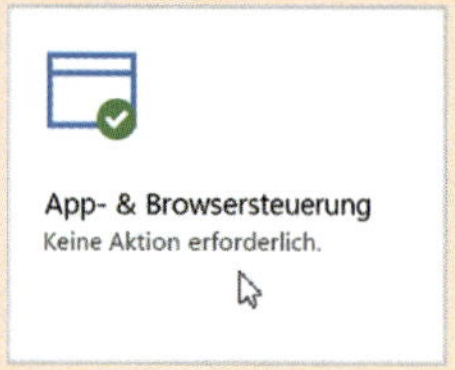

Sicherheitseinstellungen beim Surfen im Web

- Zur Kontrolle der Schutzeinstellungen beim Surfen im Web, klicken Sie auf der Startseite der Windows-Sicherheit auf *App- und Browsersteuerung*.

- Der *Zuverlässigkeitsbasierte Schutz* schützt Ihren PC vor schädlichen Webseiten und Downloads, indem er die aufgerufenen Webseiten analysiert und mit gemeldeten oder bekannten Webseiten mit Schadsoftware vergleicht. Für Details klicken Sie auf *Einstellungen für zuverlässigkeitsbasierten Schutz* ❶. Hier sollten unbedingt **alle** Schalter *Ein* sein, wie im Bild rechts unten.

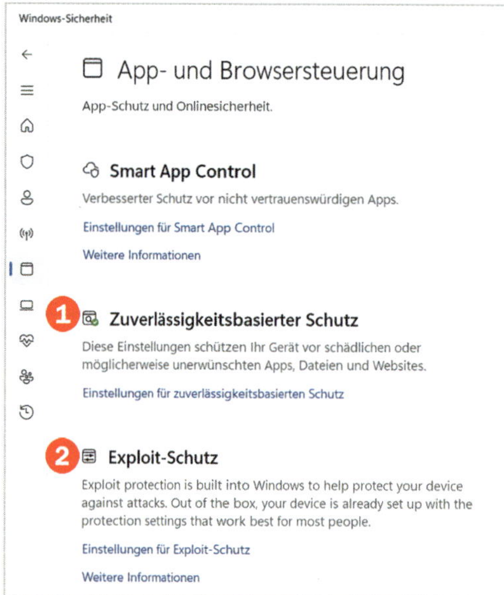

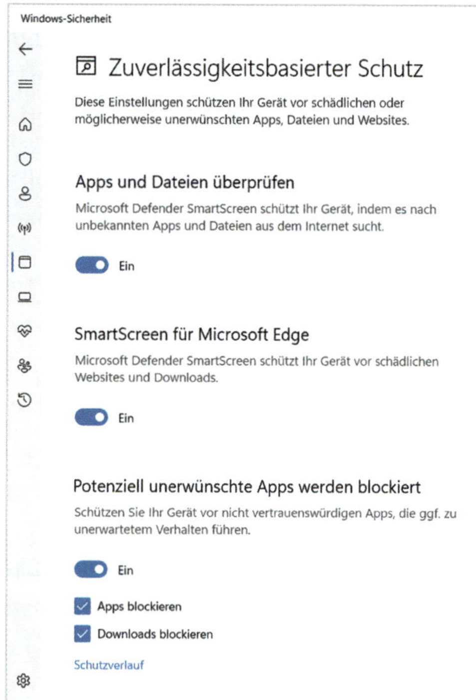

Info: *Smart-App Control* blockiert das Ausführen böswilliger oder nicht vertrauenswürdiger Apps. Diese Einstellung ist bei älteren Systemen häufig deaktiviert und kann nur nach einer Neuinstallation von Windows aktiviert werden.

Der *Exploit-Schutz* ❷ schützt vor Angreifern, die Schwachstellen von Apps und Systemen ausnutzen, um in ein Computersystem einzudringen und dieses zu manipulieren. **Achtung**: Werden hier die Standardeinstellungen geändert, besteht die Gefahr, noch mehr Löcher aufzureißen. Änderungen an dieser Stelle sollten daher nicht oder nur mit sehr guten Windows-Kenntnissen geändert werden!

Weitere Optionen der Windows-Sicherheit

Neben den oben beschriebenen, finden Sie auf der Startseite der Windows-Sicherheit noch folgende Optionen:

- **Kontoschutz**: Unter Kontoschutz erhalten Sie eine Zusammenfassung aller sicherheitsrelevanten Einstellungen Ihres Microsoft-Kontos und können im Bedarfsfall mit Klick auf den entsprechenden Link die dazugehörige Einstellung ändern, siehe Punkt 10.1.
- **Jugendschutz**: Falls auch Kinder das Gerät nutzen und Sie verschiedene Jugendschutzeinstellungen festlegen möchten, z. B. welche Webseiten mit Microsoft Edge von Ihren Kindern besucht werden dürfen oder Zeitlimits bei der Computernutzung und Aktivitätsberichte einrichten, dann klicken Sie auf *Familienoptionen* und wählen *Familieneinstellungen anzeigen*.
- **Geräteleistung und -integrität**: *Geräteleistung und -integrität* zeigt Ihnen anhand eines Integritätsberichts den Status von Speicherkapazität, Apps und Software sowie Akkulaufzeit an.
- **Gerätesicherheit**: Mit Klick auf *Gerätesicherheit* erhalten Sie eine Übersicht über vorhandene Hardwarekomponenten für zusätzliche Schutzfunktionen.

Leider gilt die Einschränkung auf bestimmte Webseiten nur für Microsoft Edge, lässt sich also relativ leicht umgehen.

Achten Sie auf die Benutzerkontensteuerung

Einen wichtigen Beitrag zur Sicherheit Ihres Geräts leistet auch die sogenannte Benutzerkontensteuerung. Diese ist standardmäßig aktiv und fordert jedes Mal Ihre Zustimmung an, wenn Sie Änderungen an wichtigen Systemeinstellungen vornehmen oder eine App installieren möchten.

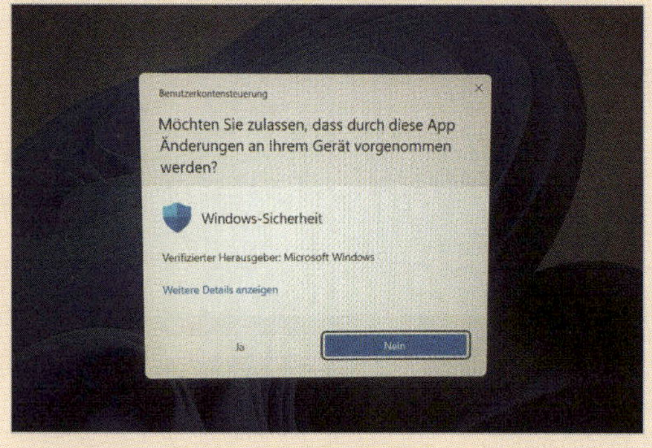

Achtung: Klicken Sie nur auf *Ja*, wenn die Änderung von Ihnen ausgeht. Wenn Sie nicht über die Rechte eines Administrators verfügen, müssen Sie zusätzlich noch ein Administratorkennwort oder die dazugehörige PIN eingeben.

Nicken Sie die Meldung der Benutzerkontensteuerung nicht einfach ab!
Die Benutzerkontensteuerung soll sicherstellen, dass ohne Ihre Zustimmung keine Software installiert wird und keine sicherheitsrelevanten Änderungen vorgenommen werden. Kontrollieren Sie also die Meldung genau und klicken Sie nur auf *Ja*, wenn Sie sicher sind, dass die Änderung oder Installation von Ihnen ausging.

10.3 So schützen Sie Ihre persönlichen Daten

Tipp: Wenn Sie Wert auf den Schutz Ihrer Privatsphäre legen, dann sollten Sie unbedingt von Zeit zu Zeit die Datenschutzeinstellungen von Windows kontrollieren. Insbesondere nach größeren Updates werden diese von Windows manchmal automatisch zurückgesetzt und die standardmäßig abgefragten Einstellungen zum Datenschutz sind nur sehr allgemein. In den Systemeinstellungen finden Sie noch weitergehende Möglichkeiten.

Windows erfasst, speichert und nutzt auch persönliche Informationen. Dazu gehören unter anderem Ihr Surfverhalten im Internet, Ihr aktueller Standort, die Nutzung von Apps, Spracheingaben und diverse Suchanfragen. Einige Datenschutzeinstellungen haben Sie bereits beim ersten Start von Windows getroffen, siehe Kapitel 2 und auch nach größeren Updates werden Sie manchmal aufgefordert, erneut die Datenschutzeinstellungen zu kontrollieren. Darüber hinaus finden Sie in den Windows-Einstellungen in der Kategorie *Datenschutz und Sicherheit* noch weitergehende Einstellungen.

Allgemeine Datenschutzeinstellungen

Um die allgemeinen Datenschutzeinstellungen zur Suche und zu Ihrem Surfverhalten im Web zu kontrollieren, klicken Sie in der Taskleiste in das Suchfeld, geben den Suchbegriff „datenschutz" ein und klicken dann auf *Datenschutzeinstellungen (Systemeinstellungen)*.

- Der Schalter zur Verwendung einer *Werbe-ID* ❶ bezieht sich auf personalisierte Werbung und sollte *Aus* sein. Auch *Vorgeschlagene Inhalte in der Einstellungs-App anzeigen* ❷ kann problemlos ausgeschaltet werden.
- Ob Sie dagegen *Websites den Zugriff auf die eigene Sprachliste gestatten...* ist abzuwägen, da manche Webseiten aufgrund Ihrer Sprachlisten die Sprache entsprechend anpassen können. Der Schalter *Lassen Sie Windows die Start- und Suchergebnisse verbessern,...* wirkt sich auf Suchvorschläge und empfohlene Apps in der Suche aus. Beide können auch aktiviert werden.

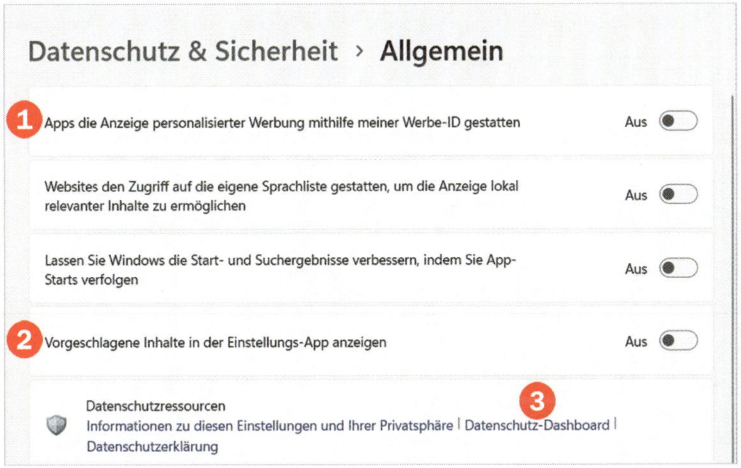

Info: Die persönliche Werbe-ID wird von Apps benutzt, um anhand besuchter Webseiten gezielt Werbung zu schalten. Dies gilt allerdings nur für Windows-Apps, die die Werbe-ID verwenden. Andere Methoden interessenbezogener Werbung werden dadurch nicht beeinflusst.

Hinweis: Falls Sie bereits gespeicherte Daten löschen möchten, so klicken Sie auf den Link *Datenschutz-Dashboard* ❸. Anschließend können Sie im Browser Microsoft Edge Ihren Browser-, Such- und Standortverlauf sowie Sprachaktivitäten und anderes anzeigen und auf Wunsch auch löschen.

Einstellungen öffnen: Klicken Sie in der Taskleiste auf das Symbol *Start* und danach im Startmenü auf *Einstellungen*.

Welche Informationen darf Windows nutzen?

Wenn Sie noch weitere Datenschutzeinstellungen vornehmen möchten, dann öffnen Sie am besten über das Startmenü die Einstellungen und wählen links die Kategorie *Datenschutz und Sicherheit* ❶. Unter *Windows Berechtigungen* finden Sie die folgenden Einstellungen und mit einem Klick darauf erscheinen auch die dazugehörigen Schalter.

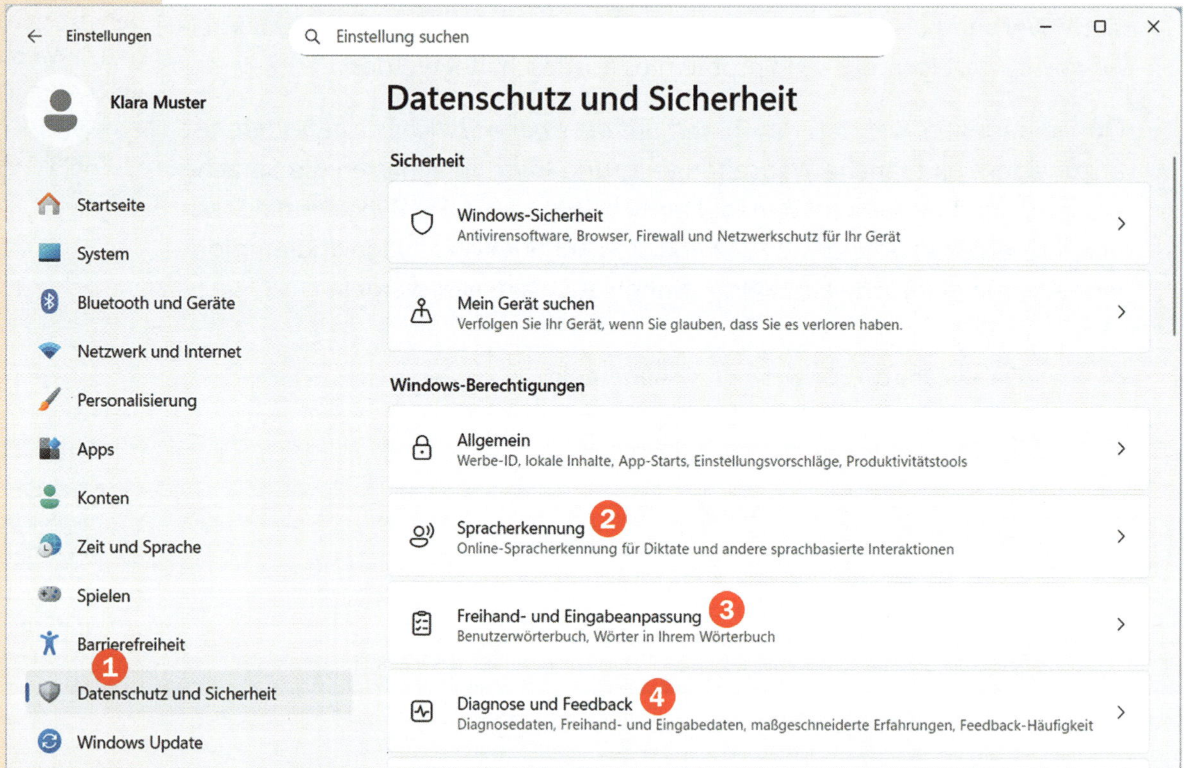

Spracherkennung ❷: Die Online-Spracherkennung sendet Ihre Spracheingaben an Microsoft und wird von manchen Apps genutzt. Da jedoch die *Windows Spracherkennung* auch bei ausgeschalteter Online-Spracherkennung funktioniert, kann dieser Schalter auch ausgeschaltet werden.

Freihand- und Eingabeanpassung ❸: Falls Sie Freihandeingaben z. B. per Stift nutzen, können Sie Vorschläge aus einem persönlichen Wörterbuch erhalten, das aus Ihren Eingaben erstellt wird. Wenn Sie dagegen zur Eingabe Maus/Touchpad und eine physische Tastatur nutzen, kann der Schalter ausgeschaltet werden.

Diagnose und Feedback: Windows sendet automatisch bestimmte Informationen zu Ihrem Gerät, den verwendeten Einstellungen und Apps an Microsoft. Diese dienen der Verbesserung von Windows und können helfen, eventuell auftretende Probleme zu beheben (s. Problembehandlung Seite 398). Klicken Sie auf *Diagnose und Feedback* ❹, so sehen Sie den aktuellen Status, s. Bild rechts. Zum Ändern klicken Sie auf die jeweilige Rubrik.

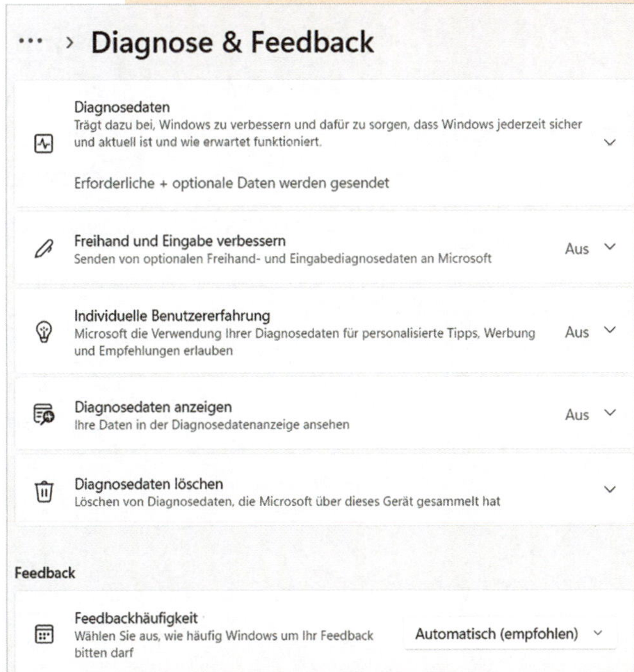

- Mit Hilfe an Microsoft gesendeter Informationen zu Windows und Einstellungen können eventuell auftretende Probleme automatisch behoben werden. Ob neben den erforderlichen auch optionale Daten an Microsoft gesendet werden, legen Sie unter *Diagnosedaten* fest. Beachten Sie aber, dass mit den optionalen auch persönliche Daten, z. B. besuchte Webseiten gesendet werden.

- *Freihand und Eingabe verbessern* steuert, ob auch Ihre Stift- und Spracheingaben an Microsoft gesendet werden. Hinter *Individuelle Benutzererfahrung* verbirgt sich die Verwendung der Diagnosedaten für personalisierte Tipps und Werbung. Beide Schalter können ausgeschaltet werden.

- Auch *Diagnosedaten anzeigen* sollte bis auf wenige Ausnahmefälle ausgeschaltet sein, da sonst die Diagnosedaten zusätzlich auf der Festplatte Ihres Geräts gespeichert werden und Speicherplatz belegen.
- Windows bittet Sie gelegentlich um Ihre Meinung zu bestimmten Funktionen: „*Wie finden Sie...?* Wenn Sie diese Meldungen ausschalten möchten, dann wählen Sie unter *Feedbackhäufigkeit* im Feld *Nie* statt *Automatisch* aus.

Zugriff auf Ihren Standort

Einige Apps benötigen für aktuelle Informationen nicht nur eine Internetverbindung, sondern ermitteln und nutzen auch Ihren aktuellen Standort. Zur Erteilung dieser Erlaubnis wurden Sie bereits bei der Ersteinrichtung aufgefordert.

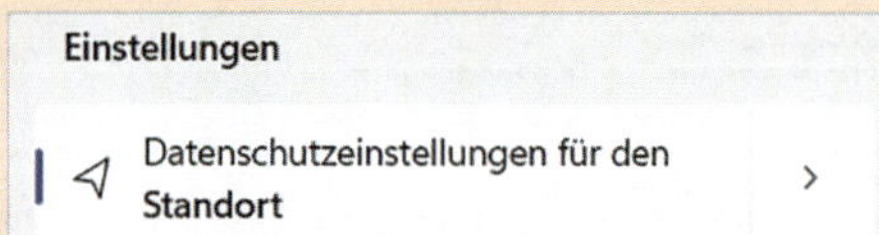

☛ Wenn Sie diese Einstellung einsehen oder ändern möchten, dann klicken Sie in der Taskleiste in das Suchfeld, geben den Suchbegriff „standort" ein und klicken auf *Datenschutzeinstellungen für den Standort*.

- Der Schalter *Ortungsdienste* (s. Bild auf der nächsten Seite) regelt für das gesamte System, ob der Standort ermittelt und verwendet werden darf. Einzelne Apps, z. B. *Wetter* können nur auf Ihren Standort zugreifen, wenn dieser Schalter aktiviert ist.
- Der Schalter *Apps den Zugriff auf Ihren Standort erlauben* gestattet Apps den Zugriff und unterhalb können Sie jeder einzelnen App, z. B. *Kamera* oder *Wetter* die Verwendung des Standorts erlauben oder verbieten.

Ist die Standortermittlung eingeschaltet, so erscheint beim Öffnen einer App, die diese Information nutzt, z. B. die App *Wetter* ❶, im rechten Bereich der Taskleiste ein kleines Pfeil-Symbol ❷.

Hinweis: Falls für Apps der Zugriff auf Ihren Standort ausgeschaltet ist, können Sie in den Einstellungen der jeweiligen App einen festen Standort hinterlegen oder die Ermittlung des Standorts gestatten. Der Ortungsdienst muss allerdings dazu eingeschaltet sein.

10.4 Apps installieren und entfernen

Apps aus dem Microsoft Store beziehen

Beim Microsoft Store handelt es sich um ein Online-Portal von Microsoft, in dem Sie Apps, Musik und Filme auswählen und auf Ihrem PC installieren können. Einige Angebote sind kostenlos, andere müssen Sie kostenpflichtig erwerben. In jedem Fall benötigen Sie dazu ein Microsoft-Konto.

- Zum Öffnen des Microsoft Stores benutzen Sie entweder das Symbol in der Taskleiste oder klicken Sie im Startmenü auf *Microsoft Store*.

Die Startseite des Microsoft Stores kann sich durch laufende Aktualisierungen geringfügig ändern, außerdem erscheinen hier natürlich ständig neue Empfehlungen und Angebote.

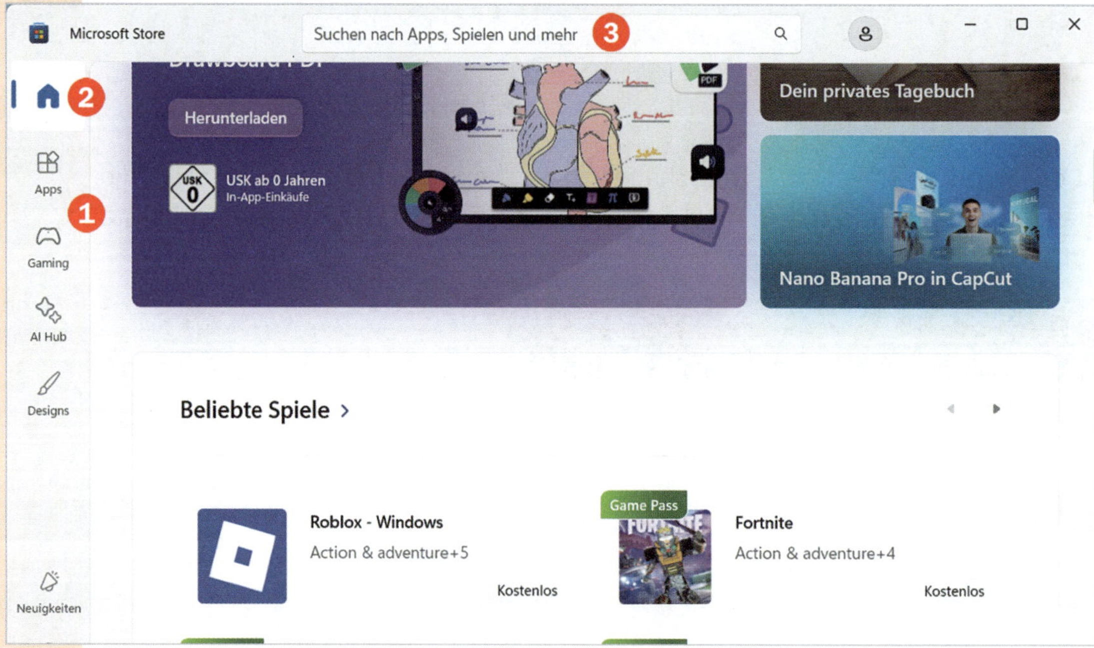

- Auf der Startseite des Microsoft Stores erhalten Sie verschiedene aktuelle Angebote, aufgeteilt in Kategorien wie z. B. *Populäre Apps* oder *Beliebte Spiele* durch die Sie von oben nach unten scrollen können.
- Oder klicken Sie in der Leiste am linken Rand auf *Apps* oder *Gaming* ❶, wenn Sie gezielt eine bestimmte Kategorie durchsuchen möchten. Mit Klick auf dieses Symbol ❷ gelangen Sie wieder zurück zur Startseite.
- Suchen Sie dagegen nach einer bestimmten App, dann geben Sie einfach den Suchbegriff in das Suchfeld ❸ am oberen Rand ein. Bereits während der Eingabe werden passende Apps aufgelistet, zur vollständigen Trefferliste gelangen Sie mit Klick auf das Symbol Lupe im Suchfeld.

Kategorien durchsuchen und filtern

Von jeder Kategorie, im Bild unten *Apps* ❶, sehen zunächst nur die beliebtesten; mehr dazugehörige Apps erscheinen mit Klick auf die Gruppe ❷. Daneben können Sie auch die Anzeige auf bestimmte Themen eingrenzen, z. B. *Foto und Video* oder *Unterhaltung* ❸. Für weitere Themen klicken Sie auf den Pfeil ❹.

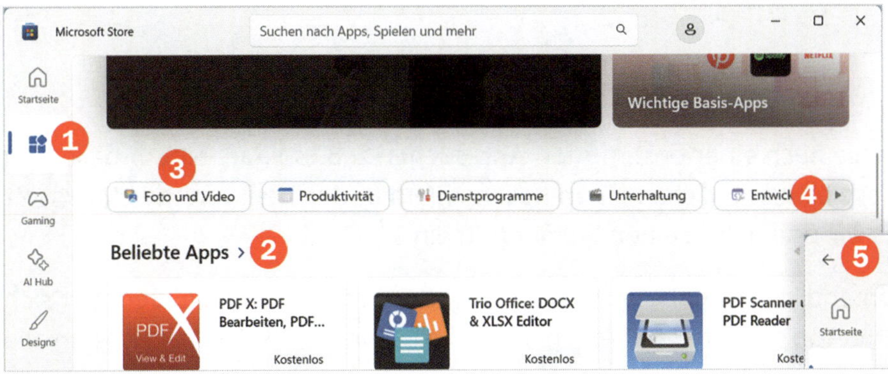

Mit Klick auf den Pfeil links oben ❺ kehren Sie wieder zurück zur vorherigen Kategorie.

Info: *Bereits erworben* bedeutet, die App wurde von Ihnen bereits heruntergeladen und auf Ihrem PC installiert.

Informationen zu einer App erhalten

Bereits auf den ersten Blick sehen Sie den Preis einer App oder ob diese kostenlos ist. Beim Zeigen erscheint eine vergrößerte Vorschau und für noch mehr Informationen klicken Sie die App an, hier als Beispiel der beliebte, kostenlose Browser *Mozilla Firefox*. Neben einigen Bildschirmfotos, einer Beschreibung und Nutzerbewertungen erfahren Sie hier auch in den Systemanforderungen, ob sich die App für Ihr Gerät eignet.

Hinweis: Bei manchen Apps erscheint kleingedruckt der Zusatz *Bietet in-App-Käufe*. Das bedeutet, die App selbst ist zwar kostenlos, umfasst aber einige kostenpflichtige Erweiterungen, die allerdings nicht zwingend benötigt werden.

App suchen

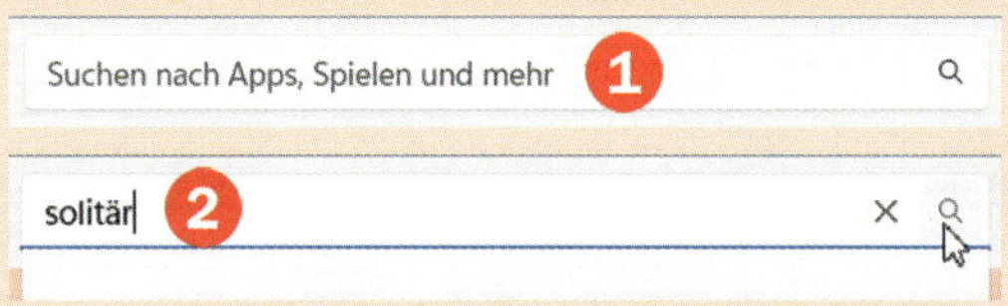

- Wenn Sie nach einer bestimmten App suchen z. B. „solitär", einem beliebten Kartenspiel, dann klicken Sie in das Suchfeld in der Titelleiste des Microsoft Stores ❶ und geben einen Suchbegriff ein.

Bereits während der Eingabe erscheinen verschiedene Vorschläge. Befindet sich die gesuchte App darunter, so brauchen Sie diese nur anklicken. Um dagegen alle

Suchergebnisse anzuzeigen klicken Sie im Suchfeld auf die Lupe ❷ oder betätigen die Eingabetaste

Kostenlose Apps herunterladen und installieren

1 Wenn Sie eine kostenlose App, hier als Beispiel das bereits erwähnte *Solitär* herunterladen und installieren möchten, dann klicken Sie auf *Herunterladen*.

2 Anschließend können Sie anhand der Schaltfläche den Download- und Installationsstatus mitverfolgen, dieser kann je nach Umfang auch länger dauern.

3 Nach erfolgreicher Installation erscheint die Schaltfläche *Öffnen* bzw. *Spielen* und mit Klick darauf können Sie die App sofort starten. Die neu installierte App ist außerdem im Startmenü unter *Empfohlen* und *Alle Apps* verfügbar.

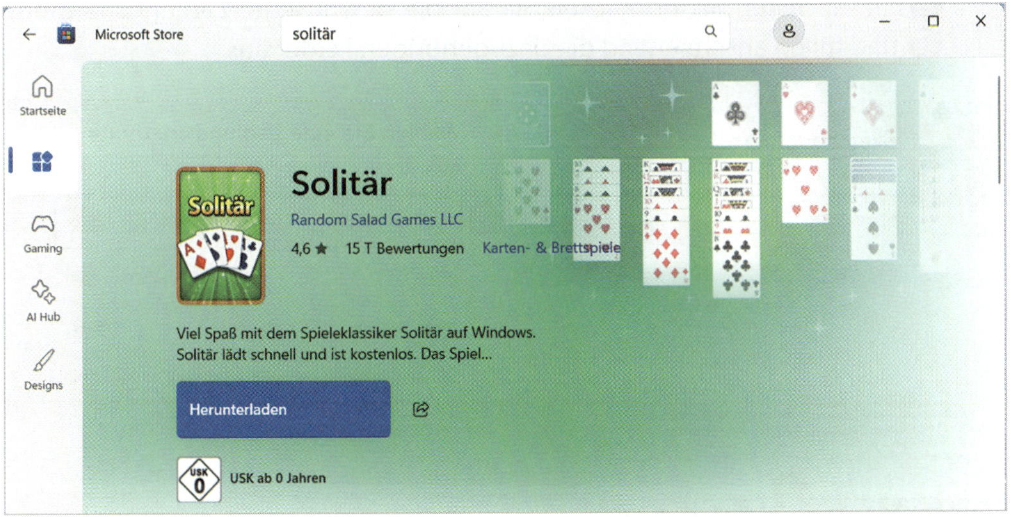

Die Nutzung des Microsoft Store erfordert ein Microsoft-Konto. Daher werden Sie beim Herunterladen möglicherweise aufgefordert, sich zu authentifizieren.

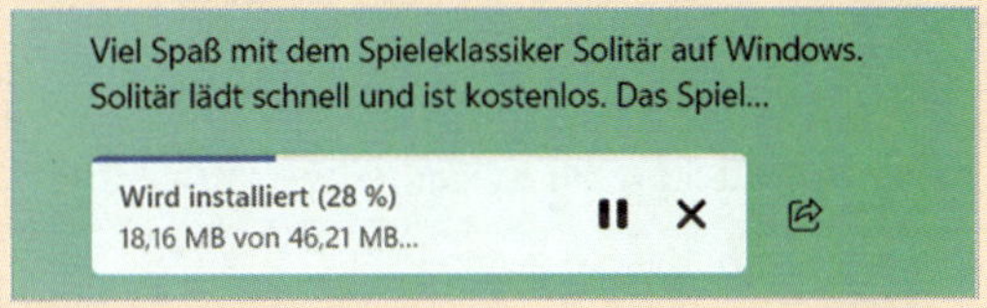

Auch in der unteren rechten Ecke informiert Sie ein Meldungsfenster über die erfolgreiche Installation.

Bei PayPal handelt es sich um einen Zahlungsdienstleister, bei dem statt einer Kreditkartennummer eine E-Mail-Adresse angegeben wird.

Webadresse PayPal: www.paypal.com

Falls Sie einen Geschenkgutschein einlösen möchten, klicken Sie auf *Geschenkgutschein einlösen* ❹, geben den Code in das Feld ein und klicken dann auf die Schaltfläche *Einlösen*.

Kostenpflichtige App erwerben und installieren

Zur Bezahlung kostenpflichtiger Apps werden Sofortzahlung, Kreditkarten (VISA, MasterCard usw.), PayPal, Klarna und Geschenkgutscheine/Guthabenkarte akzeptiert. Die notwendigen Informationen dazu werden als Zahlungsmethode in Ihrem Microsoft-Konto hinterlegt und müssen dann nicht bei jedem Kauf erneut eingegeben werden. Nach der Bezahlung wird der Betrag von Ihrem Bankkonto abgebucht.

1 Zum Download einer kostenpflichtigen App klicken Sie auf die Schaltfläche mit dem Preis ❶. Anschließend müssen Sie Ihre Identität durch Eingabe Ihrer PIN oder des Kennwortes Ihres Microsoft-Kontos bestätigen.

2 Danach sehen Sie eine Zusammenfassung Ihres Kaufs, klicken Sie auf *Weiter* ❷. Im nächsten Schritt klicken Sie auf die gewünschte Zahlungsmethode ❸ und füllen anschließend die dazugehörigen Felder aus.

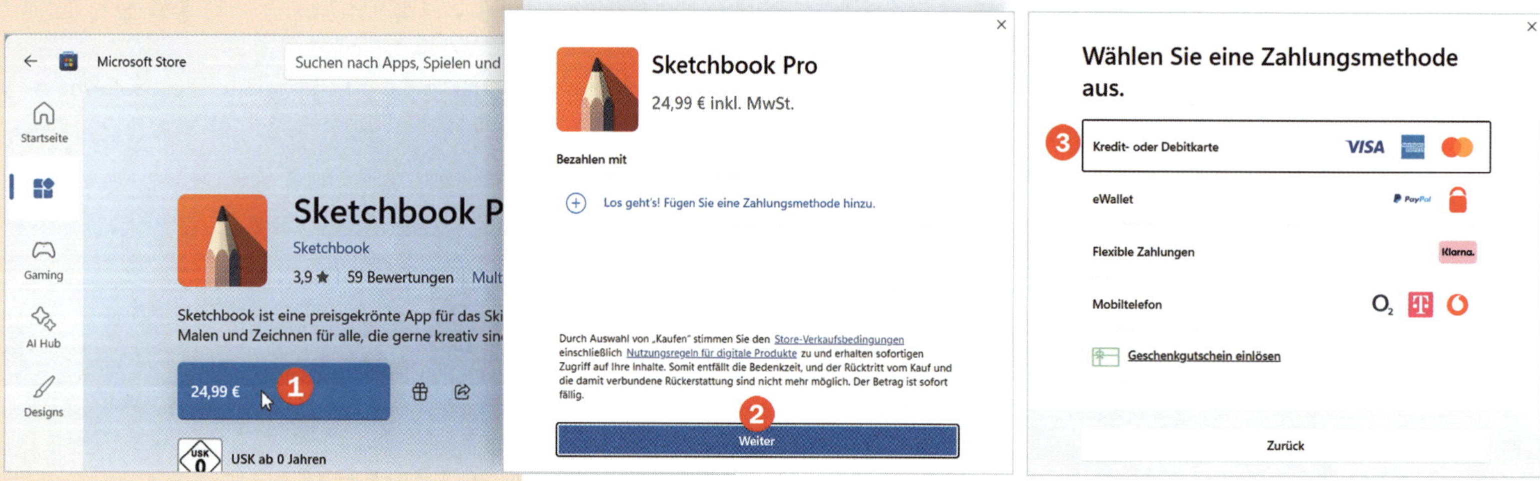

Als Beispiel im Bild unten eine Kreditkarte oder Debitkarte als Zahlungsmethode hinterlegen. Klicken Sie abschließend auf *Speichern*.

3 Im letzten Schritt müssen Sie den Kauf nochmals bestätigen indem Sie auf *Kaufen* klicken. Damit ist der Kauf endgültig wirksam.

Achtung: Kostenpflichtige Apps erfordern die Angabe einer Zahlungsmethode. Anschließend müssen Sie dem Kauf zustimmen, indem Sie auf *Kaufen* klicken. Damit ist der Kauf wirksam und kann nicht mehr abgebrochen werden!

Wo finden Sie die neu installierten Apps?

Neu installierte Apps finden Sie im Startmenü unter *Empfohlen* sowie in der Liste *Alle*, hier mit dem Zusatz *Neu*, wie im Bild unten. Manche Apps erstellen bei der Installation auch eine Verknüpfung auf dem Desktop.

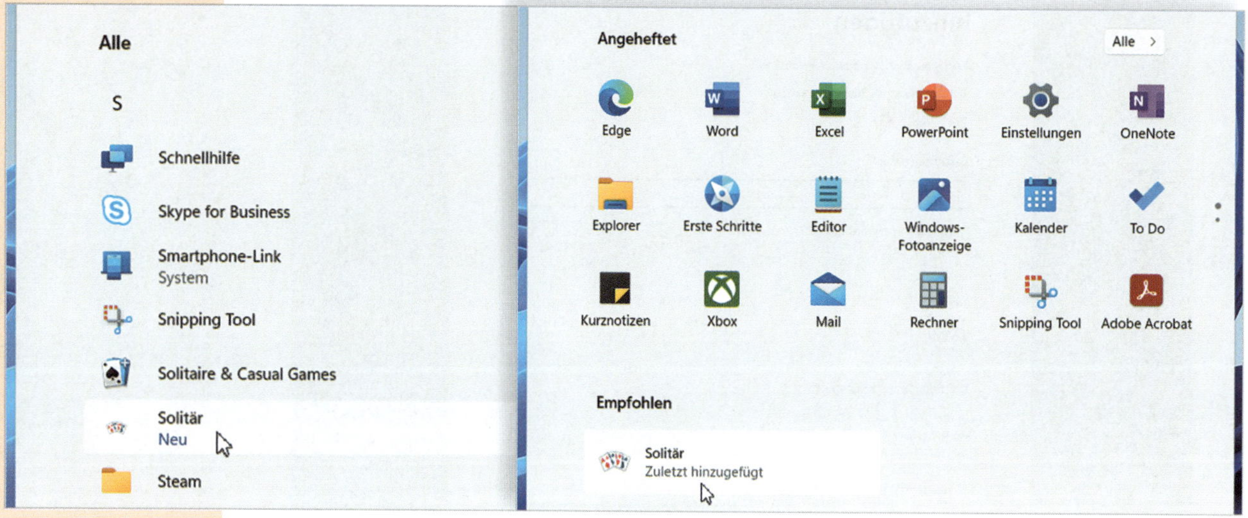

Apps aus dem Store deinstallieren bzw. erneut installieren

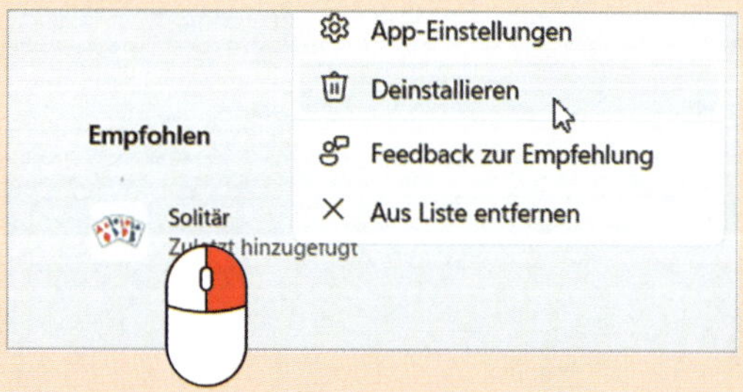

Um eine App aus dem Microsoft Store von der Festplatte Ihres PCs zu entfernen, klicken Sie im Startmenü – entweder unter den angehefteten Apps oder in der Liste *Alle* – mit der **rechten** Maustaste auf die zu entfernende App und auf *Deinstallieren*, hier als Beispiel die App *Solitär*. Bestätigen Sie die nachfolgende Rückfrage, indem Sie nochmals auf *Deinstallieren* klicken. Alternativ können Sie die App auch suchen, mit der rechten Maustaste anklicken und den Befehl *Deinstallieren* wählen.

Erworbene Apps erneut installieren

Ihre erworbenen Apps, egal ob kostenlos oder kostenpflichtig, finden Sie in der Bibliothek des Stores. Dazu klicken Sie links in der Leiste auf *Bibliothek* ❶.

- Um eine erworbene App erneut herunterzuladen und zu installieren, klicken Sie neben der App auf das Symbol *Herunterladen* ❷.
- Bei bereits auf dem Gerät installierten Apps befindet sich hier stattdessen die Schaltfläche *Öffnen*.
- Sehr umfangreiche Listen können Sie über diese Leiste ❸ eingrenzen, z. B. auf *Apps* oder *Spiele*.

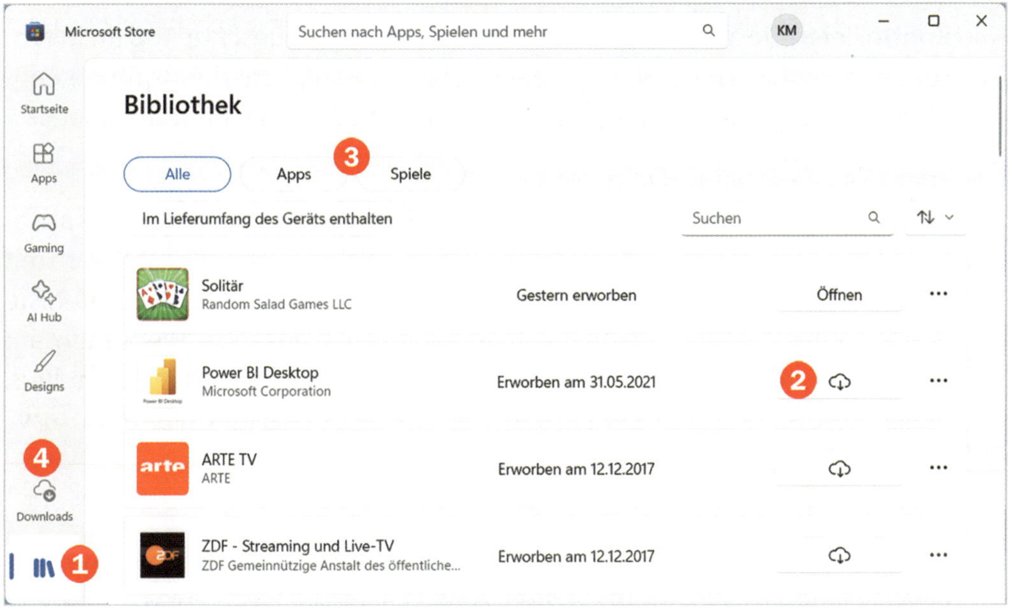

Tipp: Mit Klick auf die drei Punkte können Sie installierte Apps ebenfalls deinstallieren, also vom Gerät entfernen.

Mit der Auswahl *Downloads* ❹ erhalten Sie eine Übersicht über kürzlich erfolgte Updates (Aktualisierungen) der installierten Apps und können nach weiteren verfügbaren Updates suchen.

Apps aus dem Internet herunterladen und installieren

Das Herunterladen aus dem Internet wird häufig auch mit dem englischen Fachbegriff als „Download" bezeichnet.

Auch aus dem Internet können Apps heruntergeladen und anschließend installiert werden, z. B. LibreOffice als kostenlose Alternative zu Microsoft Office. Die Vorgehensweise ist immer gleich. In den meisten Fällen wird zunächst die Installationsdatei heruntergeladen und gespeichert. Die eigentliche Installation beginnt erst danach mit dem Starten der Installationsdatei. Da allerdings aus dem Internet heruntergeladene Apps zugleich auch ein Einfallstor für Schadsoftware sind, sollten Sie unbedingt einige Sicherheitshinweise beachten.

Allgemeine Sicherheitshinweise

- **Im Microsoft Store verfügbar?**
  Kontrollieren Sie auf jeden Fall erst einmal, ob die gewünschte App im Microsoft Store verfügbar ist. Wenn ja, dann sollten Sie aus Sicherheitsgründen unbedingt dieser Quelle den Vorzug geben und die App hier herunterladen.

- **Achten Sie auf vertrauenswürdige Quellen**
  Gerade bei Programmen, die aus dem Internet stammen, sollten Sie auf absolut vertrauenswürdige Quellen achten, da ansonsten auch Schadsoftware mit heruntergeladen und installiert werden könnte. Leider enthält die Trefferliste von Suchdiensten wie Google und Bing häufig auch unseriöse Webseiten; am sichersten ist deshalb der Download über die Seite des jeweiligen Herstellers. Bekannte Computerzeitschriften, wie z. B. Computerbild, Chip, Heise usw. sind ebenfalls eine zuverlässige Quelle.

Achtung: Sollten Sie bei kostenlosen Angeboten aufgefordert werden, Ihre E-Mail-Adresse, Postanschrift und eventuell sogar die Bankverbindung anzugeben, dann sollten Sie auf das Herunterladen verzichten oder es bei einer anderen Webadresse versuchen.

Solche Angaben sind bei kostenlosen Downloads freiwillig und nicht verpflichtend. Auch eine vorherige Anmeldung ist dazu nicht erforderlich. Allerdings müssen Sie sich in manchen Fällen registrieren, dazu genügt normalerweise die E-Mail-Adresse.

- **Kostenlose oder kostenpflichtige Software**
  Manche Programme sind für die private Nutzung kostenlos, bei kommerzieller Nutzung aber kostenpflichtig. Zum Download kostenloser Angebote

sind keinerlei Angaben über persönliche Daten, z. B. Ihr Name, Anschrift oder E-Mail-Adresse erforderlich!

Außerdem finden sich auf vielen Seiten neben kostenlosen Angeboten auch kostenpflichtige, z. B. beim Download von Antivirensoftware. Kontrollieren Sie also immer ganz genau, ob es sich wirklich um eine kostenlose Version handelt.

- **Installieren Sie nur, was Sie wirklich benötigen**
  Häufig wird beim Herunterladen unnötige Zusatzsoftware mit angeboten, z. B. Google Chrome. Diese App benötigen Sie aber nicht, wenn Sie Microsoft Edge zum Surfen im Internet bevorzugen. Kontrollieren Sie also vor dem Herunterladen auf entsprechende Kontrollkästchen und deaktivieren Sie diese.

- **Prüfen Sie die Sprache und die erforderlichen Voraussetzungen**
  Kontrollieren Sie, ob die App in deutscher Sprache vorliegt und mit Windows 11 eingesetzt werden kann bzw. wählen Sie die richtige Programmversion, falls mehrere angeboten werden.

Info: LibreOffice umfasst Programme für Textverarbeitung, Tabellenkalkulation, Präsentation und zum Erstellen von Zeichnungen und ist eine gute und zudem kostenlose Alternative zu Microsoft Office bzw. 365.

Beispiel LibreOffice herunterladen und installieren

Als Beispiel laden wir die kostenlose Bürosoftware LibreOffice herunter und installieren diese.

1 Starten Sie Ihren Browser, z. B. Microsoft Edge, geben Sie den Suchbegriff „libreoffice" ein und klicken Sie in der Trefferliste auf *LibreOffice*, oder hier gleich auf *Download*, siehe Bild rechts. Achten Sie unbedingt auf die richtige Webadresse, diese lautet für die deutschsprachige Version: *de.libreoffice.org*!

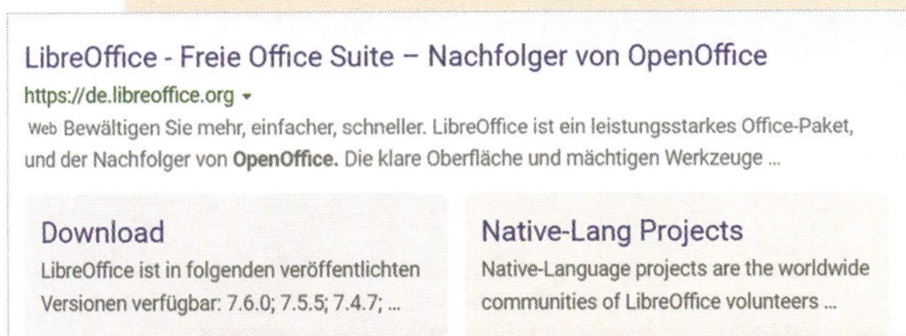

Tipp: Rechts daneben ❹ können Sie sich zuvor noch über die Funktionen von LibreOffice und die nötigen Voraussetzungen näher informieren.

2 Falls zunächst die Startseite erscheint, so klicken Sie auf *Download* ❶ und auf *LibreOffice Download*. Vergewissern Sie sich dann, dass das Betriebssystem *Windows (64-bit)* ❷ ausgewählt ist und klicken Sie auf *Download* ❸.

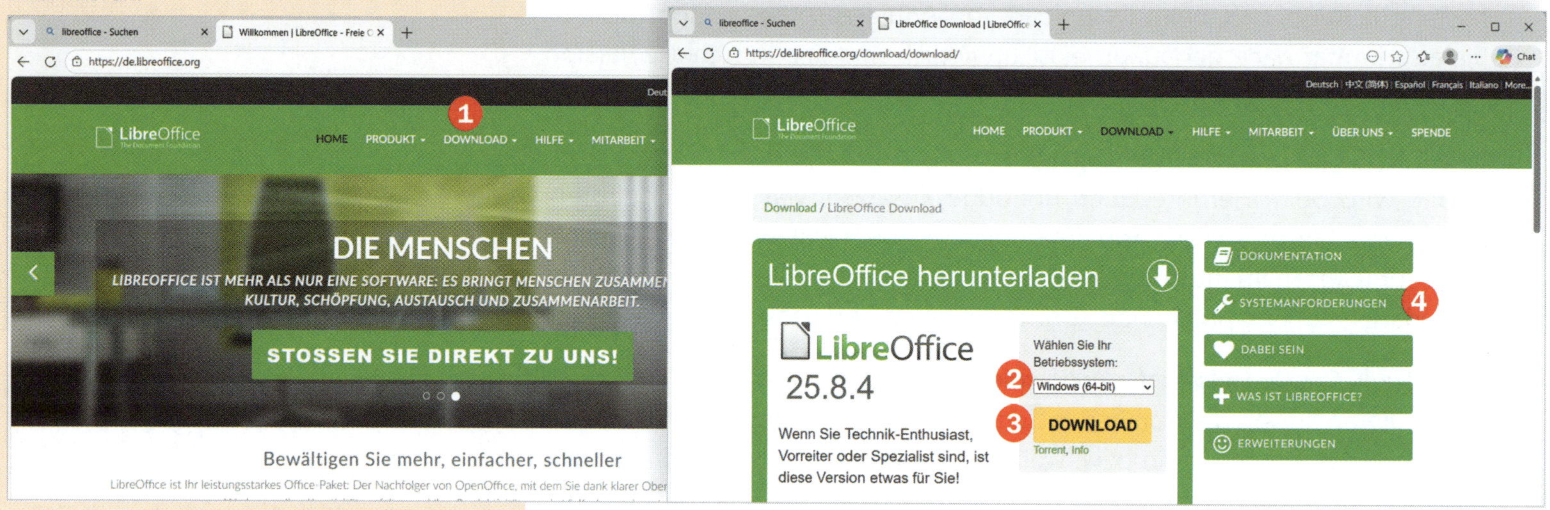

Info: In der Regel werden Ihnen von LibreOffice zwei Versionen zum Download angeboten. Die ältere Version finden Sie etwas unterhalb.

3 Anschließend können Sie rechts oben im Browser anhand eines Symbols ❺ und in einem kleinen Fenster den Downloadverlauf mitverfolgen. Nach Abschluss des Vorgangs erscheint dieses Symbol.

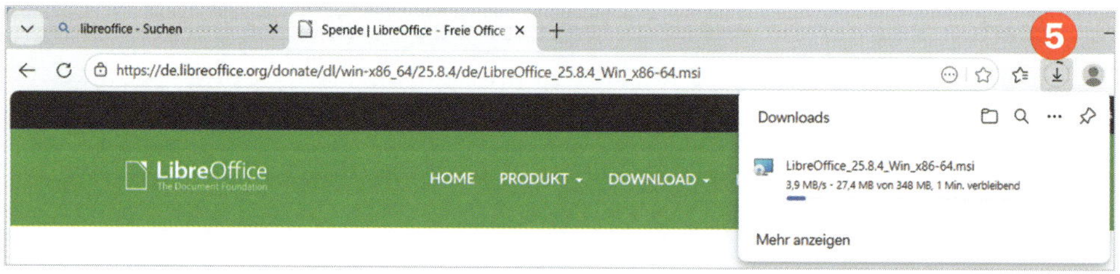

4 Klicken Sie auf das Symbol und danach im Fenster auf *Datei öffnen* ❻, wenn Sie die Installation sofort starten möchten.

5 Wenn Sie das Programm dagegen erst später installieren möchten, dann öffnen Sie im Datei-Explorer den Ordner *Downloads* und starten die Installation mit Doppelklick auf die heruntergeladene Installationsdatei ❼.

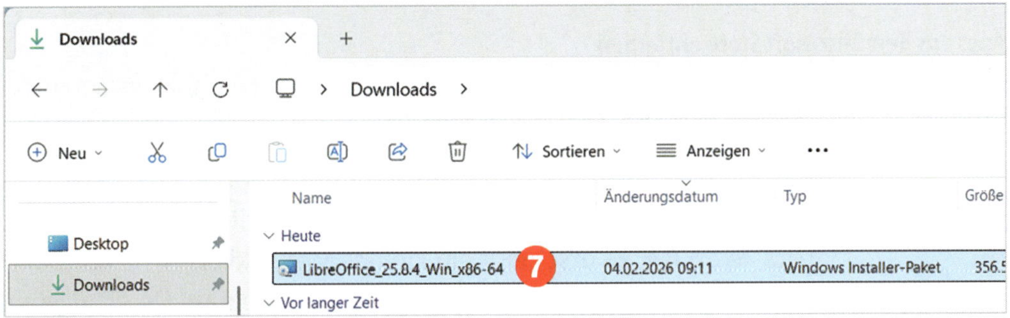

Achtung: Vor der eigentlichen Installation blendet Windows je nach Einstellung eine Warnung ein, dass es sich um keine geprüfte App aus dem Microsoft Store handelt, siehe Bild rechts. Wenn Sie der App vertrauen, dann klicken Sie auf *Trotzdem installieren*. Eventuell müssen Sie auch noch der Benutzerkontensteuerung bestätigen, dass diese App Änderungen am Computer vornehmen darf.

Anschließend startet ein kleiner Installationsassistent, der Sie durch die weiteren Schritte führt. Sie müssen in den meisten Fällen den Lizenzbestimmungen zustimmen und falls Sie zur Wahl des Installationsumfangs aufgefordert werden, dann wählen Sie am besten die Standardeinstellung.

Nicht mehr benötigte Apps vom Gerät entfernen

Um Apps von der Festplatte eines Computers zu entfernen, müssen diese grundsätzlich deinstalliert werden. Es reicht nicht aus, einfach die Programmdateien zu löschen, denn bei einer Programminstallation werden auch nicht offensichtliche Änderungen vorgenommen, z. B. Einträge in der Windows-Registrierungsdatenbank, die bei der Deinstallation ebenfalls entfernt werden müssen.

Apps aus dem Microsoft Store entfernen

Einfache Apps aus dem Microsoft Store lassen sich ganz einfach über das Startmenü von der Festplatte entfernen:

Öffnen Sie das Startmenü. Falls die zu entfernende App im Startmenü angeheftet ist, wie im Bild, dann klicken Sie diese mit der **rechten** Maustaste an ❶. Es erscheint ein kleines Menü, klicken Sie auf *Deinstallieren* ❷ und danach zur Bestätigung nochmals auf *Deinstallieren*.

Oder klicken Sie auf *Alle*, navigieren zu der App, die Sie entfernen möchten und klicken Sie diese hier mit der rechten Maustaste an.

Apps aus dem Microsoft Store können jederzeit wieder erneut heruntergeladen und installiert werden.

Komplexere Anwendungen deinstallieren

Eine weitere Möglichkeit zum Entfernen nicht benötigter Apps finden Sie in den Einstellungen. Diese öffnen sich auch, wenn Sie umfangreichere Apps, z. B. LibreOffice oder Microsoft Office auf dem oben beschriebenen Weg deinstallieren möchten. Hier gehen Sie so vor:

1 Sollten die Einstellungen noch nicht geöffnet sein, so klicken Sie im Startmenü auf *Einstellungen*, wählen links die Kategorie *Apps* ❶ und klicken dann auf *Installierte Apps* ❷.

2 Klicken Sie in der Liste bei der App, die Sie deinstallieren möchten, im Bild unten als Beispiel *Adobe Acrobat*, auf die drei Punkte ❸ und auf *Deinstallieren* ❹.

Diese Methode funktioniert mit allen Apps, also auch Apps aus dem Microsoft Store.

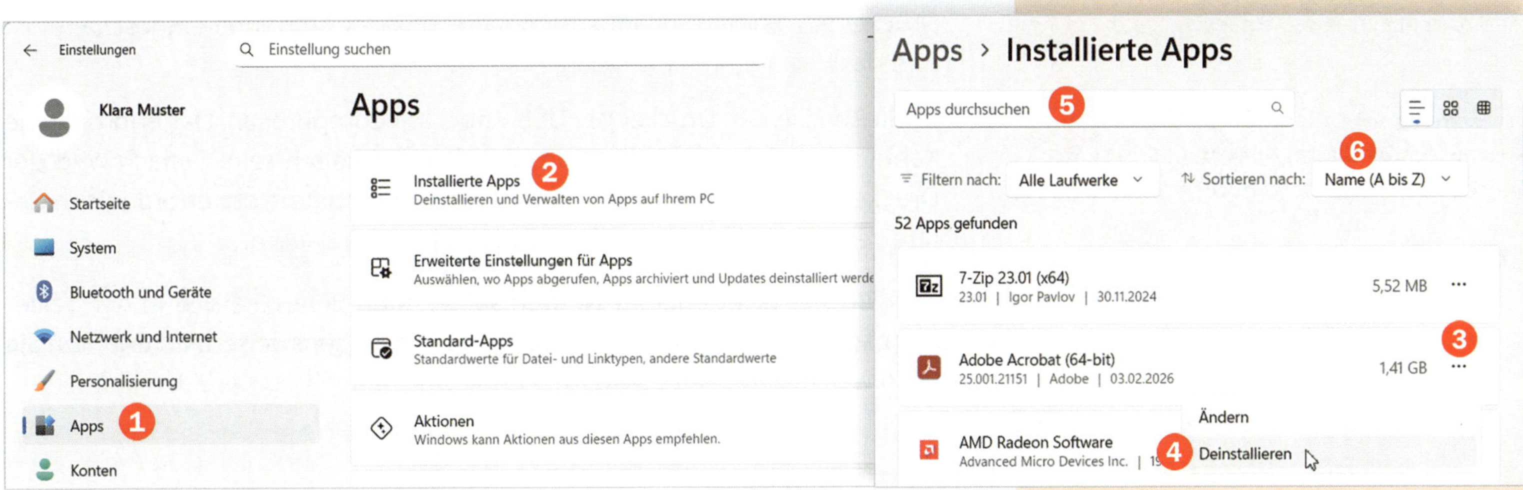

Tipp: Da die Liste sehr umfangreich sein kann, können Sie die App auch über das Suchfeld (*Apps durchsuchen*) ❺ suchen. Alternativ können Sie die Liste nach Größe oder Datum der Installation sortieren ❻.

3 Bestätigen Sie die nachfolgende Meldung erneut mit *Deinstallieren*. Anschließend werden das Programm und sämtliche dazugehörigen Einträge und Einstellungen entfernt. Dies kann einige Sekunden dauern.

10.5 Drucker und Bluetooth Geräte

Drucker anschließen

Moderne Drucker erfordern in der Regel keinerlei Installationsaufwand, es genügt, wenn Sie den Drucker mit dem PC verbinden. Dabei gehen Sie so vor:

Info: Die Druckerinstallation erfolgt automatisch. Nur bei älteren Druckermodellen kann es passieren, dass der Drucker nicht auf Anhieb erkannt wird. Dann fügen Sie den Drucker manuell hinzu, siehe nächste Seite.

1 Schließen Sie den Drucker an die Stromversorgung an und schalten Sie den Drucker ein. Sorgen Sie außerdem dafür, dass Ihr Computer eingeschaltet ist und dass Sie angemeldet sind.

2 Schließen Sie den Drucker per USB-Kabel am Computer an. Das erforderliche Kabel sollte im Lieferumfang des Druckers enthalten sein. Danach wird der Drucker in den meisten Fällen automatisch erkannt und der erforderliche Gerätetreiber installiert. Dies kann einige Sekunden dauern.

Um einen WLAN-Drucker am PC zu installieren, müssen Sie diesen zuvor mit dem WLAN über das Bedienfeld des Druckers verbinden. Details entnehmen Sie der Installationsanleitung.

Falls der Drucker nicht erkannt werden sollte, informieren Sie sich in der beiliegenden Installationsanleitung über die genaue Vorgehensweise. Dort erfahren Sie auch, von welcher Webseite Sie den benötigten Treiber herunterladen können.

Installierte Drucker anzeigen

☛ Um eine Übersicht über die angeschlossenen Drucker zu erhalten, klicken Sie in der Taskleiste in das Suchfeld, geben den Suchbegriff „drucker" ein und kli cken auf *Drucker und Scanner (Systemeinstellungen)*.

Oder öffnen Sie die Einstellungen, klicken links auf *Bluetooth und Geräte* ❶ und wählen hier *Drucker und Scanner*.

Info: Neben dem angeschlossenen Drucker, finden Sie hier *Microsoft Print to PDF* ❷. Dieser „Drucker" gibt ein Dokument in eine Datei im gängigen PDF-Dateiformat aus, das zum Lesen nur Microsoft Edge oder ein Leseprogramm wie z. B. den kostenlosen Adobe Reader erfordert.

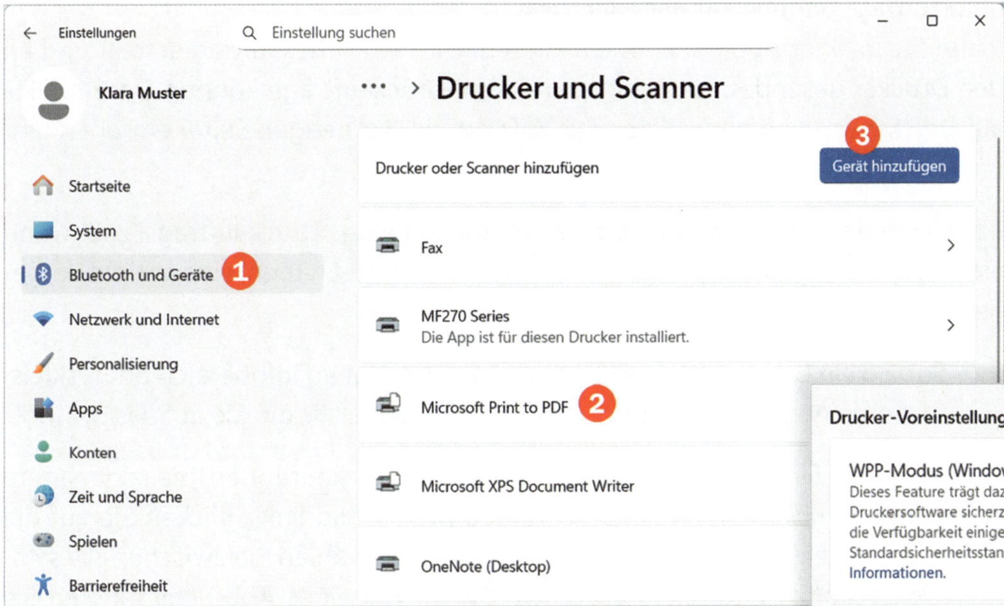

Drucker manuell hinzufügen:
Mit Klick auf *Gerät hinzufügen* ❸, können Sie einen neu angeschlossenen Drucker manuell hinzufügen. Diese Vorgehensweise wählen Sie, falls ein älterer Drucker nicht erkannt wurde. Anschließend können Sie nach einem Klick auf *Manuell hinzufügen* mit Hilfe eines Assistenten nach Ihrem Druckermodell suchen und anschließend den passenden Druckertreiber installieren.

Druckerprobleme beheben

Standarddrucker manuell festlegen

Wenn Sie mit einer App, z. B. Microsoft Word drucken, dann kommt, wenn nichts anderes festgelegt wird, der zuletzt verwendete Drucker zum Einsatz. Falls Sie einen bestimmten Drucker dauerhaft als Standarddrucker festlegen möchten, dann ändern Sie unterhalb der Druckerliste unter *Drucker-Voreinstellungen* den Schalter *Windows verwaltet Standarddrucker* ❹ (Bild oben) auf *Aus*. Klicken Sie dann auf den gewünschten Drucker und auf die Schaltfläche *Als Standard* ❺.

Druckaufträge kontrollieren und abbrechen

Wenn Sie in einer App auf *Drucken* klicken, wird ein Druckauftrag erstellt und an den Drucker gesendet. Noch nicht erledigte Druckaufträge können Sie mit Klick auf *Druckerwarteschlange öffnen* ❻ (Bild auf der vorherigen Seite) einsehen und bei Bedarf abbrechen.

Achtung: In der Praxis sollten Sie zum Abbrechen eines Druckauftrags, z. B. wenn Sie einen umfangreichen Druck versehentlich gestartet haben, eine andere Vorgehensweise wählen:

1 Sobald ein Druckauftrag vorhanden ist, erscheint im Infobereich der Taskleiste ein kleines Druckersymbol, s. Bild links. Doppelklicken Sie auf das Symbol.

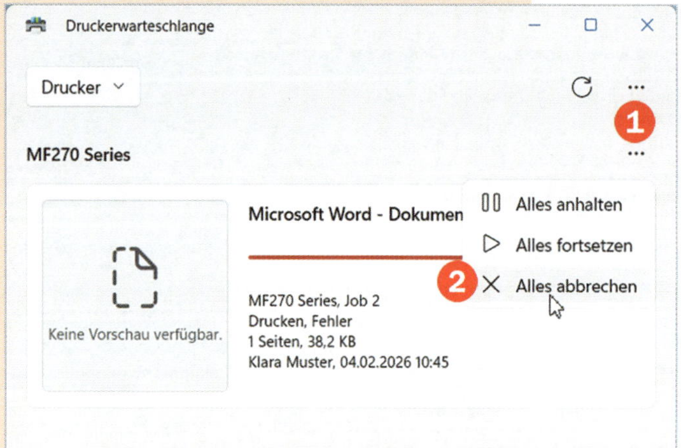

2 Ein Fenster mit den anstehenden Druckaufträgen, die sogenannte *Druckerwarteschlange* wird geöffnet, s. Bild links. Klicken Sie auf die drei Punkte ❶ des Druckauftrags und wählen Sie zwischen *Alles Anhalten* und *Alles Abbrechen* ❷. Im Fall eines Abbruchs müssen Sie anschließend nochmals bestätigen, dass Sie den Druckauftrag abbrechen möchten. Dann können Sie die Druckerwarteschlange wieder schließen. Falls der Druckauftrag nur angehalten wurde, können Sie ihn später mit *Alles fortsetzen* wieder fortsetzen.

Problembehandlung Drucker

Falls ein Drucker nicht reagieren sollte, können Sie die Problembehandlung von Windows heranziehen. Wie Sie dabei vorgehen, lesen Sie am Ende dieses Kapitels unter Punkt 10.8 auf Seite 398 nach.

Bluetooth Geräte verbinden

Um ein Buetooth-Gerät, z. B. Maus oder Lautsprecher mit dem PC zu verbinden, gehen Sie wie folgt vor, hier am Beispiel Bluetooth-Lautsprecher. Die Vorgehensweise beim Anschließen einer Maus ist dieselbe.

1. Schalten Sie den Lautsprecher oder die Maus ein und aktivieren Sie am Gerät den Kopplungsmodus. Wie das geht, entnehmen Sie der dazugehörigen Anleitung.

2. Klicken Sie am PC in das Suchfeld der Taskleiste, geben Sie den Suchbegriff „bluetooth" ein und klicken Sie auf *Bluetooth- und andere Geräteeinstellungen*.

3. Vergewissern Sie sich, dass Bluetooth eingeschaltet ist ❶ und klicken Sie auf *Gerät hinzufügen* ❷.

4. Wählen Sie die Art des Geräts aus, hier *Bluetooth* ❸ und klicken Sie danach in der Liste gefundener Geräte auf Ihr Gerät ❹. Anschließend wird die Verbindung hergestellt, klicken Sie zuletzt auf die Schaltfläche *Fertig*.

Info: Bluetooth ist ein Standard für Datenübertragung per Funk über kurze Entfernungen. Die nötigen Voraussetzungen sind in den meisten mobilen Geräten bereits integriert, andernfalls kann eine Verbindung auch über einen Adapter hergestellt werden, der seinerseits an einen USB-Anschluss angeschlossen wird. Gängige Geräte für den Anschluss per Bluetooth sind Kopfhörer oder Headset, Lautsprecher, Maus und Tastatur.

Achtung: Bei eingeschaltetem Flugzeugmodus kann keine Verbindung hergestellt werden. Kontrollieren Sie dies ev. in den Schnelleinstellungen.

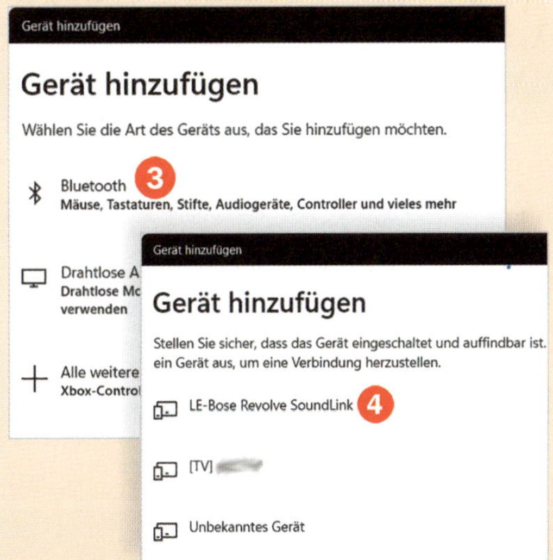

10.6 Den PC unterwegs mit einem WLAN verbinden

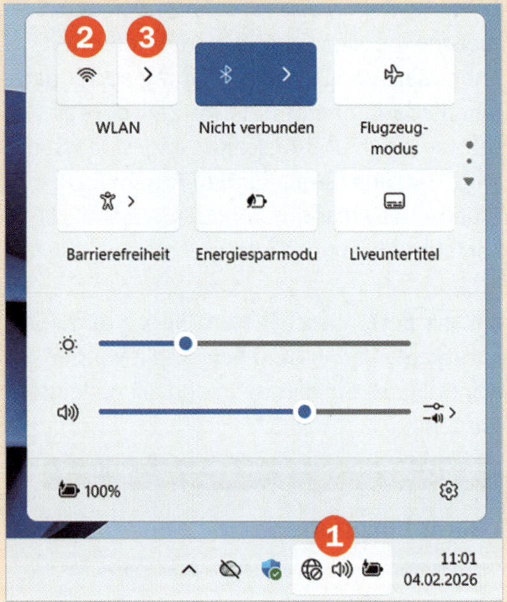

Tipp: Ob WLAN eingeschaltet ist, erkennen Sie auch am Symbol. Wenn WLAN ausgeschaltet ist, erscheint hier das Symbol 🌐 statt 📶.

Mobile Geräte wie z. B. Laptops werden per WLAN, also einem kabellosen Funknetz mit einem Netzwerk und damit dem Internet verbunden. Normalerweise stellen Sie die Verbindung bereits beim ersten Start von Windows her, Sie können Ihren Laptop aber auch unterwegs jederzeit mit einem anderen WLAN verbinden, z. B. in Hotels. Dann gehen Sie so vor:

1 Klicken Sie im rechten Bereich der Taskleiste auf die Symbolgruppe *Internet*, *Lautsprecher* und *Akku* ❶, um die Schnelleinstellungen zu öffnen.

2 Kontrollieren Sie, ob WLAN eingeschaltet ist, dann ist die Schaltfläche blau. Sollte dies nicht der Fall sein, wie im Bild links, so klicken Sie zum Einschalten hier ❷. Klicken Sie dann auf den Pfeil ❸ der Schaltfläche, um verfügbare Verbindungen anzuzeigen.

3 Meist werden gleich mehrere Verbindungen in Reichweite aufgelistet. Gesicherte Verbindungen erkennen Sie am Schloss-Symbol ❹, s. Bild auf der nächsten Seite. Dieses fehlt bei öffentlichen Netzwerken, auch als Hotspots bezeichnet.

4 Klicken Sie auf das Netzwerk, mit dem Sie sich verbinden möchten und achten Sie darauf, dass *Automatisch verbinden* aktiviert ist (Häkchen) ❺. Es bedeutet, dass sich Ihr Gerät das nächste Mal automatisch mit diesem Netzwerk verbindet, sobald es in Reichweite ist. Klicken Sie dann auf *Verbinden* ❻.

5 Wenn es sich um ein gesichertes Netzwerk handelt, dann tippen Sie im nächsten Schritt über die Tastatur Ihren Netzwerksicherheitsschlüssel (Kennwort) ein und klicken Sie auf *Weiter*.

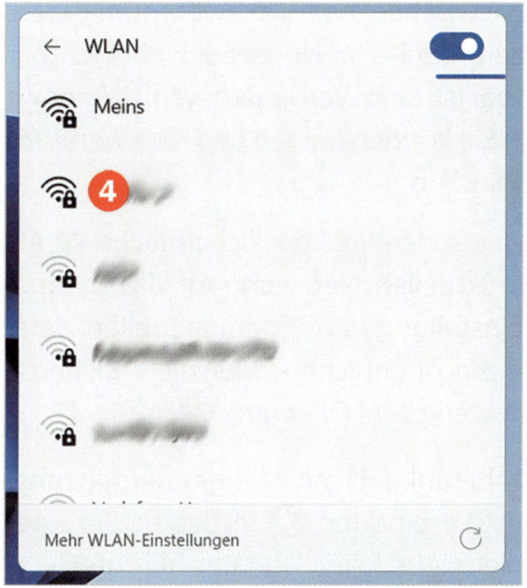

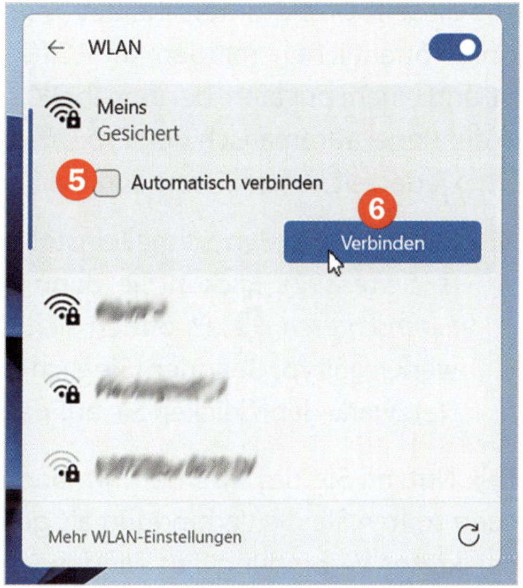

Falls Sie bereits mit diesem WLAN verbunden sind, so erscheint hier stattdessen *Trennen*.

Wenn das Kennwort korrekt war, sind Sie jetzt mit dem WLAN und damit mit dem Internet verbunden. Andernfalls klicken Sie auf *Abbrechen* und geben das Kennwort erneut ein. Genauso gehen Sie vor, wenn Sie Ihren Laptop unterwegs mit einem WLAN verbinden möchten. Der einzige Unterschied: Bei einem offenen WLAN ist kein Kennwort erforderlich.

Aus Sicherheitsgründen sollten Sie in einem offenen WLAN keine persönlichen Daten übermitteln und auf Einkaufen oder Bankgeschäfte im Internet nach Möglichkeit verzichten.

Dies gilt auch für WLAN in Hotels u.ä. Hier ist in der Regel zwar ein Kennwort erforderlich, da das WLAN aber von einer größeren Anzahl Personen genutzt wird, sollten Sie auch hier keine sensiblen Daten über das Internet übermitteln.

Sicherheit in öffentlichen/offenen Netzwerken

Ein offenes Netzwerk, auch als WLAN-Hotspot bezeichnet (siehe oben), erfordert beim Verbinden kein Kennwort. Solche Netzwerke sind nicht sicher, da jeder eine Verbindung mit diesem Netzwerk herstellen und möglicherweise Zugriff auf, in diesem Netzwerk übermittelte Informationen erhalten kann. Aus Sicherheitsgründen sollte daher Ihr Gerät in einem solchen Netzwerk nicht gefunden werden.

Aus diesem Grund unterscheidet Windows zwischen zwei Netzwerkprofiltypen: einem öffentlichen, mit dem Ihr PC für andere Geräte im Netzwerk nicht sichtbar ist, und einem privaten, bei dem Ihr PC sichtbar ist. Beim Verbinden wählt Windows in der Regel automatisch den Typ *Öffentlich*, Sie können jedoch den Netzwerkprofiltyp jederzeit kontrollieren und bei Bedarf ändern.

- Klicken Sie in den Schnelleinstellungen auf den Pfeil der Schaltfläche WLAN (s. Seite 392). Klicken Sie dann beim aktuellen Netzwerk auf das Symbol *Eigenschaften* ❶. Es öffnen sich die Einstellungen mit dem aktuellen Netzwerkprofiltyp. Befinden Sie sich in einem öffentlichen oder nicht sicheren Netzwerk, dann klicken Sie auf das Netzwerkprofil *Öffentlich* ❷.

Tipp: Nutzen Sie das Internet mit einem Mobilfunktarif mit Mengenbegrenzung, dann sollten Sie die Verbindung als getaktete Verbindung ❸ festlegen. Bei einer getakteten Verbindung lädt Windows beispielsweise keine Updates herunter.

Die Schnelleinstellungen öffnen Sie, indem Sie im rechten Bereich der Taskleiste auf die Symbolgruppe Internet, Lautsprecher und Akku klicken.

Das Netzwerkprofil *Privat* sollte ausschließlich im privaten Netzwerk zuhause oder im Firmennetzwerk zum Einsatz kommen.

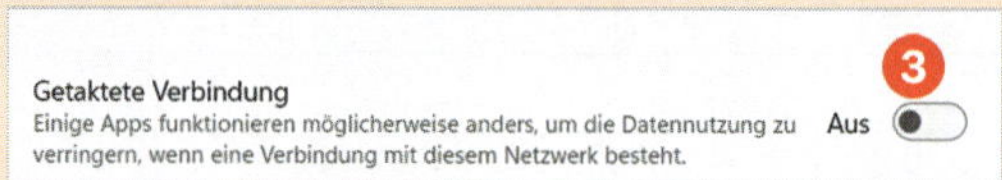

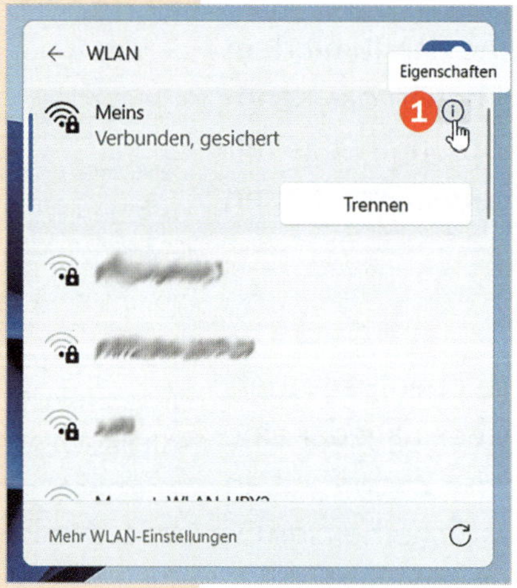

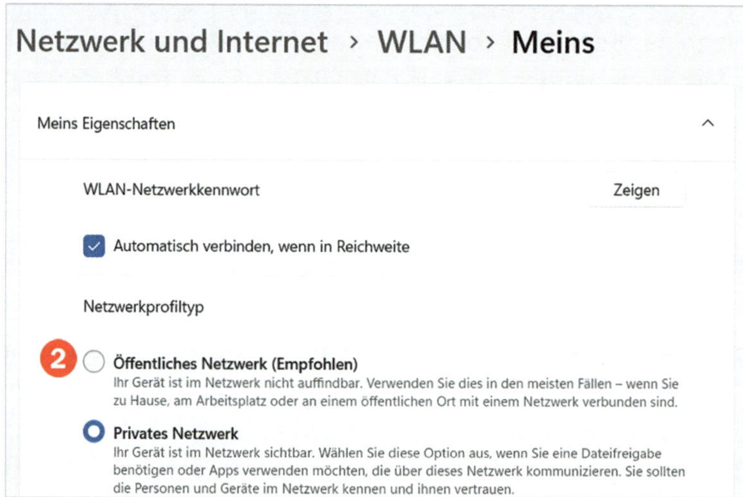

10.7 Sorgen Sie mit Updates dafür, dass Windows aktuell bleibt

Windows erhält regelmäßig Updates, um Fehler und sicherheitsrelevante Schwachstellen zu beheben. Auch der integrierte Virenschutz Windows Defender wird laufend aktualisiert. Manchmal enthalten Updates auch neue Funktionen oder ändern geringfügig das Aussehen der Benutzeroberfläche, z. B. des Startmenüs.

Als Updates bezeichnet man die mehr oder weniger regelmäßige Aktualisierung von Apps und Programmen.

Die meisten Updates werden im Hintergrund automatisch über das Internet heruntergeladen und installiert. Da aber Updates häufig auch einen anschließenden Neustart erfordern, erfolgt die Installation erst, wenn der Computer nicht benötigt wird. Anstehende Updates erkennen Sie am Symbol im rechten Bereich der Taskleiste.

Tipp: Welche Version von Windows auf Ihrem Gerät installiert ist, sehen Sie, wenn Sie in den Einstellungen auf *System* und hier auf *Info* klicken.

Achtung: Sie müssen in diesem Fall Windows nicht sofort neu starten, sondern können problemlos die Arbeit fortsetzen und erst beim Beenden bzw. Herunterfahren Windows aktualisieren.

Updates suchen und installieren

Größere Updates werden dagegen nicht automatisch installiert, Sie sollten also Ihren Computer regelmäßig auf verfügbare Updates überprüfen.

Installieren Sie regelmäßig Updates!
Regelmäßige Updates von Windows dienen der Sicherheit Ihres PCs und sind daher wichtig! Da nicht alle Updates automatisch installiert werden, sollten Sie regelmäßig kontrollieren, ob weitere verfügbar sind und diese installieren.

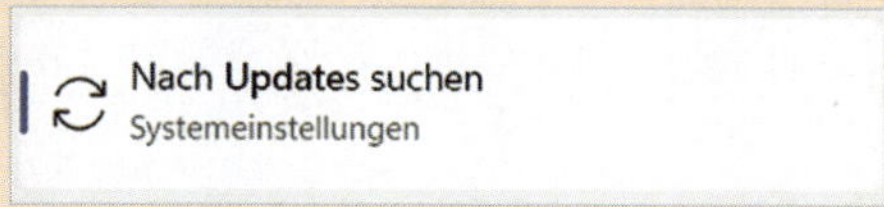

- Klicken Sie in der Taskleiste in das Suchfeld, geben Sie den Suchbegriff „update" ein und klicken Sie auf *Nach Updates suchen*.

- Sie sehen, ob Ihr Gerät auf dem neuesten Stand ist bzw. wann die letzte Überprüfung auf neue Updates erfolgt ist ❶. Falls Sie darüber hinaus nach Updates suchen möchten, so klicken Sie auf die Schaltfläche *Nach Updates suchen* ❷. Eventuell verfügbare Updates werden anschließend automatisch heruntergeladen und installiert, von Ihrer Seite ist also danach keine weitere Aktion erforderlich.

- Falls ein größeres Update verfügbar ist, wird dieses nicht automatisch heruntergeladen und installiert. Dann erscheint hier eine Meldung und um das Update zu installieren, klicken Sie auf *Herunterladen und installieren* ❸. Anschließend muss in der Regel der Computer neu gestartet werden.

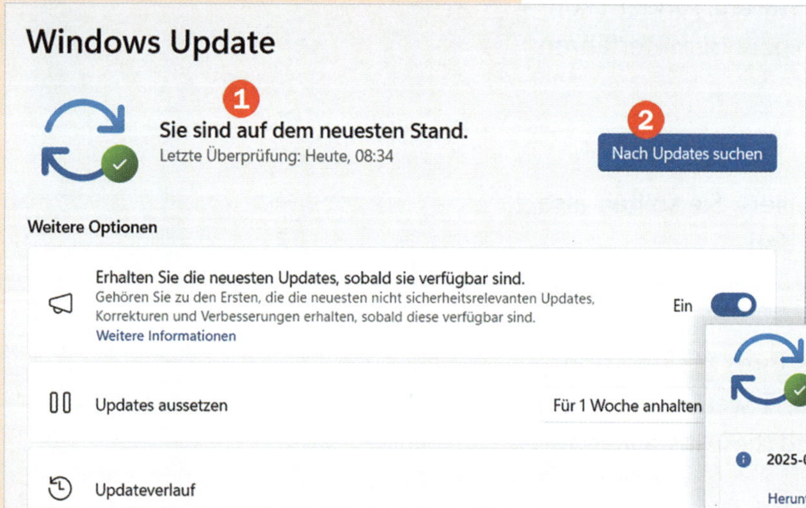

Hinweise:

- Der aktivierte Schalter *Erhalten Sie die neuesten Updates...* sorgt dafür, dass verfügbare Updates automatisch heruntergeladen und installiert werden.
- Die Möglichkeit *Updates aussetzen* ist nicht für alle Windows Editionen verfügbar!

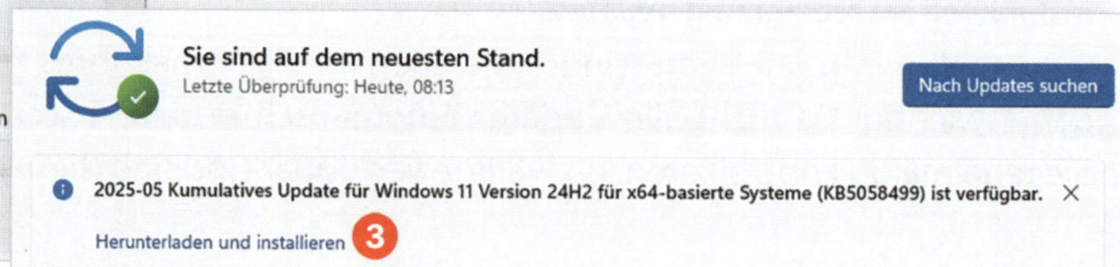

Achtung: Das Herunterladen und die Installation größerer Funktionsupdates dauert erfahrungsgemäß etwas länger, außerdem ist anschließend ein Neustart des Geräts erforderlich. Installieren Sie solche Updates also dann, wenn Sie die Arbeit am Computer beendet haben, beenden Sie vorher alle Apps und speichern Sie Ihre Daten.

Zuletzt noch einige Hinweise

- Nach manchen Updates werden Sie nach dem Anmelden aufgefordert, die Sicherheits- und Datenschutzeinstellungen neu festzulegen bzw. zu kontrollieren.
- Bei größeren Updates kann es vorkommen, dass die Installation nicht ganz reibungslos klappt. Abhilfe kann in solchen Fällen die *Problembehandlung* schaffen, die Sie in den Einstellungen unter *System* ▶ *Problembehandlung* finden, siehe nächster Punkt.

  Häufig genügt auch ein Neustart von Windows: Speichern Sie Ihre Daten und beenden Sie alle Apps. Klicken Sie dann im Startmenü auf das Symbol *Ein/Aus* ⏻ und hier auf *Neu starten*.

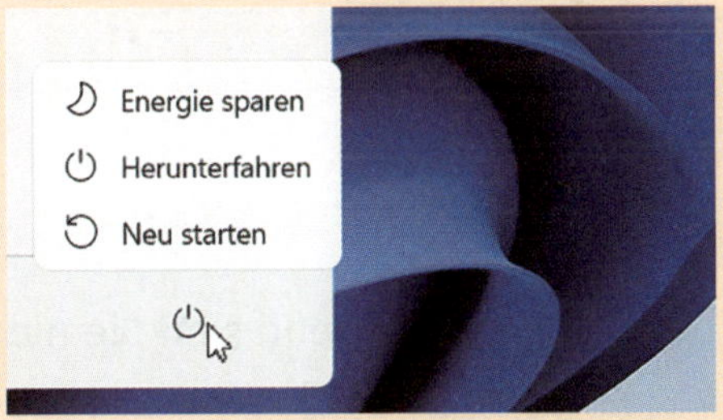

- Beachten Sie auch, dass größere Updates ausreichend freien Speicherplatz auf der Festplatte erfordern. Es kann daher bei Problemen auch hilfreich sein, wenn Sie den Papierkorb leeren und nicht benötigte Software deinstallieren.

10.8 Probleme suchen und beheben lassen

In welchem Umfang Diagnosedaten an Microsoft gesendet werden, haben Sie bei der ersten Anmeldung festgelegt oder in der Kategorie *Datenschutz* ▶ *Diagnose und Feedback* geändert.

Wenn der Drucker nicht reagiert, die Internet- bzw. Netzwerkverbindung Probleme macht, bei Spracheingaben das Mikrofon nicht richtig funktioniert oder eine bestimmte App immer wieder abstürzt, dann kommt die Problembehandlung von Windows zum Einsatz. In manchen Fällen können Probleme mit Windows aufgrund der gesendeten Diagnosedaten von Microsoft automatisch oder nach Rückfrage behoben werden.

Einzelne Probleme, z. B. mit bestimmten Geräten lassen sich aber auch mit Assistenten aufspüren und beseitigen.

Beispiel Netzwerk- bzw. Internetverbindung

Kann Ihr Gerät beispielsweise keine Verbindung zum Internet herstellen, dann erhalten Sie im Browser Microsoft Edge den Hinweis, dass Sie nicht mit dem Internet verbunden sind. Klicken Sie auf *Problembehandlung.* Anschließend öffnet sich die Hilfe mit einer Diagnose und Empfehlungen, das Problem zu beheben.

Sollte die Ursache am deaktivierten WLAN liegen, wie in diesem Beispiel, so können Sie mit Klick auf die Schaltfläche das WLAN schnell wieder aktivieren.

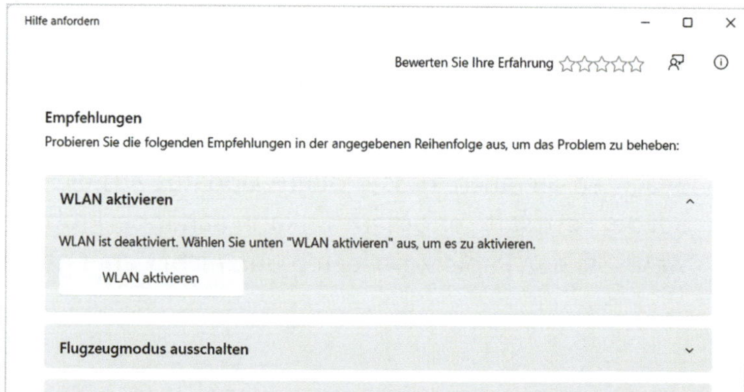

Problembehandlung in den Einstellungen

Bei anderen Problemen, z. B. mit dem Drucker, können Sie auch versuchen, die Ursache über die Hilfe zu ermitteln und zu beheben. Sollte zusammen mit der Fehlermeldung nichts dergleichen angeboten werden, dann suchen und starten Sie die Problembehandlung in den Einstellungen.

- Klicken Sie in das Suchfeld der Taskleiste, geben Sie den Suchbegriff „problembehandlung" ein und klicken Sie auf *Problembehandlungseinstellungen*.

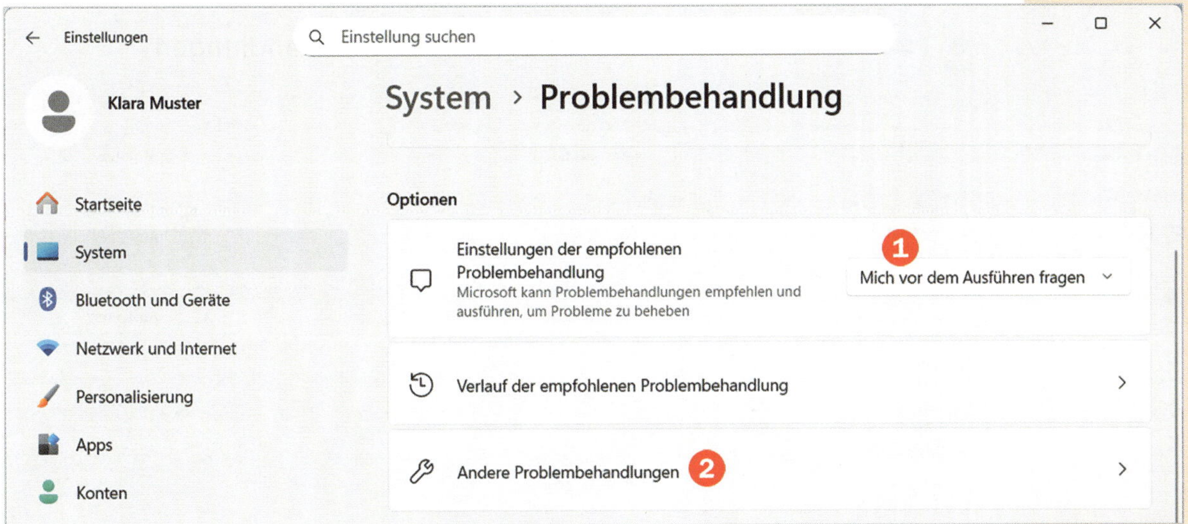

Unter *Einstellungen der empfohlenen Problembehandlung* ❶ wählen Sie die Vorgehensweise, wenn auf Ihrem PC ein Problem mit Windows festgestellt wird. Die Option *Mich vor dem Ausführen fragen* ist eine gute Wahl, dann können Sie jedes Mal selbst entscheiden, ob die Problembehandlung ausgeführt werden soll.

- Bei Problemen mit Drucker, Windows-Updates oder Netzwerk und Internet klicken Sie auf *Andere Problembehandlungen* ❷ (s. Bild auf der vorherigen Seite).

- Haben Sie beispielsweise ein Problem mit dem Drucker, dann klicken Sie bei *Drucker* auf *Ausführen* ❸. Damit öffnet sich ebenfalls die Hilfe mit möglichen Ursachen des Problems und verschiedenen Empfehlungen, es zu beheben.

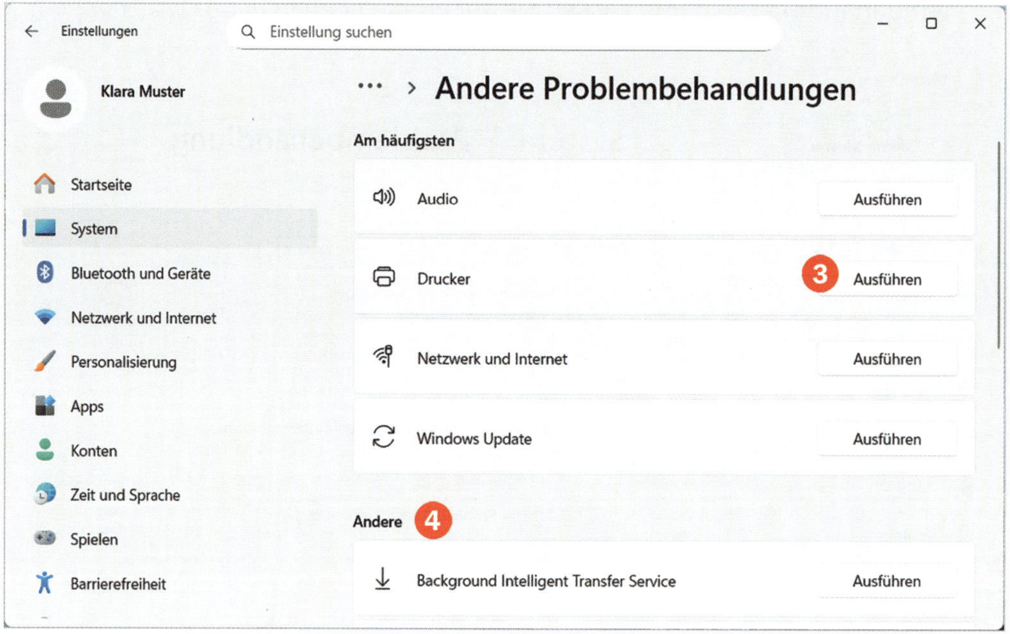

Hinweis: *Drucker* und *Internetverbindungen* befinden sich ganz oben im Abschnitt *Am häufigsten*. Eine umfangreiche Liste weiterer Assistenten finden Sie unter *Andere* ❹.

Tastenkombinationen

⊞	Startmenü öffnen
⊞ + A	Schnelleinstellungen öffnen
⊞ + D	Alle Fenster minimieren und Desktop anzeigen
⊞ + E	Datei-Explorer öffnen
⊞ + I	Einstellungen anzeigen
⊞ + L	Sperrbildschirm, Computer sperren
⊞ + N	Benachrichtigungen und Kalender öffnen
⊞ + P	Blendet zur Verwendung eines zweiten Bildschirms das Feld Projizieren ein
⊞ + S	Suche öffnen
⊞ + T	Taskleiste anzeigen und durch Tasks blättern
⊞ + W	Widgets öffnen
⊞ + Z	Snap Layouts anzeigen
⊞ + Tab	Ansicht Aktive Anwendungen öffnen, alle Desktops anzeigen

⊞ + Strg + D	Neuen Desktop erstellen
⊞ + Leertaste	Eingabesprache wechseln (nur wenn eine zweite Sprache installiert)
⊞ + F1	Öffnet die Windows Hilfe
⊞ + Plus(+)	Bildschirmlupe vergrößern (Zoom)
⊞ + Minus(-)	Bildschirmlupe verkleinern
Strg + A	Alles markieren
Strg + C	Markiertes Element in die Zwischenablage kopieren
Strg + X	Markiertes Element in die Zwischenablage ausschneiden
Strg + V	Aus der Zwischenablage einfügen
Strg + Z	Letzte Aktion rückgängig machen
F2 (Datei-Explorer)	Markierte Datei oder Ordner umbenennen
Alt + F4	Geöffnete Fenster schließen

Glossar

Account ist die englische Bezeichnung für ein Konto, das zur Nutzung verschiedener Internet-Dienste berechtigt, z. B. ein E-Mail-Konto. Siehe Konto.

Benutzer, die als **Administrator** am PC angemeldet sind, verfügen über alle Berechtigungen am Computer und können sämtliche Einstellungen ändern. Im Gegensatz dazu dürfen Standardbenutzer zwar ihre persönlichen Einstellungen ändern und speichern, nicht jedoch tiefgreifende Änderungen am System vornehmen, z. B. neue Programme installieren.

Antivirenprogramme können vor Bedrohungen im Internet schützen, z. B. vor Viren, Phishing, Identitätsdiebstahl. Trotz des soliden Basisschutzes durch den integrierten Windows Defender in Windows 11 entscheiden sich viele Nutzer für zusätzliche Antivirensoftware von Drittanbietern wie Avira, Bitdefender oder Kaspersky. Die Programme verfügen über zusätzliche Funktionen.

Der Begriff **App** (ausgesprochen Äpp) ist eine Abkürzung der englischen Bezeichnung Application, zu deutsch Anwendung oder Programm. Windows 11 bezeichnet alle Arten von Programmen pauschal als Apps. Im Gegensatz zu herkömmlichen Anwendungen, z. B. Büroanwendungen versteht man unter Apps im engeren Sinne, kleine spezialisierte und für die Fingerbedienung optimierte Programme.

Die **Auflösung** legt fest, wie viele Pixel (= Bildpunkte) zur Anzeige auf dem Bildschirm verwendet werden. Die Auflösung ist abhängig von der Größe und Bauweise des Monitors. Je höher die Auflösung, umso kleiner erscheinen Schrift und Symbole.

Barrierefreiheit umfasst allgemein alle Einstellungen und Funktionen, die es Menschen mit Einschränkungen erleichtern, ein Gerät oder Betriebssystem zu nutzen. In Windows bezieht sich der Begriff vor allem auf entsprechende Optionen wie Sprachausgabe, Bildschirmlupe, Untertitel, Kontrasteinstellungen sowie Funktionen zur vereinfachten Bedienung über Tastatur, Maus oder Sprache.

Benachrichtigungen sind Hinweise in Windows oder Apps, die meist oben rechts eingeblendet werden.

Ein **Benutzerkonto** wird zur Anmeldung am Computer benötigt. Es speichert alle individuellen Einstellungen, z. B. das Aussehen von Startmenü und Desktop, außerdem verfügt jeder Benutzer über persönliche Ordner, z. B. Dokumente und Bilder, zum Speichern von Dateien. Windows unterscheidet zwischen Standardbenutzern mit eingeschränkten Rechten und Administratoren. Um ein neues Benutzerkonto anzulegen, sind Administratorrechte erforderlich. Ein Benutzerkonto ist in der Regel auch ein Microsoft-Konto.

Das **Betriebssystem** (engl. operating system oder kurz OS) ist die wichtigste Software eines Computers und umfasst eigentlich eine ganze Gruppe von Programmen zur Bedienung und Verwaltung. Windows ist ein solches Betriebssystem.

Die **Bildschirmlupe** ist ein Windows-Werkzeug, das den Bildschirm vergrößert, damit Inhalte besser lesbar sind.

Als **Bluetooth** bezeichnet man einen Standard für Datenübertragung per Funk über kurze Entfernungen. Voraussetzung dafür ist spezielle Hardware, die in vielen mobilen Geräten (Laptops bzw. Notebooks) bereits integriert ist. Falls diese nicht vorhanden ist, kann eine Verbindung auch über einen speziellen Adapter hergestellt werden, der seinerseits an einen USB-Anschluss angeschlossen wird. Lautsprecher, Maus und Tastatur sowie Mobiltelefone können auf diese Weise angeschlossen werden.

Als **Browser** (engl. to browse = durchsuchen) bezeichnet man Apps, mit denen Sie im Internet surfen. Neben dem in Windows integrierten Browser Microsoft Edge gehören unter anderem Mozilla Firefox, Chrome und Safari dazu. Darin eingebunden sind wichtige Datenschutzfunktionen, die Ihre Privatsphäre schützen, z. B. Tracking-Schutz.

CD, Abkürzung für Compact Disc, ein optischer Datenspeicher. **DVDs** (Digital Versatile Disc) verfügen über etwa die viereinhalbfache Speicherkapazität einer CD, unterscheiden sich aber in der Handhabung nicht von einer CD. Diese Medien verlieren immer mehr an Bedeutung aufgrund von USB-Sticks und Cloud-Diensten.

Als **Chat** bezeichnet man eine Unterhaltung bzw. einen Austausch von kleinen Textnachrichten über das Internet.

Der Begriff **Cloud** (zu deutsch Wolke) rührt daher, dass für die Nutzer der genaue Ursprung und Speicherort nicht nachvollziehbar und undurchsichtig („im Nebel") ist. In der Cloud speichern bedeutet somit nichts anderes, als Daten nicht auf der Festplatte des eigenen PCs, sondern irgendwo auf einem anderen Computer im Internet zu speichern. Als Cloud-Computing bezeichnet man die Nutzung von Dienstleistungen wie Software und Speicherplatz über das Internet. Speicherplatz im Internet bezeichnet man daher auch als Cloud- oder Onlinespeicher. Zusammen mit einem Microsoft-Konto steht Ihnen mit OneDrive ein solcher Speicherort in der Cloud zur Verfügung. Daneben gibt es auch noch andere Onlinespeicher, z. B. Dropbox. Die Vorteile eines Cloudspeichers: Sie können Daten jederzeit mit anderen Personen teilen und der Zugriff auf Ihre hier gespeicherten Daten ist unabhängig davon, welchen Computer Sie gerade nutzen. Sie müssen sich nur mit Ihrem Benutzernamen und Kennwort anmelden.

Unter dem Begriff **Computerviren** fasst man, grob vereinfacht, alle Programme zusammen, die auf Ihrem PC Schaden anrichten können. Zum Beispiel durch Löschen oder Verschlüsseln von Daten, Ausspähen von Tastatureingaben oder indem sie die vollständige Kontrolle über einen PC übernehmen. Viren verbreiten sich selbstständig weiter, z. B. per E-Mail, beim Betrachten entsprechend präparierter Webseiten oder durch das Herunterladen und Installieren infizierter Programme aus dem Internet.

Cookies sind kleine Textdateien, die beim Betrachten von Webseiten auf Ihrer Festplatte abgelegt werden. Sie dienen einerseits beim Einkaufen im Internet zum vorübergehenden Speichern des Warenkorbs, andererseits lässt sich daraus auch ein Nutzerprofil zu Werbezwecken erstellen.

Copy & Paste ist die englische Bezeichnung für Kopieren & Einfügen. Ein Element wird dabei in die Zwischenablage kopiert (z. B. mit der Tastenkombination Strg+C) und andernorts eingefügt (z. B. mit der Tastenkombination Strg+V).

Der **Cursor**, zu deutsch Einfügemarke, kennzeichnet diejenige Stelle, an der eine Tastatureingabe erfolgt. Durch Anklicken oder Antippen setzen Sie den Cursor an die gewünschte Stelle. Dies kann ein Eingabefeld oder eine Stelle im Text sein.

Beim Speichern einer Datei wird an den Dateinamen automatisch ein Zusatz, die **Dateinamenerweiterung** (engl. extension) angefügt. Diese besteht aus einem Punkt, gefolgt von drei oder vier Buchstaben. Sie kennzeichnet den Dateityp, d. h. sie legt fest, welche Anwendung oder App zum Öffnen der Datei verwendet wird. Standardmäßig ist die Dateinamenerweiterung nicht sichtbar, kann aber im Datei-Explorer eingeblendet werden.

Der **Desktop** (dt. Schreibtischoberfläche) ist die Arbeitsoberfläche von Windows. Hier werden alle Apps in Fenstern geöffnet und angeordnet.

Drag & Drop (dt. Ziehen & Fallenlassen) ist die englische Bezeichnung für das Ziehen bzw. Verschieben mit gedrückter linker Maustaste.

Ein **Dropdown-Feld** bzw. der **Dropdown-Pfeil** können Sie bei vielen Eingabefeldern finden, die keine Eingabe erfordern, sondern Ihnen stattdessen verschiedene feste Möglichkeiten zur Auswahl anbieten. Diese Felder werden daher auch als Auswahlfeld (eng. Dropdown) bezeichnet und Sie können sie am kleinen, nach unten weisenden Dreieck oder Pfeil rechts im Feld erkennen. Ein Klick in das Feld öffnet die Liste. Alternativ können Sie die Liste auch mit der Tastenkombination Alt+Pfeil nach unten öffnen. Die Auswahl erfolgt dann mit den Pfeiltasten und durch Drücken der Eingabetaste wird die markierte Auswahl übernommen. Ein Tipp für umfangreiche Listen: Tippen Sie die ersten Zeichen ein, dann wird Ihre Eingabe automatisch ergänzt und die Liste öffnet sich beim angegebenen Anfangsbuchstaben.

Die **Esc-Taste** (engl. to escape = entkommen) dient zum Abbrechen von Befehlen und entspricht der Schaltfläche Abbrechen.

Als **Exploit** (engl. ausnutzen) bezeichnet man das systematische Ausnutzen von Schwachstellen, Sicherheitslücken oder fehlerhaften Stellen im Programmcode von Anwendungen, um in ein Computersystem einzudringen. Sicherheitslücken werden zwar meist nach Bekanntwerden durch Updates von Seiten des Software-Herstellers geschlossen, dennoch tauchen ständig neue auf.

Der **Explorer** (Datei-Explorer) ist die zentrale App zur Dateiverwaltung in Windows. Unter Windows 11 bietet er Tabs und eine moderne Navigation.

Die **Festplatte** ist der wichtigste fest eingebaute Speicher (daher der Name) eines PCs. Hier werden Windows und alle Programme sowie Ihre Daten, falls nichts anderes festgelegt, gespeichert. In der Regel erhält die Festplatte den Laufwerksbuchstaben C:.

Durch **Festplattenpartitionen** wird eine Festplatte in mehrere logische Laufwerke unterteilt. Jede Partition erhält dabei einen eigenen Laufwerksbuchstaben

Als **Firewall**, dt. Brandmauer, bezeichnet man eine Sicherheitssoftware, die ein Netzwerk oder einen einzelnen Computer vor unerwünschten Angriffen von außen schützt, indem sie laufend den Datenverkehr überwacht.

Mit der **Fn-Taste** nutzen Sie auf der Tastatur eines Laptops die Ziffernbelegung, falls kein gesonderter Ziffernblock vorhanden ist, und weitere Tastaturfunktionen.

Eine **getaktete Verbindung** können Sie verwenden, wenn Sie auf einem mobilen Gerät einen volumenbegrenzten Datentarif haben, um unnötige Kosten durch Downloads zu sparen, indem

Sie die WLAN-Verbindung als getaktet einstellen. Über getaktete Verbindungen werden standardmäßig keine Windows-Updates heruntergeladen.

HDR (High Dynamic Range) bezeichnet den erweiterten Farbraum für moderne Monitore – wichtig für Bildbearbeitung und Spiele.

Als **Hotspot** bezeichnet man einen öffentlichen, für jedermann über Funk zugänglichen Internetzugriffspunkt (WLAN). Hotspots sind zum Beispiel in Flughäfen, Bahnhöfen oder Hotels zu finden.

HTML ist die Abkürzung für Hypertext Markup Language, eine textbasierte Auszeichnungssprache für Dokumente mit Text, Bildern und Hyperlinks. Es ist das wichtigste Dateiformat für Webseiten; zur Anzeige wird ein Browser, z. B. Microsoft Edge, benötigt.

Die Begriffe **HTTP** bzw. **HTTPS** (Abkürzungen für Hypertext Transfer Protocol) bezeichnen Protokolle zur Übertragung von Informationen im Web, die einer URL vorangestellt sind. In URLs werden sie meist als http:// bzw. https:// geschrieben. Bei HTTPS handelt es sich um ein abhörsicheres, verschlüsseltes Protokoll, das bei Einkäufen im Web oder beim Online-Banking zum Einsatz kommt.

Für den Begriff **Hyperlink** siehe Link.

IMAP ist die Abkürzung für Internet Message Access Protocol, ein erweitertes Protokoll zur Übermittlung von E-Mails. Im Gegensatz zu POP erlaubt IMAP das Speichern und Verwalten von Mails, Ordnerstrukturen und Einstellungen auf dem Mail-Server, der lokale PC speichert nur Kopien.

Bei **JPG/JPEG** handelt es sich um ein Dateiformat, das zur Speicherung von Fotos verwendet wird. Diese Dateien erhalten die (meist unsichtbare) Dateinamenserweiterung .jpg.

Junk-E-Mail ist eine Bezeichnung für unerwünschte Werbung, die per E-Mail versendet wird. Eine andere, häufig verwendete Bezeichnung dafür ist Spam-Mail.

Das **Kontextmenü** wird mit Klick der rechten Maustaste geöffnet. Alle Befehle des Kontextmenüs beziehen sich ausschließlich auf das mit der rechten Maustaste angeklickte Objekt.

Ein **Konto** wird im Internet zur Nutzung verschiedener Angebote benötigt, z. B. für E-Mails oder ein Kundenkonto zum Einkaufen. Zu einem Konto gehören immer E-Mail-Adresse und ein Kennwort. Die E-Mail-Adresse ist weltweit einzigartig und erfüllt eine ähnliche Funktion wie die Kontonummer des Bankkontos. Wenn Sie ein Konto erstellen, dann müssen Sie sich beim entsprechenden Anbieter registrieren und ein Kennwort wählen.

Kontrollkästchen sind kleine Kästchen, die bei manchen Befehlen bzw. Einstellungen angezeigt werden. Ein Häkchen bedeutet, dass die Einstellung aktiviert ist. Das Häkchen setzen und entfernen Sie durch Anklicken des Kästchens.

Als **Laufwerke** bezeichnet Windows pauschal alle Speicherorte eines PCs, egal ob fest eingebaut oder extern angeschlossen. Laufwerke werden intern mit den Buchstaben des Alphabets durchnummeriert. Die Nummerierung beginnt meist bei der Festplatte mit dem Buchstaben C:.

Als **Link** (Hyperlink) bezeichnet man einen Verweis auf eine Information, die sich an einem anderen Ort befindet. Ein Mausklick bzw. Antippen eines Links genügt, um zu dieser Stelle zu gelangen. Auf diese Weise „surfen" Sie im Internet zwischen den unterschiedlichsten Seiten.

Das **Menüband** ist eine breite Leiste am oberen Rand von Programmen wie Word oder Excel. Es enthält Registerkarten (z. B. „Start", „Einfügen"), unter denen die wichtigsten Befehle übersichtlich nach Themen sortiert angezeigt werden.

Ein **Microsoft-Konto** besteht aus einer E-Mail-Adresse und einem Kennwort und ermöglicht die Nutzung verschiedener Angebote, die Microsoft im Internet bereitstellt. Wenn Sie sich am PC mit einem Microsoft-Konto anmelden, haben Sie automatisch Zugriff auf OneDrive, den kostenlosen Speicher in der Cloud, und können weitere Apps aus dem Microsoft Store beziehen. Ein Microsoft-Konto wird entweder beim ersten Start von Windows oder auch nachträglich eingerichtet und erfordert nur wenige Angaben. Heutzutage ist ein Microsoft-Konto nahezu unerlässlich für die Nutzung von Windows 11.

Die Teilnahme am **Microsoft-Insider-Programm** können Sie in den Windows-Einstellungen aktivieren. Dadurch werden auf Ihrem Gerät regelmäßig Vorabversionen künftiger Updates installiert. Nicht ratsam bei PCs, die Sie für die tägliche Arbeit benötigen, da Vorabversionen noch nicht hinreichend erprobt sind.

Microsoft Office ist eine Sammlung von Büroanwendungen. Sie enthält unter anderem die bekannten Programme Word (Textverarbeitung), Excel (Tabellenkalkulation), PowerPoint (Präsentationen) sowie Outlook (E-Mail, Kontakte und Terminplanung).

Der **Microsoft Store** ist die zentrale Download-Plattform unter Windows und funktioniert ähnlich wie der Play Store auf dem Smartphone. Dort können Sie Apps, Spiele und Erweiterungen herunterladen und installieren.

Bei der Bezeichnung **MP3** handelt es sich um ein Dateiformat bzw. einen Standard zur Komprimierung und Speicherung von Musikdateien.

Als **Multitasking** bezeichnet man die Fähigkeit, mehrere gleichzeitig geöffnete Anwendungen/Apps zu verwalten.

Als **Netzwerk** bezeichnet man in der EDV einen Verbund von Rechnern, die untereinander Informationen austauschen. Das größte Netzwerk ist das weltweite Internet.

OneDrive ist die Bezeichnung für Speicherplatz im Internet, den Microsoft kostenlos zur Verfügung stellt. Dieser Speicher kann wie eine zusätzliche Festplatte verwendet werden. Voraussetzung: Sie müssen mit einem Microsoft-Konto angemeldet sein.

PDF ist die Abkürzung für Portable Document Format, ein Dateiformat, in dem alle Formatierungen und Bilder beibehalten werden und das unabhängig vom Betriebssystem auf jedem Computer gelesen werden kann. Der Inhalt kann dank eingebauter Viewer in Browsern wie Microsoft Edge, Chrome oder Firefox sowie mit einem kostenlos erhältlichen Leseprogramm, beispielsweise Adobe Reader, betrachtet werden. Nachträgliche Änderungen am Inhalt sind dagegen nur mit spezieller Software möglich.

Der **Pfad** oder Dateipfad bezeichnet den genauen Speicherort einer Datei oder eines Ordners und besteht aus dem Laufwerksbuchstaben und den Namen der übergeordneten Ordner, jeweils getrennt durch einen rückwärtsgewandten Schrägstrich, den Backslash. Beispiel: D:\Briefe\Geschäftlich\Maier.docx.

Unter **Phishing** versteht man Betrugsversuche durch gefälschte Webseiten und E-Mails mit dem Ziel, Zugangsdaten zu stehlen.

Als **Pixel** bezeichnet man die Bildpunkte, die zur Darstellung auf dem Bildschirm verwendet werden. Die Auflösung eines Bildschirms gibt die Anzahl der darstellbaren Pixel pro Zeile und Spalte an.

POP ist die Abkürzung für Post Office Protocol und bezeichnet ein Netzwerkprotokoll zur Übermittlung, genauer gesagt Abholung, von E-Mails von einem Mail-Server.

Ein **QR-Code** ist ein quadratisches Muster aus schwarzen und weißen Punkten, das Informationen enthält. Mit der Kamera eines Smartphones oder einer speziellen Scan-App können Sie ihn erfassen, um z. B. eine Webseite zu öffnen oder eine Anmeldung zu bestätigen.

Ransomware (von engl. ransom = Lösegeld) ist die englische Bezeichnung für Erpressungs- oder Verschlüsselungstrojaner. Gemeint ist damit Software, die als Dateianhang oder über Sicherheitslücken in Browsern auf einen PC gelangt und dort private Daten verschlüsselt. Um wieder Zugriff auf diese Daten zu erhalten, wird zur Zahlung eines Lösegelds aufgefordert. Das Bundesamt für Sicherheit in der Informationstechnik (BSI) rät generell von solchen Zahlungen ab, da nicht sicher ist, ob die Daten tatsächlich wieder entschlüsselt werden.

Router sind kleine Geräte, die in einem lokalen, d. h. räumlich begrenzten Netzwerk mit mehreren Computern die korrekte Übermittlung der Daten regeln und das Netzwerk mit dem Internet verbinden. Aus Sicherheitsgründen sollte jeder Router mit einem Kennwort gesichert werden.

Der Begriff **Schnelleinstellungen** bezeichnet den modernisierten Teil der Taskleiste (Win+A) zum schnellen Anpassen von WLAN, Ton, Bluetooth etc.

Schnittstelle ist eine Sammelbezeichnung für alle Anschlüsse oder Buchsen eines Computers. Über Schnittstellen werden externe Geräte wie Drucker oder Maus angeschlossen.

Scrollen bezeichnet das horizontale bzw. vertikale Verschieben des sichtbaren Bildschirmausschnitts. Sie benutzen dazu entweder das Rädchen der Maus, die Bildlaufleisten des jeweiligen Fensters oder streifen mit dem Finger über den Bildschirm.

Als **Server** bezeichnet man Computer, genauer gesagt spezielle Software, die in einem Netzwerk Informationen, Speicherplatz und andere Dienste (z. B. E-Mail-Postfach) bereitstellt.

Für den Begriff **Shortcut** siehe Tastenkombination.

Die angebotene **Spracherkennung** in Windows 11 ermöglicht erweitertes Diktieren sowie die Bedienung ohne Tastatur.

SSD ist die Abkürzung für Solid State Disc. Bei SSD-Festplatten handelt es sich im Gegensatz zu herkömmlichen Festplatten auf magnetischer Basis um Halbleiterspeicher mit sehr kurzen Zugriffszeiten. Sie eignen sich besonders für den Einsatz als schnelle Festplatten, allerdings zu einem höheren Preis.

Das **Startmenü** ist ein grundlegendes Element in Windows 11, um Programme, Einstellungen und die Suche zu erreichen.

Die **Symbolleiste** ist ein kleiner Bereich am oberen Rand eines Programms, in dem wichtige Funktionen als kleine Symbole dargestellt werden. Mit einem Klick auf diese Symbole lassen sich häufig genutzte Befehle wie Speichern, Drucken oder Rückgängig schnell ausführen.

Tablet-PCs bzw. Tablet-Computer sind tragbare, flache und besonders kleine PCs. Sie besitzen keine Tastatur, die Texteingabe erfolgt über die Bildschirmtastatur und anstelle einer Maus werden sie mit Fingergesten und einem Touchscreen bedient.

Die **Taskleiste** ist die Leiste am unteren Bildschirmrand, über die Sie geöffnete Programme, angeheftete Apps und Systemfunktionen erreichen.

Der **Task-Manager** von Windows überwacht alle laufenden Anwendungen und Prozesse des PCs. Mit seiner Hilfe können nicht mehr funktionierende Apps beendet und die Systemleistung überwacht werden. Sie starten den Task-Manager per Rechtsklick auf das Start-Symbol der Taskleiste oder mit der Tastenkombination Strg+Umschalt+Esc.

Als **Tastaturlayout** bezeichnet man die länderspezifische Anordnung und Codierung der Tasten auf einer Computertastatur. Im deutschen Sprachraum ist dies die sogenannte QWERTZ-Tastenbelegung.

Eine **Tastenkombination** (engl. Shortcut) wird verwendet, um einen bestimmten Befehl schnell aufzurufen, häufig in Verbindung mit den Tasten Windows, Strg und Alt. Bei der Eingabe einer Tastenkombination drücken Sie immer zuerst die Windows-, die Strg- oder Alt-Taste, halten die Taste gedrückt und drücken dann kurz die Buchstabentaste.

Als **Touchpad** bezeichnet man die kleine berührungsempfindliche Fläche, die in die Tastatur von Notebooks integriert ist und als Alternative zur Maus verwendet werden kann.

Als **Touchscreen** bezeichnet man berührungsempfindliche Bildschirme, die insbesondere bei Tablet-PCs zum Einsatz kommen. Befehle werden statt mit der Maus direkt durch Berühren des Bildschirms erteilt. Moderne Touchscreens bieten häufig Unterstützung für Gestensteuerung und Stylus-Stifte, wodurch eine präzisere und vielseitigere Bedienung möglich wird.

Treiber sind kleine Programme, die von Windows für die korrekte Ansteuerung von Geräten, z. B. Druckern benötigt werden.

UEFI ist die Abkürzung für Unified Extensible Firmware Interface. In den Computer integrierte Software, die sich unterhalb des Betriebssystems befindet und beim Einschalten des Computers das Laden desselben ermöglicht. Nachfolger des BIOS (Basic Input Output System) früherer Windows-PCs.

Ein **Update** bezeichnet die regelmäßige Aktualisierung von Programmen und Apps. Auch für Windows 11 werden regelmäßig und im Hintergrund automatisch Updates durchgeführt. Sie beinhalten Verbesserungen und schließen Sicherheitslücken – sollten daher unbedingt durchgeführt werden. Besonders wichtig sind sie bei Antivirenprogrammen, da sie die Virendefinitionsdatenbank aktualisieren. Ein Upgrade wiederum bezeichnet die Änderung oder Höherstufung auf eine höherwertige Softwareversion. Dies erfolgt bei Windows 11 etwa jährlich.

URL ist die Abkürzung für Uniform Resource Locator. Eindeutige Adresse für eine Webseite, wird häufig auch als Webadresse oder Internetadresse bezeichnet. Beispiel: bildnerverlag.de.

USB ist die Abkürzung für Universal Serial Bus. Dabei handelt es sich um standardisierte Anschlüsse eines PCs für externe Geräte. Über USB angeschlossen werden beispielsweise Maus, Tastatur, Drucker, Scanner und Kamera sowie Speichermedien wie externe Festplatte oder USB-Speicherstift. Dabei sind besonders USB 4.0 und USB-C mittlerweile weit verbreitet, da sie eine hohe Datenübertragungsrate aufweisen.

Eine **Verknüpfung** ist eine kleine Datei, die einen Verweis (Link) zu einer Datei oder einem Ordner an einem beliebigen Speicherort enthält. Verknüpfungen werden unter anderem verwendet, um Programme schnell vom Desktop aus zu starten.

Für den Begriff **Viren** siehe Computerviren.

Als **Widgets** werden Infokacheln, beispielsweise für Wetter, Nachrichten, Kalender, bezeichnet. Diese können Sie im gleichnamigen Bereich unten links erreichen.

WLAN (Wireless Local Area Network) bzw. der häufig synonym verwendete Begriff **WiFi** bezeichnen kabellose lokale Netzwerke, zum Beispiel in einem Haushalt oder einer Firma, die mehrere Computer per Funk miteinander und mit einem Router verbinden. Die aktuellste WiFi-Generation heißt WiFi 6, mit der unter anderem eine höhere Datenrate, eine bessere Leistung und eine verbesserte Kapazität gewährleistet werden.

Die Abkürzung **WWW** steht für „World Wide Web" und bezeichnet zu Deutsch ein weltweites Netz. Als Web bezeichnet man weltweit verlinkte Informationen bzw. Seiten im Internet, die sich mit einem Browser abrufen und anzeigen lassen. In Internetadressen wird es meist als „www" geschrieben, z. B. „www.beispiel.de". Gebräuchlich ist auch die Bezeichnung Webseite für eine einzelne Seite. Der gesamte Internetauftritt heißt Website.

Eine **ZIP-Datei** liegt im ZIP-Dateiformat (zip = dt. Reißverschluss) vor und wird häufig zum Versenden umfangreicher Dateien als E-Mail-Anhang oder beim Download verwendet. Sie enthält komprimierte Dateien, die vor der Verwendung erst wieder entzippt bzw. entpackt werden müssen.

Die **Zwischenablage** dient als temporärer Speicher beim Kopieren und Verschieben (=Ausschneiden und an anderer Stelle einfügen)von Elementen, dabei spielt es keine Rolle ob es sich um Dateien, Ordner oder einzelne Textstellen handelt. Ausgeschnittene oder kopierte Elemente werden in der Zwischenablage abgelegt und können von dort beliebig oft solange wieder eingefügt werden, bis das nächste Element ausgeschnitten oder kopiert wird. Da die Zwischenablage von allen Apps und Anwendungen genutzt wird, lassen sich mit ihrer Hilfe auch Daten aus einer Anwendung in eine andere einfügen, zum Beispiel ein Bild aus einem Zeichenprogramm in den Text eines Schreibprogramms.

Index

Symbole

A

B

C

D

E